商务馆对外汉语教学专题研究书系（第二辑）
总主编　赵金铭
审　订　世界汉语教学学会

汉语作为第二语言测试研究

主编　张凯

2019年·北京

总主编 赵金铭

主　编 张　凯

作　者（按音序排列）

北京语言大学汉语水平考试中心
"HSK 改进工作"项目组

柴省三	耿　岳	龚君冉	郭树军
黄　敬	黄理兵	黄霆玮	陆一萍
聂　丹	孙德金	田清源	王佶旻
原　鑫	翟　艳	赵　刚	赵琪凤
周　莉			

目 录

总　序 …………………………………………………… 1

综　述 …………………………………………………… 1

第一章　语言测试的理论研究 ………………………… 1
　　第一节　语言测验的学科定位 ……………………… 1
　　第二节　汉语水平考试的科学本质 ………………… 10
　　第三节　汉语水平考试发展问题略论 ……………… 27

第二章　汉语水平考试改进及新测验开发 …………… 37
　　第一节　汉语水平考试改进方案 …………………… 37
　　第二节　汉语水平考试口语考试设计 ……………… 55
　　第三节　来华留学预科教育汉语综合统一考试总体
　　　　　　设计与质量分析 …………………………… 66

第三章　信度理论和信度检验 ………………………… 76
　　第一节　初、中等汉语水平考试再测信度验证 …… 76
　　第二节　汉语水平考试复本测验稳定程度的历时性
　　　　　　研究 ………………………………………… 87

第三节　高等汉语水平考试信度的多元概化理论
　　　　　研究 ································ 100
　　第四节　汉语水平考试写作测试评分信度检验 ········· 107
　　第五节　高级汉语口语测验两种评分标准的信度
　　　　　比较 ································ 121

第四章　效度理论研究 ································ 134
　　第一节　效度研究领域中的争议 ····················· 134
　　第二节　构想效度本质及其定律网络 ················· 148
　　第三节　效度理论发展述评 ························· 161

第五章　测验效度的检验 ······························ 173
　　第一节　中级汉语水平考试听力配伍题效标关联
　　　　　效度研究 ···························· 173
　　第二节　汉语水平考试高等口试多种试题组合
　　　　　形式的效标关联效度研究 ·············· 182
　　第三节　汉语水平考试 [高级] 客观卷的构想
　　　　　效度研究 ···························· 193
　　第四节　阅读理解测验构想效度的实证研究 ·········· 207
　　第五节　汉语水平考试听力测验构想效度研究 ········ 226

第六章　语言能力结构研究 ···························· 240
　　第一节　汉语作为二语的初学者口语能力结构 ········ 240
　　第二节　基于结构方程模型的高级汉语学习者语言
　　　　　技能关系研究 ························ 253

第三节 基于结构方程模型的高级水平汉语学习者
语言理解能力结构探究 …………………… 270

第七章 主观性测试及评分研究 ………………………… 295
第一节 国内语言测试写作评分标准理论与应用
发展述评 …………………………………… 295
第二节 汉语水平考试写作评分标准发展 …………… 306
第三节 汉语水平考试主观考试评分的 Rasch
实验分析 …………………………………… 318
第四节 汉语水平考试作文客观化评分 ……………… 329
第五节 汉语口语成绩测试评估标准 ………………… 338
第六节 任务型汉语口语成绩测试研究 ……………… 355

第八章 公平性研究 ……………………………………… 373
第一节 汉语水平考试阅读理解测验公平性研究 …… 373
第二节 蕴涵量表法在汉语水平考试阅读理解测验
公平性研究中的应用 ……………………… 390
第三节 题组 DIF 检验方法在汉语水平考试［高等］
阅读理解中的应用 ………………………… 405

总　序

赵金铭

对外汉语教学专题研究书系是商务印书馆出版的同名书系的延续。主要收录2005—2016年期间，有关学术杂志、期刊、高校学报等所发表的有关对外汉语教学研究论文，涉及学科各分支研究领域。内容全面，质量上乘，搜罗宏富。对观点不同的文章，两方皆收。本书系是对近10年对外汉语教学研究成果的汇总与全面展示，希望能为学界提供近10年来本学科研究的总体全貌。

近10年的对外汉语教学与研究，呈现蓬勃发展的局面，与此同时，各研究分支也出现一些发展不平衡现象。总体看来，孔子学院教学、汉语师资培训、文化与文化教学、专业硕士课程教学等方面，已经成为研究热门，研究成果数量颇丰，但论文质量尚有待提升。由于主管部门的导向，作为第二语言汉语教学的汉语本体研究与汉语教学研究，在一定程度上被淡化。语音、词汇及其教学研究成果较少，语法、汉字及其教学研究成果稍多，汉字教学研究讨论尤为热烈。新汉语水平考试研究还不够成熟，课程与标准和大纲研究略显薄弱。值得提及的是，教学方法研究与教学模式研究、汉语作为第二语言习得研究、现代教育技术研究及其在教学中的应用研究，发展迅速，方兴未艾，成果尤为突出。本书系就是对这10年研究状况的展示与总结。

近10年来，汉语国际教育大发展的主要标志是：开展汉语教学的国别更加广泛；学汉语的人数呈大规模增长；汉语教学类型和层次多样化；汉语教师、教材、教法研究日益深入，汉语教学本土化程度不断加深；汉语教学正被越来越多的国家纳入其国民教育体系。其中，世界范围内孔子学院的建立既是国际汉语教育事业大发展的重要标志，也是进一步促进国际汉语教学持续发展的一个重要平台，吸引了世界各地众多的汉语学习者。来华外国留学生汉语教学与海外汉语教学，共同打造出汉语教学蓬勃发展的局面。

大发展带来学科研究范围的扩大和研究领域的拓展。本书系共计24册，与此前的22册书系的卷目设计略有不同。

本书系不再设《对外汉语课堂教学技巧研究》，增设《汉语作为第二语言教学的教学方法研究》和《汉语作为第二语言教学的教学模式研究》两册。汉语作为第二语言教学，既与世界第二语言教学有共同点，也因汉语、汉字的特点，而具有不同于其他语言作为第二语言教学的特色。这就要求对外汉语教学要讲求符合汉语实际的教学方法。几十年以来，对外汉语教学在继承传统和不断吸取各种教学法长处的基础上，结合汉语、汉字特点，以结构和功能相结合为主的教学方法为业内广泛采用，被称为汉语综合教学法。博采众长，为我所用，不独法一家，是其突出特点。这既是对外汉语教学的传统，在教学实践中也证明是符合对外汉语教学实际的有效的教学方法。与此同时，近年来任务型教学模式风行一时，各种各样的教法也各展风采。后方法论被介绍进来后，已不再追求最佳教学法与最有效教学模式，教学法与教学模式研究呈现多样化与多元性发展态势。

进入新世纪后，对外汉语教学学科理论研究的一个重要进展是开拓了第二语言习得理论与实际问题的研究，从重视研究教师怎样教汉语，转向研究学习者如何学习汉语，这是一种研究理念的改变，这种研究近10年来呈现上升趋势。研究除了《汉语第二语言学习者语言系统研究》《汉语作为第二语言的学习者研究》，本书系基于研究领域的扩大，增设了《基于认知视角的汉语第二语言习得研究》和《多视角的汉语第二语言习得研究》，从多个角度开辟了汉语学习研究的局面。

教育部在2012年取消原本科专业目录里的"对外汉语"，设"汉语国际教育"二级学科。此后，"汉语国际教育"作为在世界范围内开展汉语作为第二语言教学的名称被广泛使用，学科名称的变化，为对外汉语教学带来了无限的机遇与巨大的挑战。随着海外汉语学习者人数的与日俱增，大量汉语教师和汉语教学志愿教师被派往海外，新的矛盾暴露，新的问题随之产生。缺少适应海外汉语教学需求的合格的汉语教师，缺乏适合海外汉语学习者使用的汉语教材，原有的汉语教学方法又难以适应海外汉语教学实际，这三者成为制约提高对外汉语教学质量、提升对外汉语教学水平的瓶颈。

面对世界汉语教学呈现出来的这些现象，在进行深入研究、寻求解决办法的同时，也产生了一种急于求成的情绪，急于解决当前的问题。故而研究所谓"三教"问题,一时成为热门话题。围绕教师、教材和教法问题,结合实际情况,出现一大批对具体问题进行研究的论文。与此同时,在主管部门的导引下,轻视理论研究,淡化学科建设,舍本逐末,视基础理论研究为多余,成为一时倾向。由于没有在根本问题上做深入的理论探讨,将过多的精力用于技法的提升,以至于在社会上对汉语作为一个学科产生了不同认识,某种程度上干扰了学科建设。本书系《汉语作为第二语言教学的学科理论研究》和《汉语作为第二语言教学的教学理论研究》两册集中反映了学科建设与教学理论问题,显示学界对基本理论建设的重视。

2007年国务院学位办设立"汉语国际教育硕士专业学位",目前已有200余所高等院校招收和培养汉语国际教育专业硕士。10多年来,数千名汉语教师和志愿者在世界各地教授汉语、传播中国文化,这支师资队伍正在共同为向世界推广汉语做出贡献。

一种倾向掩盖着另一种倾向。社会上看轻汉语作为第二语言教学的观点,依然存在。这就是将教授外国人汉语看成一种轻而易举的事,这是一种带有普遍性的错误认知。这种认知导致对汉语作为第二语言教学科学性认识不足。一些人单凭一股热情和使命感,进入了汉语国际教育的教师队伍。一些人在知识储备和教学技能方面并未做好充分的准备,便匆匆走向教坛。故而如何对来自不同专业、知识结构多层次、语言文化背景多有差别的学习者,进行汉语作为第二语言教学的专业培养和培训,如何安排课程内容,将其培养成一个合格的汉语教师,就成为当前迫切需要解决的问题。本书系增设的《汉语作为第二语言教学的教师发展研究》《汉语作为第二语言标准与大纲研究》以及《汉语作为第二语言教学的课程研究》,都专门探讨这些有关问题。

自 1985 年以来,实行近 20 年的汉语水平考试(HSK),已构成了一个水平由低到高的较为完整的系统,汉语水平考试(HSK)的实施大大促进了汉语教学的科学化和规范化。废除 HSK 后,研发的"新 HSK",目前正在改进与完善之中。有关考试研究,最近 10 年来,虽然关于测试理论和技术等方面的研究仍然有一些成果出现,但和以往相比,研究成果的数量有所下降,理论和技术方面尚缺乏明显的突破。汉语测试的新进展主要表现在新测验的开发、新技术的应用和对重大理论问题的探讨等方面。《汉语作为第二语言测试研究》体现了汉语测试的研究现状与新进展。

十几年来,汉语作为第二语言教学史的研究越来越多,也越来越深入。既有宏观的综合性研究,又有微观的个案考察。宏观研究中,从学科建设的角度探讨汉语教学史的研究。重视对外汉语教学历史的发掘与研究,因为这是对外汉语教学学科建设中不可缺少的一部分。宏观研究还包括对某一历史阶段和某一国家或地区汉语教学历史的回顾与描述。微观研究则更关注具体国家和地区的汉语教学历史、现状与发展。为此本书系增设《汉语作为第二语言教学史研究》,以飨读者。

本书系在汉语本体及其教学研究、汉语技能教学研究、文化教学与跨文化交际研究、教育技术研究和教育资源研究等方面,也都将近 10 年的成果进行汇总,勾勒出研究的大致脉络与发展轨迹，也同时可见其研究的短板，可为今后的深入研究引领方向。

本书系由商务印书馆策划，从确定选题，到组织主编队伍，以及在筛选文章、整理分类的过程中，商务印书馆总编辑周洪波先生给予了精心指导，在此深表谢意。

本书系由多所大学本专业同人共同合作，大家同心协力，和衷共济，在各册主编初选的基础上，经过全体主编会的多次集体讨论，认真比较，权衡轻重，突出研究特色，注重研究创新，最终确定入选篇章。即便如此，也还可能因水平所及评述失当，容或有漏选或误选之处，对书中的疏漏和失误，敬请读者不吝指教，以便再版时予以修正。

综 述

现代语言测试发端于 20 世纪初，Frederick Kelly 在 1915 年发明了多项选择题，1919 年，Charles Handschin 编制出第一个标准化的语言测验。①1961 年 Robert Lado 写出了语言测试的第一本专著。②1963 年 ETS 开始研制 TOEFL，这是第一个大规模的标准化语言测试。从此，语言测试在一些国家（如美国、英国，当然包括中国）成了有一定规模的产业，而对语言测试的研究成了应用语言学里的一个比较热门的领域。

现代语言测试的理论和方法在 20 世纪 70 年代末传入中国，最初，中国的英语教学界研究并研制了标准化的英语测试，如最早的 EPT（English Proficiency Test）；如今，英语四、六、八级考试至少达到每年几百万人的规模。

对外汉语教学界从 20 世纪 80 年代中期开始研制标准化的汉语测试。1984 年，北京语言学院（现北京语言大学）成立了"汉语水平考试设计小组"，专门研制汉语的标准化考试。1989 年北京语言学院（现北京语言大学）成立了汉语水平考试中心（以下

---

① Barnwell, D. P., *A History of Foreign Language Testing in the United States.* Arizona: Bilingual Press, 1996.

② Lado, R., *Language Testing: The Construction and Use of Foreign Language Tests.* New York: Mcgraw-Hill, 1961.

2 综 述

简称"北语汉考中心")。从1984年算起,到2013年北语汉考中心解散的近30年时间里,汉语水平考试(HSK)也已发展成年考生规模达十几万(不包括中国少数民族考生)的大规模标准化考试。在测试的研究方面,据百度百科介绍"汉语水平考试中心在HSK专项研究和测试理论及技术研究等方面都取得突出成果,已经完成和正在进行的科研项目有50余项,出版著作30多部,发表论文200篇左右"。

最近10年以来,虽然关于测试理论和技术等方面的研究仍然有一些成果出现,但和10年前相比,研究成果的数量有所下降,理论和技术方面也很难说有明显的突破。

近10年汉语测试研究出现的这种局面,当然和一个大背景有关。这个大背景是:语言测试这个领域可能先天不足,除了贡献了多项选择题以外,近一个世纪以来,它对教育测量和心理测量(也包括语言测试自身)没有任何贡献;语言测试所使用的理论和技术都来自心理测量和教育测量。过去我们认为,语言测试有自己的理论,Bachman 20世纪80年代末提出的语言交际能力模型不就是语言测试所依据的关于语言能力的理论吗?这个模型不是曾经得到过广泛的赞誉吗?但最近我们遗憾地发现,Bachman的模型根本就没有通过实证检验,如果说它是一个理论,那也是一个不成立的理论。如果把视野扩大到心理和教育测量领域,我们同样遗憾地发现,Cronbach和Meehl在20世纪50年代提出了构想效度理论,[1]而今天,有关构想效度理论的论述和研

---

[1] Cronbach, L. J. & Meehl, P. E., Construct validity in psychological tests. *Psychological Bulletin*, 1955, 52.

究越来越背离当时的初衷；IRT（项目反应理论）被称为现代测量理论，它声称具有参数不变性这个优越性，然而我们发现，这个结论来自一系列错误的数学论证。①限于篇幅，这里不详细讨论这些问题。

尽管国际大背景不好，国内语言测试领域近10年也不景气，但这10年里也还是有一些发展，这些发展主要表现在新测验的开发、新技术的应用和对重大理论问题的探讨等方面。

一　新测验的开发

（一）HSK改进版

HSK在1990年正式推出，虽然它的信、效度良好，但也存在一些问题。它的一个问题是HSK［高等］的难度不够，如果考生的汉语能力达到了接近母语者的水平，HSK［高等］就无效了。

HSK最大的问题是，它的等级分数的划分是不合理的。老版HSK三个系列考试共分为11级，1—3级是基础、3—5级是初等、6—8级是中等、9—11级是高等。这个等级划分有两个问题：一是基础和初等有重合，3级既是基础的最高级，又是初等的最低级，这是一个在等级分数表面上就看得出来的重合。二是，在中等和高等之间还有一个看不出来的重合，而这个问题后来连考生都知道了。

中等和高等之间的关系是这样的：考生得到7级以后，再学

---

① 张凯《参数不变性研究之一：Lord 1952及其他》，载《张凯自选集》，北京语言大学出版社，2011年。

4 综 述

一段时间，他认为可以达到8级了，于是他再来参加考试，结果他得到的还是7级，再考，还是7级，考生们发现8级很难得到。后来他们有了进一步的发现：得到7级之后，不再考中等去拿8级，而是直接去考高等，这时他很可能得到9级。

造成这个问题的原因是HSK等级分数划分得太细。等级划得太细，不仅造成"拿不到8级却能拿到9级"的怪现象，而且会使真分数区间的估计变得不准确："当我们说一个被试的分数在某一等级时，他的真分数很可能在另外一个等级里。"①HSK等级分数划分太细，是因为当初设计这个等级分数的人以为等级划得越细测得就越准，他不知道，语言测验是一个误差很大的测量工具。

HSK的上述问题已存在多年，对这个问题，当初的北语汉考中心有清醒的认识，因此，从2000年起就开始准备HSK的改进工作，2004年开始为改版开展了一系列调研工作，2005年开始设计改进版HSK，2007年改版工作完成。②HSK改进版解决了老版HSK等级分数重合的问题，其分数能够清楚地体现出初、中、高三个等级的区别。另外，改进版的等级分数基本上能和欧洲共同框架的三级六等对应上。有一点遗憾的是，改进版高级的难度还有一点不够，如果改进版的高级的难度再大一些，HSK改进版三个系列测试的难度就完全和欧洲共同框架对应上了。

另外，HSK改进版的三个等级都配有口语考试。

---

① 张凯《HSK等级分数的问题》，《世界汉语教学》2004年第1期。
② 北京语言大学汉语水平考试中心"HSK改进工作"项目组《汉语水平考试（HSK）改进方案》，《世界汉语教学》2007年第2期。

（二）C.TEST

实用汉语水平认定考试（C.TEST）是应日本一家公司之邀而开发的一个新的汉语考试。2005年，日本一家公司找到北语汉考中心，要求汉考中心为他们设计、开发一个汉语考试。他们对考试完全不懂，其唯一的要求是考试结束后考生可以把试卷带走，他们认为HSK的试题保密对考生有些不便。北语汉考中心在一年的时间里便开发出了一个新的考试，这就是C.TEST。C.TEST由两份试卷构成，从低到高共分为六个等级，这六个等级完全可以和欧洲共同框架对应上。除了纸笔测验外，C.TEST还配有面试型口语测验。

标准化考试的题目在正式使用前都要经过预测，预测后，参数（主要是难度和区分度）合格的题目保留下来，编进正式试卷，不合格的题目就淘汰了。HSK、TOEFL等大型考试都这样做，这样做的目的是为了保证考试具有足够高的信度，从而保证考试的效度。在从预测到正式考试的全过程里，题目都是保密的。由于HSK已有很多可用的合格题目，刚刚预测的题目不会出现在最近就要用的正式试卷里，所以，预测题的保密是可以做到的。

C.TEST是一个新开发的考试，没有积累下可供选用的大量的题目，又由于考试后考生可以把试卷带走，因此用过的题目便不能再用。C.TEST的试题也不能预测，因为如果预测，参加预测的考生可能很快会参加正式考试，正式考试里的题目他已经见过了，题目已经泄密了。

题目不能预测，筛选题目的机会就没有了。在没有预测、不能筛选题目的条件下，C.TEST的题目合格率能够达到90%左右。这不能不说明当初北语汉考中心的命题人员所具有的技术实力。

（三）来华留学预科教育的"汉语综合统一考试"

2010年9月教育部颁发了《教育部关于对中国政府奖学金本科来华留学生开展预科教育的通知》，其中要求预科教育主干课程要全国统一考试，这个系列考试中的"汉语综合统一考试"由北京语言大学汉语考试与教育测量研究所负责研制、开发。该考试2013年在全国七所有汉语预科的学校首次使用，首次考试所用试卷的信度（α系数）达到0.97，这表明汉语综合统一考试也是一个高质量的考试。

（四）汉语口语考试（SCT）

汉语口语考试（SCT）是北京大学对外汉语教育学院和培生公司合作开发的汉语口语考试。该考试使用自动信息处理技术，使考生能够在任何时间、任何地点通过电话或计算机参加考试，考试结束后系统自动评分，考生可以立刻得到成绩。

二 各类专题研究

在最近10年里，对外汉语语言测试领域也对有关测试的各个方面的问题做了一些专题研究。这些研究包括测试的信度研究、效度研究、主观测试及主观评分研究、任务型汉语口语测试研究、公平性研究等。

这方面的研究以前也有很多，其中有些研究可以说是测试开发工作中的日常常规工作，如信度研究、公平性（DIF）研究等。近10年来这些研究有两个特点：第一，这些研究做得更细致。第二，这些研究使用了一些比较新的方法，如多元概化理论[①]、聚类分析[②]、多面 Rasch 分析[③]、蕴含量表分析[④] 等。

三 理论研究

语言测试（也包括心理和教育测量）是理论和实践并重的学科。语言（包括心理）测试所测的对象，如语言能力、智力等，都是测验开发者和研究者假设存在于人脑中的能力。这些能力都是很抽象的能力，不可直接观察，也不可直接测量。当研究者说：语言能力是由什么、什么构成，或语言能力的成分是什么、什么的时候，他其实是对所谓的语言能力提出了一个理论假说，没有这样的理论假说，测试者就不知道测什么，因而也无从设计和编制试卷。有时候，测试者也许没有明确地提出理论假说，但实际上对于测什么他有一套想法，他的理论假说是隐含在他的试卷结构和题型里的。如果测试在某种程度上成功了，测试者就会用他的理论去解释测试的结果。如果测试大获成功，测试者就可以宣

[①] 陆一萍《HSK 高等考试信度的多元概化理论研究》，《中国考试》2011 年第 5 期；赵琪凤《HSK 写作测试评分信度考查——基于对新老评分员的个案调查》，《中国考试》2010 年第 10 期；王佶旻《概化理论在汉语初学者口语测验中的应用》，《云南师范大学学报》(对外汉语教学与研究版) 2007 年第 2 期。

[②] 柴省三《关于 HSK 阅读理解测验构想效度的实证研究》，《世界汉语教学》2012 年第 2 期；柴省三《汉语水平考试（HSK）听力测验构想效度研究》，《语言文字应用》2011 年第 1 期。

[③] 田清源《HSK 主观考试评分的 Rasch 实验分析》，《心理学探新》2007 年第 1 期。

[④] 柴省三《蕴涵量表法在 HSK 阅读理解测验公平性研究中的应用》，《考试研究》2012 年第 5 期。

称他建立了一个关于语言能力的理论。Bachman 声称他的语言交际能力模型通过了经验检验，其实就是宣称他提出了一个关于语言交际能力的理论。因此，语言测试是重视理论的。在重视理论的同时，语言测试也必须重视实践和实验，因为关于语言能力或智力的理论、假说最终要用测试的结果来检验。

在语言测试里，基本理论只有两个：一个是关于语言能力的理论，一个是关于构想效度的理论。研究语言能力，其目的是弄清楚语言能力的结构和性质，以便我们能更好地测到这个能力。关于构想效度的研究有点儿复杂：一方面，在我们这个领域研究语言测验的构想效度就是研究语言能力的结构，因为所谓的"语言能力"就是我们提出的构想，亦即我们假设语言能力是什么样的；另一方面，构想效度概念的提出已经有 60 多年了，但"什么是构想""什么是构想效度"，至今学界也没有取得一致意见。

关于语言能力结构的研究近 10 年来有一些成果出现，如对初学者口语能力结构的研究、[①] 对高级汉语学习者语言技能关系的研究、[②] 对高级水平汉语学习者语言理解能力结构的研究[③]等。研究语言能力结构，过去常用的方法有多特质—多方法矩阵（MTMM）和因素分析；现在最常用的方法是结构方程模型，这种方法实际上是先做探索性因素分析，再对探索性因素分析的结果做验证性因素分析。

[①] 王佶旻《汉语作为第二语言的初学者口语能力结构初探》，《心理学探新》2008 年第 1 期。

[②] 原鑫、王佶旻《基于结构方程模型的高级汉语学习者语言技能关系研究》，《华文教学与研究》2012 年第 4 期。

[③] 黄敬、王佶旻《基于结构方程模型的高级水平汉语学习者语言理解能力结构探究》，《华文教学与研究》2013 年第 2 期。

无论是在汉语测试领域,还是在英语测试领域,对语言能力结构的研究已经有很多了,但这些研究的结果是很不一样的,亦即不同学者得到的语言能力结构是很不一样的。例如,Bachman 对他的语言交际能力模型做过几次检验,其结果就是不一致的。[1] 由此可见,语言能力问题在我们这个领域是一个难题。

关于构想效度自身的研究,也就是我们前面说过的"什么是构想、什么是构想效度",是语言测试领域(也包括心理和教育测量领域)的另一个难题。

构想效度概念自提出以来,[2] 人们对它产生了各种各样的误解。20 世纪 70 年代以来,构想效度所涵盖的东西越来越多,人们甚至把价值蕴含也放进了构想效度。[3]

在美国等国家对构想效度本身的研究没有什么进展的情况下,近 10 年来,汉语测试领域倒是有人做了一些基础性的研究。例如,研究者对不同人对构想效度理论的不同解释[4]、对构想效

---

[1] Bachman, L. F. & Palmer, A. S., A multitrait-multimethod invest-igationinto the construct validity of six tests of speaking and reading. In Palmer, A.S., Groot, P. J. M. & Trosper, G. A. (Eds.), *The Construct Validation of Tests of Communicative Competence*. Washington, D. C.: TESOL, 1981; Bachman, L. F. & Palmer, A. S., Theconstruct validation of the FSI oral interview. In *Language Learning*, 1981, 31(1); Bachman, L. F. & Palmer, A. S., The construct validation of some components of communicative proficiency, *TESOL Quarterly*, 1982, 16(4); Bachman, L. F. & Palmer, A. S., The construct validation of self-ratingsof communicative language ability, *Language Testing*, 1989, 6(1).

[2] Cronbach, L. J. & Meehl, P. E., Construct validity in psychological tests. *Psychological Bulletin*, 1955, 52.

[3] Messick, S., Validity. In Linn, R. L. (Ed.), *Educational Measurement* (3rd ed.). New York: Macmillan Publishing Company, 1989.

[4] 赵琪凤《效度研究领域中的争议》,《中国考试》2014 年第 6 期。

度及其所在的定律网络[①]以及效度理论的发展[②]等做了比较细致的研究。当然,关于构想效度的研究也还存在很多困难,大家远没有达成一致。

总之,近10年来语言测试方面虽然有一些研究成果,但和10年前相比还是显得有些不景气。这既和国际的大背景有关,也和国内的小气候有关。不景气的表现有二:第一,研究成果显得少了一些;第二,关注理论问题的文章更少。希望下一个10年不会再是这个样子。

[①] 赵琪凤《也谈构想效度本质及其定律网络》,《中国考试》2013年第3期。
[②] 赵琪凤《效度理论发展述评——基于四版〈教育测量〉异同的比较分析》,《中国考试》2012年第7期。

第一章

语言测试的理论研究

第一节 语言测验的学科定位[①]

语言测验作为一门学科或科学,其地位近年来不断提高,一般认为,语言测验属于应用语言学,关于它的学科地位,Alan Davies(1990)有过这样一段论述:

在过去的20年里,语言测验经历了一个辩证的发展过程,从1961年Robert Lado写《语言试验:外语测验的构建与使用》(*Language Testing: The Construction and Use of Foreign Language Tests*)时应用语言学的配角,转变为今天应用语言学中居主导地位的角色,原因在于,它使用明显有活力的方法去面对语言学习和语言应用中的主要问题。在过去的20年中,语言测验一直在使自己从只具有实践意义向着既具有实践意义也具有理论意义的方向转变。唯其如此,它既获得了学院派的尊敬,又开始具备了解释力。[②]

[①] 本节摘自王佶旻《语言测验的学科定位》,《中国考试》2011年第8期。
[②] Daies, A., *Principles of Language Testing*. Oxford: Basil Blackwell, 1990.

Davies 的话至少说明了两个问题：第一，作为一门学科，语言测验的地位越来越高；第二，语言测验是理论与实践相结合的学科。

讨论语言测验的学科定位，首先要明确这个学科的性质、研究对象、研究的基本问题和基本方法及其支撑学科。

一、语言测验研究的性质

科学研究可以分为两大类：经验科学和非经验科学。经验科学旨在探究、描述、说明和预言发生在我们所生活的世界上的事件。因此，经验科学的论断必须由经验中的事实来检验，而且仅当它们有经验证据的支持时，才是可以接受的。这类经验证据可以由许多不同的方式取得，诸如实验、系统的观察、采访或调查，心理测验或临床检验，对文献和文物的考察等。而非经验科学诸如逻辑和数学，是不需要依赖于经验证据的证明的。这也是两类科学的基本区别。[①]

根据这个标准，语言测验应当属于经验科学。在应用层面上，语言测验的作用之一是测量人的语言能力、语言知识或语言技能。这些都是客观存在，也就是"发生在我们所生活的世界上的事件"，要对这些"事件"进行测量，其准确程度，最终是要由实践来检验的，也就是要获得"经验证据的支持"。同时，在理论层面，我们的根本目的就是要对语言能力等"事件"做出描述、说明甚

---

① 卡尔·C. 亨普尔《自然科学的哲学》(1966)，张华夏译，中国人民大学出版社，2006年。

至预测，而这一切，最终也需要由实践来检验，也仍然要获得经验证据的支持。

第二个需要明确的是语言测验属于自然科学还是属于人文科学（或社会科学）。从学科发展看，语言测验是在语言学、心理学和测量学的共同影响下出现的。其中，测量学是自然科学；心理学有时归入自然科学，有时归入人文科学；语言学似乎争议最大。传统上认为语言学是人文科学，但19世纪以来，语言学发展迅猛，如今已是千门万户，五光十色，叫人眼花缭乱了。在研究方法上，语言学研究也越来越多地采用自然科学方法，虽然它还没有成为精密科学，但已经比其他人文科学具有了更多的自然科学的性质。语言测验在这样几个学科的交叉地带成长起来，它的自然科学成分就比典型的人文科学更多。因而，我们可以把语言测验看成一门交叉学科，它融合了人文科学的眼光和自然科学的精神。

二、语言测验研究的对象

语言测验是一种测量工具，任何测量工具都有特定的测量对象。秤的适用对象是具有重量或质量的物质，尺子则适用于测量在空间上具有广延性质的对象，语言测验适用的对象是人的语言能力、语言知识或语言技能。语言测验有很多种，不同的语言测验有不同的对象。旨在测量人的一般语言能力的测验，我们称作语言能力测验或语言水平测验，它的测量对象是人的一般语言能力，这是一种潜在的能力，不可以直接测量，只能通过某种媒介间接地测量。教学中使用的成绩测验，测量的对象是学生在某一课程结束时所获得的语言知识或语言能力。能力倾向测验的对象是学习者学习某一语言时将会发挥出来的潜在能力。不论是哪种语言测验，它的对象都是人的某种特质——语言能力。

语言测验的对象和语言测验研究的对象是两个不同的概念。语言测验是我们研制出来的工具，要使这个工具有效，我们既要研究工具的适用对象（即语言测验的对象），也要研究工具本身。比如说，要造一把尺子，我们要研究这把尺子要量的东西，也要研究用什么材料做这把尺子以及做出来的这把尺子是不是靠得住。语言测验也一样，我们既要研究语言测验的对象——语言能力、语言知识等，也要研究测验自身。所以，语言测验研究有两个大的方面：一个是语言方面，包括对语言理论、语言知识和语言行为的研究；另一个是测量学方面，包括对测量的可靠程度、精确程度的研究。

三、语言测验研究的基本问题

一个学科的基本问题就是贯穿于这个学科的全部历史并且推动着学科发展的那些问题。比如说，存在和意识的关系问题是哲学的基本问题，资本问题是经济学的基本问题。那么，语言测验研究的基本问题是什么呢？语言测验研究的基本问题就是语言能力问题。对所有的语言测验来说，不论是开发，还是应用，一个首要问题就是对语言能力有一个明确而清晰的定义。[1] 无论是什

---

[1] Bachman, L. F., *Fundamental Considerations in Language Testing*. Oxford University Press, 1990.

么样的测验，都不能回避语言能力问题，只是不同的测验对语言能力的不同方面或不同层次有所侧重而已。关于语言能力问题，我们有许多思考，比如：语言能力是可分的还是不可分的？语言能力的结构是怎么样的？语言技能（听说读写）是趋向分散还是融合？

除了语言能力问题这个贯穿始终的基本问题以外，另外两个重要的问题就是测验的有效性和可靠性问题。有效性是指测验在多大程度上测到了我们想要测的东西（语言能力），可靠性是指测验分数的稳定性和一致性。这两个问题涉及对测验工具即语言测验本身的研究，语言测验归根结底是一种教育测量工具，工具的有效性是研究者们应当始终关注并充分研究的课题。

四、语言测验研究的基本方法

语言测验在学科定位上是一种交叉学科，兼有人文科学和自然科学的性质，这样的性质使得语言测验在研究方法上既要使用定性研究也要使用定量研究。定性研究是探索性研究的主要方法之一。调研者利用定性研究来定义问题或寻找处理问题的途径。在寻找处理问题的途径时，定性研究常常用于制定假设或是确定研究中应包括的变量。因此，掌握定性研究的基本方法对研究者来说是很必要的。定量研究是要寻求将数据定量表示的方法，并要采用统计分析的形式。一般考虑进行一项新的研究项目时，定量研究之前常常都要以适当的定性研究开路。有时候定性研究也用于解释由定量分析所得的结果。两种研究方法各有特点。

在科学研究中我们要把两种方法有机地结合起来。那么，在研究中应该怎样正确处理二者的关系呢？我们认为，定性研究为定量研究指引方向，定量研究为定性研究提供保障。没有定性研究，定量研究就没有内容；没有定量研究，定性研究就不能落实。定性和定量，都是现代科学研究中不可缺少的研究方法。其实，定性也好，定量也好，怎么研究都要基于逻辑。定性研究可以是经验的，也可能是非经验的，而定量研究，无一例外，都是经验的。在研究中处理好定性与定量的关系是十分重要的。我们知道，定性研究的主观随意性可以很大，定量研究恰恰能够对主观随意性有所限制，我们的结论于是就更客观一些。科学研究要遵循可重复性原则，可重复性是判别真伪科学的操作方式，[①]而定量研究正是保证可重复性的一种手段。所以，不应该把这二者对立起来，而应当有机地结合起来。

五、语言测验研究涉及的学科领域

语言测验是多学科交叉的产物，因此语言测验的研究就不能孤立地进行，它必然要涉及以下这些相关学科。

（一）语言学理论

语言测验的对象是人的语言能力，测验使用的材料主要是语言材料，从某种角度讲，人的语言能力是通过对语言材料的运用表现出来的，因此，语言理论和语言能力理论对语言测验来说，是不可或缺的。从语言测验的发展历史上也可以看出这一点。在20世纪50—60年代，占统治地位的是美国结构主义语言学，结

---

① 王德胜《探索科学的判据》，《光明日报》1996年12月22日。

构主义把语言看成是自足的结构，而这个结构又可以被分析成更小的组成成分，在这种语言学背景下，分立式测验应运而生。20世纪70年代，乔姆斯基理论蒸蒸日上，于是 Oller 和 Spolsky 等人便用测验去寻找一种"一般语言能力"。20 世纪 80 年代以来，社会语言学蓬勃发展，交际性测验就成了语言测验领域里的热点。到目前为止，语言测验总是在一定的语言理论的影响甚至是指导下发展的。

（二）语言能力理论

语言能力理论是关于人的语言能力的获得和形成的理论，它的发展与语言理论的发展并不是同步的。我们知道，结构主义语言学的理论体系中并不涉及人的语言能力。因此在结构主义时期，语言测验必须借助心理学中行为主义的学习理论来解释语言能力的形成，否则它就无法实现。乔姆斯基理论使这种状况有了改变，从某种意义上讲，普遍语法理论是把关于语言结构的理论和关于语言能力的理论结合了起来，它既是语言学理论，又是语言能力理论。普遍语法理论和交际理论本身已经包含能力理论，以它们为基础的语言测验就无须借助另外的能力理论了。

在语言测验发展的初期，测验学家只是被动地应用现成的语言理论，结构主义说语言是由音位、词法和句法等不同的结构单位组成的，测验学家就按这种划分来开发测验，不再深究语言能力的本质。随着语言测验的发展和成熟，测验学家不仅追求测验的精确可靠，而且也追求测验的理论解释力，正如 Bachman 所说，"虽然很多外语或第二语言的水平测验仍然沿用 Lado 和 Carroll 的语言技能加语言成分的框架，但许多测验学家对语言能力已有更深刻的理解"。Oller 提出的"语用期望语法"，Bachman 等人提出的"交际性语言水平"和"语言交际能力"等概念,都是测验学家对语言能力的探索。在对语言能力的探索中,近年来大家有一个共同的想法,即企图寻找一个关于语言能力精确的有经验基础的定义,在这样一个定义的基础上,我们可以开发出一个"通用量表",这个通用量表不受语境、水平、语种等条件的限制。这样一个愿望,就不仅仅是满足于测到语言能力,而是向揭示语言能力的本质和性质进军了。虽然目前还没有严格意义上的通用量表,但欧共体研究和制定的欧洲语言能力共同框架(Common European Framework,CEF)已经开始在这一领域迈出了坚实的步伐。

(三)语言习得和语言教学理论

语言测验、语言习得和语言教学同属于应用语言学学科,它们有很多相同的研究特点。这些相同的特点已经引起了学者们的关注,1998年Bachman和Palmer专门编纂专辑来讨论第二语言习得与测验研究的接口问题。他们指出,语言习得和语言测验研究所关心的问题是共通的,即如何描述和解释学习者语言行为的差异情况。学习者在习得过程中表现出来的语言行为情况各异,在测验任务中所表现出来的测验行为也各不相同,如何寻求导致这种情况的原因是习得研究者和测验研究者的共同任务。

实际上,在语言习得、语言教学研究和语言测验研究之间,有一种本质上互补与互动的关系,语言测验既为语言习得和语言教学研究服务,它自己也从语言习得和语言教学的研究中受益。语言测验可以提供关于学习和教学效果的信息,语言教师经常用测验来诊断学生的学习情况,语言测验也常被用于评价课程设置、教学大纲、教学体系和教学方法。另一方面,语言习得研究和语言教学的实践的成果，也可为设计和开发语言测验提供有用的材料。例如，语言习得顺序的研究对确定语言能力水平就很有参考价值。所以说，语言测验不是在真空中发展的，我们对语言习得和教学过程的深入理解，可以促进语言测验的发展，而语言测验对语言习得和教学的研究来说，也是一个既有实践意义又有理论洞察力的工具。

相关学科的相互借鉴是学科繁荣的基础，语言测验研究需要借鉴语言习得和教学的成果，语言测验的研究者也需要具备这些方面的理论和知识。

（四）测量学理论

我们说过，语言测验是一种教育或心理测量，因而语言测验研究必然涉及对测量学的研究。语言测验所涉及的统计、测量理论大致有相关分析、方差分析、概化理论、项目反应理论等，这些理论在测验中都有直接的应用。对于开发和研究语言测验来说，首先是能够正确地理解、使用和解释这些理论，因为这些理论是测验的工具基础，其基本作用是保证我们的测验可靠。如果我们误用了测量学的概念和理论，测验的可靠性和有效性就没有了保障。在语言测验的研究和实践过程中，我们也有可能改进测量理论，这当然是非常高的要求，但如果语言测验学家能够在工作中对测量理论做出一两项改进，那将是更大的贡献。这也就是我们常说的，测验研究不应仅仅停留在应用研究的层面上，而应该为理论做出贡献。

第二节　汉语水平考试的科学本质[①]

汉语水平考试（HSK）是北京语言学院（现北京语言大学）自主研发的标准化的汉语作为第二语言能力考试，诞生于1984年。该考试由HSK［基础］、HSK［初、中等］和HSK［高等］三种分考试构成由低到高的考试系列。它是以汉语作为第二语言的外国人、华侨和少数民族汉语学习者为对象，以语言学（及应用语言学）、心理测量学、计算机科学等学科为基础，以科学评价汉语学习者一般语言水平为目标的测量工具。其本质是科学的，其方向是应用的。

HSK的科学本质本来无须多论，因为凡是真正了解这个考试、了解语言测验理论的人士都不会对其科学本质提出疑问。[②]但是正如对外汉语教学学科确立之前被视为"小儿科"，被认为"会说中国话就能教汉语"一样，汉语测试（包括HSK）至今仍被一些人轻视，以非科学的态度加以苛责，因此我们认为还是有讨论的必要。此外，人们在谈到HSK时，往往只是单纯地把它作为一种测量工具来看待，常常忽视这个工具所负载的学科意义，因此，也有论一论的必要。

---

① 本节摘自孙德金《汉语水平考试（HSK）的科学本质》，《世界汉语教学》2007年第4期。

② 2005年北语汉考中心为改进现行HSK系列，专门举办了"语言测验分数体系研讨会"，来自全国主要相关高校和机构的知名学者对HSK的科学性和HSK中心的科学态度给予了很高的评价。

一、HSK 诞生的学科背景

HSK 与对外汉语教学学科相伴而生,没有汉语测试理论和实践,对外汉语教学学科就是不完整的。

中华人民共和国对外汉语教学事业发展到 20 世纪 80 年代初,虽有 30 多年的历史,在学科建设上也有了一定的基础,但"对外汉语教学"作为一门学科还远没有达到被承认的地步,大量的基础研究还没有真正开展起来。作为对外汉语教学的有机组成部分,汉语测试那时只有有限的成绩测试的实践,而缺乏有意识的理论思考和科学研究,[①] 水平(或称"能力")测试更是无从谈起。英语的 TOEFL 从 20 世纪 60 年代初开始研制,[②] 首次进入中国是 1981 年。TOEFL 进入中国,首先对外语教学界产生重要影响,其对语言运用技能(听的理解和读的理解)的强调对外语界一直注重语言知识的教学模式冲击很大,就外语教学的基本任务和基本方向而言,这种影响无疑是积极的。对外汉语教学本质上也是一种外语教学(或称第二语言教学),外语界所接受的影响不可能不影响到对外汉语教学界。当时北京语言学院(今北京语言大学)的一批对外汉语教师(应称为有识之士)敏锐地注意到外语教学和测试领域的变化,反观对外汉语教学领域尚无一种标准化的能力测试的现状,提出研制汉语作为第二语言的能力测试的设

[①] 事实上就汉语作为第二语言的成绩测试来说,到今天仍然没有真正很好地进行科学的研究,有关文章寥寥无几。吕必松 1989 年给《汉语水平考试研究》一书所作的"序"中就指出:"成绩测试虽然在普遍进行,但是这方面的专门研究很少。许多单位传统的考试方法比较盛行,凭经验办事的现象比较严重,离科学化还有一段不小的距离。"近 20 年后的今天,这种状况可以说并没有大的改变。

[②] Spolsky, B.《客观语言测试》,上海外语教育出版社,1999 年。

想，并于1984年12月正式成立了由刘珣等五人组成的"汉语水平考试设计小组"。①1985年完成第一套试卷的试测，并在第一届国际汉语教学讨论会上发表了《汉语水平考试的设计与试测》②一文，引起轰动。这标志着对外汉语教学的学科建设迈出了非常关键的一步。接着在1986年和1987年又进行了两次大规模的试测。三次大规模试测的结果全面地反映在《汉语水平考试（HSK）的性质和特点》③一文中。试测结果表明，HSK是一种信度和效度都很高的考试。这为正式推出该考试打下了坚实的理论和实验基础。1988年北京语言学院首次正式举办HSK，并颁发证书。

三个等级的HSK系列是伴随着对外汉语教学的发展逐步研制完成的。今天称作HSK［初、中等］的这个分考试就是最初设计的"汉语水平考试（HSK）"。到20世纪70年代末，我国的对外汉语教学的主要教育类型还是非学历的汉语预备教育，④各高校承担的汉语教学任务主要是通过一到两年的教学，使来华留学生的汉语水平能够达到进入相关高校学习理工农医、文科专业

---

① 根据刘英林等《建立具有中国特色的汉语水平考试——对1985、1986两年汉语水平考试的综合分析》（《第二届国际汉语教学讨论会论文选》，北京语言学院出版社，1988年），"HSK这一课题的研究和小型的试验是从1981年开始的，1985年进入实质的设计和试测"。我们经常说HSK是从1984年开始研制的，是以正式立项并成立五人设计小组为标志的。设计小组成员：刘珣、黄政澄、方立、孙金林、郭树军。

② 刘珣、黄政澄、方立、孙金林、郭树军《汉语水平考试的设计与试测》，载《第一届国际汉语教学讨论会论文选》，北京语言学院出版社，1986年。

③ 刘英林《汉语水平考试（HSK）的性质和特点》，载刘英林主编《汉语水平考试研究》，现代出版社，1989年。

④ 当时叫"现代汉语"专业，后叫"汉语言（对外）"专业的来华留学生汉语专业学历教育1975年在北京语言学院试办，1978年首次正式招生，但规模很小。

的程度。在 HSK 诞生前，各高校的对外汉语教学工作没有一个统一的、客观的标准来确定学生是否达到了结业和入系学习专业的要求，这种现实的迫切需要是 HSK 研制工作的原动力。进一步讲，"标准意识"的确立是 HSK 产生的最重要因素，而这一点对整个对外汉语教学学科地位的确立同样非常重要。由于历史的原因，严格意义的对外汉语教学学科建设始于 20 世纪 70 年代末 80 年代初，1979 年试刊《语言教学与研究》应视为一个标志，陆续发表了一些文章，尽管多数文章理论性和科学性还不是很强，毕竟开始了自觉的探索。恰在同时，汉语水平考试的研制动议提出，科学的测试标准的建立摆上了日程，这无疑在严格的科学意义上推动了对外汉语教学学科的建设，因为要研制标准化的语言水平考试，就必须要有基本的条件和保障。[1] 在考试研制工作的推动下，《汉语水平等级标准和等级大纲》(1988)及其后的《汉语水平词汇与汉字等级大纲》(1992)和《汉语水平等级标准与语法等级大纲》(1996)相继问世。尽管自这些大纲问世以来就没有停止过对大纲的批评，[2] 但不可否认，标准和大纲对整个对外汉语教学事业和学科具有非常重要的意义和作用，无论是总体设计、教材编写还是课堂教学、测试，都有了科学的依据。因此一定意义上可以说，没有汉语水平考试，就没有对外汉语教学的标准化和规范化。随着对外汉语教学事业的发展，教育类型发生

---

[1] 吕必松《汉语水平考试研究·序》，载刘英林主编《汉语水平考试研究》，现代出版社，1989 年。

[2] 孙德金就曾在《汉语水平词汇与汉字等级大纲》出版的第二年写出了《〈HSK 词汇等级大纲〉问题浅见》一文，发表于《第四届国际汉语教学讨论会论文选》，北京语言学院出版社，1995 年。

了重要的变化，由最初的汉语预备教育为主转变为汉语进修教育、汉语专业教育和汉语预备教育等多种教育类型并存，特别是汉语专业教育有了快速的发展。这对汉语水平考试提出了现实的要求，也使面向高水平汉语能力者的测试有了研制的规模保障。经过几年的努力，HSK［高等］于1993年正式推出，原有的"汉语水平考试（HSK）"命名为HSK［初、中等］。面向汉语初学者的考试随着事业的发展也有了一定的需求，北语汉考中心于1997年又推出了HSK［基础］。至此，由低到高三个分考试组成的HSK系列研制完成，基本满足了各层次汉语学习者的考试需求。在汉语加快走向世界的新形势下，北语汉考中心又在原有基础上，研制开发了面向最低端汉语学习者的新产品——HSK［入门级］，于2006年正式推出，获得好评。

二、HSK 的学科基础

HSK作为一种标准化的语言能力考试，和世界上诸多语言测试（如TOEFL等）一样，都是多学科交叉应用的产物，有其特定的学科基础。HSK自研制之初就以当时国际语言及语言测验领域的最新理论作为研发基础，因此起点很高。

首先，语言学（及狭义的应用语言学，即语言教学）理论构成了语言测试中关于"测什么"的学科理论基础。

语言测试通常指的是外语测试，而外语测试一般情况下（自学者除外）又和外语教学紧密相关。教什么和测什么的问题都和教者、测者持何种语言观有直接的关系。你是把语言看作一整套知识还是把语言看作一种能力，或是其他，也就必然会确定不同的教学和测试的路子。TOEFL 进入中国前，外语界的基本教学路子就是以各种语言知识（语音的、词汇的、语法的等）教学为主，对各种语言技能相对忽视。不管这种路子是有意选择还是无意为之，终究是一种认识的结果。对外汉语教学界多年的教学实践主体上也是以语言知识教学为主线，近 20 年来虽然强调结构、功能和文化结合的原则，但无根本性的改变。无论是把语言看作一套知识，或是一种技能，或是一种能力，[①] 在教和测上，都要有所依据。教又和学密切相关，因此学习者是怎么学习外语的，这也是语言测试研究中必须要考虑的，而第二语言学习和习得理论可以为语言测试提供重要的支持。

具体到汉语测试，汉语语言学的诸方面成为 HSK 编制中的重要基础。汉语的类型学等方面的特点必须在设计中得到很好的体现，汉语书面语以汉字为书写符号的特性也要在设计中有所反映。

从 HSK 研制之初至今，研究人员都一直坚持科学的指导原则，不仅有明确的理论认识，而且在实践上遵循基本的科学标准。刘珣等（1986）[②] 在介绍 HSK 的设计时专用一节讨论语言形式、语言功能、交际能力等重要理论问题，认为"语言形式与语言社会功能在教学中有机地结合起来，正确地处理好语言能力与交际能力的关系，以达到较全面地培养运用语言能力的最终目的，这是我们对外语教学所持的立场，也是设计汉语水平测试的依据"。

---

① 李筱菊《语言测试科学与艺术》，湖南教育出版社，2001 年，第 3 页。
② 刘珣、黄政澄、方立、孙金林、郭树军《汉语水平考试的设计与试测》，载《第一届国际汉语教学讨论会论文选》，北京语言学院出版社，1986 年。

这说明该设计小组对这些理论问题有比较深入的思考，[①]在此基础上确定基本的设计原则。作为 HSK 的基本依据，《汉语水平等级和标准》的制定是和考试的研制同步进行的。汉字、词汇的定量和分级都有比较科学的依据。汉字字量的研究在汉语语言学领域有很好的基础，这为汉字等级标准的制定提供了很好的条件；汉语词汇的定量研究也有不错的基础，北京语言学院语言教学研究所常宝儒教授等完成的项目成果《现代汉语频率词典》在制定词汇大纲的过程中发挥了重要作用。汉语水平考试的研制者们充分利用汉语语言学和应用语言学（对外汉语教学）的研究成果，带着明确的"标准意识"，立足于汉语水平考试的研发，但不限于汉语水平考试研发本身，在汉语水平等级标准的制定上用力甚多，两方面的工作紧密结合，同步推进。这一过程有两个效果，一是使标准的制定有了大量的测量实践的支撑，二是使考试的研发建立在基础扎实、有科学依据的语言内容纲上。正由于此，无论是汉语水平考试本身还是《汉语水平等级和标准》，问世以来，虽然时有批评，总体上还是得到了普遍的认可，在学科意义上和应用意义上都起了非常重要的作用。

其次，心理测量学为语言测试提供了关于"怎么测"的理论和方法上的学科基础。

语言既是一种社会现象，也是一种心理现象。语言测试的目

[①] 关于一个语言测试究竟该如何处理知识、技能和能力的关系问题，还很难定于一论。强调语言的交际功能当然没错，但"交际能力"到底能不能"教"（好），能不能"测"（准），至少到目前还没有见到确定的答案。理论认识是一回事，实践操作是另一回事，所以王宗炎（2001）在给李筱菊《语言测试科学与艺术》的"序"中说"你考语言知识吗？信度高，可是效度不高。你考语言运用的能力吗？效度高，可是信度不高"。

第二节　汉语水平考试的科学本质

的是要运用一定的测量手段对应试者的语言能力（或称水平）做出评价，并对应试者能够运用语言做什么做出描述。测量语言能力不同于测量有高度、长度等属性的事物，因为按照乔姆斯基的观点，语言能力是人的一种心理状态。[①] 人类对语言能力的理论认识，至少到目前为止，还是初步的。尽管如此，语言教学和语言测验的实践一直存在，也一直在发展。前者假定可以通过教学活动使学习者获得语言能力，后者假定通过一定的方法可以测到应试者的语言能力。两方面的实践都建立在对语言能力客观现实性的假设基础上，事实上一定程度上也得到了经验的证明。换言之，在语言教学和语言测验的实践中，人们是感觉到或认识到语言能力是客观存在的。一个对外语一无所知的人，经过一段时间的学习，能够说出（或写出）该外语的一些话语，因此说此人具有了一定的该外语的语言能力；再经过一段时间的学习，此人能够说出（或写出）的该外语的话语多了、复杂了、丰富了，因此可以说此人外语的语言能力增强了。同样，一个学过一段时间外语的人，参加了某种语言测验，达到了某个级别，因此可以对他的语言能力有一个描述，再经过一段时间的外语学习，语言测验又可以对他的语言能力做出发展了或是没有发展的判断。这一切都建立在人类对语言能力的常识性确认的基础上。究竟语言能力是什么？怎样构成的？该如何系统地说明？这就需要心理学家、语言学家等对这些问题做出科学的回答，因此这是"科学"的任务，需要跨越"常识"。[②] 这个任务具体就要由"语言测试"这

---

① 张凯《语言测验和乔姆斯基理论》，《世界汉语教学》1998 年第 2 期。
② 欧内斯特·内格尔《科学的结构》（1979），徐向东译，上海译文出版社，2005 年，第 1 页。

门交叉性的学科来完成,该学科就是要对一组言语行为进行测量,这组行为是表征目标能力的全部行为的一个抽样,测试的结果是为了可以对目标能力做出推论。[1]

心理测量学为语言能力的测量提供了理论和方法。主要的和基本的理论就是信度、效度理论,这两个概念也是语言测试中的最根本的概念。信度是对测量一致性程度的估计,其研究结果是确定某个测验在使用中是否具有稳定性和可信赖性。[2] 效度是一个测验对其所要测量的特性测量到什么程度的估计。信度可以从一个测验实施后的数据分析中获取,而效度则需要通过测验后的效度验证得出高或低的判断。

信度、效度理论为语言测试这一交叉性学科科学系统地说明语言能力提供了可能性。通过一系列的实验、调查和统计分析,可以得到定量的、定性的各种结果,据此对被试的语言能力做出推论(具体刻画为某一个级别),并能够对若干被试的语言能力做出基于数据的分层推论。这一整套测量理论和方法相对于要测的内容来说,就是一套手段性的科学,有了它,就可以把"常识"做科学的说明。好比对重量的测量,常识会告诉我们某件物品重、某件物品轻,重和轻的表述就一般的语言表达要求来说足够了,不需要精确;但如果问到底多重,就需要准确的甚至是精确的测量,因此就需要有科学的测量工具。从最基本的道理上说,语言能力的测量也是一样。常识会告诉我们张三的外语不错,能说会写,李四的外语较差,说不流利,写不顺畅,会得出张三语言能

---

[1] 李筱菊《语言测试科学与艺术》,湖南教育出版社,2001年。
[2] 金瑜主编《心理测量》,华东师范大学出版社,2001年。

力强、李四语言能力弱的判断。但究竟两人差距多大，则无法说清了，这就需要有一种科学的测量工具给不同人的语言能力做出具体描述。相比于物体重量的测量，语言能力要困难得多，因为它是一种心理特质，看不见摸不着，需要特殊的测量手段。信度、效度理论恰恰可以用来实现这个目标，解决"怎么测"的问题。

作为语言测试的一个品种，HSK 从设计之初就完全按照测量理论和方法，在测验长度、试卷结构、题目类型、施测过程、评分阅卷等方面努力追求高信度、高效度，结果令人满意，达到了一个科学化语言测试的基本要求。

除了上述两个最重要的学科基础，在手段和工具层面上，计算机科学也为语言测试提供了重要的支撑。大量的实验需要进行大量的统计分析，手工统计和计算虽然也能完成基本任务，[①]但必然要耗去相当的人力和时间，效率低，发生误差的可能性大。随着计算机科学技术的发展，语言测试的手段得到加强，很多工作都可以交给计算机去完成。相应地也出现了很多实用型统计分析软件，推动了语言测试的进一步科学化。计算机科学还为新型考试提供了可能性，比如计算机自适应语言测试（Computer Adaptive Testing）、基于网络的语言测试等。这方面的发展很有前景。

如果把测试的实施也考虑进来的话，科学化的管理也是一个重要的方面。语言测试中的信效度依赖于很多因素，从命题到实施，再到评分，整个过程能否在一种合理的有序的状态下运行，直接影响了一种考试的质量。这当中需要管理学、运筹学的支持。

---

① 在 HSK 研制之初，条件艰苦，就曾手工计算过数据。

三、HSK 的科学实践

20多年来，HSK 的研究人员一直高举科学的旗帜，在测试研究中践行科学的原则和精神。正因如此，这个测试品牌赢得了广泛的认可，其权威性和影响力毋庸置疑。可以说，科学性是这个测试品牌的核心品质。

HSK 的科学性是由以下方面的科学行为和科学实践来保证的：

（一）高起点的设计

前文说过，20世纪80年代初，汉语水平考试事业的开拓者们带着明确的"标准意识"开始了 HSK 的研制工作。当时，无论是资料、研究条件还是外部环境，都不利于汉语水平考试的研制。但是这些开拓者们以其强烈的使命感和责任感，克服了种种困难，边学习边实践，在一个较高的起点上奠定了汉语水平考试的科学基础。考试的设计思想既反映了当时国际语言学、语言教学及语言测试领域里的最新成果，又紧密结合汉语实际，体现汉语特点。

HSK 是一种标准化的、有一定规模的语言能力测试，各个级别都有多次的考试，因此就会有多个平行的试卷。为了保证题目的难度、区分度合格，保证每次考试之间是可比的，设计之初就确定了题目预测和试卷等值的基本路线。在常模样组的确定、预测样本的选择、等值方案的制定等方面，都有精心的思考和设计。近些年来，随着 HSK 规模的扩大，对预测和等值的要求有了新的变化。HSK 研发人员根据新的形势的要求，调整预测和等值策略，将原来的一个预测点扩大到十个预测点，成功地找到了对应关系；等值也根据不同的情况确定最佳的方案。

（二）反复的调查实验

HSK 自诞生以来，大大小小的实验和调查已难以细数。1985 年拿出第一套 HSK 试卷后，在当时的北京语言学院一、二年级留学生中试验，回收有效卷 362 份，分析结果详见刘珣等（1986）[①]。1986 年又在全院进行了第二次大规模试测，同时将测试范围扩大到北京师范大学、北京大学、山西师范大学等，[②]后扩大到 15 所高校。1987 年进行了第三次试测。三次考试都达到了很高的信度，分别为 0.949、0.964 和 0.97。三次试测还分别进行了试卷间、分测验（阅读理解、听力理解）和全卷的相关分析，并做了内容效度、同期效度等方面的效度研究。在开展试验性考试的同时，研究人员还非常重视跟踪调查工作，分别于 1986 年 9 月和 1987 年 9 月调查了参加 1985 年和 1986 年的汉语水平考试的学生，了解他们进入理工专业和文史哲专业学习的情况，这方面的研究对确立合理的能力标准非常重要。1986 年试测的试卷还曾用于北京大学对外汉语教学中心 1987 年 9 月学生入学分班考试，统计分析结果证明，HSK 试卷用于入学测试较为准确、可行。经过反复的实验和调查，当时的研制小组才提出在全国乃至世界推行 HSK 的建议。从有关资料看，三年的试测和研究工作很充分，数据和材料翔实可靠，奠定了 HSK 的科学基础。

HSK 自 1989 年正式推行以来，在原有的基础上，北语汉考

[①] 刘珣、黄政澄、方立、孙金林、郭树军《汉语水平考试的设计与试测》，载《第一届国际汉语教学讨论会论文选》，北京语言学院出版社，1986 年。

[②] 刘英林等《建立具有中国特色的汉语水平考试——对 1985、1986 两年汉语水平考试的综合分析》，载《第二届国际汉语教学讨论会论文选》，北京语言学院出版社，1988 年。

中心仍然不断地开展各种形式的实验研究、调查研究。

（三）扎实的基础理论研究

HSK本身是一种语言测试产品，是一种语言能力的测量工具。而这个工具的生产离不开各相关领域的基础理论研究。比如，这个工具要测量的是人（二语者）的语言能力，首先就要对语言能力本身有所认识。语言能力是什么？语言能力的结构是怎样的？语言能力怎样表现？等等，都需要很好地加以研究。尽管从一定意义上说，语言能力问题是一个相当难的问题，汉语水平考试的研发人员还是知难而进，进行了一些有益的探讨。陈宏（1996、1997）、王佶旻（2002）、张凯（2005）的研究代表了这方面的成果。[1] 此外，北语汉考中心培养的硕士研究生马新芳对第二语言的阅读能力和写作能力的关系进行了实证研究。[2] 这些研究对深入认识语言能力问题都有启发价值。关于语言测试的原理性问题，张凯讨论了测验的测度和精度问题，指出测度是为了把不可测的变为可测的而虚构出来的，和物理测量相比，语言测验是不太准确的[3]。关于测验理论中的标准参照理论，张凯（2002）有很深入的研究[4]。在效度理论研究方面，陈宏（1997）、陈宏（1997）、

---

[1] 陈宏《第二语言能力结构研究回顾》，《世界汉语教学》1996年第2期；陈宏《汉语能力结构差异的检验与分析》，载王建勤主编《汉语作为第二语言的习得研究》，北京语言文化大学出版社，1997年；王佶旻《国外语言测验领域对语言能力的研究述评》，载《考试研究文集》第1辑，经济科学出版社，2002年；张凯《Performance是"运用"还是"表现"》，载张凯主编《语言测试及测量理论研究》，北京语言大学出版社，2005年。

[2] 马新芳《对第二语言阅读能力和写作能力关系的实证分析》，载孙德金主编《语言测试专业硕士论文精选》，北京语言大学出版社，2005年。

[3] 张凯《语言测验的测度和精度》，《语言文字应用》2004年第4期。

[4] 张凯《标准参照测验理论研究》，北京语言文化大学出版社，2002年。

张凯（1998）这三篇文章集中讨论了结构（构想）效度问题，[①]因为这是心理测量中最重要的概念，对这个问题进行深入的探讨无疑会对汉语水平考试的科学化产生重要影响。另外，在等值技术方面，谢小庆对15种等值方法做了比较研究，[②]这对HSK确定合理的等值方案很有帮助。在概化理论、DIF检测方法等方面有黄春霞（2004）、于媛颖（2005）的初步研究。[③]

上述这些基础理论研究构成了HSK科学的、可持续发展的坚实基础。

（四）深入的测试实践研究

除了上述基础理论研究外，多年来，围绕着HSK本身开展了大量的实践研究。第一篇重要文章就是刘珣等《汉语水平考试的设计与试测》[④]。主要研究成果集中反映在刘英林主编《汉语水平考试研究》、北京语言学院汉语水平考试中心编《汉语水平考试研究论文选》、刘镰力主编《汉语水平测试研究》、谢小庆主编《中国汉语水平考试（HSK）研究报告精选》、孙德金主编《语言测试专业硕士论文精选》、北京语言大学汉语水平考试中心《世界汉语教学》（汉语水平考试研究专号）和张凯主编《语言测试

[①] 陈宏《结构效度与汉语能力测验——概念和理论》，《世界汉语教学》1997年第3期；陈宏《在语言能力测验中如何建立结构效度》，《语言教学与研究》1997年第2期；张凯《关于结构效度》，《语言教学与研究》1998年第4期。

[②] 谢小庆《对15种测验等值方法的比较》，《心理学报》2000年第2期。

[③] 黄春霞《概化理论及其在HSK测试中的应用》，《云南师范大学学报》（对外汉语教学与研究版）2004年第2期；于媛颖《多种DIF检测方法的比较研究》，载孙德金主编《语言测试专业硕士论文精选》，北京语言大学出版社，2005年。

[④] 刘珣、黄政澄、方立、孙金林、郭树军《汉语水平考试的设计与试测》，载《第一届国际汉语教学讨论会论文选》，北京语言学院出版社，1986年。

及测量理论研究》等论文集中。[①] 研究的问题涉及考试的方方面面，有HSK的设计与开发、HSK的分数解释、HSK的信度和效度、HSK的公平性、HSK的题目设计和题库建设、HSK的预测和等值、HSK的主观卷评分，也有HSK的考务管理、市场调查分析等。多数研究报告都依据调查和试验，靠大量的实证材料去分析研究对象，为HSK的改进和发展提供了实实在在的研究支持。

需要特别指出的是，近几年来，HSK效度研究取得重要的进展。2005年至2006年，在北京语言大学汉语学院的大力支持下，北语汉考中心的研究人员成功进行了数百人参加的HSK［初、中等］效度研究，取得了可靠的研究数据。[②] 这些报告显示，HSK效度很高。此外，北语汉考中心发挥产、学、研紧密结合的优势，语言测试专业的研究生参与考试实践，从中发现问题，在导师指导下开展研究，成果再用于考试质量和效率的提高。

（五）严格规范的操作要求

语言测试要保证其科学性，单靠上述各方面还不够，各个环节上操作层面的问题是否解决得好，影响也很大。以命题为例，

---

① 刘英林主编《汉语水平考试研究》，现代出版社，1989年；北京语言学院汉语水平考试中心编《汉语水平考试研究论文选》，现代出版社，1995年；刘镰力主编《汉语水平测试研究》，北京语言文化大学出版社，1997年；谢小庆主编《中国汉语水平考试（HSK）研究报告精选》，北京语言大学出版社，2005年；孙德金主编《语言测试专业硕士论文精选》，北京语言大学出版社，2005年；张凯主编《语言测试及测量理论研究》，北京语言大学出版社，2005年。

② 王小玲《HSK［初、中等］效度研究报告》，《语言教学与研究》2006年第6期；聂丹《HSK［初、中等］再测信度验证》，《中国考试》2006年第5期；聂丹《考生对HSK［初、中等］当前质量的评价》，《世界汉语教学》（汉语水平考试研究专号）2006年；单玫《HSK［初、中等］难度与效度的考生评价》，《世界汉语教学》（汉语水平考试研究专号）2006年。

HSK一直坚持题目语料真实性原则。这一点有些人（包括一些学者）不完全理解，认为作为母语者写出的句子、话语当然可以做题目的语料。事实上，为了特定目的，由命题人自编的句子、话语与自然语料有很明显的差异，这种非自然的材料不能满足测试目的的要求。为了确保语料的真实，我们对每一个题目的语料都要求有出处，并且规定，除了明显文字错误外，命题人无权改动语料，确需改动的由命题部门负责人处理。我们建立了三级审题制度，对语料的规范性、公平性、敏感性，对题目答案的唯一性等进行严格的审查。再比如主观试卷（口语、写作）的评分，操作要求也相当严格、规范。首先是精心选择代表性强的标杆卷，参照评分标准，对评分员进行严格的培训。评分过程由数名专家组成的质监组负责监督。随着计算机技术的普及，我们已经建立起一套系统化、集成化较高的阅卷评分管理系统，口语和写作的评分均实现在电脑上的盲评，对阅卷过程的监控也十分便捷。在施测环节，为了减少环境因素、人为因素对测试效度的影响，我们一直对考务组织管理工作高度重视，从考点设立、考场环境的保障到督考和主监考人员的培训、考试程序的严格规范，都有详细的规章制度，并且逐项落实。每次考试前，无论规模有多大，都要进行严格的主监考培训，强化程序的落实。这些措施因为操作性强，取得了很好的效果。

用上述很短的篇幅来描述HSK 20多年的实践显然是十分概括的，但从这个粗线条的描述中可以看到，汉语水平考试的研究人员一直秉持着科学精神，在各个方面进行着不断的探索，从而使得HSK不断发展，赢得社会承认。

四、结语

在明确了HSK的科学本质的同时,我们也要认识到,语言测试和其他心理测试一样,不能奢望十分精确地测到想要测到的东西,因为如前所述,语言能力是一种看不见摸不着的东西,是一种心理特质,要靠应试者对题目这种刺激物所做出的反应来推论其能力,推论的准确性有多高,取决于多种因素,并且很多因素往往难以控制。这样说可能会令人沮丧,其实不必。客观地说,语言测试因为有了内容科学、手段科学[1]的支撑,已经能够在相当程度上较为准确地帮助我们推论出语言能力,这也就是"托福"、HSK一类的语言测试品牌得到社会认可的道理所在。相对于解决什么是语言能力这个科学问题来说,任何一种语言测试本身其实也是一种手段和工具,因此语言测试实际具有两重性,一是基于语言能力假设、满足社会语言测评需要的实用工具,二是用来研究人类语言能力及其构成的研究工具。

作为一般性的知识,包括HSK在内的语言测试是一门交叉性的学科,所进行的是应用性的科学活动,这应该是毋庸置疑的。然而遗憾的是,在科学昌明的今天,笔者还要在这里不厌其烦地说明HSK是个科学的东西,不是随随便便弄出来的东西,实在是因为现实中确实存在着不把它当科学的现象。讨论这个问题,是想建议还没有认识到其科学性的人,在讨论有关问题前应先弄清相关的概念、基本理论。比如时常有人说你们这个考试太难了,其实他还没有搞明白他说的"难"和我们说的"难"不是一个概念。

---

[1] 李筱菊《语言测试科学与艺术》,湖南教育出版社,2001年,第25页。

这里所论,并不是说 HSK 就是一种绝对完美的、绝对科学的测试产品。事实上,目前乃至将来也不会有绝对完美、绝对科学的测试产品。从科学的意义上说,我们只能按照科学的要求和基本规范进行不断的科学探索活动,努力地逼近目标。任何不切实际的或者是无知的苛责对科学探索活动都是有百害而无一利的。

第三节　汉语水平考试发展问题略论[①]

这里说的汉语水平考试有宽狭二义。宽义指的是把汉语作为外语(或第二语言)的各种水平(proficiency)或能力测试,不特指某一种水平测试,有别于成绩测试;狭义指的是目前影响最为广泛的 HSK(汉语水平考试)。因此,下文如不加括 HSK,指的是宽义的汉语水平考试。

汉语作为第二语言教学(通常称对外汉语教学)由四个相互联系的部分组成,即总体设计、教材、课堂教学和测试。根据目标、理论和方法等方面的不同,语言测试又分成水平测试和成绩测试。无论是哪一种测试,评价语言学习的效果是测试的根本目的。过去的 20 多年以来,对外汉语教学界对水平测试的研究和实践比较重视,但对成绩测试研究不够,重视不够。事实上,成绩测试的深入研究无论是对语言教学质量本身的提高还是对水平测试质量的提高,都有很重要的作用,应该加强。为集中论题,这里暂

---

① 本节摘自孙德金《汉语水平考试发展问题略论》,《中国考试》2009 年第 6 期。

不讨论成绩测试问题。

一、汉语水平考试的发展概况

中华人民共和国对外汉语教学事业发展至今,已有58年的历程。但汉语水平考试的历史只有不到30年,这与对外汉语教学事业的发展过程有密切关系。从一定意义上说,是外部和内部两方面的因素催生了汉语水平考试(HSK)。综合因素作用下,汉语水平考试呈现快速发展的势头。

（一）发展阶段

汉语水平考试在过去的近30年中,大体上经历了三个发展阶段。

1. 初创期（1980—1990年）

汉语水平考试酝酿于20世纪80年代初。英语水平考试TOEFL进入中国后,给中国的外语教学带来新的启示和影响,由注重语言知识转向重视语言能力的培养。众所周知,对外汉语教学本质上也是外语教学,长期以来一直受到以英语为代表的外语教学的影响。外语界的发展动向引起对外汉语教学界的关注。当时北京语言学院的一批汉语教师开始思考汉语水平考试问题,并开始着手准备,进行了一些前期的基础研究工作。1984年12月,当时的北京语言学院正式成立了由刘珣等五人组成的"汉语水平考试设计小组"。1985年完成第一套试卷的试测。1989年正式推出汉语水平考试,并于当年成立北京语言学院汉语水平考试中心（北语汉考中心）,首次收费考试虽然只有39人报名参加,但其具有的特殊意义却是划时代的。1991年开始在国外设立考点、实施考试。该考试的正式推出，标志着对外汉语教学朝着科学化方向迈出重要一步。

2. 拓展期（1990—2000年）

1989年正式推出汉语水平考试后，经过几年的发展，影响越来越广，考生数逐渐上升。在中国以外国家设点数量逐年增加。与此同时，汉语水平考试工作者开始考虑进一步的发展问题。已经推出的汉语水平考试只是限定在初级和中级水平，还没有可以满足高级水平学习者的考试。经过几年的研制，北语汉考中心于1993年正式推出HSK［高等］考试，原有的"汉语水平考试"命名为HSK［初、中等］。接着，该中心又在1997年推出HSK［基础］，满足汉语初学者的水平考试需求。至此，HSK三个等级的考试系列研制完成，基本覆盖了各个层次的汉语学习者。

3. 创新期（2000年以后）

汉语水平考试从无到有经历了艰难的过程，到20世纪末已经有了世所瞩目的成就。无论是考生人数还是考点数都有了大幅度的增加。考试本身的研究也取得了丰硕的成果。但汉语水平考试工作者一直有着明确的"用户"意识，最大限度地满足汉语学习者的语言能力评测需求，满足学校、企业、机构对汉语语言能力的评测需求，因此，必须对现有的考试进行科学的评估，找出问题所在，同时要对市场需求进行分析，看现有的产品能否满足需要，如果不能满足，需要什么样的产品。创新就成了这一时期的主题，对汉语水平考试（HSK）的改进和研制开发新的考试产品——HSK［入门级］、实用汉语水平认定考试（C.TETS）是这一时期的两大任务。经过不到五年的努力，这些任务目前已经顺利完成。

（二）发展动力

汉语水平考试是在两个方面的动力推动下快速发展的。

1. 汉语传播事业的持续发展

这可以说是汉语水平考试发展的外部动力或者叫作环境动力。

众所周知，中国 30 年改革开放的重要成果之一就是对外交往不断扩大。随着中国快速融入国际政治经济体系，语言成为十分重要的一个发展要素，对汉语的需求日益增强。总体上看，世界各国汉语学习者在逐年增加，至于增加的速度，目前并没有足以让人信服的数据。但由于汉语学习者和汉语水平考试应试者（通常称"考生"）之间有相关性，因此从表 1–1 中所列 1990—2005 年考生增长的数字中就可以推出汉语学习者的增长状况。

为了更直观地反映国内外非少数民族考生的增长情况，我们制作了柱形图 1–1。

以在中国参加考试的日本考生为例，近五年来在总考生数中所占比例变化不大，基本在 13% 左右，呈现稳定状态，但每年还是以一定速度增长。

表 1–1　1990—2005 年 HSK 考生增长情况

（单位：人）

年份	外国人			国内少数民族	合计
	来华留学生	国外汉语学习者	外国人合计		
1990	1934	0	1934	100	2034
1991	1573	499	2072	100	2172
1992	2167	749	2916	200	3116
1993	2717	1590	4307	300	4607
1994	4821	2233	7054	300	7354
1995	8593	3717	12 310	300	12 610
1996	11 061	5374	16 435	6000	22 435
1997	11 672	5814	17 486	12 000	29 486

（续表）

年份	外国人			国内少数民族	合计
	来华留学生	国外汉语学习者	外国人合计		
1998	24 960	6410	31 370	18 726	50 096
1999	18 810	6833	25 643	48 109	73 752
2000	22 270	8797	31 067	54 171	85 238
2001	26 068	12 829	38 937	40 139	79 076
2002	38 219	18 582	56 801	86 649	143 450
2003	35 101	26 846	61 947	86 783	148 730
2004	56 997	33 055	90 052	91 597	181 649
2005	79 061	38 599	117 660	138 558	256 218[①]
合计	346 024	171 927	517 991	584 032	1 102 023

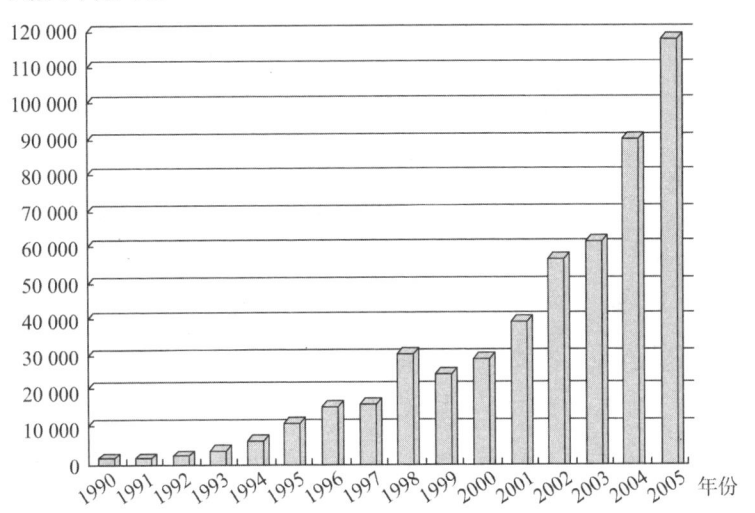

图 1-1　1990—2005 年留学生及国外汉语学习者 HSK 考生人数[②]

① 原文 2005 年数据有误，并导致最后一行的"合计"数也不对，现已改正——编者。

② 原文的图 1-1 漏掉了 2005 年的统计，现已改正——编者。

表 1-2　近五年日本考生情况（中国国内）

年份	总考生人数/人	日本考生人数/人	日本考生比例/%
2003	35 101	5686	16.20
2004	56 997[①]	8916	15.64[②]
2005	79 061	10 104	12.78
2006	89 857	12 319	13.71
2007	90 518	12 781	14.12

有关日本国内的汉语学习者情况，古川裕（2007）曾做过调查分析。[③]

2. 语言测试科学的不断深化

这可以说是汉语水平考试的内部动力或者叫作科学动力。

汉语水平考试是以汉语作为第二语言的外国人、华侨和中国少数民族汉语学习者为对象，以语言学（及应用语言学）、心理测量学、计算机科学等学科为基础，以科学评价汉语学习者一般语言水平为目标的测量工具。其本质是科学的，其方向是应用的。

基于此，我们认为汉语水平考试的存在和发展必须坚持科学的原则和方向。从一定意义上说，没有科学性就没有汉语水平考试的未来。

从汉语水平考试（HSK）研制之初，科学精神就一直是汉语水平考试工作者所坚持的基本精神。多年来，很多学者在各个分支研究领域进行了大量实证性研究，取得了大量研究成果。这些成果保证了汉语水平考试（HSK）的科学性和权威性。经过多年

[①] 原文误为"60572"——编者。
[②] 原文误为"14.72"——编者。
[③] 古川裕《日本"中国语"教育的现状及课题——大学和高中汉语教学的衔接问题》，同济大学"多元文化背景下的汉语国际推广论坛"演讲稿，2007年。

的实践和相关研究的检验，HSK 的信度和效度是被普遍认可的。要保证这一点，需要在很多方面做出努力，包括标准化、科学化的考务组织。

随着语言学、汉语语言学、心理测量学等支撑学科的不断发展，汉语水平考试的科学研究也在不断跟踪各相关学科的发展动态，研究逐渐深化，并在最短的时间内把研究成果运用于测量实践中。因此，事实上，在汉语水平考试的发展中，基础理论和实践的研究与测量实践一直是一种良性互动的关系，这是保证该考试科学性和权威性的关键。

（三）发展方向

尽管汉语水平考试经过近 30 年的发展，已经取得了令人瞩目的成就，成为全球范围内普遍认可的标准化汉语水平考试，但面对不断提升的社会需求，仍需要随时关注各方面的需求，明确发展方向，以满足日趋多样化的考试需求。

1. 现代教育技术的运用

传统的考试形式都是纸笔型考试。汉语水平考试到目前为止仍然是纸笔型考试，这和该考试较短的发展历史以及目前的考试规模尚小有直接关系。需要说明的是，采用纸笔形式的考试不能说这种考试就是落后的考试，道理毋庸赘言。

随着计算机和网络技术的发展和普及，外语学习者对利用现代技术手段进行学习和评价的需求也越来越强。近 10 年来，对外汉语教学领域开展的电化教学研究和实践，基本都是围绕着课堂教学和自学方面的问题，较少语言水平评测方面的研究。从发展的角度看，这方面的探索有很大的努力空间。

北语汉考中心已经开始了相关的研究。其中被称为"裁缝式"

考试的计算机自适应考试已经基本完成了基础性的工作，只是限于一些条件暂时没有推出。主观性考试（口语、写作）中一部分工作已经利用了新的技术手段（如局域网络），改善了工作效率和质量。机考、网考等也已列入发展计划。

2. 多样化的测试服务

如同世界文化是多元的，人们的需求必然也是多元的。对考试服务的需求，也会随着社会的发展和技术的进步而呈现出多样性来。

多年来，汉语水平考试基本上是 HSK 一枝独秀的局面，考试服务形式和内容也比较单一。这种状况显然难以适应社会的需要。以口语考试为例，以往 HSK 只有高等有口语考试，并且只有一种录音形式。严格地讲，这种形式不能说是纯粹的口语考试，因其缺乏互动性和交际性，带有了明显的口头作文的特点。基于此，北语汉考中心适时推出了面试型汉语口语考试，满足了社会需求。

此外，还推出了针对最低端汉语学习者的考试产品——HSK［入门级］，分为英、日、韩三个版本，于 2006 年正式推出。

二、影响汉语水平考试发展的几个有待研究的问题

前文说过，汉语水平考试本质上是一门应用型科学。对外汉语教学作为一门学科得以确立，很重要的一个基础就是汉语水平考试以及伴随其研制过程衍生出的几部大纲，自此有了可以依据的标准和科学的评价工具。因此，一定意义上说，没有汉语水平考试及与之相伴而生的语言能力标准和等级大纲，就没有对外汉

语教学的学科地位。

与测试相关的对外汉语教学研究，过去几十年已经取得了不少的成就，有了很好的基础。以汉语水平考试的研究为例，已经有的一些成果达到了国际同类研究的前沿水平，可以同包括ETS（美国教育考试服务中心）在内的国际知名考试机构开展学术对话。虽然如此，还有很多领域需要加强研究。这里仅举几个例子。

（一）关于语言能力问题

汉语水平考试的根本目标是要运用心理测量等学科的理论和方法，测量出汉语学习者的语言能力或称水平，因此，语言能力是什么？语言能力如何构成的？这是全部问题的核心，也是至今没有很好地解决的问题。换言之，我们在语言测试方面所做的一切的工作都是在不十分清楚语言能力是什么的情况下而进行的努力和探索，是一种不断逼近目标的科学实践过程。任何一种考试本身既承担着测量工具的任务，也扮演着探索语言能力的科学工具的角色。这方面的研究是最为基础性的，已经做的还十分有限。

（二）关于测试和教学的关系问题

这是对外汉语教学中的一个有普遍性的问题。很多教师很自然地认为汉语水平考试就是教学的指挥棒，因此教学中常常不自觉地往考试上靠，也常常用教学上的一些经验来要求考试，比如会说"你这个题太难了"，他们并不知道作为一种标准化的水平考试不是依托于某一种教材、某一种教法，难度不是由哪个人主观确定的。这方面的研究工作做得不够，有限的成果普及得也不够，存在上述问题就不足为奇了。

（三）关于测试的主观性和客观性问题

在测试实践中，主观性和客观性的矛盾一直存在。人们不断追求的是客观地测量出要测的东西，最大限度地客观化。但实际上要做到绝对地客观也存在一定的困难，所以半主观题目、纯主观性的题目都会在一些重要的语言测验中看到，汉语水平考试（HSK）一直都有这些题目。围绕信度、效度问题，究竟在主观和客观之间如何平衡，是需要很好地研究的问题。

（四）关于测试与社会的关系问题

这是语言测试工作者普遍感到无奈的问题。测试本身科学的纯粹性和社会的复杂性之间常常矛盾丛生，如何协调好这些关系和矛盾也是需要研究的大问题。

第二章

汉语水平考试改进及新测验开发

第一节 汉语水平考试改进方案[①]

经过近七年的酝酿、研究，汉语水平考试（HSK）的改进工作基本完成，社会广泛关注的改进方案实施时间表也已正式公布。改进方案已经成为各界全面了解汉语水平考试（HSK）改进工作的重要途径。

一、改进背景

（一）社会背景

汉语水平考试（HSK）自 1984 年在北京语言学院（现北京语言大学）开始研制以来，累计考生人数超过 100 万（含国内少数民族考生），已经成为著名的语言测验品牌。在发挥着重要的社会服务功能的同时，该考试因历史等方面因素而带有的不足和

---

① 本节摘自北京语言大学汉语水平考试中心"HSK 改进工作"项目组《汉语水平考试（HSK）改进方案》，《世界汉语教学》2007 年第 2 期。原文经过项目组成员集体讨论，主要成员之一王佶旻执笔，汉考中心学术委员会定稿。项目组成员：孙德金、张凯、郭树军、陈宏、王佶旻、黄理兵、李慧、聂丹、王小玲、黄春霞、钱亮亮、龚君冉、黄霆玮、赵琪凤、韩阳、田清源。

缺陷也越来越凸现出来。社会对该考试的改进要求日益增强。

2004年11月召开的第五次汉考委会议上做出了改进汉语水平考试（HSK）的决议，要求北京语言大学汉语水平考试中心（北语汉考中心）在二至三年内完成包括等级分数等内容在内的八个方面的改进任务。根据会议精神，北语汉考中心制订了改进工作计划。

2006年3月，国务院办公厅下发了《国务院办公厅转发教育部等部门关于加强汉语国际推广工作若干意见的通知》（国办发〔2006〕17号），对汉语考试工作提出了重要的指导性意见。根据文件精神，北语汉考中心进一步明确了改进工作的方向，确定了改进思路。

（二）研究背景

语言测验的发展从心理测量—结构主义时期走到了心理语言学—社会语言学时期。从主要测量独立的语言结构和规则，发展到了综合的、社会语言学的观点。这种观点把语言表现和语言能力联系起来，也考虑到语言在各种不同的交际情景中的使用。①

这种发展趋势从测验的形式上表现为，分立式测验占优势的时代已经过去，综合式测验逐渐登上了主流舞台。综合式的测验不是简单的传统意义上的完形填空或者听写测验，而是对听说读写的全面测评。这方面的代表是目前全球最知名的两大外语考试，雅思（IELTS）和托福（TOEFL）。

雅思是晚于托福推出的大型标准化语言测验，近些年来其发

---

① Wood, R., *Assessment and Testing: A Survey of Research*. Cambridge: Cambridge University Press, 1993.

展势头超过了托福考试。雅思考试的特点是注重语言的交际性和真实性,重视口语等主观性测验,因此具有比托福考试更高的测验表面效度和社会认可度。

从 1993 年开始,为了进一步提高测验效度,迎接雅思所带来的市场挑战。美国教育测验服务中心(ETS)着手进行了托福改版工作。新版托福已于 2005 年 9 月推向市场。新托福主要有以下特点:(1)体现交际能力模型,保证语料的真实性:从全美的各教育机构收集口头及书面语料 270 余万字;(2)语言技能融合测评:ETS 进行的广泛调查表明,语言交流并不是仅仅发生在单一的渠道中,而是多种语言技能的综合运用;(3)减少客观题,增加主观题;(4)主观题采取总体等级评分。

新托福的推出体现了语言测验的新趋势,即注重综合性和交际性。同时我们也注意到,ETS 在考虑测验方式和题型的时候,并没有迷失在种类繁多的新型语言测验浪潮中,而是根据托福的特点以比较传统同时也是最为稳妥的题型来综合考查听、说、读、写。这种既积极又稳妥的改革态度值得我们借鉴。新型的测验方式,比如任务式测验、档案式评价等有其鲜明的特色,但同时在实际使用上也有较大的局限性,并不适合大型的标准化考试。

二、现行 HSK 存在的问题和需要改进的方面

汉语水平考试是随着对外汉语教学事业一起成长与发展的,在 HSK 走过的 20 余年中,随着考试需求的变化和相关研究的开展,我们认识到现行的 HSK 存在一些不足和需要改进的方面。这些问题可以归纳为三个大的方面。

（一）现行 HSK 的分数体系问题

现行的 HSK 分数体系为三等 11 级，即基础、初中等和高等三个等级以及各等级所包含的小级别（见表 2-1）。

表 2-1　现行 HSK 的等级分数

证书等级	等级	基础			初等			中等			高等		
	获证级别	C	B	A	C	B	A	C	B	A	C	B	A
等级分数		1级	2级	3级	4级	5级	6级	7级	8级	9级	10级	11级

具体而言，这样的等级分数存在三点不足：

1. 等级划分过细

等级的划分实际上是一种决策过程，决策本身会带来误差，而划分的等级越多误差就会越大。现行 HSK 的等级划分显然是过于细密了，过细的划分增加了决策者犯错的概率，降低了决策的有效性。

2. 等级间的衔接问题

等级间的衔接问题是 HSK 分数体系在实践过程中遇到的另一个值得改进的问题。我们有时听到这样的疑问：一个没能获得 HSK 中等 A 级（8 级）的汉语学习者却在 HSK 高等考试中得到了高等 C 级证书（9 级）。这里的问题就是等级衔接问题。HSK 等级衔接问题的产生有其历史原因。我们知道最初的 HSK 只有一种考试，即现在的 HSK［初、中等］，之后才有了高等和基础，这就带来了 HSK 系列考试在设计和使用上有重叠和交叉的现象。事实上，初、中等和低端的基础有重合，和高端的高等也有重合。不同的是，前者是设计时就知道的，就是让它重合，而且我们明确地告诉大家了；后一种重合，我们也是知道的，只是没有在等级分数上显示出来。① 在设计高等 HSK 的分数等级时，中等和高等的临界点已经被估计为中 B 和中 A 之间，换句话说，"部分中 A 考生的水平实际已经超出了中等范围，达到了高等水平"②。

一方面，重叠与交叉的问题给我们在解释 HSK 等级分数时带来了不便（诸如上面的疑问）；另一方面，既然我们设立了三个不同水平的考试，那么这三种考试在能力测量上就应该有显著的区别，也就是说等级之间应当有一段真空的能力带，而不是重叠与交叉。

3. 分数报告与解释的问题

HSK［初、中等］在分数报告中采用导出分数与加权分数相结合的办法，这在实际运用中产生了解释上的麻烦，即总分不等于单项分之和。这种方法在技术上没有任何问题，但在应用中容易引起麻烦与疑问，因而也是需要改进的方面。③

（二）HSK 的常模参照样组问题

常模不是绝对的、普遍的或永久的，它只是表示组成标准化样本的个体成绩的总体特征。在选取这种样本时，应尽力从测验所适用的总体中获得一个有代表性的部分。④HSK［初、中等］目前使用的常模参照样组是 1989 年制定的 240 人样组，这是在

---

① 张凯《HSK 等级分数的问题》，《世界汉语教学》2004 年第 1 期。
② 刘镰力《高等汉语水平考试的性质和等级分数的划分》，载北京语言学院汉语考试中心编《汉语水平考试研究论文选》，现代出版社，1995 年。
③ 王佶旻对这方面的改进提出了可供参考的意见，参见王佶旻《基于考生自我评价的 HSK［初、中等］分数解释研究》，《世界汉语教学》（汉语水平考试研究专号）2006 年。
④ Anastasi, A. & Urbina, S., *Psychological Testing*. New Jersey: Prentice Hall Inc, 1997.

当时的情况下所能建立的比较有代表性的参照样组。随着汉语教学的发展，汉语学习者的规模和构成都发生了很大的变化，HSK的考生团体也随之发生变化，当时的常模参照样组已经不能很好地代表现在的考生总体。因此建立新的常模参照样组也是改进工作中需要考虑的问题。①

（三）缺少针对中、低端学习者的口语和写作考试

我们知道，汉语学习者的分布是呈金字塔形的，即初级水平的汉语学习者最多且国别分布也最广，中级水平的次之，高级水平的最少。这部分学习者的说和写的能力，特别是说的能力是语言测试工作者应该关注的方面。目前 HSK 系列考试中只有高等考试有口语和写作测验，基础和初、中等考试都没有考查说和写的测验，而考试用户需要得到有关这方面的有用信息和科学评价，因此我们有必要增加针对中、低端学习者的口语和写作考试。

三、前期的准备工作

实际上，从 2000 年起，北语汉考中心就已经开始酝酿 HSK 的改进工作，并且逐步理清了 HSK 在试卷结构、题目类型、分数体系等方面所存在的问题。从 2004 年起，我们着手开展了一系列的调研工作，为 HSK 改进工作做好了铺垫。

（一）HSK 效度研究

从 2004 年开始，北语汉考中心开展了较大规模的 HSK 效度

---

① 黄春霞对此问题进行了探讨，参见黄春霞《关于 HSK［初、中等］常模问题的研究和设想》，《世界汉语教学》（汉语水平考试研究专号）2006 年。

研究。这个课题主要有四部分内容：HSK 试题质量分析；HSK 再测信度、复本信度研究；HSK 构想效度、共时效度研究；考生对 HSK 的评价研究。目前，这四部分研究都已经完成，相关研究报告也已经或即将发表。[①]

（二）HSK 预测工作的改进

预测一直是 HSK 题库建设的瓶颈，为了解决这一问题，从 2004 年开始我们改进了预测方式，把预测范围从北京语言大学扩大到了全国 10 所高校，预测方式也由原来的院系组织改变成与 HSK 正式考试相挂钩的"模拟考试"方式。这样的预测方式使预测对象与实际考生目标团体基本一致，预测对象的考试动机和考试态度也得到了保证，因而在很大程度上提高了预测的效度，保证了预测的质量。

新的预测方式带来了预测考生团体的变化，从而影响了对试卷难度的控制。为了解决这一问题，保证 HSK 试卷难度的稳定性，我们做了长时间的研究工作，目前已经找到了新、旧预测卷的难度对比关系，使新的预测方式顺利替代了旧方式。[②] 同时，为了平衡不同地区预测考生的水平差异，我们在实际工作中采取了多份预测卷海选试题的方法，使由被试水平所带来的影响降低到了最低程度。

---

① 已发表的文章有：王小玲《HSK［初、中等］效度研究报告》，《语言教学与研究》2006 年第 6 期；聂丹《HSK［初、中等］再测信度验证》，《中国考试》2006 年第 5 期；聂丹《考生对 HSK［初、中等］当前质量的评价》，《世界汉语教学》（汉语水平考试研究专号）2006 年；单玫《HSK［初、中等］难度与效度的考生评价》，《世界汉语教学》（汉语水平考试研究专号）2006 年。

② 有关研究参见王小玲《HSK 预测样本变化对题目难易度的影响及相关问题》，《世界汉语教学》2005 年第 2 期。

（三）对考生群体的研究

通过改革报名方式，从 2005 年起我们加强了对考生信息的收集和管理，对考生群体的背景因素等有了进一步的了解。

（四）召开了 HSK 改进工作研讨会

为了进一步落实 HSK 改进工作的具体进程，2004 年北语汉考中心组织召开了改进工作研讨会。吕必松、刘珣、黄政澄等 HSK 创始人、国家汉办考试处有关同志等参加了讨论。经过热烈的讨论和充分的论证，此次会议达成了一项重要决定，即肯定了 HSK 是一个高质量的语言测验，应该在原有的基础上进行改进而不是做所谓"推倒重来的改版"。

（五）召开了语言测验分数体系研讨会

为了对 HSK 分数体系问题进行深入的讨论，为 HSK 改进工作做准备，2005 年 11 月，北语汉考中心组织召开了语言测验分数体系研讨会。国内知名的心理测量学专家和汉办考试处的有关同志参加了会议，会议形成了比较一致的改进意见，即分数等级宜粗不宜细的原则。

四、改进的理念与思路

在 HSK 改进工作中，我们本着积极、稳妥的态度，遵循科学、务实的精神来做好每一项工作。在改进工作中，我们的基本原则是：

（一）科学的原则

考试作为一种教育测量产品，质量永远是其生存与发展的根本。为用户提供可靠而有效的测验是我们的第一宗旨，因此 HSK

的改进工作首先要奉行科学的原则。

在 HSK 改进的问题上，首先要考虑的是 HSK 本身的性质和特点。HSK 考查的是在学习和生活环境中的一般语言能力。同时 HSK 仍然要保留其大型标准化考试的特点，即：第一，有固定的、标准的内容；第二，施测和评分按标准程序进行；第三，具备预测程序。①

另外，HSK 的考生对象涵盖所有汉语作为第二语言的学习者。面对能力全距范围如此之大的考生团体，我们不可能仅使用一张试卷来测量，这就如同我们不可能使用同一杆秤既称量大象的重量又称量蚂蚁的重量。因而有必要分别使用三套试卷测量初、中、高三个不同水平的考生团体。

第二个需要考虑的问题是 HSK 的测验方式，这就需要结合语言测验的特点和发展趋势来讨论。当今语言测验发展的趋势是综合性和交际性。所谓综合性体现在两个层次上：第一层是听、说、读、写的全面考查，第二层是语言技能的融合测评。所谓交际性指的是要以测查语言交际能力为核心。我们认为，HSK 作为第二语言水平考试，关心的是应试者的语言使用能力，因此语言交际能力是 HSK 的考查核心。同时汉语水平考试作为汉语国际推广的重要领域，应当与教学和学习形成互动和互补的关系。在教学和学习的过程中，特别是在初、中级阶段，语言知识是必不可少的内容，因而语言知识也应该成为 HSK 考查的一个方面。出于这样的考虑，我们在测验方式上采用以综合式为主、分立式

---

① Bachman, L. F., *Fundamental Considerations in Language Testing*. Oxford: Oxford University Press, 1990.

为辅的方法，对语言交际能力和语言知识进行全面考查。

HSK 的这种新的测验理念可以总结为：以综合式为主、分立式为辅，以考查语言交际能力为主兼顾语言知识，对各项语言技能全面测评。具体表现在：（1）以分立式测验的方式考查语言知识，以综合式测验的方式考查语言交际能力。对于高水平考生，主要采用综合式的方式考查语言交际能力；对于初、中级考生，两种方式并行。（2）以考查总体交际能力为核心，兼顾对语言知识的考查，以促进测验与教学的互动关系。以交际能力为核心具体体现在题型设计和命题原则上。我们在题型设计、选材和命题时充分体现了语言在实际使用过程中所表现出来的交际性、互动性和真实性的特点。（3）在初级、中级、高级三套不同水平的试卷中都对听、说、读、写进行全面考查，并且在其中部分地体现语言技能融合测评的理念。

（二）系统的原则

HSK 在研制之初只有一种考试，即 HSK［初、中等］，直到 1997 年才发展成为基础、初中等和高等三个等级的系列考试。这种局面是历史形成的，但同时也是与对外汉语教学的发展相呼应的。因此我们只能说 HSK 是成系列的，而不是成系统的。因为在研制时对它并不是系统设计、通盘考虑的。

对外汉语教学发展到今天，已经形成了稳定、发展的良好局面。HSK 的发展与对外汉语教学的发展是一致的，如今也已经形成了稳定增长的局面，考生的分布和能力状况趋于稳定，因此已经具备了系统考虑改进问题的条件。

所谓系统的原则体现了对考生团体、试卷设计和分数等级划分的通盘考虑。现行 HSK 的考生团体是通过考试的发展依次累加上去的,因此缺乏对考生团体的系统分析。在改进的准备工作中我们对考生团体的背景因素、能力分布等做了系统分析,从而科学地划分出初、中、高三个不同水平的考生团体。在下一步的研究中,我们还将制定出新的代表考生团体实际情况的常模参照样本。在试卷设计上我们系统考虑了汉语学习者的学习过程和规律,针对不同学习阶段、不同语言水平的考生制定了不同的测试题型。现行 HSK 的分数等级缺乏系统的考虑,实际上三等 11 级是随着考试种类的增加而一截截加上去的。改进后的 HSK 将不再有这种情况,我们对等级的划分做出了通盘的考虑。

(三) 实用的原则

实用性和可行性是任何一个教育测量产品都需要具备的品质,HSK 作为服务于全球汉语学习者的知名测验更加应该体现实用与可行的原则。我们在考试设计和实施上都做了改进以期能够增加 HSK 的社会适用性,做到方便、灵活和实用。具体表现在:增加口语和写作考试,并且和客观卷分开考查,考生可以根据需求自由选择。另一方面表现在分数体系的设计上,改进版 HSK 分数体系具有科学、实用、易于解释的特点。

(四) 兼容的原则

为了保证 HSK 的稳定发展,需要在一段时间内实行改进版和原版考试并行的体制,因此两个版本的兼容性是 HSK 改进中的重要问题。所谓兼容就是要做到保持试卷难度的稳定和制定出改进版与原版分数等级的准确对照。我们已经在这方面做了研究工作,并且取得了比较理想的进展。

(五) 用户至上的原则

用户至上的原则包括以用户为中心的服务意识、以考生为中心的人性化意识以及以市场为主导的开拓意识。

以用户为中心的服务意识表现为在产品的设计和服务上符合用户的需求。经过这些年与 HSK 用户（学校、企业等）的接触，我们了解到用户反映的一些意见和建议，并据此进行了改进。目前已经完成了证书真伪查询系统等工作。

以考生为中心的人性化意识是我们一直贯彻的工作原则。为了方便考生应考和成绩查询，我们制作完成了网上报名和成绩查询的网络平台，受到了考生的欢迎。在改进中我们要进一步完善 HSK 咨询、报名、评分和成绩查询等考务工作，使之程序化、人性化和便捷化。

用户至上的原则还表现在顺应市场的发展，经受市场的考验。在实际的工作中，特别是在推广 HSK 的过程中，我们形成了"主动出击、开拓市场"的工作理念。市场需要什么，用户需要什么，我们就开发和制作什么。我们已把这种新的工作理念贯彻到 HSK 的改进工作中，使改进后的 HSK 成为全球教育测验产品市场中的佼佼者。

五、改进版 HSK 的试卷及题型设计

改进版 HSK 包括初级、中级和高级三个不同水平等级的考试。三个等级的试卷均包括客观卷和主观卷。其中，客观卷主要考查听和读的能力，主观卷主要考查说和写的能力。这样改进版 HSK 就体现了对听说读写进行全面测评的宗旨，弥补了原版 HSK 只有高等考试有口语和写作测验的遗憾。

在试卷设计上我们落实了科学与系统的原则，具体表现在以

下几个方面：

（一）改进题型，提高效度

题型具体体现了我们对测验的构想，因此题型从工具层面直接影响了测验的效度。在设计改进版 HSK 的题型时，我们剔除了一些不能很好地考查出被试语言能力的旧题型，保留下了信度和效度都比较理想的旧题型，并且设计了能够更好地测出被试的语言交际能力和语言知识的新题型。新题型具有针对性强的特点，这一特点体现在对考生不同能力水平的把握上。初、中、高三个级别的考试题型在语料的体裁、长度、难度、提问的方式、选项的形式以及指导语的表述等方面都充分考虑了考生水平的差异。

（二）保持好传统，开拓新思路

在 HSK 20 多年的发展中，社会各界对 HSK 给予了很高的评价，这说明我们在开发和研究 HSK 的工作中有许多好的经验与传统。

HSK 的改进应当在汲取宝贵经验和发扬优良传统的基础上进行。例如，在语料的选择上，我们继承了 HSK 语料真实性的传统，语料的真实性是 HSK 的特点也是当前语言测验的发展方向，这一点从托福的改革上可见一斑。同时在改进中我们选取了更多能体现语言的实用性和交际性的语料。在语料的难度上确保了三个等级的试卷呈现出明显的梯度，以适应不同水平考生的需要，如语料的长度由短至长，话题由简单到复杂。

（三）合理安排试卷结构，科学控制试卷长度

与现行 HSK 相比，改进版 HSK 的试卷结构有以下四个特点：（1）增加了主观性测验（口语和写作），实现了三个等级考试都具备主、客观测验的想法。（2）主、客观卷分别对应了说、写、

听、读四项语言技能,实现了对语言技能的综合测评。同时在主观卷的设计上部分实现了语言技能的融合测评,比如听后说、读后写的测验方式。(3)减少了客观卷分测验的数量。每个等级的客观卷均只有"听力理解"和"综合阅读"两种。这两种分测验让被试分别从"听"和"读"两个通道来接受刺激,并对刺激做出反应。这样的安排使试卷结构更加清晰、紧凑。(4)科学控制了客观卷的长度。测验的信度(内部一致性信度)随题目数量的增加而提高,但提高的幅度渐趋缓慢。在实际情况中,如果测验题目过多会引起考生的疲劳效应,甚至使考生产生厌烦心理而影响到测验的信度,这一点在中、低水平的考生中表现得尤为明显。因此一个可靠的测验应当是长度合适的测验。改进版的HSK初级和中级试卷题目总数都有所减少,初级从140题减少到了120题,中级从170题减少到了130题。这样的试卷长度既能够保证测验的良好信度,又避免了题目数量过多、考试时间过长给考生带来的疲劳与厌倦。

六、*改进版HSK的分数体系*

改进版HSK分数体系的设计原则为科学合理、易于解释和方便使用,同时新的分数等级要和旧的分数等级进行比照与挂钩,即具有兼容性的特点,只有这样才能保证HSK在改进过程中的稳定和发展。

(一)改进版HSK客观卷的分数体系

客观卷的报导分数仍旧采用导出分数的形式,分数的转换过程为:原始分数→等值→导出分数(改进版HSK分数)。三个等级的改进版 HSK 分数体系为：

初级：听力理解、综合阅读以及总分都是以 500 为平均分，125 为标准差的导出分数，其中总分的标准分为单项标准分加和求平均得到，导出分数的范围为 0—1000 分。

中级：听力理解、综合阅读以及总分都是以 1500 为平均分，125 为标准差的导出分数，其中总分的标准分为单项标准分加和求平均得到，导出分数的范围为 1000—2000 分。

高级：听力理解、综合阅读以及总分都是以 2500 为平均分，125 为标准差的导出分数，其中总分的标准分为单项标准分加和求平均得到，导出分数的范围为 2000—3000 分。

另一个问题是等级划分问题，改进版 HSK 等级不再采用 11 个小级别的方式，对初、中、高三种考试都统一以合格和优秀两档来划分，划分依据考生的标准分数（Z 分数）来进行，表 2-2 详细说明了这种等级划分。

表 2-2　改进版 HSK 等级

三种试卷	等级划分	划分方法
初级	不合格	$Z < -0.5$
	合格	$-0.5 \leqslant Z < 1.5$
	优秀	$Z \geqslant 1.5$
中级	不合格	$Z < -0.5$
	合格	$-0.5 \leqslant Z < 1.5$
	优秀	$Z \geqslant 1.5$
高级	不合格	$Z < -0.5$
	合格	$-0.5 \leqslant Z < 1.5$
	优秀	$Z \geqslant 1.5$

当然为了使改进版、原版 HSK 分数等级相挂钩，我们还将通过实验找到二者的对照关系，根据这一对照关系对上面的划分

做出二次调整，以达到既科学合理又保持稳定的目的。

改进版 HSK 分数体系具备以下几个优点：（1）作为一个大规模的带有选拔作用的标准化考试，HSK 希望能够对考生做出比较精细的区分，1000 分的分数范围能够比较清晰地区分出考生的水平差异；（2）分数范围涵盖正负四个标准差，避免了分数"冒顶"现象，提高了测量的精度；（3）听力分测验、阅读分测验以及测验总分的分数体系采用相同的分数范围和分数形式，避免了原版 HSK 总分不等于分项分之和的现象，减少了分数解释上的麻烦；（4）分数能够清楚地体现出初、中、高三个等级的区别，三个等级新的导出分数在形式上的连贯性可以使考试使用者一眼看出考生属于哪一个等级，提高了分数在使用上的方便程度；（5）减少了划分的等级，降低了决策的失误率，同时优秀级的设立又鼓励了考生的参考积极性，对推广汉语和 HSK 起到了积极作用。

（二）改进版 HSK 主观卷的分数体系

由于主、客观卷单独施考，主观卷的分数体系也单独设立。主观性考试（口语测验与写作测验）的评分将根据题型的不同采用 0/1 制评分和总体等级评分两种形式，但最后的报导分数将统一采用 6 分制的等级分数形式。采取这样的分数体系有两点好处：（1）六级分数虽然不太精细，它仅把所测的属性分成六个大的类别，但这可能恰恰反映了口语和写作这样的主观性测验对所测量的属性实际能够辨别的能力；（2）三个等级的口语和写作测验都采用相同的分数形式将便于分数的解释和使用。

（三）改进版、原版 HSK 的分数等级对照

表 2-3 是改进版与原版 HSK 的分数等级对照情况。需要说明的是，目前这张对照表是我们根据理论与经验勾勒出来的，真

正的对照关系需要通过进一步的实验来加以验证。

表 2-3 改进版、原版 HSK 的分数等级对照

原版 HSK			改进版 HSK	
等级	获证级别	等级分数	等级	获证级别
基础	C	1 级	初级	无（不合格）
基础	B	2 级	初级	无（不合格）
基础	A	3 级	初级	合格
初级	C	3 级	初级	优秀
初级	B	4 级	中级	无（不合格）
初级	A	5 级	中级	合格
中等	C	6 级	中级	优秀
中等	B	7 级	中级	优秀
中等	A	8 级	高级	无（不合格）
高等	C	9 级	高级	合格
高等	B	10 级	高级	合格
高等	A	11 级	高级	优秀

七、改进版 HSK 的特点与创新

改进版 HSK 是在现行 HSK 的基础上修改、发展而来的，因此我们称之为改进版 HSK。

改进版 HSK 的特点与创新点可以归纳为以下几个方面：

第一，以学习者在生活和学习环境下的语言使用能力为考查重点。改进版 HSK 并不改变 HSK 的基本性质和用途，这就像托福的改革也并没有改变其基本性质一样。

第二，注重语言交际能力兼顾语言知识。HSK 是测量学习者

一般语言能力的水平考试,同时也是对外汉语教学的重要组成部分,因此我们在 HSK 的改进过程中采取了既看森林又看树木的方针,也就是既注重考查交际能力又兼顾语言知识的测评。

第三,富有特色的测验方式:以综合式为主,以分立式为辅。这是改进版 HSK 在测验方式上的一次改进和创新,它既适应了语言测验的发展趋势又符合对外汉语教学和汉语水平考试的特点。我们采用综合式的方式考查语言运用能力,采用分立式的方式考查语言知识。

第四,科学、合理的分数体系和等级划分。原版 HSK 等级分数问题是 HSK 改进中必须要解决的问题,这一点我们在文章的一开始就谈到了。改进版的分数体系通盘考虑了初、中、高三个级别考试在分数形式、分数解释和分数使用上的统一性和连贯性,解决了等级交叉、解释困难和级别过多等实际问题。同时,又兼顾了新、旧分数的转换和挂钩,建立了新、旧分数对照表,做到了改而不乱。

第五,新型口语、写作测验的推出。增加主观题是本次改进的一项重要举措。我们根据社会和用户需求,结合不同水平考生的特点,为初、中、高每个等级的考试设计了口语与写作测验。适合不同水平等级考生的大规模标准化口语、写作测验的开发填补了汉语考试领域的一项空白,同时也将提高 HSK 和北语汉考中心在语言测验界的学术地位。

第六,题目的语料全部选用真实的、实用的材料,并且注意一般性原则和避免敏感话题。这一点是我们从原版 HSK 继承下来的良好传统,同时我们欣喜地看到,这也是当前语言测验的发展趋势。比如,新托福摒弃了原有的"写题目"(Write An Item)

的做法，转而从大量的真实的语料库中选择语料。

第七，题型的设计反映教学和习得的规律。在对题型进行改进的过程中我们汲取了教学和习得的研究成果。对不同语言水平的考生，我们设计了不同的考查方式和考查内容，充分体现了初、中、高三种考试的不同特点，反映了改进版 HSK 系列考试的层级性和梯度性。例如，在初级主观性考试中，题型是建立在短语和比较简单的句子层面上的；在中级考试中，则以句子和语段的考查为主，考查的内容多为叙述性或描述性的；而到了高级阶段，考查就偏重于语篇的形式，内容则以议论性的为主。

20 余年来，HSK 在对外汉语教学中起到了积极的作用，在海内外享有很高的学术和市场声誉。我们相信，改进版 HSK 必将对汉语国际推广和汉语考试的发展产生深远而积极的影响。

第二节　汉语水平考试口语考试设计[①]

一、引言

中国汉语水平考试（HSK）由基础、初中等和高等三个等级的考试组成。在这些考试中只有 HSK［高等］设有口语测验，基础和初等、中等考试都没有口语测验。然而我们知道，汉语学习者的分布是呈金字塔形的，即初级水平的汉语学习者最多且国别分布

---

① 本节摘自王佶旻《汉语水平考试（HSK［改进版］）口语考试的设计》，载《第九届国际汉语教学研讨会论文选》，高等教育出版社，2010 年。

也最广,中级水平的次之,高级水平的最少。另一方面,由于汉语文字系统的特殊性,汉语作为第二语言的学习者在学习汉语的初级阶段,书面表达能力十分有限,而口头表达能力却能够有长足进步。因此针对初、中级学习者的口语能力的测评就显得十分重要。

在 HSK 的改进工作中,我们在初、中、高三个级别的考试中都设立了口语测验,实现了对听说读写的全面测评。这是改进工作的一项重要举措,有利于 HSK 更好地服务于考生和社会。

二、口语考试的总体设计

"说"是语言交流的最基本的形式,人们往往通过"说"的能力来评判学习者的语言水平,社会和考试用户也希望能够获得有关语言学习者口语能力的准确评价,因此口语考试的重要性是不言而喻的。但是,口语考试往往给人这样的印象:测验看起来很有用,用起来却让人不太放心,可靠性和稳定性差。口语考试之所以给人这样的印象,关键问题是没有落实科学、合理的设计原则。一个测验的开发过程应当是一个规范的研发过程,在测验设计的各个环节上都要体现科学性。

开发一个口语测验,要明确以下几个方面:测验目的;测验目标团体;测验的理论定义;测验的操作性定义;测验的组织形式;测验的编写细则;测验的评分方法和分数解释。

(一)测验目的和目标团体

测验目的和目标团体是测验设计者首先要考虑的问题,它们与测验的效度息息相关。因为效度指的是根据分数所做的推论在多大程度上得到了证据的支持,被认为有效的是测验为特定用途所做的推论，而不是测验自身。[①]

所谓测验目的，也可以认为是测验的用途。正如 Crocker 和 Algina 所说的："开发一个测验的基本出发点，应该是对测验基本目的的思考。"[②] 关于测验目的，可以从两个层面来考虑：一个层面是我们通过测验做出什么推断，另一个层面是根据测验结果要做出什么决策。"语言测验的基本用途是对语言能力做出推断，在许多场合下，语言测验的结果也为对个人做出决策提供参考。"[③]HSK 口语考试的主要用途有两个：第一是衡量留学生是否具有进入中国高校学习所必需的口语交际能力，第二是作为聘用机构录用汉语人员的依据之一。

所谓目标团体，指的是将来的被试群体。换句话说，确定目标团体，就是明确你开发的测验是用于哪些人的。HSK 的目标团体是所有汉语作为第二语言的学习者。由于这些学习者的能力水平差异很大，在设计测验时我们将之分为三个水平等级，即初级、中级和高级，换言之，测验的目标团体就分化为三个不同水平的考生团体。

（二）测验的理论定义和操作性定义

HSK 口语考试的考查目的是衡量应试者在学习和生活环境中的口语表达能力。在进行操作性定义时，我们参考了美国外语教学委员会大纲（ACTFL Guideline）和欧洲共同能力标准参考框架（CEFR）中关于对不同水平等级的语言学习者口语能力的描述，

[①] APA, *Standards for Educational and Psychological Testing*. Washington, D. C.: American Educational Research Association, 1999.

[②] Crocker, L. & Algina, J., *Introduction to Classical and Modern Test Theory*. New York: CBS College Publishing, 1986.

[③] Bachman, L. F. & Palmer, A. S., *Language Testing in Practice: Designing and Developing Useful Language Tests*. New York: Oxford University Press, 1996.

从三个不同的层面操作性地定义了 HSK 初级、中级和高级口语考试的考查内容。我们把初级阶段学习者的口语表达能力定义为能够用完整的句子进行口语交际活动,把中级阶段学习者的口语表达能力定义为能够进行叙述性的成段表达,把高级阶段学习者的口语表达能力定义为能够进行议论性的成段表达或篇章表达。这样的定义符合学习者口语习得的基本规律和口语能力的渐变过程,同时也使三个级别的考试形成了既有联系又有区别的从易到难的测试系统。

(三) 测验的组织形式

口语测验从组织形式上分主要有直接式和半直接式两种。直接式口语测验的特点是考官和应试者面对面地交流,考官根据应试者的表现当场评分。半直接式口语测验是在语音实验室里进行的口语测验,考官与应试者互不见面,应试者只根据录音中的要求来回答,所有的言语样本都被录在磁带(或计算机)上。测验结束后,应试者的录音材料被带回到相关部门,由评分员统一评分。

直接式口语测验和半直接式口语测验各有千秋,注重测验真实性的英国语言测验界多采用直接方式,而注重测验客观性和公平性的美国语言测验界则倾向于采用半直接方式。总结两种测验组织方式的优劣点,可以表示如下:

表 2-4 直接测验与半直接测验优、缺点比较

	直接测验	半直接测验
优点	1. 应试者和考官可以互动,考官可以直接观察到应试者的面部表情和肢体语言,也能够根据应试者的表现对测验进行调整和干预。	1. 适合大规模测验。 2. 测验输入不受考官的影响。 3. 测验成本相对较低。 4. 事后评分的准确性和稳定性较高。

（续表）

	直接测验	半直接测验
缺点	1. 考官的不同以及同一考官的不同状态会使测验输入产生不同，从而影响应试者的反应。 2. 培训考官成本高。 3. 不适合大规模测验。 4. 即时评分的信度相对较低。	1. 缺乏应试者和考官的互动。

由于 HSK 是大规模的标准化考试，为了保证考试的效率，在测验的组织形式上我们采取了录音考试的半直接方式。

（四）题型设计与编写原则

题型是测验构想最直接的体现，同时也和评分方式密切相关，因而测验题型的设计在操作层面上影响了测验的效度。根据 HSK［改进版］口语考试的操作性定义，我们设计了句子表达、叙述性成段表达和议论性成段表达三种类型的题目来分别考查初级、中级和高级学习者。

1. HSK［初级］口语考试的题型设计与编写原则

初级汉语学习者的特点是具有用词、短语和简单的句子进行口头表达的能力，有一定的成段表达能力但不充分。另外，汉语初学者的汉字认读能力比较弱，我们在设计题型时避免了汉字认读环节，全部采用听后说的方式。

HSK［初级］口语考试主要考查句子层面的口头表达能力，考试由三个部分组成，表 2-5 详细说明了考试结构及题型。

表 2-5　HSK［初级］口语考试

HSK［初级］口语考试	分测验	题数	考试时间
	第一部分：重复句子	20	约 6 分钟
	第二部分：简短回答	20	约 7 分钟
	第三部分：口头陈述	2	约 2 分钟
总计	3	42	约 15 分钟

第一部分（重复句子）要求应试者重复听到的句子。这些句子都是初学者需要掌握的常用句，但句子的长度、句型、用词、功能等不同，这部分主要考查应试者听懂并口头重复信息的能力。第二部分（简短回答）要求应试者简单回答问题。这些问题涉及的都是生活和学习中最常用的话题，问题的难度由易到难，问题的形式涉及一般疑问句、选择疑问句和特殊疑问句。考生听到问题后不必做过多的思考，只需简要、清楚地回答问题即可。这部分主要考查应试者使用简单的句子进行日常口头交际的能力，考查的方式也十分接近实际的语言交际过程。第三部分（口头陈述）有两个题目，这两个题目是一个问题或者对应试者提出的一个要求，听完问题或要求后，要求应试者马上用五个以上的句子进行回答。这部分主要考查应试者组织句子、进行最简单的成段表达的能力。

2. HSK［中级］口语考试的题型设计与编写原则

HSK［中级］口语考试主要考查基本的成段叙述能力，试卷结构及题型如表 2-6 所示：

表 2-6　HSK［中级］口语考试

HSK［中级］口语考试	分测验	题数	考试时间
	第一部分：回答问题	3	约 7 分钟
	第二部分：看图说话	1	约 5 分钟
总计	2	4	约 12 分钟

第一部分（回答问题）的题目内容主要涉及日常学习和生活方面：这部分主要考查应试者在日常生活和学习情境下进行一般性口头交际的能力。第二部分（看图说话）要求应试者根据对图画的理解，清楚、完整地讲述故事。这部分主要考查应试者用汉语进行成段口头表达的能力，特别是考查应试者是否能够比较连贯地、完整地叙述一个事件。

中级口语考试的题型实际上涉及两种不同的考查方式，即"听—说"和"看图—说"两种模式。这两种模式是口语交际活动的基本形式：对话与独白。通过两种模式的考查，可以更加全面地测评应试者的口语水平，同时看图的形式也减少了汉字阅读负担，能够更好地反映口语能力的本质。

3. HSK［高级］口语考试

HSK［高级］口语考试主要考查用汉语进行议论性成段表达的能力，这是高级阶段学习者口语能力的显著特点。在此基础上，为了综合地考查应试者的语言水平，我们采取了听和说融合测评的方式，即先听一段讲话或对话，然后根据听到的内容发表议论，这是改进版HSK［高级］在原HSK［高等］口语考试的基础上所做的一项重要改进。这样的考查方式更加符合学习者在大学听课或听讲座的实际情况，因此题型的外部效度是比较高的。表2-7详细说明了试卷结构及题型。

表2-7 HSK［高级］口语考试

HSK［高级］口语考试	分测验	题数	考试时间
	第一部分：听后回答问题	1	约6分钟
	第二部分：二选一回答问题	可选：2　必答：1	约4分钟
总计	2	2	约10分钟

第一部分（听后回答问题）主要考查应试者就某种真实的现象、某个实际发生的事件或某种具体的观点成段地发表结构完整的讲话的能力。在这个部分，应试者首先会听到一段讲话或对话的录音，录音结束后，应试者将听到一个问题，应试者可边听边做笔记，听完再整理一下笔记，最后根据题目要求回答问题。第二部分（二选一回答问题）主要考查应试者就一般性话题成段地发表结构完整的讲话的能力，应试者可以从试卷上给出的两个问题中任选一题口头回答。原 HSK［高等］口语考试也有这一题型，但不允许二选一。本次改进后，考生可以根据自己的实际情况任意选择一个题目作答。这样做的目的是使考生真正做到"有话可说"，使测验的效度得以保证。

（五）评分方法和分数体系

1. HSK［改进版］口语考试评分方法的选用

评分是影响口语测验质量的重要因素，测验的结果最终要落实到分数上，测验的使用者（学校、教师、家长）将根据分数对应试者的能力做出推断，而这种推断是否能得到证据的支持是测验是否有效的核心表现。[①] 口语测验领域普遍认为评分员和评分方法决定了口试的信度，从而在很大程度上影响了测验的效度。评分作为测验的重要环节，不是孤立存在的。在选择评分方法时应该综合考虑测验题型、考生团体的性质和评分误差等问题。

在选择评分方法时首先要考虑的就是题型，不同的题型适合不同的评分程序。限制性的题型（比如重复句子、简短回答等），

[①] APA, *Standards for Educational and Psychological Testing*. Washington, D. C.: American Educational Research Association, 1999.

对应试者可能产出的言语样本做了很大的限制，这使得我们能够预测到应试者将要产出的言语样本会是什么样的，因此评分标准的确定性就会比较高，评分的客观化程度也就能够提高，对此类题型可以采用 0/1 评分或分部评分。① 开放式的题型（比如演讲、看图说话等），应试者可以自由发挥的余地很大，不能够对其言语样本进行预测，在评分标准的制定上就只能采取等级制，因此适合采用主观等级评分。

评分方法的选择还要考虑到考生团体的性质。处于不同学习阶段的学习者在口语测验中所产出的言语样本是不同的。对于同一个话题，高水平学生的表达以语段为主，而低水平学生的表达以短语和句子为主。我们很难使用客观化评分对语段表达进行评判，而对于短语和句子则可以执行客观化的评分标准。

另一方面，对于初学者来说，无论使用总体等级评分还是分项等级评分都会面临评分上的困难，即很难根据等级大纲的描述对学习者做出准确区分。正如 ACTFL 考官培训手册所指出的，对初等水平的学生做出区分是比较困难的，因为他们的语言表达能力有限，很难从发音、语法、词汇或流利性的程度上把握初学者能力的区别。② 例如，ACTFL 大纲把准确性定义为可接受性、质量和信息传达的正确性。对于初、中级水平应试者，准确性被定义为可辨认的和可理解的，而在高级阶段则要考虑到语言使用

---

① 分部评分（partial credit scoring）是指评分时包括对中间状态的评分，比如回答完全正确得 2 分，发音有问题但回答可以理解的得 1 分，没有回答或回答不可辨认的得 0 分。

② ACTFL, *ACTFL Oral Proficiency Interview Tester Training Manual*. New York: American Council On The Teaching Of Foreign Languages, 1995.

的准确性、适合性和流利性等。因此我们认为对于高水平学生的言语样本，采用主观等级评分还是主要的评分途径。

在选择评分方法时，我们通常还需要考虑评分误差。不论采取哪种评分方法，减少评分误差、提高评分信度都是最终目的。而要提高评分信度就必须在评分的客观性上下功夫。客观考试和主观考试的区别主要在于对评分标准的解释上，前者的解释是唯一确定的，后者的解释则随评分员理解的不同而有不同。① 因而，要保证评分的客观性就必须最大限度地保证对评分标准解释的确定性，减少评分员主观判断的成分。同时对评分员的培训也很重要，优秀评分员能够很好地把握评分标准并且做到不随时间和情况的不同而改变评判标准。

出于以上三方面的考虑，在 HSK［改进版］口语考试的评分中，我们选用了总体等级评分和分部评分两种形式。对于成段表达的题型，我们使用总体等级评分的方法，即根据某一总体水平等级量表来对应试者的口语水平做出总体评价。总体等级评分是主观等级评分中最常用的一种方法，许多国内外知名口语测验都采用这种方法，比如 OPI 口语考试、雅思口语考试、HSK［高等］口语考试等。我们使用总体等级评分的原因有两个：一是因为总体等级评分在操作上更加简便、实用性更强；二是因为许多研究表明，总体等级评分和分项等级评分在评分信度上没有显著区别。

对于在 HSK［初级］口语考试中出现的考查句子层面表达能力的题型（重复句子和简短回答），我们采取分部评分的方式。采

---

① Bachman, L. F., *Fundamental Considerations in Language Testing*. New York: Oxford University Press, 1990.

用这种评分方法是出于以下几点考虑：第一，重复句子和简短回答这两个题型属于半封闭式题型，即答案是基本确定和可以预料的，回答的内容形式为词、短语和句子，不涉及成段表达。对于这样的言语样本，可以使用分部评分的计分方式。第二，分部评分的评分标准和操作程序客观化程度较高，评分信度比等级评分高。

2. 分数体系的设计

由于HSK[改进版]口语考试采用独立报名、独立施测的方式，因此HSK[改进版]口语考试的分数体系也是单独设计的。初、中、高三个级别均采用等级分数作为报导分数。分数体系采取三个级别系统处理的策略，即把三个级别的主观测验总体以9分制形式进行报导，1分至3分为初级，4分至6分为中级，7分至9分为高级，中级和高级设立排除线（体现在成绩报告单上的表述是"未达到中（高）级水平"）。

采取这样的分数体系有三点好处：（1）九级分数虽然不太精细，它仅把所测的属性分成九个大的类别，但这可能恰恰反映了口语和写作这样的主观性测验对所测量的属性实际能够辨别的能力。（2）这种总量表和分量表相结合的测验形式，兼顾了灵活性和系统性，简明的分数形式非常便于解释和使用。（3）排除线的设立，使初、中、高三个级别间的界限更加清晰，同时也减少了评分员对评分标准误操作的概率。

三、结语

在初、中、高三个级别的考试中都设立口语考试是HSK[改进版]的特点和创新点之一。在设计和开发HSK[改进版]口语考试的过程中，我们遵循了科学、系统和交际的原则，使考试的质量得到较好的保证。HSK［改进版］口语考试推出至今，考生人数已超过 1000 人次。考试的结果表明：试卷设计合理，考试评分信度较高。

第三节 来华留学预科教育汉语综合统一考试总体设计与质量分析①

2005 年 9 月，教育部和国家留学基金管理委员会以中国政府奖学金本科来华留学生为对象，分理工农医、经济管理和文学艺术等三类开展了预科教育的试点工作，翻开了新时期留学生预科教育的新篇章。为保证预科生的教育质量，提高奖学金使用效益，2010 年 9 月教育部颁发了《教育部关于对中国政府奖学金本科来华留学生开展预科教育的通知》，规定预科教育要逐步实行主干课程全国统一考核标准。预科教育考核内容分为两部分，即汉语言能力测试和专业基础知识综合考试。预科教育不同于普通的语言培训或知识补习，它是要通过预科强化教育，使学生在汉语言知识和能力、相关专业知识以及跨文化交际能力等方面达到进入我国高等学校专业阶段学习的基本标准。相应的，预科教育考核也有其特殊性和复杂性，它不同于一般的语言水平考试，而是语

---

① 本节摘自王佶旻、黄理兵、郭树军《来华留学预科教育"汉语综合统一考试"的总体设计与质量分析》，《语言教学与研究》2016 年第 2 期。

言与专业、知识与能力的统一体。因此，我们有必要研发适合预科教育的考核标准与测评体系。

语言课程是预科教育的主干课程，开设该课程的目的是通过集中强化教学，使学生能够用汉语完成基本的日常生活交际，并且能以汉语为工具学习大学专业课程。这里面实际上包含了两类语言教学，即基础汉语教学和专业汉语教学。2013 年初，我们受国家留学基金管理委员会的委托，负责研发用于预科结业的基础汉语考试，并于同年 6 月在全国七所承担政府奖学金预科生的院校进行了试考。结果表明，该考试较好地满足了对中国政府奖学金本科来华留学生预科教育基础汉语教学成果的考核以及对学生汉语水平的评测需求。[①] 在此基础上，我们根据学生的专业需求，分理工、医学、经贸和文科四类研发专业汉语考试，并将基础汉语和专业汉语融进一份试卷中，称为"汉语综合统一考试"。

一、汉语综合统一考试的设计理念

（一）考试的性质与用途

开发一个测验，首先要明确三个问题：第一是测验目的，第二是测验的目标团体，第三是测验构想，即解决为什么测、给谁测以及测什么的问题。首先来看测验目的，测验目的可以从两个层面来考虑：一个层面是通过测验做出什么推断，另一个层面是根据测验结果要做出什么决策。预科结业考试的目的有两个：一

---

① 王佶旻、郭树军、黄理兵、黄伟《中国政府奖学金本科来华留学生预科教育"基础汉语考试"试卷设计与质量分析》，《中国考试》2014 年第 1 期。

个是检测学生是否达到了本科入系学习的基本标准，另一个是评价预科教育的成果。其次来看测验的目标团体，测验的目标团体指将来的被试群体。目标团体的特性一般从四个方面来考虑：被试的个人特性；被试的知识结构；被试的语言水平和语言能力的构成；被试可能对测验产生的态度。[①] 作为留学生本科入系的门槛性考试，预科结业考试目前仅在政府奖学金生中试行，未来要面向更多的需求者。最后来看测验的构想，测验的构想是对测验所测能力的定义。汉语综合统一考试既要测量学生的日常语言交际能力，又要考查他们学习本科专业知识时的汉语运用能力，因而这个考试是集普通语言测试与专门用途语言测试为一体的综合性语言测试。

（二）考试的设计原则

第一，基础汉语与专业汉语的统一体，在同一份试卷中全面考查语言的日常交际和专业领域的语言运用能力。预科的语言教学不仅教授普通汉语，也要教授专业汉语，特别是专业领域的特殊词汇和表达方式，因此预科的语言测试也应当是普通语言测试与专门用途语言测试的统一体。另外，在专业汉语的测评方面，我们主张考查专业领域的语言运用能力，也就是使用语言获取专业知识的能力，而非专业知识本身。这一点是专业汉语教学与测试中非常重要的理念。

第二，着重测查语言交际能力，兼顾考查语言知识。政府奖学金预科生多数为零起点接受九个月左右强化教学的汉语学习者，

---

① Bachman, L. F. & Palmer, A. S., *Language Testing in Practice: Designing and Developing Useful Language Tests*. New York: Oxford University Press, 1996.

第三节　来华留学预科教育汉语综合统一考试总体设计与质量分析

结业时的语言水平处于初、中级范围。这个阶段是打基础的时期，需要注重语言知识的积累和语言交际能力的培养，因此在测评时既要考查语言的综合运用能力，又要兼顾语言要素与语言知识。

第三，分立式测验与综合式测验相结合。分立式测验是现代客观性语言测验的主要形式之一，它的特点是适合考查语言要素与知识点，比如词汇和语法。而综合式测验适合考查语言的综合运用，比如作文和完形填空。因此在汉语综合统一考试中，我们以分立式测验的形式考查语言知识，以综合式测验的形式考查语言交际能力。

第四，以技能为导向，从听、读、写三个维度综合考查学生的汉语水平。我们的研究表明，初级阶段汉语学习者各项语言技能呈现较为分散的趋势，到了高级阶段逐渐趋于融合。[①] 因此，对于初、中级水平的学生，采取语言技能分开测量的方式更为稳妥。汉语综合统一考试着重测评听、读、写的能力，口语能力的测评将单独研发，独立施测。

第五，主客观相结合，以客观、半客观题的形式考查听和读的能力，以主观题的形式考查写作能力。听和读的能力属于接受渠道的能力，而写作能力属于产出渠道的能力，接受渠道的能力使用客观化题型更为有效，而产出渠道的能力多使用表现性测试，采用主观评价。

---

① 参见周聪《综合式测试方法对初级水平汉语学习者的适用性研究》，北京语言大学硕士学位论文，2010年；原鑫、王佶旻《基于结构方程模型的高级汉语学习者语言技能关系研究》，《华文教学与研究》2012年第4期。

二、试卷结构与题型设计

（一）试卷结构

汉语综合统一考试由三大部分构成，分别为听力理解、综合阅读和书面表达。全卷共 121 题，包含 12 种题型，考试时间大约 160 分钟。详细信息列表如下：

表 2-8　试卷结构

试卷构成	题型		题号	题数	备注
听力理解 （45 题）	听句子		1—10 题	10	基础汉语
	听短对话		11—25 题	15	基础汉语
	听长对话		26—35 题	10	基础汉语
	听讲话		36—45 题	10	专业汉语
综合阅读 （65 题）	理解词语		46—55 题	10	基础汉语
	完成句子		56—65 题	10	基础汉语
	选词填空		66—75 题	10	专业汉语
	句子匹配		76—85 题	10	专业汉语
	阅读理解	Ⅰ 理解短文	86—100 题	15	基础汉语
		Ⅰ 理解短文	101—106 题	6	专业汉语
		Ⅱ 读后填空	107—110 题	4	专业汉语
书面表达 （11 题）	写汉字		111—120 题	10	基础汉语
	作文		121 题	1	基础汉语

由表 2-8 可以看出，汉语综合统一考试实际上包含了基础汉语试题 81 道，专业汉语试题 40 道。也就是说，文科、经贸、理工、医学四个版本的汉语综合统一考试试卷之间有共同的 81 道题目，其他的 40 道专业汉语试题则因为专业内容的不同而有所不同。这样的试卷设计模式一方面可以在一份试卷中实现对考生的日常交际能力、基础语言知识、专业领域的语言运用能力的全面测评；

第三节　来华留学预科教育汉语综合统一考试总体设计与质量分析　71

另一方面也可以通过四个版本中共同的 81 道题目，实现对不同专业考生汉语水平的比较，为教师和教学单位提供参考信息。

（二）题型设计方案

我们所设计的 12 种题型中，考查听力理解能力的题型共四种：听句子、听短对话、听长对话和听讲话。四种题型分别考查对简单句子、单回合对话、多回合对话和简短讲话的理解能力。语料文本长度由短到长。其中，前三种题型考查日常生活中的语言理解能力，属于基础汉语。由于日常生活的口头交际多为对话形式，因此我们选用语料时也以对话为主。专业领域的听力理解主要体现在听懂课堂讲解的能力上，因此我们选用听讲话的形式，以专业短文为素材，考查学生的听力理解能力。

综合阅读部分考查汉语阅读理解能力，以及阅读过程中所必备的汉语基础知识。其中理解词语是考查被试的基础汉语词汇量，完成句子是考查被试对汉语的基本语法形式（虚词和语序）的掌握程度，这两个题型属于基础汉语中的基础知识考查。选词填空和句子匹配属于专业汉语部分，前者考查被试在专业领域内的词汇量，后者考查被试对专业领域的句子和特殊表达方式的理解和运用能力，这两个题型属于专业汉语领域的基础知识考查。阅读理解部分有两种考查方式，其中理解短文采用传统的多项选择题形式，语料涵盖普通题材的文章和专业领域的文章。读后填空属于专业汉语部分，要求被试在阅读短文后，概括短文大意，获取重要信息和细节，并把它们摘抄下来或者使用自己的话概括出来，这是学生在学习专业知识时经常需要使用的一种能力。

三、分数体系

分数报导是测验效度的直接体现。汉语综合统一考试在分数报导时遵循以下几条原则：一是科学合理；二是通俗易懂，便于理解；三是符合测验的基本用途；四是提供充足的信息。

汉语综合统一考试包括基础汉语和专业汉语两部分，为了使不同专业考生之间的成绩可以相互比较，更好地了解考生在群体中的相对位置，我们采用以正态化标准分数（Z分数）为基础的导出分进行分数报导。具体过程如下：（1）分别计算出考生基础汉语和各专业汉语原始分数的百分位等级。（2）根据百分位等级和正态化标准分数转换表进行正态化转换，计算出每位考生基础汉语和专业汉语的正态化Z分数。（3）基础汉语按 $Y = 80+15Z$ 进行线性转换，专业汉语按 $Y = 35+10Z$ 进行线性转换，从而得到每位考生基础汉语和专业汉语的导出分。（4）最终的导出总分为基础汉语导出分与专业汉语导出分之和。

除此之外，我们还分别报导听力理解、综合阅读、书面表达三个分测验，以及全卷11个题型的原始分数，以便考试使用单位更加详细地了解考生个体和各校考生团体在不同语言技能、不同考查点上的表现，为预科汉语教学和评估工作提供参考。由于汉语综合统一考试是预科结业的标准，需要提供是否结业的决策建议。因此，我们划定了考试分数线，向有关部门和学校提供用于结业决策的建议分数线。

四、试卷质量分析

2014年6月,全国八所承担中国政府奖学金本科来华留学生预科教育的院校参加了汉语综合统一考试,实考人数1218人,其中经贸类考生241人,理工类考生586人,文科类考生184人,医学类考生207人。以下我们分别报告基础汉语和专业汉语两部分的试卷质量。

(一)基础汉语部分的质量分析

表2-9 基础汉语部分试卷质量分析

样本容量	难易度	总体区分度（点双列）	平均分	标准差	偏态值	峰值	α系数	标准误	题目合格率
1218	0.83	0.37	66.44	10.22	-1.09	1.51	0.92	2.94	93.75%

基础汉语部分(除作文外)共80题,原始总分为80分。表2-9的结果显示,考生在基础汉语部分的平均得分为66.44分,平均难度为0.83,这说明基础汉语部分比较容易,适合初级汉语水平的学习者,与大部分零起点预科生的实际汉语学习状况相符。基础汉语部分的总体区分度为0.37,达到了很高的水平。按点双列相关系数大于0.2为合格题目的标准划分,基础汉语题目的合格率为93.75%。该部分的信度系数为0.92,对于只有80道题目的基础汉语部分来讲,属于较高的水平。此外,考生基础汉语成绩呈负偏态,与设计预期一致。由此可见,此次基础汉语部分符合预期的设计思想,具有很高的质量水平。

（二）专业汉语部分的质量分析

表2-10 专业汉语部分试卷质量分析

专业	样本容量	难易度	总体区分度（点双列）	平均分	标准差	偏态值	峰值	α系数	标准误	题目合格率
经贸	241	0.73	0.44	29.33	7.04	−0.51	−0.57	0.89	2.32	97.50%
理工	586	0.75	0.43	30.22	6.66	−0.94	0.52	0.88	2.31	95%
文科	184	0.66	0.41	26.58	7.08	−0.11	−0.90	0.87	2.54	95%
医学	207	0.77	0.44	31.17	6.66	−1.10	0.94	0.89	2.25	92.50%

从表2-10的结果可以看出，经贸类、理工类和医学类试卷的难度均在0.75左右，文科类试卷难度相对较大，为0.66，但都处于中等难度水平，比较适合预科生，能够较好地评估出他们的专业汉语水平。从区分度来看，四种考试试卷的整体区分度均在0.4以上。按点双列相关系数大于0.2为合格题目的标准划分，经贸类题目的合格率最高，为97.50%，理工类和文科类的题目合格率居中，均为95%，医学类题目的合格率为92.50%。从信度系数来看，四种专业汉语考试的内部一致性均在0.87以上，对于只有40道题目的专业汉语部分来讲，均属于较高的水平。从四类考生的成绩分布来看，其分数均呈负偏态分布，符合设计预期。由此可见，四个版本的专业汉语部分都达到了很高的质量水平。

（三）作文部分的质量分析

作文部分为主观题，原始总分15分，每3分形成一个档次，共有五个档次。每篇作文由两名经过评分培训的评分员独立评分。若两名评分员评分差异不大于3分，则取两名评分员的平均分；如果差异大于3分，则由第三名评分员（通常是专家）复评。本次汉语综合统一考试的作文评分结果如表2-11所示：

表 2-11　作文评分结果

	分数段					平均分	标准差
	0—3分(1档)	4—6分(2档)	7—9分(3档)	10—12分(4档)	13—15分(5档)		
人数	29人	81人	280人	409人	419人	10.71	3.09

由表 2-11 可见，考生的作文平均得分接近 11 分，主要数据分布在第 4 档和第 5 档。这说明本次考试的作文题目是考生比较熟悉的话题，能够引导考生写出一定水平的内容，充分发挥考生的写作能力。

五、结语

来华留学生预科教育汉语综合统一考试是面向预科结业（本科入系）的标准化考试。2014 年的试考结果表明，该考试较好地实现了对预科生语言基础知识、汉语日常交际能力以及专业领域汉语运用能力的综合测评。今后我们还将在以下几个方面做进一步的研究和探索：一是根据留学生大学入学的能力要求和基本状况，建立本科来华留学生预科教育的标准体系；二是开展考试的效度研究，追踪预科生进入大学学习的适应情况；三是对专业汉语部分的新题型进行深入研究，为专业汉语的教学、学习和测试提供参考意见；四是为各高校和考生提供汉语综合统一考试分数的诊断性评价报告。

第三章

信度理论和信度检验

第一节　初、中等汉语水平考试再测信度验证[①]

信度，"也叫可靠性，就是测验分数的稳定性和一致性程度"[②]。它是评价一项测验质量高低的重要技术标准。对信度的验证，一般是用两次测验结果的相关系数来表示，相关系数越高，测验的信度就越高，测验越稳定。计算相关系数的常用方法有再测信度法、复本信度法、分半信度法、内在一致性信度法等。其中再测信度法是最原始、最直接的验证方法。它是"通过计算同一个测验对同一组被试施测两次所得分数之间的相关系数来验证测验的可靠性"[③]。

尽管再测信度法最符合信度的含义，但是由于需要同样的被试，对汉语水平考试（HSK）这种规模较大的测验来说，寻找和组织被试比较费时费力，所以关于 HSK 再测信度的验证也很少有人去做。本节是利用 2004 年底汉语水平考试中心"HSK［初、

[①]　本节摘自聂丹《HSK［初、中等］再测信度验证》，《中国考试》2006 年第 5 期。

[②]　张凯《语言测验理论与实践》，北京语言文化大学出版社，2002 年，第 99 页。

[③]　Henning, G., *A Guide to Language Testing: Development, Evaluation, Research*. New York: Newbury House Publisher, 1987:81.

中等］效度研究"课题组的部分实验结果，所进行的一个小样本的 HSK［初、中等］再测信度的验证及相关研究。

一、影响再测信度的因素及对策

"同一个测验对同一组被试两次施测的结果，或多或少总会有些误差。"[①] 造成误差的因素，或者说影响（再测）信度的因素，主要来自施测和被试两方面。

（一）施测方面的影响

1. 测量工具

概括来说，测验的题目数量、答题时间、题目质量、阅卷评分方法等都与测验的信度密切相关。对于 HSK［初、中等］来说，四个分测验 170 题的较大题量保证了试卷的信度，同时，每个分测验都有严格的时间限制，因而适合使用再测信度法；[②] 此外，全卷基本都是标准化的客观性试题，采用计算机阅卷、一题一分的评分方法，能最大限度地减少阅卷评分过程中的误差。这样，对 HSK［初、中等］再测信度影响最大的就是题目质量。具体来说，题目过难或过易、答案不唯一、提问及选项含糊等都会削弱题目质量，降低题目区分度，而"测验信度的高低说到底取决于题目的区分度"[③]。

2. 施测过程

两次测验的考试程序、步骤、指导语说明、主监考的操作以

---

① 王孝玲《教育测量》，华东师范大学出版社，1989 年。
② 张凯《语言测验理论与实践》，北京语言文化大学出版社，2002 年。
③ 同②。

及考场内外环境等的不同，都有可能影响到信度的验证结果。

（二）被试方面的影响

1. 被试团体

（1）被试样本的数量能够直接影响信度的高低。样本的数量越大，信度一般越高。

（2）信度系数的高低与被试样本的能力全距和平均水平有很大关系。样本的能力全距越大，总分分布就越广，则计算出来的信度值越大，这就可能高估实际的信度。样本的能力全距越小，总分分布就越窄，从而可能低估真正的信度。此外，若样本的平均水平太高或太低，同样会使测验总分的分布变窄，低估真正的信度。[1] 因此，根据测验的方差（或标准差）和平均分数的大小，可以判断被试团体的能力全距和平均水平，据此估计测验应用于该被试团体的信度大小。

2. 被试个体

（1）两次施测如果间隔时间较短，首测留下的记忆往往会提高再测的作答速度，使再测分数有所增加。另外，首测结束后，如果被试对测验内容进行过讨论、查找答案及相关的复习活动，那么再测的答对率就会提高。这是记忆效应与复习效应造成的误差。

（2）两次施测如果间隔时间较长，被试经过一段时间的学习训练，能力得到增强，再测的成绩就可能提高。这是训练效应造成的误差。

（3）两次施测被试的应试动机、注意力程度、身体及心理状况等可能有所不同，比如，首测往往比再测对被试的吸引力大，

---

[1] 戴海崎、张锋、陈雪枫《心理与教育测量》，暨南大学出版社，2003年。

但被试情绪可能更紧张。这是应试状态改变带来的误差。

（三）相应对策

1. 减少来自测量工具的误差：主要是提高题目质量，保证所有试题的难度接近正态分布，并控制在中等水平。保证提问、选项明确及答案唯一；提高试题的区分度等。

2. 减少来自施测过程的误差：保证两次施测过程尽量一致、规范、标准化。

3. 减少来自被试团体的误差：选取足够数量的被试样本，并保证样本的能力全距和平均水平适度。

4. 减少来自被试个体的误差：记忆效应、复习效应、训练效应等主要受两次施测的间隔时间的影响，间隔时间不同，再测信度也不同。为了防止再测信度法低估或高估了测验的实际信度，一般要求两次施测的间隔时间不超过两周。[1] 此外，被试个体应试状况的变化较难控制，但如果我们事先不告诉被试参加的是重复测验，并向被试保证两次都是正式考试，都可凭成绩获取相应证书，则有利于达成被试应试动机等的前后一致。

至于再测信度系数要达到多少是理想的？这是一个比较复杂的问题。"一般说来，标准化测验的信度系数要求在 0.9 以上"[2]，"如果标准化测验是在一年之内施测两次，其再测信度系数大多在 0.8 以上"[3]。我们不妨就把 0.8 作为本次 HSK［初、中等］再测信度验证的一个可接受的信度系数。

---

[1] Henning, G., *A Guide to Language Testing: Development, Evaluation. Research.* New York: Newbury House Publisher, 1987.

[2] 张凯《语言测验理论与实践》，北京语言文化大学出版社，2002 年。

[3] 王孝玲《教育测量》，华东师范大学出版社，1989 年。

二、研究样本与方法

2004年12月5日HSK［初、中等］国内统考北京语言大学考点的部分被试使用了Z卷（Z是临时试卷代号，并非真正的试卷编号），2004年12月18日北京语言大学汉语学院部分在校留学生也参加了Z卷的测验。其中参加了两次Z卷测验并且都有成绩纪录的被试共有39人。本研究就以这39名被试为调查样本（构成见表3-1），对Z卷进行再测信度验证。

表3-1　39个被试样本的构成情况

构成项目	国别			性别		年级（本科）		
	韩国	日本	其他	男	女	一年级	二年级	三年级
人数/人	26	11	2	17	22	9	15	15
百分比/%	67	28	5	44	56	23	38	38

从施测过程看，两次施测都是按照正式考试的要求进行的，主监考都受过严格培训，考场环境大致相同，考试步骤规范、统一。从被试个体的情况来看，两次施测间隔13天，能够较大限度地同时降低记忆、复习效应和训练效应的影响；由于两次测验都是正规的证书考试，被试事先也并不知道是同一份试卷，应试动机也应该比较严肃、一致。从被试团体数量来看，只有39人的小样本很可能会造成对试卷实际信度的低估，这是比较令人遗憾的。从被试团体构成来看，性别比例比较合适，国别构成虽严重失衡，但与HSK被试总体的国别分布大体一致；被试比较均匀地来自汉语学院本科三个年级，汉语水平的能力全距可能会比较大，这有利于对信度的估计，但由于都是北京语言大学的在校本科生，在教材、教法、语言环境等方面存在很多共性，所以相对于HSK

被试总体来说，样本的同质性还是比较高的。尽管被试团体的数量、构成等存在先天缺憾，但因取之不易，对我们也是弥足珍贵的。

由于本次研究重在考察与题目质量有关的 HSK［初、中等］试卷本身的再测信度，所以相关系数的计算根据的是被试的原始分数，即答对题目的数量，而不是报告分数，因为后者涉及等值和分数转换等复杂问题。具体方法就是利用 SPSS 统计分析软件，计算被试在两次测验上答对题目数量的"皮尔森积差相关（Pearson Correlation）"系数。

三、研究结果与分析

两次测验的统计分析结果见表 3-2。

18 号测验的各部分平均分数都比 5 号测验的对应部分高（总分提高 8.67 分）。这一方面可能是记忆或复习效应所致；另一方面，18 号测验邻近期末，被试经过系统复习与训练汉语水平可能又有提高，即训练效应可能发挥了作用。分测验里综合填空提高幅度最大（3.57 分），这部分主要考查汉语综合运用能力以及汉字书写能力，被试在首测后比较容易找到答案（特别是写汉字的题目），加之经过期末复习，被试汉字记忆和书写往往进步最明显，所以这部分成绩提高最多。阅读理解和听力理解也有较大的提高幅度（2.88 分/2.21 分），这很可能是记忆效应让被试再读或再听相同语料时会有的放矢地捕捉主要信息，并有相对充足的思考和答题时间。语法结构提高幅度最小（0.03 分），大概是由于这部分没有长段语料，基本是一句一题测一个语法点，对答题速度要求较高，可利用记忆、复习效应的因素有限。

18号测验的各部分标准差都低于5号测验的对应部分。这表明18号测验的分数分布相对更集中，被试的能力全距缩小，可能是训练效应或记忆、复习效应所致。但标准差的差距其实很小（最大只有1.632），说明随着平均分数的整体提高，被试能力全距变化并不大。

表 3-2　两次测验的平均分数、标准差及相关系数

（Pearson Correlation）（n=39人）

Z卷	听力理解 （50）	语法结构 （30）	阅读理解 （50）	综合填空 （40）	总分 （170）
12月5日平均分数	36.51	19.28	32.38	24.79	112.97
12月18日平均分数	38.72	19.31	35.26	28.36	121.64
12月5日标准差	6.573	5.472	7.114	5.881	21.747
12月18日标准差	6.104	4.537	6.855	5.733	20.115
相关系数	0.814**	0.770**	0.804**	0.870**	0.868**

注：** 表示相关在 0.01 水平上显著。

被试两次测验对应部分的分数之间都存在显著相关（相关系数基本都在 0.8 左右，均在 0.01 水平上显著）。分测验里再测信度系数最高的是综合填空（0.870），看来尽管这部分平均分数的提高幅度最大，但被试成绩排序变动不大，表明这部分试题相对最稳定。再测信度系数最低的是语法结构（0.770），很可能是由于这部分题目数量最少（30道），会降低信度值；另外前面说过，记忆、复习效应可能对这部分的影响相对较小。此外，也可能是这部分题目质量不太高，导致被试两次答题表现不稳定。总体来说，在只有 39 个样本并且样本同质性比较高的情况下，在记忆、复习、训练效应等不同程度存在的情况下，这些再测信度系数基

本都达到了我们预先设定的可接受值(0.8),特别是总分的再测信度系数达到 0.868,我们有理由据此估计,Z 卷题目的整体质量是不错的,试卷本身的信度是比较高的。

四、讨论

(一)两次测验的题目分析报告比较

表 3-3 两次测验的题目分析报告

(n_1=1594 人,n_2=389 人)

	Z 卷	听力理解	语法结构	阅读理解	综合填空	总分
12月5号 (1594人)	平均分数	31.2892	16.3626	28.5960	20.8683	97.1161
	方差	90.0149	43.1696	91.8255	66.5799	964.6070
	标准差	9.4876	6.5704	9.5826	8.1596	31.0581
	Alpha 系数	0.9000	0.8653	0.8990	0.8985	0.9684
	点双列相关系数	0.4185	0.4549	0.4158	0.4530	0.4324
	平均难度	0.6258	0.5454	0.5719	0.5217	0.5713
12月18号 (389人)	平均分数	36.7635	19.4807	32.6015	25.5604	114.4062
	方差	60.0932	33.9566	81.2423	55.6294	725.9481
	标准差	7.7520	5.8272	9.0134	7.4585	26.9434
	Alpha 系数	0.8716	0.8422	0.8940	0.8838	0.9744
	点双列相关系数	0.3790	0.4290	0.4123	0.4321	0.4104
	平均难度	0.7353	0.6494	0.6520	0.6390	0.6730

5 号测验共有 1594 名被试,样本来源广泛。18 号测验共有 389 名被试,均是北京语言大学在校本科生。比较 Z 卷在这两种样本上的题目分析报告可见,18 号相对 5 号测验来说,各分测验

及总分的平均分数都大大提高,方差和标准差变小,这一方面说明 18 号的被试团体平均水平比较高,能力全距比较小,另一方面也是样本数量相差悬殊所致。与此相应,报告显示 18 号比 5 号测验对应部分的平均难度要低得多,区分度(点双列相关系数)明显下降,内在一致性信度系数也相对降低(但总分的信度系数却是略微提高了的)。但是两个样本反映的区分度和内在一致性信度其实都是比较高的,尤其是 5 号测验的各项指标都比较理想。再将表 3-2 的两个测验与表 3-3 的两个测验结果相比较,可见小样本测验各部分的平均分数普遍高于大样本的对应部分,标准差则远远要小,相应地难度、区分度、信度等指标也会大大逊于后者。因此,"所谓测验的信度,实际上是测验用于一特定团体时的分数的信度,被试组改变了,测验分数就改变了,信度也就改变了"[1]。换句话说,"我们所说的信度就只能用来说明它所据以计算的那个样本"[2]。如果我们做再测信度验证的被试样本足够大,能力分布比较合理,则信度系数必然会更为理想。

(二)有关再测信度的问卷调查

18 号测验结束以后,我们曾对 389 名被试进行了一项关于 HSK[初、中等]当前质量的问卷调查,其中有 6 个题目(题号是第 10—15 题)是有关 Z 卷再测信度估计及误差分析的调查。在回收上来的有效问卷中,有 55 名被试回答了这 6 个题目(见表 3-4)。

---

[1] 张凯《语言测验理论与实践》,北京语言文化大学出版社,2002 年。
[2] 桂诗春、宁春岩《语言学方法论》,外语教学与研究出版社,1997 年。

表 3-4　对 55 名被试的问卷调查结果

第 10 题	A 不会有变化	B 会有一点变化	C 会有一些变化	D 会有较大变化	E 会有很大变化
和 12 月 5 号的考试相比，你估计这次你的考试结果会不会有变化？（第 10 题）	8	33	10	3	1
	0.145	0.600	0.182	0.055	0.018[①]
第 11—15 题	A 非常赞成	B 赞成	C 不赞成也不反对	D 反对	E 非常反对
同样的题，做过一遍有些就记住了，成绩当然会好（第 11 题）	2	20	22	10	1
	0.400		0.400		0.200
同样的题，没有兴趣再认真做一遍，成绩也会受影响（第 12 题）	4	27	13	9	2
	0.564		0.236		0.200
有些题的答案是随便猜的，两次猜的结果可能不一样（第 13 题）	2	29	12	12	0
	0.564		0.218		0.218
两次考试自己的身体或心理状况不一样会对成绩有影响（第 14 题）	13	34	6	2	0
	0.855		0.109		0.036
两次考试的时间、地点、考场环境等不一样，会对成绩有影响（第 15 题）	8	28	11	6	2
	0.655		0.200		0.145

注：实得 χ^2 值从 22.509 到 59.818，df=4，p=0.000。

根据第 10 题，60% 的被试认为两次考试的结果"会有一点变化"，但普遍认为变化不会太大，更有 14.5% 的被试认为"不会有变化"，说明从被试反映来看两次测验还算比较稳定。

---

① 原文误为 0.012——编者。

第11—15题专门考察了可能产生再测误差的部分原因。第11、12、14、15题分别调查记忆效应、应试状态、施测环境等的影响，肯定这些影响的赞成态度普遍多于中立和反对态度（第11题赞成和中立态度持平），特别是第14题，持赞成态度的有85.5%。这就是说，应试状态及施测环境等对被试的影响较大，记忆效应也有一定干扰。第13题是对题目质量的调查，56%的被试肯定猜测因素的影响（"非常赞成"的仅2人），猜测因素多预示着题目难或提问、选项、答案等模糊度高，可见，题目质量因素对部分被试还是有不同程度影响的。卡方检验显示，被试样本的上述反馈意见都具有统计学上的显著意义（均是p=0.000）。

五、结论

研究表明，Z卷具有较高的再测信度。尽管被试团体存在数量较小、异质性程度较低的缺憾，尽管被试个体的记忆效应、复习效应、训练效应、应试状态以及施测过程等方面不同程度地干扰着被试（部分影响得到了被试的认同），我们却仍然得到了Z卷两次测验各对应部分的0.8左右的较高相关，这是难能可贵的。据此可以估计Z卷具有较高的实际信度。如果我们选取的被试样本团体比较理想，则试卷的再测信度还应会有所提升。5号大样本测验（1594人）的题目分析结果显示，题目质量的各项指标普遍比较理想，全卷总分内在一致性信度系数达到0.96以上，可见我们对改变被试样本以后的再测信度验证的乐观预期是完全有理由的。比较各分测验，综合填空的再测信度系数相对最高，语法结构的相对最低，说明这部分试题质量有待提高，但也许是题型和题量的先天不足造成的。由于 HSK［初、中等］每份试卷都是在题型设计、命题原则等方面完全一致以及试题难易度、区分度等指标经过严格控制的情况下产生的平行试卷，所以根据 Z 卷在原始分上体现出的较高的再测信度可以估计出 HSK［初、中等］试卷总体具有较高的实际信度。

第二节　汉语水平考试复本测验稳定程度的历时性研究[①]

中国汉语水平考试（HSK）是为测量母语为非汉语者（包括外国人、华侨和中国境内部分少数民族考生）的一般汉语水平而设计的国家级标准化考试。其测量结果对考生求学、求职和汉语能力评价的影响后效均具有高风险性。因此，如何确保 HSK 测验结果的使用或解释具有令考生、考试用户和对外汉语教学界公认的信度和效度，一直是测验设计者和开发者所关注的核心问题。刘英林对 HSK 设计的语言学理论基础和分数结构体系进行过若干基础性研究；何芳用相关分析法对 HSK 的信度和效度进行过初步考察；谢小庆对 HSK 测验的信度和等值方法进行过系统性比较；柴省三用分类一致性和相关分析法对 HSK［初、中等］的

---

① 本节摘自柴省三《汉语水平考试（HSK）复本测验稳定程度的历时性研究》，《现代语文》（语言研究版）2011 年第 2 期。

复本信度和证书分类一致性进行过考察。① 不过，迄今为止，针对 HSK 测验分数的稳定性，特别是针对不同测验复本之间分数的稳定性问题的研究尚不多见。对语言测试信度和效度的考察绝不是一劳永逸的静态过程，而是一个不断搜集证据、积累证据的综合性、系统化过程，因为各种证据之间不是非此即彼的取代关系，而是互补关系。因此，本节将在对 HSK 标准化的研发过程进行初步探讨的基础上，专门针对 HSK 测验分数的复本稳定性，进行历时性的、纵向的研究。

一、汉语水平考试（HSK）的信度和效度

中国汉语水平考试（HSK）是一种大规模、标准化证书考试，按照难易程度从低到高分为 HSK［基础］、HSK［初、中等］和 HSK［高等］三个类别，考生可根据自己的水平选择报考任何一个类别的考试，凡考试成绩达到规定标准者，均可获得相应等级的《汉语水平证书》。HSK 从 1989 年诞生以来，先后已有来自 170 多个国家的 180 多万名考生在国内外各考点参加了各类别的考试。其中报考 HSK［初、中等］的考生人数最多，约占考生总数的 75% 以上，因而本研究只针对 HSK［初、中等］测验的复本分数进行统计分析。

---

① 刘英林《汉语水平考试（HSK）的理论基础探讨》，《汉语学习》1994 年第 1 期；何芳《汉语水平考试（HSK）信度、效度分析报告》，载《首届汉语考试国际学术讨论会论文选》，北京语言学院出版社，1995 年；谢小庆《对 15 种测验等值方法的比较研究》，《心理学报》2000 年第 2 期；谢小庆《HSK 和 MHK 的等值》，《考试研究》2005 年第 1 期；柴省三《关于 HSK［初、中等］平行信度的实证研究》，《汉语学习》2002 年第 2 期。

作为评价考生一般汉语水平的测量工具和外国留学生申请进入中国大学攻读学士、硕士学位的汉语资格证明，HSK 的测试结果备受国内外对外汉语教学界的普遍关注。因此，HSK 考试的标准化和科学性程度如何，HSK 是否具有理想的考试信度和效度，以及测验分数之间是否具有横向等价性和纵向可比性等问题，不仅与考生本人的切身利益密切相关，而且对考试的用户，比如高校留学生招生机构、企业员工录用部门等，甚至对对外汉语教学的教学理念和课程设计等均具有相当大的影响。

任何一个标准化语言测试，首先，测量的效度要高，这是衡量语言测验质量高低最重要的指标，即测验结果要准确反映考生语言水平的高低。评价一个考试质量高低的标准包括信度、效度、可行性和考试对教学的反拨作用等很多方面，但效度问题是标准化语言测验永恒的主题。所谓效度指的是考试在多大程度上测出了期望测量的东西，或者说考试在多大程度上完成了预期的测量任务，实现了预期的测试目标。效度概念本身至少包含两层含义，一是考试究竟测量的是什么；二是测出的程度有多大。比如，我们要设计一个以测量外国留学生汉语口语能力为主要目的的语言考试，那么该考试质量的高低就可以用效度来衡量。如果考试结果解释或分数使用的效度比较高，就应该满足以下两个方面的要求：（1）该考试的确测量的是考生的汉语口语能力，而不是写作能力、阅读能力或其他与汉语口语能力无关的东西；（2）考试结果可以很好地测出考生的汉语口语交际能力。否则我们就不能认为该考试具有较高的效度，因为这两条标准分别从定性和定量的角度对考试的测量效果进行了界定。就 HSK 而言，其设计初衷是测量外国留学生的一般汉语交际能力的，因此，考试的结果应该能够准确反映考生在日常生活、学习和工作中所体现出来的一般汉语水平，而不是测量考生在某一特定领域或完成某一课堂教学任务的能力。

其次，测验结果要具有令人信服的信度，即考试的测量误差要小，测量结果要具有高度的稳定性和一致性。由于考试的分数通常是对考生答题结果或完成测验任务的表现水平进行赋值表征的结果，因此，我们在使用测验分数时，实际上潜在地基于定性和定量两个假设，即测验分数是考生在某一方面语言能力、技能或知识的反映，测验分数高的考生应该比测验分数低的考生在测验所测的语言能力上要高。不过，由于各种测量误差的存在，测验分数实际上不可能百分之百地反映考生的语言能力。Bachman认为，在语言测验中考生的测验分数是其语言能力（测量目标）、测验方法、个人特质和其他与测量目标无关的随机因素共同作用的结果（参见图3-1）。[①]测验结果的稳定性、一致性程度取决于测量误差的大小，所以，要提高测验分数的信度，就必须降低各种测量的误差。因为测量误差越大，分数中由测量目标所引起的构想分数所占的比例就越低，考试结果对拟测语言能力的解释力和推断程度就越低。而信度正是反映测量误差大小的一个重要指标。所以，信度和效度属于一个连续体上的两个端点，[②]信度是效度建立的一个重要证据来源，是效度的必要条件而不是充分条件。如果一个测验的信度不高，那么测验分数使用的效度也必然很低。

[①] Bachman, L. F., *Fundamental Considerations in Language Testing*. Oxford: Oxford University Press, 1990.

[②] 同①。

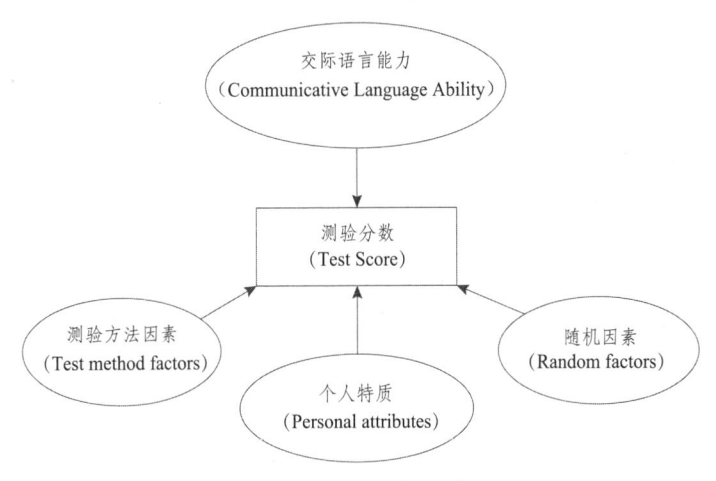

第二节　汉语水平考试复本测验稳定程度的历时性研究

图 3-1　测验分数示意图

（图中内容：交际语言能力 Communicative Language Ability、测验分数 Test Score、测验方法因素 Test method factors、个人特质 Personal attributes、随机因素 Random factors）

测验的信度和效度是一对矛盾统一体，信度和效度不可能同时达到最大化，[①] 因为效度只是程度问题，具有明显的相对性。效度的有效性总是相对于一定的测量目的、功能和范围而言的，效度不是有或无的关系，而只是程度上的不同。由于语言能力是一个抽象的概念，依靠现有的语言学研究水平和心理测量手段尚无法进行直接测量，我们只能通过考生完成语言测验任务所表现出来的语言行为间接地推断考生的汉语能力，因此，不能说一次考试绝对有效或无效。在语言测试的具体实践中，只能根据测验使用的具体目的通过各种标准程序寻求信度和效度的最佳平衡点。

为了确保 HSK 测验具有较高的信度和效度，考试设计和开发均按照严格的、标准化程序进行操作（参见图 3-2）。这样可以确保测验的信度和效度，以及测验题目的难度、区分度、分数分布等符合标准化考试的要求。

[①] 李筱菊《语言测试科学与艺术》，湖南教育出版社，2001 年。

第三章 信度理论和信度检验

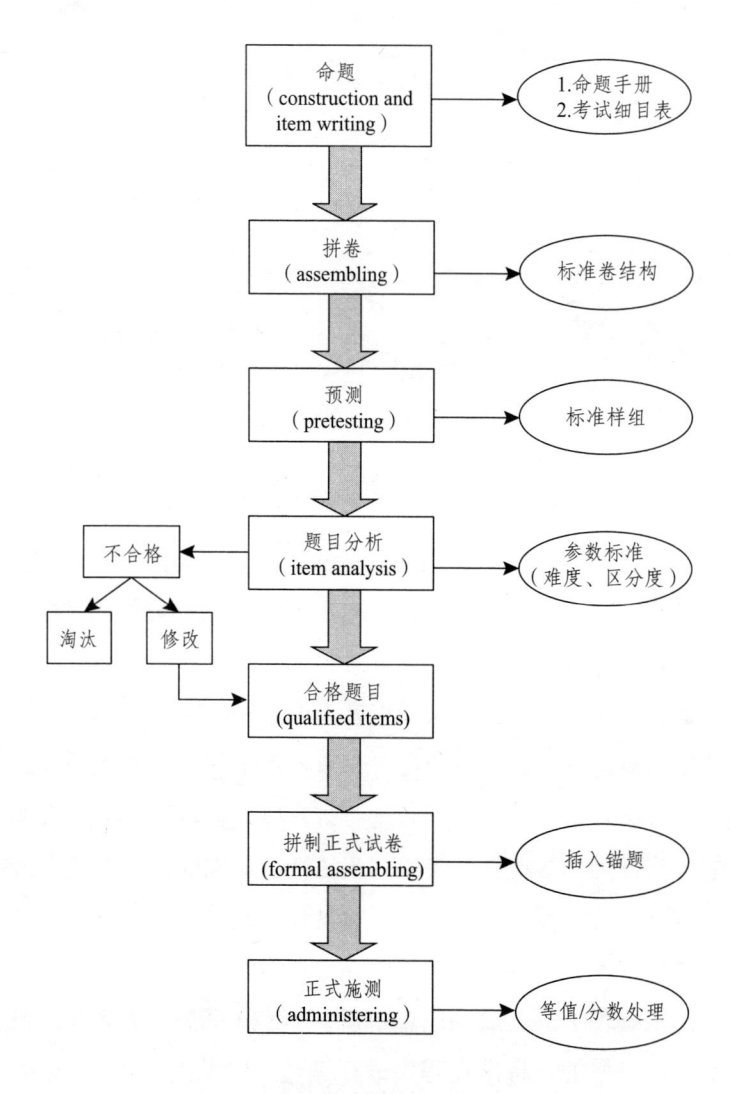

```
        命题
（construction and      →   1.命题手册
   item writing）            2.考试细目表
         ↓
        拼卷                 →   标准卷结构
     （assembling）
         ↓
        预测                 →   标准样组
     （pretesting）
         ↓
 不合格 ←  题目分析           →   参数标准
  ↓ ↓    （item analysis）       （难度、区分度）
 淘汰 修改
         ↓
       合格题目
    （qualified items）
         ↓
      拼制正式试卷           →   插入锚题
   （formal assembling）
         ↓
       正式施测              →   等值/分数处理
    （administering）
```

图 3-2　HSK 标准化测验开发示意图

一般而言，标准化语言测试应该满足稳定性、科学性、权威性、社会性、广泛性、系统性和设立常模等要求。尽管不同的考试有不同的标准化要求，但大规模标准化语言测试和非标准化的语言测试最典型的区别体现在是否进行考试预测、是否建有常模和是否进行等值处理三个方面。从 HSK 的开发示意图不难看出，HSK 的研发过程完全满足标准化语言测试的核心要求，即建有自己的常模，通过预测选择符合测验质量的题目，对试卷采取等值处理，确保平行试卷之间的测验分数具有稳定性、一致性等。

二、HSK 试卷的等值处理

由于中国汉语水平考试（HSK）是一种大规模的考试，每年在中国国内近百个考点举行若干次考试，每年考生人数在 60 000 人次以上。为确保考试的公平性，每次考试全部采用不同的平行试卷。如何保证不同测验试卷上的考试分数之间具有可比性问题显得尤为重要，因为它涉及分数之间是否具有等价性的问题。

所谓平行试卷，就是指在性质、测验内容、题型、题目数量与结构、难度以及施测条件和答题时间等方面都一致的两份或多份测验试卷。针对平行试卷之间测验分数等值性的研究是大规模语言测验，特别是对标准化语言能力测验而言尤为重要。因为，尽管我们已经通过各种标准开发程序，最大限度地确保测验试卷之间在总体难度上保持稳定性，但事实上，在具体的测验开发过程中，要编写出总体难度、区分度等完全相同的多份平行试卷几乎是不可能的。这样，如果不对测验的平行试卷进行等值处理，那么同一个考生在间隔较短的不同时间内参加两个相同测验形式的平行测验时，尽管其语言能力水平没有发生实质性变化，但所获得的测验分数却相差较大；同样，如果平行试卷之间缺乏等值性,那么具有相同语言能力水平的一个(或一批)考生在不同地点、不同时间参加不同的测验复本时,所获得的测验结果也会相差太大。因此,在没有其他突发事件影响的前提下,我们就可以断定:该测验的平行信度不高。因为,无论就测验本身的属性而言,还是就分数使用或解释来说,测验分数不仅没有使用价值,而且还具有误导性或不公平性。为了确保 HSK 平行测验分数之间具有横向等价性、纵向可比性,在考试结束以后,我们专门针对 HSK 测验分数进行了等值处理。

所谓等值就是指把测量同一心理特质(比如汉语语言能力等)的不同测验分数,借助一定的数学模型和技术手段,转换成同一单位量表或标杆上的数量,以确保平行测验分数之间具有可比性的过程。对测验分数进行等值化处理是大规模、标准化语言测试最重要的技术环节之一,也是确保测验信度和效度的重要手段。[1] 测验等值包括两方面的内容,一是把不同测验所得到的分数进行等值,二是对测验题目的参数进行等值。其中前者主要是指经典测量理论(CTT)针对平行卷之间进行的等值,后者则主要是指借助项目反应理论(IRT)针对具体测验项目的难度、区分度等参数所进行的等值处理。

一般测验等值设计包括单一组设计、共同考生设计和共同参照测验设计或称"锚题"测验设计以及混合设计等四种形式。[2] 其中在经典测验等值中最经常采用的等值方法包括百分位等值法、线性等值法和回归等值法三种。

---

[1] 张敏强《教育测量学》,人民教育出版社,1998 年;漆书青、戴海崎、丁树良《现代教育与心理测量学原理》,高等教育出版社,2002 年。

[2] 张敏强《教育测量学》,人民教育出版社,1998 年。

第二节 汉语水平考试复本测验稳定程度的历时性研究

中国汉语水平考试（HSK）采用的等值方法是共同参照测验或"锚题"测验设计的线性等值法（参考示意图 3-3），即在所有的平行试卷里按照一定的比例都嵌入了适当数量的、标准卷所包含的测验题目（参见表 3-5）。比如有 A、B 两份平行试卷，两者均包含 27 个标准卷里含有的测验题目，尽管 A、B 卷在测验的题型、内容、形式、数量、答题时间和施测条件等方面全部一样，但事实上 A、B 卷的难度不可能完全相同。假如有语言能力基本相同的两名考生甲、乙分别参加了 A 卷和 B 卷考试，因为平行卷之间的测验分数缺乏横向等价性，所以甲考生在 A 卷上所获得的测验分数与乙考生在 B 卷上所获得的测验分数很可能不一致，甚至相差较大，但甲、乙考生的语言水平并没有通过测验分数准确地表示出来。如果不对 A、B 卷进行等值处理，那么两个测验分数的差别就不是考生语言水平差异的有效指标，而是由测验试卷难度不同所引起的。

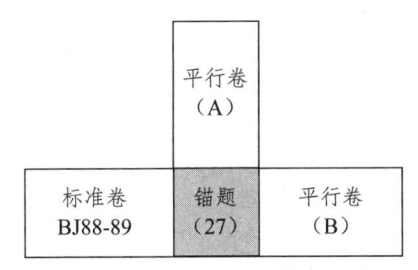

图 3-3 HSK 测验分数等值示意图

表 3-5 HSK［初、中等］试卷操作结构

（单位：题）

	听力	语法	阅读	综合填空	合计
非锚题数	42	25	42	34	143
锚题数	8	5	8	6	27
合计	50	30	50	40	170

如果按照图 3-3 所示的等值设计并进行等值处理以后，测验

开发者就可以根据甲、乙考生分别在"锚题"上的表现水平，经过等值模型的数学处理以后，将 A、B 平行卷上考生的实测分数完全转换到标准卷 BJ88-89 上的分数。这样，即使参加 A、B 平行卷的同一名考生或者若干名汉语水平基本相同的考生，在考试过程中确实感觉两卷的答题难度略有差异，但由于测验分数最终要全部换算到标准卷上，所以考生最后实际获得的分数应该基本一样，并且所有考生的测验分数与 HSK 的测验标准常模具有可比性。考生既不会因为参加了难度较大的试卷而"吃亏"，也不会因为参加了一份难度较低的试卷而"赚便宜"，因为他们的分数最终都要根据"锚题"反应水平换算到具有纵向、历时可比性的标准卷上（具体等值计算过程，参见谢小庆，1995；郭树军，1995[①]）。采用这种等值处理方式以后，就可以在很大程度上解决测验分数的等价性和稳定性问题。

三、HSK 等值分数的稳定性研究

经过上述预测、题目分析、等值处理以后，HSK 的测验分数已经具备了两个特征，一是平行试卷之间的原始分数具有了等价性，二是所有平行试卷的原始分数与标准卷之间具备了历时的、纵向的可比性，并与标准样组测验分数具有了等价性。不过，由于 HSK［初、中等］考试是由听力理解、语法结构、阅读理解和综合填空四部分组成，四个分测验的原始分数满分（题目总数）

---

① 谢小庆《汉语水平考试的分数体系》、郭树军《汉语水平考试的等值问题》，载《首届汉语考试国际学术讨论会论文选》，北京语言学院出版社，1995 年。

第二节 汉语水平考试复本测验稳定程度的历时性研究

分别是 50、30、50、40,如果只给考生或考试用户提供经过等值后的原始分数的话,至少存在两个问题:首先是不同分测验之间的分数不具有可比性。比如某考生的听力得分是 25 分,语法分数是 24 分,如果单从原始分数来看,似乎该考生的听力理解成绩要比语法成绩好,但实际上该考生的语法水平比听力水平要高。因为两个分测验的总分不同,所以导致原始分之间不具有内部横向比较性。其次,按原始分数进行报导,既不符合考生和用户的使用习惯,也无法提供考生之间的常模信息。所以,为解决分测验之间分数的可比性问题,HSK 最后对考生的原始等值分数进行了标准化处理,并最终给考生报导一个标准化后的导出分数。

为了考察 HSK 的等值效果和标准分数的稳定性,本研究以在中国国内参加 2009 年、2010 年 8 次(8 份平行试卷)HSK 考试的 95 636 名考生的实测数据为对象(考试时间、考生人数等具体样本结构请参见表 3-6),对每次考试的测验分数进行统计分析。

表 3-6 研究样本描述

考试时间	考生人数/人	考点数量/个	考生国家数/个	男生数/%	女生数/%
2009 年 04 月	15 775	51	150	51.09	48.91
2009 年 06 月	15 860	53	165	50.47	49.53
2009 年 10 月	4973	22	84	50.83	49.17
2009 年 11 月	14 273	61	131	48.00	52.00
2010 年 04 月	13 846	55	157	51.13	48.87
2010 年 06 月	15 992	57	165	49.52	50.48
2010 年 10 月	3928	22	97	51.20	48.80
2010 年 11 月	10 989	64	150	49.60	50.40

8 份平行试卷的听力平均分、语法平均分、阅读平均分、填空平均分和总分平均分的历时一致性程度,参见表 3-7。

表 3-7　HSK 平均分数统计表（导出分数）

考试时间	听力理解	语法结构	阅读理解	综合填空	总分
2009年04月	59	59	59	58	234
2009年06月	59	59	61	58	238
2009年10月	60	61	65	56	243
2009年11月	62	59	64	60	245
2010年04月	59	60	62	60	242
2010年06月	58	60	60	54	232
2010年10月	62	62	65	61	251
2010年11月	65	60	61	58	247
均值全距	7	3	6	7	19

从表 3-7 可见，考生在 8 份 HSK 平行试卷上的测验平均分具有相当强的稳定性，单项分数的最大波动范围不超过 7 分（填空部分），最小波动范围是 3 分（语法结构部分）。而总分（满分为 400 分）的波动范围为 19 分。这对于一个母语背景、学业修养、年龄结构等异质性相当强的大规模测验而言，测验质量是相当高的。尽管考生参加考试的时间不同、试卷也不一样，但因为 HSK 按照标准化程序对考试采取了预测、建立稳定的常模和等值化处理，所以考生的测验分数不仅在平行试卷之间具有很高的一致性，而且所有平行测验与标准样组（常模）在标准卷（BJ88-89）上的测验分数之间也具有非常高的稳定性。考生在不同时间、不同地点、参加不同版本的平行测验时，其测验分数具有较高的公平性。为了直观地观察测验分数的纵向稳定程度，我们将不同分测验的平均分以折线图的形式给出。具体结果请分别参见图 3-4 至图 3-8。

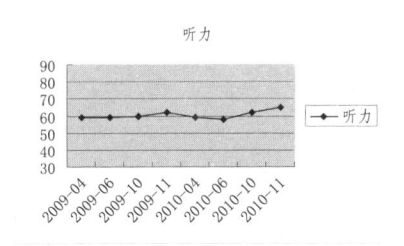

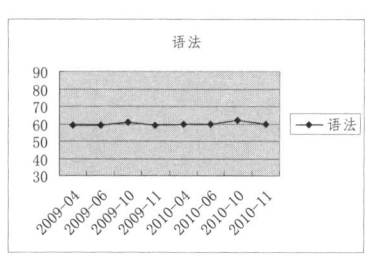

图 3-4　听力测验分数历时分析图　图 3-5　语法测验分数历时分析图

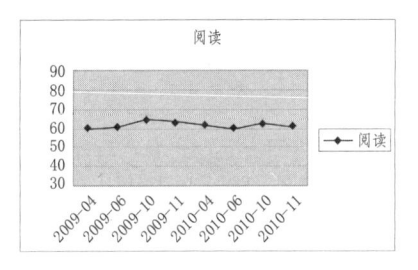

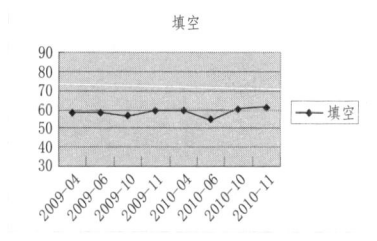

图 3-6　阅读测验分数历时分析图　图 3-7　填空测验分数历时分析图

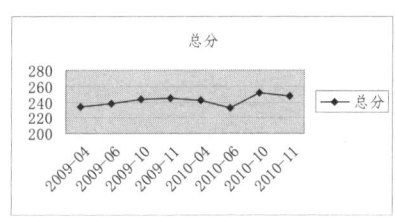

图 3-8　总分历时分析图

四、结果与讨论

在语言测验中，由于测验分数是对考生完成测验任务情况进行数值表征的结果，如果要保证测验分数解释或使用具有较高的效度，那么测验分数就必须具有较高的信度，否则，测量的误差就较大，测验结果就不能反映考生之间语言能力的差别。本实证研究的结果表明，HSK 的测验分数在平行试卷之间具有相当高的横向一致性。因为 HSK 采用了比较稳定的常模和采取了"锚题"测验的线性等值处理方式，考生在不同时间、不同地点、参加不同复本测验的分数之间既具有横向的等价性，也具有历时的稳定性，考生的测验分数与标准样组（常模）在标杆卷 BJ88-89 上的测验分数具有较好的一致性。测验结果可以比较准确地反映考生的汉语水平。

第三节　高等汉语水平考试信度的多元概化理论研究[①]

中国汉语水平考试（HSK），是为测试母语为非汉语者（包括外国人、华侨和中国少数民族人员）的汉语水平而设立的国家级标准化考试。到目前为止，已有许多研究者在经典测验理论的框架下对 HSK 的信度、效度等问题进行探讨，且研究结果均表明该考试具有较高的信度和效度。然而，经典测验理论有其局限性，它对测验信度的估计不够精细，不能辨明测量过程中可能产生的各种变异来源及其大小，无法提出减少测量误差的策略和方案。

概化理论是在经典测验理论的基础之上，通过引进实验设计和方差分析的技术而发展起来的测验理论。该理论将测量误差作为模型参数来处理，不但保留了经典测验理论中控制误差的标准

---

① 本节摘自陆一萍《HSK 高等考试信度的多元概化理论研究》，《中国考试》2011 年第 5 期。

化技术，同时可以根据误差来源的不同将其分为多个分量误差，在同时考虑多个误差来源的基础上进行信度分析，从而把误差控制与决策需要相结合，为提高考试的测量效果，降低测量误差开辟了新思路。尤其是多元概化理论，在处理含有多个潜在能力因子且这些潜在能力因子之间又具有相关关系的测量问题方面具有独到之处。鉴于此，这里旨在运用多元概化理论对 HSK［高等］客观卷的信度、分数合成的合理性、试卷结构和各部分内容的比例分配等问题进行探讨，从而为今后命题和试题预测工作的改进、测验质量的提高提供参考依据。

一、研究方法

（一）研究样本

本研究的样本为参加 2009 年 10 月 HSK［高等］的全体考生，共计 4941 人。所用试卷为北京语言大学汉语水平考试中心命制的 A10TC01X 试卷。

（二）测量设计

HSK［高等］客观卷包括听力理解、阅读理解和综合表达三部分内容，每部分内容均包含 40 道题目，每道题目的分值均为 1 分。本研究根据 HSK［高等］的内容采用三因子（听力理解、阅读理解和综合表达）$p \times i$ 的随机单面交叉设计，使用 mGENOVA 软件完成 G 研究和 D 研究，从而探讨各个因子以及整份试卷的测量精度，同时还可利用相关信息评价试卷各部分内容对总测验的贡献程度。

二、结果分析与讨论

(一) HSK [高等] 客观卷的 G 研究结果

运用 mGENOVA 软件进行数据分析,可以得到考生 (p)、试题 (i) 以及考生与试题之间的交互效应 ($p×i$) 在三个内容因子上的方差和协方差分量矩阵,如表 3-8 所示:

表 3-8　G 研究中各效应在三个因子上的方差协方差分量估计

效应	听力理解	阅读理解	综合表达
p	**0.02630**	0.90402	0.87196
	0.02255	**0.02367**	0.93706
	0.02453	0.02501	**0.03009**
i	0.03214		
		0.04880	
			0.02459
$p×i$	0.18170		
		0.17804	
			0.19412

注:主对角线上的元素为各效应在相应子类型上的方差分量估计。主对角线以下元素为各效应在不同子类型间协方差分量的估计。主对角线以上元素为子类型间的相关系数的估计。

由表 3-8 的结果可知,方差分量最大的因子为综合表达 (0.03009),其次是听力理解 (0.02630),方差分量最小的因子是阅读理解 (0.02367),这说明在此次 HSK 高等考试中,综合表达的作用最大,阅读理解的作用最小。三个因子间的协方差较小,说明这三部分内容之间具有一定的独立性;同时三个因子间的相关系数较高,均在 0.85 以上,又说明二者间的关联程度较高。至于能否将这三部分的分数进行合成还有待求解于接下来的

D 研究的结果。

(二) HSK 高等考试客观卷的 D 研究结果

1. 各因子全域分估计的精度问题

根据 G 研究估计的方差与协方差矩阵，进一步估计考生在三个因子上的全域分数以及相应的误差估计的方差分量，进而估计概化系数和可靠性指数，具体结果见表 3-9。

表 3-9 考生全域分数等在三个因子上估计的方差分量值

	听力理解	阅读理解	综合表达
全域分方差	0.02630	0.02367	0.03009
相对误差方差	0.00454	0.00445	0.00485
绝对误差方差	0.00535	0.00567	0.00547
均值误差方差	0.00081	0.00123	0.00062
概化系数	0.85270	0.84173	0.86112
可靠性指数	0.83105	0.80673	0.84623

从表 3-9 的结果中可以看出，考生全域分在听力理解、阅读理解和综合表达三个因子上的方差分量分别为 0.02630、0.02367 和 0.03009，相对误差方差分量分别为 0.00454、0.00445 和 0.00485，由此可知综合表达部分的概化系数最高，为 0.86112，说明综合表达部分的测量精度最高；听力理解和阅读理解部分的概化系数也能到达大规模考试的要求，分别为 0.85270 和 0.84173。

2. 全域总分的测量精度

按照每部分试题量所占比重来决定权系数，对三个因子的全域分进行合成，可以得到全域总分的方差以及相应误差的方差分量估计，进而估计全域总分的概化系数等，如表 3-10 所示。

表 3-10　D 研究中全域总分等方差分量的估计

指标	估计值
全域总分方差分量	0.02492
全域总分相对误差的方差分量	0.00154
全域总分绝对误差的方差分量	0.00183
全域总分误差均值的方差分量	0.00030
全域总分的概化系数	0.94184
全域总分的可靠性指数	0.93152

本研究中，三个因子的样本容量均为 40，因此赋予三个因子的权系数均为 0.33。全域总分的概化系数较高（0.94184），相对误差不大（全域总分相对误差的方差分量为 0.00154），说明此次 HSK［高等］的总体测量信度很好。在 G 研究中，由于三个因子之间的协方差量较低，因此不能确定是否能将这三部分内容的分数合成一个总分。D 研究的结果则表明，把三个因子的全域分数合成一个全域总分可以明显地提高测量信度，说明将考生在三部分内容上的分数进行合成是合理的。

3. 各因子对总方差的贡献比例研究

根据上述结果可以得到各个因子对总方差的贡献，见表 3-11。由表 3-11 可知，三个因子对全域总分方差的贡献比例与当初命题时的赋分意图基本接近，其中综合表达部分的赋分比例与实际的方差贡献比例差距最大（仅为 2.18%），这可能是由于综合理解部分的测量精度较好，从而导致其分量在一定程度上有所提高。从总体上来讲，此次 HSK 高等考试在决定各部分内容的分量比例方面是比较合适的。

表 3-11　HSK［高等］中各因子方差分量对总方差贡献比例
与试卷赋分比例的比较

方差贡献量	听力理解	阅读理解	综合表达
全域总分	32.72%	31.77%	35.51%
相对误差	32.81%	32.15%	35.05%
绝对误差	32.43%	34.40%	33.17%
题目数量	40	40	40
分值	40	40	40
分值比例	33.33%	33.33%	33.33%

4. 因子样本容量对测量精度影响的研究

为了研究改进 HSK［高等］客观卷试题的预测方式，本研究通过改变听力理解、阅读理解和综合表达三因子样本容量的方法来考察测验信度的变化情况，如表 3-12 所示。

表 3-12　因子样本容量对测量精度的影响

	n_1	n_2	n_3	听力理解概化系数	阅读理解概化系数	综合表达概化系数	总分的概化系数	总分概化系数的变化
G 研究样本	40	40	40	0.85270	0.84173	0.86112	0.94184	
D 研究样本								
1/4 模式	10	10	10	0.59137	0.57073	0.60786	0.80193	−0.13991
1/2 模式	20	20	20	0.74322	0.72671	0.75611	0.89008	−0.05176
3/4 模式	30	30	30	0.81279	0.79955	0.82302	0.92393	−0.01791
仅 n_1 变化	10	40	40	0.59137	0.84173	0.86112	0.92511	−0.01673
	20	40	40	0.74322	0.84173	0.86112	0.93151	−0.01033
	30	40	40	0.81279	0.84173	0.86112	0.93705	−0.00479
仅 n_2 变化	40	10	40	0.85270	0.57073	0.86112	0.92558	−0.01626
	40	20	40	0.85270	0.72671	0.86112	0.93186	−0.00998
	40	30	40	0.85270	0.79955	0.86112	0.93722	−0.00462
仅 n_3 变化	40	40	10	0.85270	0.84173	0.60786	0.92264	−0.01920

(续表)

n_1	n_2	n_3	听力理解概化系数	阅读理解概化系数	综合表达概化系数	总分的概化系数	总分概化系数的变化
40	40	20	0.85270	0.84173	0.75611	0.93018	−0.01166
40	40	30	0.85270	0.84173	0.82302	0.93650	−0.00534

注：n_1、n_2、n_3分别表示听力理解、阅读理解和综合表达三个因子的样本量。

从表3-12的结果中可以看出，当各个因子的样本容量都减少为10道题时，全域总分的概化系数将下降为0.80193，该信度值对于HSK这样的大规模考试来说不是特别理想；当各个因子的样本容量都减少到20道或30道题时，测验总分的概化系数与原测验相比虽然有所减小，但降幅都较小，均接近或达到0.9以上，是可以接受的（各因子样本容量减少到20题时总分的概化系数为0.89008，减小0.05176；各因子样本容量减少到30题时总分的概化系数为0.92393，减小0.01791）。固定其他两个因子而只变动其中的一个，无论减少哪一个因子的样本容量，全域总分的概化系数都会降低，但是降低的幅度非常小，以至于样本容量减少后整个测验的信度仍能达到0.92以上。然而，当任意一个因子的样本容量减少到10道或20道题时，虽然整个测验的概化系数较高，但该因子的测量精度会比较低，降低到0.5—0.7。

上述的结果分析表明，在适当地减少各因子试题量的情况下，HSK［高等］的各部分及整个测验仍具有较高的信度。因此，今后可以考虑将一部分预测试题放入正式考试中进行预测。这样，既能够在真实的考试情境下完成预测，又能够保证施测预测试题所需要的大样本量，从而提高预测的准确性、节省预测成本；同时，正式试题的减少也可以在一定程度上起到节省题目、减轻命题压力的作用。

三、结论

由上述三因子模型的多元概化理论的研究可以得到以下几点结论：

结论一：此次 HSK［高等］客观卷的总体信度非常好，为 0.94184；听力理解、阅读理解和综合表达三部分的测量精度也较高，均在 0.85 左右；且将上述三部分进行测验总分的合成是合理的。

结论二：听力理解、阅读理解和综合表达三部分内容对全域总分方差分量的贡献比例与当初命题时的赋分比例基本一致，因此此次考试的试卷结构较为合理。

结论三：适当地减少各部分的试题量，HSK［高等］仍具有较高的信度。因此，今后可以考虑在正式考试中完成试题预测的工作。

第四节　汉语水平考试写作测试评分信度检验[①]

一、写作测试评分标准简介

写作测试是直接考查考生书面表达能力的题型，与其他间接考查书面表达能力的题型相比，它具有无可比拟的测试效度。因此，写作测试评分标准的研究一直都是语言测试研究体系中的重要组成部分，评分标准不仅用来指导评分过程，同时还要报告评

---

① 本节摘自赵琪凤《HSK 写作测试评分信度考查——基于对新老评分员的个案调查》，《中国考试》2010 年第 10 期。

分结果，因此确定评分方法以及制定该评分方法各个等级的描述项对于评估的有效性至关重要。目前常用的写作评分方法主要有两种，即综合评分法和分项评分法。

综合评分法的评分标准是综合性的，只包含一个评分等级量表，每一等级中包含多项内容，如内容结构、语言运用等方面的判定标准。评分者根据评分标准中规定的各项内容和对作文的总体印象，给作文打分。它的优点是效率高，特别适合大规模的写作考试评分。目前我国的高考语文作文评分，高考英语作文评分，大学英语四、六级作文评分以及HSK［高等］的作文评分均采用综合评分法。然而，Vaughan在其调查研究的基础上指出，"虽然评分员接受的是同样的训练，不同的评分员在阅卷过程中仍会侧重作文不同的方面，并且可能采用个人的阅卷方式。因此，综合评分法事实上是一种个人独立思考后做出决定的行为"[1]。可见，评分员如何把握评分标准对评分信度具有至关重要的作用，我们在考虑主观考试评分标准的科学性、可操作性的同时，还要充分重视评分员这一重要因素。鉴于此，本节将运用概化理论对两组评分员的评分信度进行检验，同时结合问卷调查了解新老评分员对评分标准的把握情况。

二、概化理论简介

经典测量理论（Classical Test Theory, CTT）、概化理论（Gener-

---

[1] 转引自邹申、杨任明《他们如何使用写作评分标准——新老评分员调查》，《国外外语教学》2002年第3期。

alizability Theory，GT）和项目反应理论（Item Response Theory，IRT）并称为现代心理测量领域的三大理论。其中，经典测量理论和概化理论源于同一理论基础——随机抽样理论，概化理论是对经典测量理论的一种扩展，它和经典测量理论一样，通过方差分析分解和估计方差成分，从而估计信度。

概化理论的基本原理是：首先运用实验设计的思想，分析影响测验分数变异的各种来源（如被试水平的差异、题目的难度、评分者的评分标准等）。接着，运用方差分析的技术，分别估计各种变异来源对分数总变异所做的贡献（通常用方差分量作为指标）。然后，根据不同的研究目的的需要，分别考察研究目标在测验总变异中所占的比重。一般地，当测量目标引起的分数变异所占比重较大时，测量被看作是具有较高信度的。

概化理论分析问题的基本过程主要包括两部分，即 G（概化）研究和 D（决策）研究。在同一次测验中，两次研究的实验设计可以相同，也可以不同。在 G 研究中，研究者首先要确定自己的测量目标，测量目标指的是被试的某种潜在的特质水平，如本节的测量目标指的是被试的汉语写作水平。然后，研究者可以通过实验来收集实验数据，运用 ANOVA 软件来分析实验数据，得到所需的统计量，G 研究也就到此结束。G 研究的根本目的就是通过方差分析（ANOVA）来具体估计来源于测量目标、测量侧面以及各种交互效应的那些总体性方差成分的大小，为以后的 D 研究提供概化的前提条件。

D 研究是对 G 研究所得数据的转换和解释环节，为不同的实验目的提供不同的信度和效度指标。这里将提供概化系数（Ep^2 系数），作为测验的信度系数。

结合本研究目标和数据特点，采用概化理论随机单面交叉设计模式，即测量目标与测量侧面之中的每个水平都要一一结合。本研究的测量目标为考生的汉语写作水平，记为 p（person），观测全域是由评分员这一单个侧面构成，记为 r（rater），即评分员交叉于测量目标（考生）中，每一位考生的作文都会被两个评分员评阅打分，构成了典型的随机单面交叉设计模式。

三、研究问题和研究过程

（一）样本及数据

HSK［高等］写作测试评分采用两名评分员一组对同一批考生进行评分的方式，本研究从48组评分员中随机抽取两组评分员的评分进行信度检验，这两组评分员均为一老一新两名评分员的组合，即一名具有多次评分经验的老评分员与一名参与评分工作不超过两次的新评分员组合，对同一批考生的作文进行评阅。

（二）研究问题

本研究主要关注三个问题，并进行具体分析：

1. 每组中的新老两名评分员的评分之间是否存在显著差异？
2. 两组评分的信度如何？
3. 对评分员进行问卷调查，了解新老评分员在把握评分标准方面是否存在重大差异？

（三）假设检验

根据本研究的目的，需要检验同一组中新老两名评分员的评分结果的平均数（考生平均得分）之间的差异。我们假设同一组中新老评分员的评分结果的平均数之间不存在差异。

针对上述假设，配对 T 检验的结果如下：

表 3-13　第一组配对样本 T 检验

	差异值均值	标准差	标准误	T 值	自由度	Sig.（2-tailed）
新—老评分员	0.07	1.689	0.176	0.37	91	0.712

从表 3-13 可知，计算出的 T 统计值分别为 t=0.37（p=0.712），可见第一组中两名评分员评分结果的平均数之间没有显著差异，支持研究假设。

表 3-14　第二组配对样本 T 检验

	差异值均值	标准差	标准误	T 值	自由度	Sig.（2-tailed）
新—老评分员	-0.72	2.098	0.219	-3	91	0.001

从表 3-14 可知，计算出的 T 统计值分别为 t=-3（p=0.001），可见第二组中两名评分员评分结果的平均数之间存在显著差异。

以上的检验结果表明，第一组中两位评分员的评分结果之间没有显著差异，可以认为第一组中新老评分员对评分标准的把握是比较一致的。而第二组中两位评分员的评分结果之间存在显著差异，我们认为这两位评分员对评分标准的把握略有出入，导致他们对同一批考生的评分结果产生显著差异。

（四）信度检验

基于上述结果，本研究运用概化理论交叉设计模式对两组评分结果进行概化研究，对各个变异分量进行估计，得到相应的概化系数（Ep^2 系数）。

1. 概化分析 G 研究结果

表 3-15　第一组评分员评分结果 G 研究

Dependent Variable：得分

Source	SS a	df	MS	变异分量估计值	所占百分比
考生	507.370	91	5.575	2.075	59.27%
评分员	0.196	1	0.196	0.000	·
考生*评分员	129.804	91	1.426	1.426	40.73%

说明：① a.R Squared=1.000（Adjusted R Squared=.）。②第一组 G 研究中评分员变异分 f 估计值为 -0.013，故归纳为 0。

从表 3-15 的分析结果可知，我们的测量目标，即考生的写作水平（p）的变异分量估计值最大，为 2.075，占总变异的 59.27%，是最主要的变异来源，可以说考生的写作水平得到了较好的测评。评分员侧面的变异分量估计值为 0，从统计的角度来看，说明第一组的两名评分员之间的评分一致性比较高。考生与评分员的交互作用（$p×r$）的变异分量估计值占总变异的 40.73%，说明评分员对不同考生的评分之间存在差异。

表 3-16　第二组评分员评分结果 G 研究

Dependent Variable：得分

Source	SS a	df	MS	变异分量估计值	所占百分比
考生	826.413	91	9.191	3.495	58.95%
评分员	23.674	1	23.674	0.233	3.93%
考生*评分员	200.326	91	2.201	2.201	37.12%

说明：a.R Squared=1.000（Adjusted R Squared=.）

从表 3-16 的分析结果可知，我们的测量目标，即考生的写作水平（p）的变异分量估计值仍为最大，为 3.495，占总变异的 58.95%，是最主要的变异来源，从统计的角度可以说考生的写作水平也得到了较好的测评。评分员侧面的变异分量估计值为 0.233，占总变异的 3.93%，说明第二组的两名评分员的评分差异不大。考生与评分员的交互作用（$p \times r$）的变异分量估计值占总变异的 37.12%，可见评分员对不同考生的评分之间存在差异。

2. 概化分析 D 研究结果

表 3-17 D 研究结果

概化系数	第一组	第二组
Ep^2 系数	0.744	0.761

在 D 研究中，概化系数大于 0.80 说明信度优秀。从表 3-17 的结果可知，两组评分员评分后的测验信度分别为 0.744 和 0.761，接近于 0.80 的优秀水平，可以认为两组的测验信度较高，但是还有待继续提高。

（五）两组评分员评分的描述性统计

为能够更多地了解新、老评分员如何使用评分标准，了解他们在评分过程中的具体表现，本研究特对两组评分员的具体评分进行了描述性统计，结果见表 3-18。

表 3-18 第一组的评分统计

	新评分员	老评分员
有效数	92	92
无效数	1	1
平均数	7.41	7.35
中数	7	7
众数	5	7

（续表）

	新评分员	老评分员
全距	8	6
最小值	4	4
最大值	12	10
总和	682	676

从表3-18的数据统计来看，在评阅的92名考生当中，新评分员给分最多的是分数是5分，而老评分员给分最多的是7分，说明新评分员比老评分员评分严格，但是在两名评分员对这同一批考生的写作水平进行大排队的过程中，对低分的划定是一致的，均为4分，而对于高分的划定则有所不同，新评分员给的最高分为12分，老评分员给的最高分为10分。我们认为第一组的两名评分员对评分标准的把握有些出入，尤其是对考生是否及格的划定存在差异（HSK［高等］写作评分标准规定6分为及格分）。

表3-19 第一组老评分员的评分统计

	频率	百分比	有效百分比	累计百分比
4分	2	2.2	2.2	2.2
5分	7	7.5	7.6	9.8
6分	16	17.2	17.4	27.2
7分	25	26.9	27.2	54.3
8分	23	24.7	25.0	79.3
9分	12	12.9	13.0	92.4
10分	7	7.5	7.6	100.0
总计	92	98.9	100.0	
缺失信息	1	1.1		
合计	93	100.0		

第四节 汉语水平考试写作测试评分信度检验 115

表 3-20 第一组新评分员的评分统计

	频率	百分比	有效百分比	累计百分比
4 分	4	4.3	4.3	4.3
5 分	23	24.7	25.0	29.3
6 分	9	9.7	9.8	39.1
7 分	11	11.8	12.0	51.1
8 分	17	18.3	18.5	69.6
9 分	10	10.8	10.9	80.4
10 分	11	11.8	12.0	92.4
12 分	7	7.5	7.6	100.0
总计	92	98.9	100.0	
缺失信息	1	1.1		
合计	93	100.0		

通过表 3-19 和表 3-20 的统计结果，可以较具体地观察老评分员与新评分员各自的评分表现。我们发现老评分员对 92 名考生的评分比较集中，而且呈现趋中的现象，分数大多集中在 6 分、7 分、8 分这三个分数上，可见老评分员比较关注考生是否达到及格水平。而新评分员的评分比较分散，两极数据比较多见，打分最多的是 5 分，但是高分段 10 分和 12 分的分数也比较多，可见对于同一批考生的评价，新评分员评分的浮动比老评分员要大一些。

表 3-21 第二组的评分统计

	新评分员	老评分员
有效数	92	92
无效数	0	0
平均数	5.37	6.09
中数	5.00	6.00
众数	5	3
全距	11	10

（续表）

	新评分员	老评分员
最小值	1	1
最大值	12	11
总和	494	560

从表 3-21 的数据统计来看，第二组的两名评分员在评阅同一批考生时，新评分员给分最多的分数是 3 分，而老评分员给分最多的是 5 分，但是两者对考生是否及格的评定大多还是比较一致的，都判定在 6 分（及格线）以下。同时可以看出，与第一组情况相同，第二组的新评分员也比老评分员评分严格，并且两名评分员对低分的划定是一致的，均为 1 分，而对于高分的划定则有所不同，新评分员给的最高分为 12 分，老评分员给的最高分为 11 分。我们认为第二组的两名评分员对评分标准的把握同样存在差异，但是与第一组的两名评分员相比，他们对于及格线的把握要更加一致。

表 3-22 第二组老评分员的评分统计

	频率	百分比	有效百分比	累计百分比
1 分	3	3.3	3.3	3.3
2 分	5	5.4	5.4	8.7
3 分	5	5.4	5.4	14.1
4 分	8	8.7	8.7	22.8
5 分	34	37.0	37.0	59.8
6 分	22	23.9	23.9	83.7
7 分	6	6.5	6.5	90.2
8 分	2	2.2	2.2	92.4
9 分	1	1.1	1.1	93.5
10 分	2	2.2	2.2	95.7
11 分	3	3.3	3.3	98.9
12 分	1	1.1	1.1	100.0
总计	92	100.0	100.0	

表 3-23　第二组新评分员的评分统计

	频率	百分比	有效百分比	累计百分比
1 分	1	1.1	1.1	1.1
2 分	6	6.5	6.5	7.6
3 分	12	13.0	13.0	20.7
4 分	12	13.0	13.0	33.7
5 分	10	10.9	10.9	44.6
6 分	12	13.0	13.0	57.6
7 分	8	8.7	8.7	66.36
8 分	9	9.8	9.8	76.1
9 分	11	12.0	12.0	88.0
10 分	7	7.6	7.6	95.7
11 分	4	4.3	4.3	100.0
总计	92	100.0	100.0	

通过表 3-22 和表 3-23 的统计结果可以发现，第二组的新老评分员的评分表现与第一组很相似。老评分员对 92 名考生的评分比较集中，而且呈现趋中的现象，分数大多集中在 5 分、6 分，同样反映出老评分员比较关注考生是否达到及格水平。而新评分员的评分比较分散，两极数据比较多见，打分最多的是 3 分、4 分和 9 分，第二组的评分数据同样说明新评分员评分的浮动比老评分员要大一些。

总之，从本研究的两组评分员的评分统计来看，可以概括出以下现象：（1）总体来看，新评分员评分比老评分员严格。（2）老评分员评分趋中，趋向于及格线分数，高分数段和低分数段的分数不多，对于考生是否及格考虑较多；而新评分员评的两级分数较多，高分数段和低分数段的分数比较多见，而趋中分数并不突出，我们认为，新评分员对考生的写作水平的评定带有比较鲜明的个人评分态度,并且呈现出不稳定的状态。这也提醒我们,新老评分员极有可能在评分标准的某些方面存在截然不同的理解和把握。

(六)从问卷调查看新老评分员对评分标准的把握

由上述分析可见,新老评分员对同一批考生的写作水平的大排队中,存在一定的差异,这需要进一步对评分员在评分过程中的个人因素和标准把握进行调查,为此,本研究编制了评分员评分过程的调查问卷,并且对本研究中的两组评分员进行了问卷调查。

此份问卷共11题,均为单项选择题,问卷内容涉及评分员对评分标准的评价、对评分依据的设定、对一篇好作文的定义以及评分员自身的评分风格等方面。

1. 第一组两名评分员的问卷结果统计

在问卷的11道题目中,第一组的两名评分员的回答基本相同,只有在3道题目上的回答有差异,详见表3-24。

表 3-24

题号	内容	老评分员	新评分员
4	你评阅作文的次要评分依据是什么?	B 篇幅	E 一种以上参考依据
6	你认为一篇好的作文与什么有密切关系?	C 清晰的条理	B 充实的内容
8	对于写作评分标准中没有做出明确解释的作文特点,如字迹、修辞、隐喻的使用等方面,你在评阅中是否会关注并予以考虑?	A 是	B 否

第四节 汉语水平考试写作测试评分信度检验

可见，两位评分员在评阅作文的次要评分依据、对一篇好作文的定义以及其他作文特征三个方面意见不同，这些不一致也是二人对评分标准的把握有出入的重要原因之一。

2. 第二组两名评分员的问卷结果统计

该组的评分员在4道题目上的回答存在差异，详见表3-25。

表 3-25

题号	内容	老评分员	新评分员
3	在评阅作文的过程中，你的主要评分依据是什么？	A 内容	E 一种以上参考依据
4	你评阅作文的次要评分依据是什么？	D 篇章表达	E 一种以上参考依据
7	在给作文打分时，你通常会采用什么样的方式？	B 侧重最初的印象	C 既侧重作文的组织又侧重作文的语法
8	对于写作评分标准中没有做出明确解释的作文特点，如字迹、修辞、隐喻的使用等方面，你在评阅中是否会关注并予以考虑？	A 是	B 否

第二组的两位评分员在评阅作文的主要评分依据、次要评分依据、评分方式以及其他作文特征四个方面的把握标准是不同的，从中可以看出评分员在评分过程中的细微差异。

总之，从问卷调查的结果来看，新老评分员的评分差异主要体现在以下几点：

（1）对评分依据的界定问题。从问卷中可以看出，老评分员在评阅过程中，心中有一个明确的评分依据，而新评分员则考虑的因素较多，问卷中两名新评分员均选择"一种以上参考依据"，这一现象或许能够解释新评分员评分较老评分员严格并且两段分数较多的问题。

（2）对一篇好作文的界定。对好作文的理解和定义的不同，也会导致新老评分员给分的差异，尤其是对高端分数的判定影响较大，也说明了新老评分员对评分标准的理解和把握还存在差异。

（3）评分方式的选择问题。第二组的新老评分员的差异可以看出，老评分员使用了整体印象法进行评分，而新评分员仍然着眼于文章的组织和语法等细节方面，考虑的因素较多。

（4）对于评分标准中没有做出明确解释的作文特点的理解和判定问题。本研究的两组评分员之间均存在这一问题，新老评分员之间、老评分员之间、新评分员之间的理解也不尽相同。这一结论也验证了 Vaughan 的调查结果，即评分员常常会关注一些明显的但在评分标准中未做明确解释的作文特点，如字迹、长度、隐喻的使用等，[1] 从而在评阅时根据各自的理解和判定，采用各自的评分标准。

四、结论

基于以上检验、分析，本研究初步得到以下结论：

本研究抽取了两组评分员进行分析，配对 T 检验结果表明，第一组中新老评分员对评分标准的把握是比较一致的。而第二组中两位评分员对评分标准的把握略有出入，导致他们对同一批考生的评分结果产生显著差异。

---

[1] 转引自邹申、杨任明《他们如何使用写作评分标准——新老评分员调查》，《国外外语教学》2002 年第 3 期。

本研究运用概化理论对两组评分员的评分信度进行了检验，结果表明，两组的测验信度是比较高的，但是还有待继续提高。

通过观察评分员评分数据的描述性统计以及问卷调查，我们进一步了解了新老评分员在评分过程中的评分差异，调查结果表明：（1）在阅卷前对评分员进行统一培训，统一学习评分标准是很必要的。（2）在评分一致性的表面下，评分员对写作水平的理解和评阅方式仍然带有个人色彩，在实际评阅中存在不同的判定标准，新评分员尤为突出，需要经过多次培训和评分后，才会逐步稳定下来。同时也提醒我们，评分标准应尽可能全面、具体，对一些细节做出明确的规范和解释。

总之，写作测试作为一项主观性考试，评分标准的科学性、严密性，评分员对评分标准的一致性把握尤为重要。本研究对新老评分员评分差异的小范围调查，只是对主观性考试信、效度问题的一次初步探索，有待深入、完善。

第五节 高级汉语口语测验两种评分标准的信度比较[①]

口语测验作为一种产出性试题，能够对考生的口语能力进行直接的测量，是一种效度很高的测试方式。要使口语测验这种

---

① 本节摘自赵琪凤《高级汉语口语测验两种评分标准的信度比较》，《考试研究》2011年第4期。

主观性考试准确地反映考生的口语水平，就必须保证测验的评分信度，即考试评分的可靠性和稳定性。口语测验领域普遍认为评分员和评分方法决定了测验的信度，从而在很大程度上影响了测验的效度。[①] 因此，科学客观、具有可操作性的评分标准以及评分员对评分标准的准确把握，是口语测验信度的重要保证。本节将运用概化理论对高级汉语口语测试的两种评分标准进行比较分析，以期得到更加直观、准确的研究结果。

一、口语能力及高级汉语口语测验

王佶旻把第二语言的口语能力定义为"学习者在口头渠道运用语言的能力"，同时操作性地定义为"学习者在'听—说'模式下的口语能力表达和在'独白'模式下的口语能力表达"。[②] 聂建中与王正仁总结口语测验是双向的，包含口头表达和听力理解两方面内容。[③] 口头表达指考生表达与交流思想和感情的能力，听力理解是指考生接受语音信息的能力。可见，口语能力和口语测验都应具有互动性的特点。

高级汉语口语测验是针对将汉语作为第二语言的高水平学习者而编制的口语能力测验。依据以往研究以及对高水平学习者的实际口语表现，我们可以将高水平学习者的口语能力操作性地定

---

① 王佶旻《概化理论在汉语初学者口语测验中的应用》，《云南师范大学学报》（对外汉语教学与研究版）2007年第2期。

② 同①。

③ 聂建中、王正仁《评分员的信度与口语能力测量》，《山西大学学报》（哲学社会科学版）1997年第2期。

义为"在'听—说'模式和'独白'模式下的议论性语篇表达的能力"。因此,高级汉语口语测验也相应地包含了"听后说"和"回答问题"两种题型。本节仅对"听后说"这一题型进行分析。

二、口语测验的评分标准

口语测验评分标准的作用主要体现在两方面:第一,制定科学客观的等级标准,保证测验能够准确、公正地测出考生的口语表达能力,即测验的效度。第二,评分标准必须明确、清晰,具有可操作性,便于评分员准确把握,保证评分员评分的一致性,即测验的评分信度。一般而言,口语测验的评分标准主要涉及考生话语输出的准确性、流利性、适合性以及口语交际的互动性等几个方面。以 ACTFL 语言能力量表为例,该量表是美国外语教学委员会(The American Councilon the Teaching of Foreign Languages)制定的面向外语教学的语言能力标准,它将语言能力分为 10 个等级,这 10 个等级分别描述了语言能力发展的各个不同阶段,量表对各个等级的衡量标准进行了非常具体的描述。如对高级水平口语能力的衡量标准是:"能令人满意地完成日常生活、学校和工作所需的交际任务;虽然能力稍欠但仍能自信地完成复杂的任务和应对社交场合,如知道如何阐述、抱怨和道歉等;能用流畅的语言详细地陈述或描述;能用较为恰当的词汇进行交流、谈论时政及个人爱好。"[①]

---

① 孔文等《发展中的语言行为测试——国外研究综述》,《现代外语》2007 年第 2 期。

评分方法主要分为综合法和分析法。综合法主要根据印象按一定的标准进行评分，效度比较高；分析法根据不同的构成要素分别评分，然后合成一个总的分数，信度比较高。大规模标准化口语测验通常将这两种评分法相结合，采用分析性的综合印象评分法。例如，我国大学英语四、六级口试就采用此评分法，评分时综合考虑语言的准确性和语言的宽度、话语的长度和连贯性以及灵活性和适切性等方面，每一方面分为五个等级，有详细的描述，评分员依据三个方面的标准按总体印象评分。实践证明这种评分方法科学、客观，而且有很强的可操作性。[①] 金艳和郭杰克对 2001 年 5 月举行的全国大学英语四、六级口语考试的评分员信度进行统计分析，结果显示评分员的评分相关达到 0.835，并认为，"对于口语能力测验这样的主观性测试来说，这样的评分信度是比较令人满意的"[②]。HSK［高等］口语测验也采用这种评分方法。

三、高级汉语口语测验的两种评分标准

　　作为大规模标准化考试，HSK［高等］口语考试和改进版口语考试都采用"半直接"的测验方式，即录音方式测试。两项口语考试各有一套口试评分标准，同样是针对高水平的考生群体，两种评分标准在内容、评分方法上存在异同。为行文表述方便，本节将 HSK［高等］口试评分标准记为标准一，改进版口试评分

[①] 杨惠中《大学英语口语考试设计原则》，《外语界》1999 年第 3 期。
[②] 金艳、郭杰克《大学英语四、六级考试非面试型口语考试效度研究》，《外语界》2002 年第 5 期。

标准记为标准二。比较两种标准结果如下：

（一）内容

评分标准一的内容主要涉及内容的充实性、语言表达的准确性和成段表达的连贯性、流利性等几个方面。评分标准二的内容也基本涉及论述充实性、语言运用的准确性以及表达流畅性等。两种评分标准的内容基本一致，符合对高级口语水平评判的界定。

（二）评分方法

评分标准一采用分析性的综合印象评分法，采用五级评分制，全部分数等级由五个基准级和七个辅助级构成。评分员根据评分标准对五个基准级的详细描述，体会等级间的差异，综合整体印象给出分数。

评分标准二同样采用分析性的综合印象评分法，与标准一不同的是，此标准并没有设置太多的等级，而是划定了一个排除线，即如果评分员判断考生达不到高等口语水平，就直接将他排除在等级之外；另外设立了三个等级，即如果考生达到了高等口语水平，再按照评分标准的描述和综合印象判断其处于哪一个等级。

口试结果能否客观地反映考生的口语水平，关键还在于评分员能否准确地把握评分标准。[①] 一些研究者通过定性和定量研究来探究评分误差形成的原因，发现评分标准越复杂，评分员的评分差异越大。

---

① 庞继贤、陈婵《外语口语考试的效度和信度研究述评》，《外语与外语教学》2005年第7期。

四、概化理论的基本概念及本研究要解决的问题

概化理论是一种能够较好地控制测量误差的现代测量理论，在主观性测验的评分中有广泛的应用价值。概化理论分析问题的基本过程主要包括两部分，即G（概化）研究和D（决策）研究。在G研究中，研究者首先要确定测量的目标。测量目标是指被试的某种潜在的特质水平，如本研究的测量目标就是考生的汉语口语水平。然后，研究者可以通过实验收集实验数据，运用方差分析软件分析实验数据，得到所需的统计量，G研究也就到此结束。G研究的根本目的就是通过方差分析（ANOVA）具体估计来源于测量目标、测量侧面以及各种交互效应的那些总体性方差成分的大小，为以后的D研究提供概化的前提条件。

D研究是对G研究所得数据的转换和解释环节，为不同的实验目的提供不同的信度和效度指标。D研究通过改进测量侧面结构、测量模式或样本容量，用方差分量来估计各种改进的测量设计条件下的概化系数（Ep^2系数）或可靠性指数（Φ系数）的变化，即提供各种测量设计方案下不同的信度指标，用来探求有效控制误差、提高信度的最佳设计方案，提出最可行的实际测验决策。

本节将运用概化理论分析两个问题：（1）两种评分标准的信度如何？哪种标准更易于评分员掌握？（2）两种评分标准分别使用几位评分员就能保证评分的信度？

五、研究过程

(一) 样本和评分员

本节的研究对象为参加 HSK [高等] 口语考试的 67 名外国留学生。聘请三位评分员使用评分标准一进行评分,这三位评分员参与多次评分工作,对标准一把握较好。另外重新聘请了三位评分员使用标准二进行评分,这三位评分员也具有多次评分的经验,但对标准二接触不多,经过培训后尝试评分。[①]

(二) 方法、过程与结果

1. 随机单面交叉设计

本研究中只对口语测验中的一道题目("听后说"模式)进行了两种标准的评分。从概化理论方面来看,测量侧面仅为单面,即评分员 (r),测量目标为考生的口语水平 (p),所有评分员对所有的考生都进行了评分,所以构成了典型的随机单面交叉设计 $p \times r$。

2. 对评分标准一、标准二的 G 研究

表 3-26 评分标准一的 G 研究

Dependent Variable:得分

效应	SS	df	MS	变异分量估计值	所占百分比
a					
考生	969.483	66	14.689	4.292	62.93%
评分员	99.245	2	49.627	0.714	10.47%
考生*评分员	239.413	132	1.814	1.814	26.60%

说明:a.R Squared=1.000 (Adjusted R Squared=.)

---

① 评分标准二是改进版口试的标准,目前评分员使用的机会和次数不多。

表 3-26 结果表明，来自考生口语能力（p）的变异分量估计值最大，为 4.292，占总变异的 62.93%，是最主要的变异来源。评分员（r）的变异分量较小，占总变异的 10.47%，说明评分员评分的差异对分数变异的影响较小，评分员的评分信度比较高。考生与评分员的交互作用（$p \times r$）的变异分量估计值占总变异的 26.60%，也是主要的变异来源之一，说明评分员对不同考生的评分不是特别稳定一致。

表 3-27 评分标准二的 G 研究

Dependent Variable：得分

效应	SS	df	MS	变异分量估计值	所占百分比
考生	1896.159a	66	28.730	7.717	55.65%
评分员	87.443	2	43.721	0.569	4.10%
考生 * 评分员	736.557	132	5.580	5.580	40.25%

说明：a.R Squared=1.000（Adjusted R Squared=.）

表 3-27 结果表明，来自考生口语能力（p）的变异分量估计值最大，为 7.717，占总变异的 55.65%，是最主要的变异来源。评分员（r）的变异分量很小，仅为 0.569，占总变异的 4.10%，说明评分员评分的差异对分数变异的影响很小，评分员的评分信度很高。考生与评分员的交互作用（$p \times r$）的变异分量估计值比较大，占总变异的 40.25%，也是主要的变异来源之一，说明评分员自身的评分稳定性不太好，对不同考生的评分不能保持稳定。

3. 对评分标准一、标准二的 D 研究

Lado 曾认为口试信度系数在 0.70—0.79 之间为正常,[①] 概化系数大于 0.80 说明信度优良。[②] 本节对两种评分标准的信度进行研究，需要进行 D 研究，得到信度系数，同时还要检验在实际评分中需要多少评分员就能保证测验的信度。

表 3-28　评分标准一的 D 研究

主要指标	评分员人数			
	1	2	3	4
相对误差变异分量	1.814	0.907	0.605	0.454
绝对误差变异分量	2.528	1.264	0.843	0.633
概化系数	0.703	0.826	0.876	0.904
可靠性指数	0.629	0.772	0.836	0.871

本研究均请三名评分员使用评分标准进行评分。从表 3-28 可知，使用评分标准一的测验信度为 0.876，超出了 0.80 的优良指标，说明测验信度很高，评分结果是可靠有效的。同时，聘请两名评分员评分的信度为 0.826，也达到了优良指标，如果聘请一名评分员评分，测验信度为 0.703，也属于正常指标。

表 3-29　评分标准二的 D 研究

主要指标	评分员人数			
	1	2	3	4
相对误差变异分量	5.580	2.790	1.860	1.395
绝对误差变异分量	6.149	5.865	5.770	5.722
概化系数	0.580	0.734	0.806	0.847
可靠性指数	0.557	0.568	0.572	0.574

---

① 转引自王秀银《关于英语口语能力测试信度的思考》，《湖北三峡学院学报》2000 年第 4 期。

② 王佶旻《第二语言口语考试评分方法述评》，《暨南大学华文学院学报》2007 年第 1 期。

从表 3-29 可以看出，使用评分标准二的测验信度为 0.806，超出了 0.80 的优良指标，说明测验信度很高，评分结果是可靠有效的。根据表中数据，如果聘请两名评分员评分的信度为 0.734，也属于正常指标。

（三）讨论

1. 评分员的评分信度

从概化理论的 G 研究结果中可以看到，在评分标准一中，评分员的变异分量占总变异的 10.47%，而评分标准二中，评分员的变异分量占总变异的 4.10%。因此，在评分的一致性上，评分员在标准二中的表现好于标准一，也从另一方面可以说明评分标准二更易于评分员掌握。

从评分方法上看，标准二设置的等级少，结构清晰简洁，利于评分员按照划定的等级评分。虽然本研究中的评分员初次使用标准二，但是从数据结果来看，其能够在短时间内被评分员把握和应用。标准一是被评分员使用多次的标准，已被评分员熟练掌握和使用，但也许是由于其等级设置较多，由五个基准级和七个辅助级共同组成，容易出现一些评分偏差，所以较标准二，评分员的变异分量所占比例更大，但仍属于正常范围。

综上所述，我们可以认为，评分标准二更易于评分员掌握和使用。

2. 评分员自身的稳定性

从 G 研究的结果可知，评分标准二中考生与评分员的交互作用（$p \times r$）的变异分量估计值比较大，占总变异的 40.25%，说明评分员自身的评分稳定性不太好，对不同考生的评分不能保持稳定。而评分标准一中，考生与评分员的交互作用（$p \times r$）的变异分量估计值占总变异的 26.60%，比标准二要好。

关于评分误差产生的原因，国外一些学者从定性和定量的角度都做过研究。有的研究者认为评分员可能依据评分标准以外的因素，如对考生的总体印象等，或者以不同考生之间的相互比较进行评分。Douglas 的研究结果表明，评分员在进行评分时，会注意话语产生的不同方面，[1] 即评分员的侧重点不同。Upshur 和 Turner（1999）发现评分员是否参与制定评分标准和对任务内容的了解程度都可能对评分严格度和侧重点造成影响。[2]

笔者认为，在本研究中，评分员使用标准二时自身稳定性稍差的主要原因有两点：（1）评分员是初次使用评分标准，对评分标准的熟悉程度不够，导致评分时的侧重点有所不同，或者在对不同考生之间的比较中进行评分，造成了自身的不稳定。这一认识跟 Upshur 和 Turner 的研究结论基本相同，也更加证明了评分员对评分标准内容和维度充分学习、掌握的重要性。（2）评分标准二的等级设置比较特殊，为了实现简洁实用的要求，划分了排除线和三个合格等级，中间没有连续过渡等级。这种设定在数据统计上容易显示评分误差，因为评分员给出的判断首先是合格还是不合格，如果不合格就直接被排除在等级之外了，不像标准一的等级是连续的，即使考生口语水平不合格，也会得到相应的对应等级。也正因如此，在使用评分标准一时，评分员自身的稳定性要高一些，而标准二中的评分员自身稳定性稍差。

---

[1] 转引自庞继贤、陈婵《外语口语考试的效度和信度研究述评》，《外语与外语教学》2005 年第 7 期。

[2] Upshur, J. A. & Turner, C., Systematic effects in the rating of second-language speaking ability: test method and learner discourse. *Language Testing*, 1999, 16.

（四）结论

1. 本节研究的高级汉语口语测验的两种评分标准的测验信度都达到了优良标准。评分标准一的测验信度为0.876，标准二的测验信度为0.806，均超出了0.80的优良指标，说明使用这两种评分标准进行评分，测验结果都是可靠、有效的。

2. 从概化理论的G研究中可以得知，评分标准二在评分员首次使用的情况下，评分一致性更高。在本研究范围内，可以认为其更易于评分员掌握。

3. 口语测验评分需要人工完成，因此测验应在保证可靠、有效的原则下，兼顾经济原则。Bachman认为评分员之间的差异可以通过两人评分得到较好的解决。[1] 概化理论的D研究结果表明，评分标准一使用两名评分员即可使测验信度达到优良（概化系数为0.826），评分标准二则需要使用三名评分员才能使测验信度达到优良。

（五）对后续研究的设想

由于评分标准二是首次使用，存在评分员对其把握不够准确的问题。随着标准二的多次使用，评分员对其熟练使用后，再运用概化理论D研究进行分析，进一步探究标准二需要使用几名评分员。

由于条件所限，本研究中对两种评分标准的使用是请两组评分员完成的，虽然6名评分员均受过专门培训，有多次主观评分的经验，但所得数据仍会存在评分员的组间误差。如果仅用同一

---

[1] Bachman, L. F., Some reflections on task-based language performance assessment. *Language Testing*, 2002, 19.

组评分员进行评分，结果也许会有所不同，有待后续研究再讨论二者的差异。

  本次研究的样本量为 67 名考生，只能算是对两种评分标准信度检验的一次初探。如果加大研究的样本量，从一次大规模的考试数据中随机抽取一批符合正态分布趋势的考生群体，再次对这两种评分标准的信度做出比较分析，结果可能会更具有说服力，也更具有教学和测试的参考价值。

第四章

效度理论研究

第一节 效度研究领域中的争议[①]

时至今日,效度研究已经经历了近一个世纪的历程,并取得了较为丰硕的研究成果。虽然具体的心理测验极大地满足了社会应用及政治决策的需要,但是作为效度问题的根本,构想效度研究仍然是心理测量界的一大难题,仍然存在诸多争议和挑战。其中,我们认为主要的争议体现在关于"构想效度究竟是指什么有效"的争议,"对心理构想的解释采用物理学视角还是社会学视角"之间的争议,以及在方法论上"确定因果效应还是构建相关网络"之间的争议三大方面。

一、构想效度究竟是指什么有效?

在教育和心理测量界,效度被认为是最为核心的概念。虽然在1921年效度概念正式提出时,研究者就声称"效度是指测验在多大程度上测到了它想要测的东西",但是经过多年的效度研究历程,我们可以看到这个概念并不足以清楚、准确地表达效度

[①] 本节摘自赵琪凤《效度研究领域中的争议》,《中国考试》2014年第6期。

的本质含义，至少我们看到不同的学者根据自己的理解和知识背景以及所处的社会环境等因素，对效度（尤其是构想效度）存在不同的理解。正是因为没有对构想效度是什么形成一致的认识，一些学者会对不同的构想效度定义均表认同，有时会在不同的构想效度定义之间反复、摇摆。因此，"构想效度究竟是指什么有效"成了一个争议颇多的问题。在确定构想效度是指什么东西有效方面，已经存在各种不同的说法和见解，混淆了构想效度的研究基础和思路。

根据常晓宇（2001）、张凯（2004）等之前对构想效度概念混乱状况所做的总结和阐述，[①] 我们认为目前心理测量界对构想效度定义的研究大致呈现五种状态。

（一）从字面入手理解关键词的含义——把"构想"（construct）理解为"结构"（structure）

构想效度的英文表述是 Construct Validity，这个关键词翻译成中文会出现不同译法和理解。如凌文辁和滨治世（1988）翻译成"构造概念效度"，王重鸣（1990）翻译成"构思效度"，刘润清（1991）则翻译为"编制效度"，也有学者把构想效度理解为"构念效度"或"构造效度"。[②] 国外一些研究者也持有同样

[①] 常晓宇《效度理论的变迁》，北京语言大学硕士学位论文，2001年；张凯《测量是理论的组成部分——再谈构想效度》，《云南师范大学学报》（对外汉语教学与研究版）2004年第5期。

[②] 凌文辁、滨治世《心理测验法》，科学出版社，1988年，第16页；王重鸣《心理学研究方法》，人民教育出版社，1990年，第142页；刘润清《语言测试和它的方法》，外语教学与研究出版社，1991年，第18页；徐枞巍、许建钺等译《效度》，载 Huesn, T., Postlethwaite, T. N.《简明国际教育百科全书·教育测量与评价》，教育科学出版社，1992年，第344页。

的观点，如 Allison（1999）认为"［Construct（构想或结构）是］我们想要教或想要测的东西的表征，如'听力理解'及其组成成分"[1]。可见，很多人把构想效度这个概念译成"结构效度"。张凯（2004）总结认为："根据这个译法，有人认为结构（构想）效度是指所测能力的构成（如智力的各个因素）和测验结构（structure）之间的一致性程度或对应程度。"[2]

（二）将构想效度等同于内容效度

部分学者认为，构想效度与内容效度类似，如果测验没有什么实在的内容可以依据（谈不上内容效度）的话，总得找点东西来代替内容效度，这东西就是构想效度。

还有的学者把内容效度与构想效度混为一谈，认为内容效度的考察大纲是理论结构的一个样本，内容效度可以转化为构想效度，内容效度与构想效度很难截然分开，属于一个整体。

其实，在建立构想效度的方法中先考察测验的内容效度的方法也是其中一种，"因为有些测验对所测内容或行为范围的定义或解释类似于理论构想的解释"[3]。但这种方法当且仅当"测验对所测内容或行为范围的定义或解释类似于理论构想的解释"时才成立，考察内容效度的方法多数情况下并不适用，况且内容效度本身就难以测定。[4]

---

[1] Allison, D., *Language Testing and Evaluation: An Introductory Course*. Singapore: Singapore University Press, 1999.

[2] 张凯《测量是理论的组成部分——再谈构想效度》，《云南师范大学学报》（对外汉语教学与研究版）2004 年第 5 期。

[3] 戴海琦、张锋、陈雪枫《心理与教育测量》，暨南大学出版社，1999 年。

[4] 常晓宇《效度理论的变迁》，北京语言大学硕士学位论文，2001 年。

（三）彻底否定构想效度

在构想效度提出 50 多年后，出现少量学者对构想效度持彻底否定的态度。如 Borsboom 等人对 Cronbach 和 Meehl（1955）[1]的认识是：

构想效度的观点从产生就注定了死亡。Cronbach 和 Meehl 提出的构想效度从来没有过任何研究实例。相应地，在当今的效度理论中也没有定律网络的轨迹。[2]

在这种完全否定的态度下，Borsboom 等人更加坚定了对构想效度批判，同时从效度命名的角度试图取消"构想效度"这一术语："我们认为构想效度理论中使用的"构想"一词，在两个方面是不一致的，也就是说，这个词同时指向了理论术语（如，一个标记）和指派术语的证明（如，一个研究者使用一种测量工具发现了这一现象）。这种双重意义制造了大量的误解和混乱……因此，我们建议将'构想'一词去掉，……我们认为效度的概念，正如通常所理解的那样，在理论上和实践上都优于构想效度概念。最后，我们提出的主张是构想效度一直使得研究者躲在迷雾之后，免于思考和解决心理测量的真正问题。"[3]

Borsboom 等人在上述观点中，认为构想效度中的"构想"一词，不仅没有任何实际意义，反而制造了混乱和误解。他们更加赞成使用"效度"替代构想效度的核心地位，也就是说之前对构想效

---

[1] Cronbach, L. J. & Meehl, P. E., *Construct Validity in Psychological Tests*. Psychological Bulletin, 1955.

[2] Borsboom, D., Cramer, A. O. J., Kievit, R. A., Scholten, A. Z. & Franic, S., The end of construct validity. In Robert W. Lissitz (Ed.), *The Concept of Validity: Revisions, New Directions, and Applications*. Information Age Publishing Inc, 2009.

[3] 同②。

度的多方论述和证明，都是无益于效度检验的。可见，Borsboom 等人彻底否定了构想效度的地位和作用。

（四）片面的理解

除了上述对构想效度概念产生的不同理解和解释外，提到一个测验具有构想效度时，究竟是什么东西有效？测量界有三种不同的解释：构想有效、测验有效、测验的分数或分数解释有效。

1. 构想有效

测量界里，这种看法由来已久。早在提出构想效度之时，Cronbach 和 Meehl 就已经不是把效度问题理解为测验是否测到了某个特质这样单纯的事实性问题，而是当作由测验分数所做出的推论是否与包含各种理论与观察术语的规则网络（nomological）相一致的问题。[①]

Henning（1987）认为"建立构想效度的目的是证明被测量的潜在的理论构想本身是有效的"[②]。国内的桂诗春和宁春岩（1997）以及陈俊良（1991）的说法与之类似。[③]

《教育与心理测量标准》声称，"测验就是对构想的测量工具"，"所有测验分数"都应"看作某种构想的测度"。[④] 有了《标准》的支持，效度指构想有效这一解释很快成为测量界居统治地

[①] 陈宏《效度的基本概念》，载《语言测试的跨学科探索：北京语言大学汉语水平考试中心 2011 年科研报告会论文集》，华语教学出版社，2012 年。

[②] Henning, G., *A Guide to Language Testing: Development, Evaluation, Research*. New York: Newbury House Publisher, 1987.

[③] 桂诗春、宁春岩《语言学方法论》，外语教学与研究出版社，1997 年；陈俊良《体育测量与评价》，人民体育出版社，1991 年。

[④] American Psychological Association, *Standards for Educational and Psychological Tests and Manuals*. Washington, D. C.: American Psychological Association, 1999.

位的主流意识。[1]

2. 测验有效

还有学者认为构想效度是测验（测量）的有效性，如 Kelley 早在 1927 年就提出，测验如果测到了它声称要测的东西就是有效的。[2]Anastasi 对效度定义的阐述几十年基本未变，她在效度问题上的看法长期以来为人们广泛引用并产生了深远影响。Anastasi 认为"测验的构想效度就是测验在多大程度上测出了理论构想或理论特质"。[3] 这种观点实质上强调的是测验或测量的工具属性。

国内戴忠恒（1987）、凌文辁和滨治世（1988）、王重鸣（1990）、刘永芳和房慧聪（2001）以及国外学者 Fraenkel 和 Wallen（1993）、Brown（1996）、Kline（1998）对构想效度的界定，[4] 也都认同测验有效的理解。

3. 测验的分数或分数解释有效

在构想效度的表述对象问题上，目前占据主导地位的解释是，效度是分数解释或根据分数所作推断的有效性。Messick（1989）

---

[1] 陈宏《效度的基本概念》，载《语言测试的跨学科探索：北京语言大学汉语水平考试中心 2011 年科研报告会论文集》，华语教学出版社，2012 年。

[2] Kelley, T. L., *Interpretation of Educational Measurement*. Yonkers-on-Hudson, NY: World Book Co., 1927:14.

[3] Anastasi, A., *Psychological Testing* (5th ed.). New York: Macmillan Publishing Co. Inc, 1982:144; Anastasi, A., Urbina, S., *Psychological Testing* (7th ed.). New Jersey: Prentice-Hall, Inc, 1997:126.

[4] 戴忠恒《心理与教育测量》，华东师范大学出版社，1987 年；凌文辁、滨治世《心理测验法》，科学出版社，1988 年；王重鸣《心理学研究方法》，人民教育出版社，1990 年；刘永芳、房慧聪《人格评价》，山东人民出版社，2001 年；Fraenkel, J. R. & Wallen, N. E., *How to Design and Evaluate Research in Education* (2nd ed.). McGraw-Hill, Inc, 1993; Brown, J. D., *Testing in Language Programs*. New Jersey: Prentice Hall, 1996; Kline, P., *The New Psychometrics: Science, Psychology and Measurement*. London: Routledge, 1998.

说,"效度不是测验……的特性,而是测验分数的意义的特性"[1]。Fraenkel 和 Wallen(1993)说,"需要证明有效的,不是工具本身,而是工具在特定的应用中产生的推论"[2]。Cronbach(1989)自己后来也说,构想效度"证明的是特定的分数解释"[3]。持这种观点的还有 Ebel 和 Frisbie(1991)、Bachman(1990)、Bachman 和 Palmer(1996)、Chapelle(1998)等。[4]

1999 年 APA《标准》的修订版基本接受了 Messick 对效度的定义,承认效度检验过程所"评估的是根据人们提出的应用需求对测验分数所作的解释,而非测验本身"。同时承认"人们提出的测验应用需要对测验分数做出解释,效度指的是证据和理论对这种分数解释的支持程度"。[5] 此后,"这种效度观念在测量界便逐渐形成思维定式,而且表述更简单、明确、直截了当"[6]。

---

[1] Messick, S., Meaning and values in test validation: the science and ethics of assessment. *Educational Researcher*, 1989, 18.

[2] Fraenkel, J. R. & Wallen, N. E., *How to Design and Evaluate Research in Education* (2nd ed.). Mc Graw-Hill, Inc, 1993:193.

[3] Cronbach, L. J., Construct validation after thirty years. In Linn, R. L. (Ed.), *Intelligence, Measurement, Theory and Public Policy*. University of Illinois Press, 1989.

[4] Ebel, R. L. & Frisbie, D. A., *Essentials of Educational Measurement*. New Jersey: Prentice-Hall, 1991:108; Bachman, L. F., *Fundamental Consideration in Language Testing*. New York: Oxford University Press, 1990; Bachman, L. F. & Palmer, A. S., *Language Testing in Practice*. New York: Oxford University Press, 1996; Chapelle, C. A., Construct definition and validity in SLA research. In Bachman, L. F. & Cohn, A.D. (Eds.), *Interfaces Between Second Language Acquisition and Language Testing Research*. Cambridge: Cambridge University Press, 1998.

[5] American Psychological Association, *Standards for educational and psychological tests and manuals*. Washington, D. C.: American Psychological Association,1999.

[6] 陈宏《效度的基本概念》,载《语言测试的跨学科探索:北京语言大学汉语水平考试中心 2011 年科研报告会论文集》,华语教学出版社,2012 年。

（五）含混不清、前后矛盾的表述

正是由于心理测量学界对构想效度表述对象的不确定和不统一的现状，导致争议不仅表现为研究者们对这个问题有不同的理解，而且还表现为，"研究者个人有时会同时认可两种表述对象；有时会在不同的表述对象间反复、摇摆；而且有些学者在效度表述对象问题上的不一致甚至在同一部著作中也会出现"[1]。这种对构想效度含混不清的表述，很容易给读者造成误解和歧义。

Alderson，Clapham 和 Wall（1995）说："每个理论都包含若干构想，并力图定义构想之间的关系。……为了测出一个测验的构想效度，编测验的人必须使测验和潜在的理论挂上钩，然后将测验结果和那个理论进行比较。"这好像是说构想有效，但他们接着又说："构想效度就是评价一个测验对那些构想的测量程度如何。"[2] 这又似乎是说测验有效了。杰克逊、Sax 以及 Loewenthal 等人[3] 对构想效度的表述也同样混乱，对构想效度的界定通常指代不明。[4]

Henning 虽然在陈述效度定义时说过，"效度一般指某个特定测验或其任何组成部分作为对它声称要测量的那个东西的测度

---

[1] 陈宏《效度的基本概念》，载《语言测试的跨学科探索：北京语言大学汉语水平考试中心 2011 年科研报告会论文集》，华语教学出版社，2012 年。

[2] Alderson, J. C., Clapham, C., & Wall, D., *Language Test Construction and Evaluation*. Cambridge: Cambridge University Press, 1995.

[3] 查尔斯·杰克逊《了解心理测验过程》（1996），姚萍译，万传文审校，北京大学出版社，2000 年；Sax, G., *Principles of Educational and Psychological Measurement and Evaluation*. Belmot: Wadsworth Publishing Company, 1997; Loewenthal, K. M., *An Introduction to Psychological Tests and Scales*. East Suseex: Psychological Press, Lit., 2001.

[4] 张凯《测量是理论的组成部分——再谈构想效度》，《云南师范大学学报》（对外汉语教学与研究版）2004 年第 5 期。

的恰当性"①,似乎认为效度是测量的属性。然而其后在同一部著作中定义构想效度时,Henning 却明确指出,测验"声称要测量"的,就是"潜在的理论构想",而"建立构想效度的目的,就是证明被测量的潜在的理论构想本身有效"②。可见当时在 Henning 意识中,效度实质就是构想效度。

Borsboom 等荷兰学者也是很明显的例子。一方面,他们承认效度是测验本身的属性,明确肯定 Kelly 提出的效度定义是正确的。另一方面,Borsboom 等人(2004)在阐述其效度主张的文献中,却明确表示:仅凭心理测量技术和心理测量模型解决不了效度问题。正相反,这个问题必须由实体理论来处理。测验效度是个心理学无法外包给方法论去解决的问题。③

显然,这里"有效"所表述的已非测验本身的属性,而是测验构想或有关构想的理论了。④ 这些令人费解的表述,是由于研究者自身对构想效度理解的模糊和不确定所造成的。

由上述多种多样的构想效度概念,我们可以明确,"构想效度究竟是指什么有效"这个问题存在多样的回答和复杂的论争,是一个值得研究的课题。

---

[1] Henning, G., *A Guide to Language Testing: Development, Evaluation, Research*. New York: Newbury House Publisher, 1987: 89.

[2] 同[1]。

[3] Borsboom, D. & Mellenbergh, G. J., Why psychometrics is not pathological: A comment on Michell. *Theory & Psychology*, 2004, 14.

[4] 陈宏《效度的基本概念》,载《语言测试的跨学科探索:北京语言大学汉语水平考试中心 2011 年科研报告会论文集》,华语教学出版社,2012 年。

二、心理构想解释采用物理学视角还是社会学视角

早在 19 世纪中期，心理物理学的出现，引发了一场关于人类心理构想解释采用物理学视角还是采用社会学视角的争论。

心理物理学（Psychophysics）研究，像这个词本身所表明的那样，研究的是精神（心理）世界和物质（物理）世界的关系。这一研究包括提起重物、视觉明度、视觉距离和触觉距离的实验。[①] 从名称上看，心理物理学一方面要以心理学为基础，另一方面还要能为心理学提供数学基础。心理物理学要从物理学研究中得到启发和方法论，从生理学和解剖学中得到更多的神经系统方面的东西。可见，心理物理学的解释视角主张从客观存在的生理机制上寻求依据，并结合物理学的数字化表达方式，力图使心理学成为物理学那样的精密科学。而心理学的传统做法是将这两种视角相结合，一些心理学家认为有关自然本性视角和后天因素视角的争论根本就不存在，因为人类行为是由外部环境和遗传物质共同作用的结果，把两者分开是不明智的。

然而，"在测量界乃至一般测验用户那里，主张效度的实在性似乎注定是要坐冷板凳的"[②]。显然，在关于人类行为解释的生物学和社会学（自然本性和后天因素）视角之间的这场争论中，社会学解释视角占据了上风。这一视角对心理测验的思考和分析与测验所处的社会环境相联系，从道德和实际应用等方面研究人

[①] 杜·舒尔兹、西德尼·埃伦·舒尔兹《现代心理学史》（第八版），叶浩生译，江苏教育出版社，2005 年。

[②] 陈宏《效度的基本概念》，载《语言测试的跨学科探索：北京语言大学汉语水平考试中心 2011 年科研报告会论文集》，华语教学出版社，2012 年。

类行为,至今仍是心理测量和构想效度研究的主流观点。

我们认为,主张从生物学视角解释行为,其根本还是心理特质的实在性问题。我们知道,在经验世界里,无论通过感官还是借助各种测量工具,心理特质都是无法直接观察的,一切关于特质的构想和理论都只是假设:假设被试行为的原因可以用某种特质的作用来解释,这些特质影响了被试行为,被试行为的差异体现了特质的差异。

可不幸的是,探究心理特质实在性这一点,偏偏正是现代教育和心理测量界长期以来一个最大的难题。将特质的实在性看作效度的核心,就是要求测验构想确有某种外在的实体与之明确对应。

其实早在 19 世纪中期,费希纳就尝试从生物学视角解释人类行为。著名的费希纳律将感觉这种不可直接观察的属性定为构想,然后找到了一种可观察的属性——刺激量作为直接测量对象,经过反复试验,在刺激量和感觉量之间找到了一条(用数学表达的)定律,即 $S = K \log R$,根据上述证明理论的要求,这时感觉量作为构想得到了证明。这一定律的出现表明,对心理构想实在性的探究和科学测量虽然难度很大,但也并非毫无希望。可以说,费希纳开拓了心理测量科学方法的先例和思路,这一方向是值得继续深入挖掘和继承的。这正是心理测量需要继续努力的方向。而回避和忽略这一研究思路,转而从社会学视角解释行为,则趋于主观判断和人为因素的掺杂,研究难度骤然降低,而且可满足实际需求和社会需要,但是"这样一个完全靠假设构建起来的效验推论链条是十分脆弱的,因为假设终究需要证实:测验所测特质不仅存在于构想,而且有其实体"①。

总之,通过对行为解释的生物学视角和社会学视角之间的论争,我们发现这两大研究视角在长期的争论中,已经形成了两种主要变量,即与本能相关联的生理机能因素和与环境经验相关联的因素。但是这两种截然不同的观点是无法互相融合的,在尚无定论的情况下只能"各自为政"。

三、确定因果效应还是构建相关网络

测验效度实质上就看测验是否能够通过分数变异真实反映特质作用于被试行为的效应。如果效度检验结果显示,分数变异是因特质变异而起,这就意味着,当前观察到的被试行为之变异正是测验打算测量的那种特质变异的效应,就测量这一特定的特质而言,测验就是有效的。正是由于作用于测验分数的一系列心理生理因素始终是个谜团,对二者之间因果关系的探究也举步维艰,甚至备遭冷落。

实际上,因果关联研究是非常必要的。但是因果分析为何未见其效呢?对于这个疑问,陈宏(2012)做出了相应解释和回答:"因果关联研究在方法论方面有一些优势,却在效度概念发展的大半个世纪里一直处于测量专家们的视野之外,最关键的原因,恐怕就在于这种简单的从因果效应发生过程求证的效度检验思路需要直接的观察手段,而现代教育心理测量包括语言测验恰恰缺

---

① 陈宏《效度的基本概念》,载《语言测试的跨学科探索:北京语言大学汉语水平考试中心 2011 年科研报告会论文集》,华语教学出版社,2012 年。

少这样的条件。令人鼓舞的是，近年来，随着时间的推移和科技进步，我们似乎已经可以依稀看到因果关联性的定性研究在测量领域尤其是效度研究中得以应用的希望曙光。"[①] 可见，陈宏将因果关联研究法的使用局限，归结为心理测量缺少直接的观察手段，是有一定道理的。毕竟想要得到因果关系，需要找到确切的关联，而直接的观察手段则是最理想的证明因果关系的途径。但是，直接的观察手段的实现，需要根据所测特质的具体情况而定，并非所有的特质都能够实现直接的观察。

与因果关系的艰难探究不同的是，相关关联的研究则由来已久，且占据主导地位，大受社会学解释视角的青睐。早在20世纪50年代以前效度概念发展的初期，人们曾普遍相信有效即相关。例如 Guilford 曾夸张地认为"从某种非常一般的意义上说，测验对任何与其相关的事物都是有效的"[②]。以至于之后的大多数研究者都认同相关分析为效度研究的主要方法。

Borsboom 等人为了说明相关性分析对于理论解释存在的缺陷，从以下几个方面对以相关为基础的效度检验研究做出了概括：（1）世界上各种事物之间完全无关的情况实际上非常少见，特别是在社会科学领域中，一切事物都趋于彼此相关。[③]（2）用相关来表示效度，就会使人误以为相关系数越高，效度就越高……然而，这种逻辑往往还会导致进一步极端的推论，即两个变量完

[①] 陈宏《效度的基本概念》，载《语言测试的跨学科探索：北京语言大学汉语水平考试中心2011年科研报告会论文集》，华语教学出版社，2012年。

[②] Guilford, J. P., New standards for test evaluation. *Educational and Psychological Measurement*, 1946, 6.

[③] Meehl, P. E., Theoretical risks and tabularasterisks: Sir Karl, Sir Ronald, and the slowprogress of soft psychology. *Journal of Consulting and Clinical Psychology*, 1978, 46.

第一节 效度研究领域中的争议

全相关,便意味着完全有效,甚至使人误以为有确切关联的特质就是一回事,这可是极大的谬误。(3)因为相关关系本身就是一个总体依赖的统计量,所以任何以相关为基础建立起来的效度检验观点都必然导致效度在不同总体之间是可变的推论。然而,效度只应取决于特质变异,与相关关系和总体变化并没有必然联系。①

需要说明的是,虽然相关分析的缺陷已经被很多心理学家所发现和批判,效标关联效度检验由于依赖于相关分析的研究方法,存在循环论证问题而遭到研究者的抨击。但是,心理学界面临着社会对心理测量(包括语言测验)的迫切需求,需要回答有关测验的效度和效度检验方面的问题,而在心理测量尚未成熟的情况下,相关分析这一检验方法及时地为心理测量学家解围,成为目前效度检验的重要方法,这也可以说是心理测量不得不面对和承认的一个客观事实和无奈。由此可见,因果关系的实现应该居于研究的首位,因果关系中包含相关关系,两种分析不可分割,但也应有主有次。

总之,在效度研究中建立因果关联探究,还是继续奉行相关分析的研究方法,这一争论正在进行,且随着心理测量学家对心理特质和构想效度思考的深入,这个议题日益凸显出来,并在近些年来的效度探讨中成为关注的核心问题之一。争论双方各执一词,有待深入分析和探究。

---

① 陈宏《效度的基本概念》,载《语言测试的跨学科探索:北京语言大学汉语水平考试中心 2011 年科研报告会论文集》,华语教学出版社,2012 年。

第二节　构想效度本质及其定律网络[①]

1955年以来,心理测量中最重要的概念就是构想效度,[②]然而,这个具有历史意义的效度理论,迄今为止,仍然还有许多尚未梳理和解答的问题。我们知道在20世纪50年代,效度领域已经出现多种效度类型,每一种类型似乎都与特定的目的相关,在几种效度类型并存的情况下,Cronbach和Meehl为什么要提出一种新型的效度理论?与此同时,这两位创始人引入了令心理测量学界陌生的定律网络,其本源是什么?这一系列问题,都有待于我们回溯探究和给出解答。我们将从所掌握的文献资料中尽可能全面、深入地还原当年构想效度提出时的背景,并解答人们对构想效度以及定律网络的相关疑问。

一、构想效度理论的提出及其本质

20世纪50年代早期,心理测量研究领域已经开始面临一系列的批判,批判的内容主要集中在哲学、研究方法以及效度研究等方面。这些批判给心理测量以巨大压力,也促使心理学家重新审视当时的效度研究,探寻解决问题的方案。

重压之下,研究者们清楚地发现了心理测量在哲学层面存在

[①]　本节摘自赵琪凤《也谈构想效度本质及其定律网络》,《中国考试》2013年第3期。

[②]　张凯《测量是理论的组成部分——再谈构想效度》,《云南师范大学学报》(对外汉语教学与研究版)2004第5期。

的重大缺陷，例如删减了科学研究中的必要步骤——明确界定所测的东西是什么，以及篡改操作主义的本质，将其从一种哲学思想降低为一种分析方法；同时在效度研究的实际操作中也存在诸多误区，诸如效度检验标准不可靠，过多地将效度研究与测验目的相联系等问题。面对种种批判和质疑，心理测量学界必须针对这些缺陷，开发一种新型的效度理论，使得效度研究能够摆脱操作主义方法的局限，遵循科学研究的程序，对所测心理特质给出明确的界定，从而解决效度研究中存在的问题。

（一）构想效度的提出

1. 深受逻辑实证主义的影响

既然心理测量要在哲学上摒弃操作主义方法带来的恶习，那么就需要遵从一种与操作主义完全对立的哲学思想，以此来指导心理测量，尤其是效度领域的研究。值得注意的是，此时（20世纪50年代）的主流哲学思想是逻辑实证主义，逻辑实证主义的目标是，反对形而上学，建立和演绎逻辑等效的归纳逻辑，并以此统一科学。可以说，逻辑实证主义思想与心理测量中的操作主义是截然对立的，这一哲学思想的主旨恰好符合心理测量探寻新的哲学思想的要求，于是一批心理学家（主要是 Cronbach 和 Meehl）关注到逻辑实证主义，并接受了这一哲学思想。

Cronbach 和 Meehl 作为构想效度的创始人，了解了逻辑实证主义思想和主张后，在这一哲学流派的启发下，试图将效度研究纳入科学说明的框架中，实现构想效度理论在科学层面的解释和研究。Messick（1989）说过："构想效度的概念在50年代被系统化，当时，在心理学，特别是方法论方面，逻辑实证主义是一种起主导作用的势力。因此，它提供了一个现成的框架，效度观念在这个框架中形成并得以合法化，就是必然的趋势了。"[1]

2. 构想效度的标准表述

基于逻辑实证主义的影响，以及对科学研究的尊崇，APA（American Psychological Association）指出："当测试者对所测属性没有确定的标准时，就应该研究构想效度，并且必须采用间接测量对理论建立效度。"[2] 值得注意的是，在上面的表述中，重点集中在对理论建立效度，这一点与早期的观点大不相同，因为之前的操作主义观点认为理论观点应完全包含在测量操作当中。而 APA 的建议强调的是理论比操作主义更为重要。于是构想效度的标准表述就出现了："对构想效度的评价，要通过对测验所测心理属性的研究来进行，即这种研究表明，某些解释性构想在某种程度上解释了测验表现。检验构想效度需要从逻辑和经验两方面入手。构想效度研究，本质上是证明测验背后的理论有效。"[3] 可见，APA（1954）的愿望是"把心理测量纳入正规科学的轨道"[4]。

（二）构想效度的本质——证明理论有效

构想效度作为一个效度理论被正式提出，强调其主要目的是"证明理论的有效性"（1954）。次年，Cronbach 和 Meehl 从纯理论的角度对构想效度所做的详细阐述，均表明构想效度与测验理论中的其他效度类型（如内容效度、预测效度、效标关联效度等）

---

[1] Messick, S., Validity. In Linn, R. L. (Ed.), *Educational Measurement*. National Council on Measurement in Education and American Council on Education, 1989.

[2] American Psychological Association, Technical recommendations for psychological tests and diagnostic techniques. *Psychological Bulletin*, 1954.

[3] 同②。

[4] 张凯《测量是理论的组成部分——再谈构想效度》，《云南师范大学学报》（对外汉语教学与研究版）2004年第5期。

第二节 构想效度本质及其定律网络 151

是不同的。它不仅指测验的性质，而且也指理论假设是否得到了经验数据的证明。因此，"构想效度既和观察层面有关，也和理论层面有关"[①]。

在明确构想效度的本质是证明理论有效的同时，我们还发现，构想效度的一个首要任务就是对所测属性进行明确的界定。这一点从 APA 1954 年发表的《心理测验和诊断技术的技术推荐》一文中便可证明，构想效度研究与测量对象有着紧密的联系："……当测验者所测属性没有明确的标准测度（Criterion Measure）[这里将测度称为测量对象]，而必须用间接的测度[测量对象]去证明理论有效时，一般就需要进行构想效度研究。"[②] 从 APA 的表述可以看出，当时的心理学家在面临来自各方压力的同时，已经开始关注测量对象的问题，即心理测验究竟测了什么的问题。其中"明确的标准测度"就是指可以直接观察和操作的直接测量对象，"间接的测度"就是心理测验想要测量的心理属性。由于心理属性无法直接观察和操作，所以只能通过间接的方式进行测量。因此，1954 年 APA 对构想效度概念的最早阐释，在更深的层面强调了明确测量对象问题的重要性，这一点也是科学研究的必不可少的程序之一，因此对心理特质做出明确界定这项任务不可忽视也无法回避，从而体现了构想效度研究的重要性。

随后，Cronbach 在 1964 年的文章中对构想效度的本质又做出了更为详细的说明："对理论概念的解释建立效度的过程就叫作构想效度检验。为了显示一个特定的构想应用到了一个测验当

---

① 张凯《关于结构效度》，《语言教学与研究》1998 年第 4 期。
② American Psychological Association, Technical recommendations for psychological tests and diagnostic techniques. *Psychological Bulletin*, 1954.

中，有必要从与构想相关联的理论中提出针对测验行为的假说，并且用实验来证实这些假说。"[1]

同时，Cronbach 还具体列出了实现构想效度检验的三大步骤，分别为：（1）提出用什么构想来解释测验表现。这是基于观察或测验逻辑研究的一种设想行为。（2）从围绕构想的理论中推导出可测验的假说。这是一种纯粹的逻辑操作。（3）实施经验的研究来验证这个假说。[2]

从上述 Cronbach 的论述中，可以看出，Cronbach 作为构想效度的开创者之一，试图遵循科学理论的建立规则，首先根据观察或逻辑分析提出一个研究构想，这个构想理论是有待检验和确立的；然后，根据构想提出可操作的假说；最后利用实际操作和经验数据来检验假说，从而实现对构想理论的证明和确立。

Cronbach 的这一研究思路是正确的。通常情况下，证明一个理论有效，首先需要根据之前的观察和经验提出一个研究假设，然后对假设进行检验，最终经过严密复杂的分析得出结论，证明一个理论有效与否。图 4-1[3] 是马丁·霍利斯简单描绘的一个"观察和演绎"的推理过程：

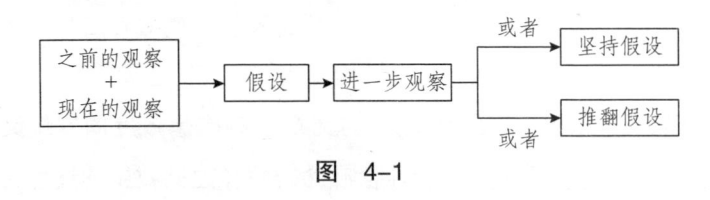

图 4-1

---

[1] Cronbach, L. J., *Essentials of Psychological Testing* (2nd ed.). New York: Harper & Row, 1964.

[2] 同[1]。

[3] 马丁·霍利斯《哲学的初体验》（第2版）(1997)，庄瑾译，北京大学出版社，2009年。

根据图 4-1 的示例，可以明确 Cronbach 和 Meehl 在 20 世纪 50 年代提出构想效度理论及其实现方法时，受到了科学哲学相关知识的启发和影响，正如 Cronbach 所说，"构想效度理论，是按科学哲学的正规方式表述的"（转引自 Messick，1989[①]）。

二、Cronbach 和 Meehl 试图提升心理测量的理论高度

我们一直介绍说，构想效度理论的提出，受到了 20 世纪 50 年代逻辑实证主义的影响，Cronbach 和 Meehl 作为构想效度理论的开创者，当时处于逻辑实证主义盛行的科学哲学背景下，他们在提出构想效度理论的同时，希望按照逻辑实证主义的思想使心理测量学获得一定的理论高度。

逻辑实证主义科学哲学的根本特征，是把经验科学方法改造成规范的逻辑方法、把经验科学改造为逻辑构造系统以及由理想化的形式语言构成的逻辑推理系统，试图从若干记录直接所赋予的观察语词中构造出整个科学系统。逻辑实证主义后期的代表人物是亨佩尔（Hempel, C. G.），关于科学说明问题，亨佩尔提出了"演绎—定律模型"（Deductive-Nomological model，D-N 模型）。由于 D-N 模型中的定律只包括那些严格的普遍有效的定律，但科学中的许多定律并不是严格普遍性的定律，而是概率性的；而且，许多现象我们实际上无法运用严格的普遍定律做出解释。于是亨佩尔又补充了对统计性事件或统计规则性的说明，提出了以统计

[①] Messick, S., Validity. In Linn. R. L. (Ed.), *Educational Measurement*. National Council on Measurement in Education and American Council on Education, 1989.

定律为前提的"演绎—统计模型"（Deductive-Statistical model，D-S模型）和"归纳—统计模型"（Inductive-Statistical model，I-S模型）。他认为这三种模型代表了科学说明的基本逻辑结构。

（一）建构定律网络的初衷

根据上文的阐述和铺垫，可以发现，构想效度在证明理论有效的过程中，必须将提出的心理构想（假设的概念，不可直接观测）与可观测现象相关联，根据科学理论的要求，必须找到二者之间的定律关系，才能实现对心理构想的测量，从而达到证明构想理论成立的目的。具体到实际操作方面，Cronbach 和 Meehl 清楚地认识到需要通过间接测量的实现方式，从可观察的现象中推导出不可观察的心理构想。为了证明这种推导是有效的，首先要证明可观察的变量是存在的，如果这一点已经有定律可以证明，那么在此基础上，最为重要的是需要找到一个途径，涉及不可观察的心理构想，建立其关于心理构想的定律。为了证明这一类定律的有效性，则需要通过已经证明有效的定律来推导这类定律的有效性。可见，这是一个较为复杂交错的网络框架，也就是后来提出的定律网络的雏形。

正在两人为其研究设想寻求理论依托和借鉴时，当时盛行的逻辑实证主义思想给他们以极大的鼓舞和帮助。因为亨佩尔等开创的演绎—定律模型中多数定律都是已经证明有效的，所以在这个网络模型中，可以推知一些未知的定律有效。Cronbach 和 Meehl 的构想效度研究设想似乎可以从亨佩尔的模型中得到实施和答案。由此可以在没有效标的情况下，从定律网络中推导出可靠的标准，实现对心理构想的间接测量。Cronbach 和 Meehl（1955）引入定律网络（The Nomological Net）的概念时，曾解释这一想法受到了亨佩尔等人的观点的影响和启发。所以，"对构想效度产生了直接影响的是亨佩尔"[①]。

（二）定律网络的原型

当定律网络作为一项重要内容，与构想效度理论一同被引入心理测量领域时，心理测量学界对定律网络以及亨佩尔模型并不了解，甚至非常陌生。绝大多数学者对这个新鲜议题持否定和批判的态度，用 Cronbach（1989）的话说，"很多人被这个哲学原理搞懵了"[②]。可见，要想准确理解 Cronbach 和 Meehl 提出的定律网络，必须找到其原型，从亨佩尔的模型中得到线索和答案。

1948 年，亨佩尔和奥本海默合写的名为《解释的逻辑研究》的文章，可以说开创了科学解释的演绎—定律模型。随后亨佩尔在 1966 出版的《自然科学的哲学》一书中，再次阐述了 D-N 模型的意义和作用，D-N 模型是亨佩尔在科学哲学领域的主要创见之一。这个模型可以用图 4-2 来概括：

$$(D\text{-}N) \quad \begin{matrix} 前提 & L_1, L_2, L_3, \cdots, L_r \\ & C_1, C_2, C_3, \cdots, C_r \end{matrix} \Bigg\} 解释句$$

$$\overline{}$$

$$结论 \qquad E \qquad 被解释句$$

图 4-2

这是一个演绎推理体系，E 是表达被解释句的语句，构成了这个推理的结论；推理的前提由两部分组成，表达一般定律的 $L_1, L_2, L_3, \cdots, L_r$，和表达特殊事实或条件的 $C_1, C_2, C_3, \cdots, C_r$。这个模型有两个基本特点：第一，被解释句和解释句之间的

---

① 罗嘉昌《亨佩尔》，载涂纪亮、罗嘉昌《当代著名西方哲学家评传》（第三卷），山东人民出版社，1996 年。

② 转引自张凯《关于结构效度》，《语言教学与研究》1998 年第 4 期。

关系是推理关系，更具体地说，是演绎关系；第二，在这个模型中，定律占据核心地位。这个模型认为，没有科学定律，就没有科学说明。D-N模型中的被解释句可以是个别现象或事实，也可以是概括现象的某种规律性的经验定律。

可见，演绎—定律模型的本质是以推理关系为前提，以定律为核心的框架，从已知的解释句推知被解释句，需要推理演绎的过程，在这其中，形成定律是不可缺少的，只有科学定律才能实现科学说明。

所以，当时的亨佩尔坚持科学哲学中的逻辑实证主义，试图利用D-N模型及其补充模型将不可观察的构想与可观察的现象关联起来，间接地对不可观察构想进行经验证实。而这一思想正是构想效度理论研究所需要的，于是也被Cronbach和Meehl关注和借鉴。

（三）定律网络的含义

通过这些文献，我们可以确认，Cronbach和Meehl提出的定律网络来自亨佩尔的D-N模型及其补充模型，不仅是因为两个术语The Nomological Net和Deductive-nomological Model共同拥有一个中心词汇，即nomological，更主要的是两个模型的意义是基本一致的。

关于亨佩尔的三大模型，对于没有太多科学哲学知识背景的读者来说，理解起来是有困难的。Messick对亨佩尔的转述有助于我们理解定律网络和构想效度研究："按照亨佩尔的观点，整个系统浮在观察层面之上，而又靠转译规则与其相连。这可以看作是一些纽带，它们虽然不是网络的一部分，但却使网络上的某些点与观察层面的特定部位相连接。由于可通过这些联系进行转译，则这个网络可起到一种科学理论的作用：从某些观察数据，

第二节 构想效度本质及其定律网络 157

通过一条转译纽带,我们可以上升到理论网络的某一点,通过另外一条转译纽带,我们可以再回到观察层面。"[1]

与此同时,我们在 Meehl 讲座时使用的定律网络框架图中,也看到了类似的内容,可以说两人的观点如出一辙,见图 4-3:

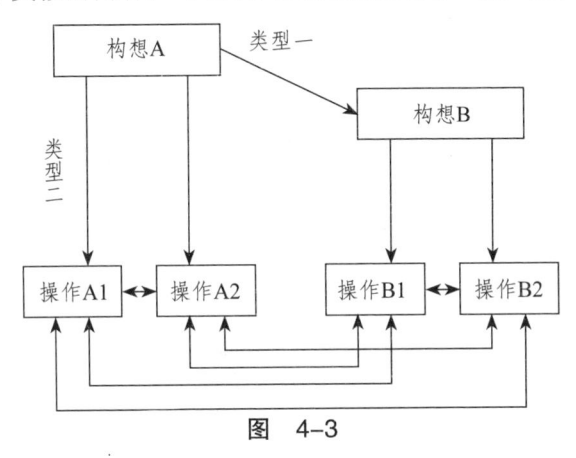

图 4-3

图 4-3 来自 Garber 和 Strassberg 的文章。[2] 这两位学者引用了 Meehl 的定律网络框架,并解释"Meehl 多次在研究生讨论课中提及这个框架,但是没有在 1955 年的文章中明确地描绘出来"。鉴于目前收集的 Meehl 公开发表的论著中,我们没有见到 Meehl 在文章中绘制的定律网络图示,在此引用 Garber 和 Strassberg 文中提到的这个,"Meehl 讲座时惯用的定律网络框架",直观地表现定律网络的本质含义,同时也与亨佩尔的阐述呼应起来。至

---

[1] Messick, S., Validity. In Linn, R. L.(Ed.), *Educational Measurement*. National Council on Measurement in Education and American Council on Education, 1989.

[2] Garber, J. & Strassberg, Z., Construct validity: History and application to developmental psychopathology. In Cicchetti, D. & Grove, W. M. (Eds) , *Thinking Clearly About Psychology: Essays in Honor of Paul E. Meehl*. University of Minnesota Press, 1991.

此，也更加验证了 Meehl 作为定律网络的主要创始人，从亨佩尔的 D-N 模型中得到启示，提出定律网络并绘制网络图示，更加证明了定律网络的来源。

至于 Meehl 是如何解释定律网络这一问题的，我们同样从 Garber 和 Strassberg 的文章中找到了线索：Meehl 在讲座中对绘制的这个定律网络图示做了比较详细的介绍，认为这个网络存在两类变量（构想和操作）和三种类型的关联关系。一类关联是理论构想之间的关联。这是定律网络中实际存在的部分，并且关注于对兴趣（A）的构想如何与另一个构想（B）相关联。二类关联是理论构想与构想操作之间的关联。这里我们关注于如何实际地界定和测量实体。根据大多数的界定，都没有一个标准的测量，因此有必要使用多种测量方法使得潜在的构想或兴趣特质能够得到最大化的体现。三类关联关注于定律网络中不同构想的操作之间的关联。[1] 以上 Meehl 对定律网络的图解和解释，与 Cronbach 和 Meehl 对定律网络的六大规则的规定是基本一致的。

根据 Meehl 多次使用的定律网络图示以及 Cronbach 和 Meehl 罗列的六条规则，我们可以明确，定律网络是一个定律体系，各种观测变量和理论构想都是由定律关联起来的，定律是这个网络的核心部分；一个构想要得到科学说明，必须由可观测的定律[2]

---

[1] Garber, J. & Strassberg, Z., Construct validity: History and application to developmental psychopathology. Cicchetti, D. & Grove, W. M. (Eds), *Thinking Clearly About Psychology: Essays in Honor of Paul E. Meehl*. University of Minnesota Press, 1991: 222.

[2] 至少是一部分可观测的定律。

推导演绎而得。或者说，"要证明一个结构［构想］，就一定得有一个围绕着概念的定律网络"[①]。这些要求可以说与 D-N 模型基本一致，Cronbach 和 Meehl 提出的定律网络也是基于推导演绎体系的，是注重定律实现的网络。

三、总结

根据上述回顾与分析，我们在构想效度提出 60 多年后，再谈构想效度的本质及其定律网络。我们认为，1954 年，在逻辑实证主义的影响下，心理测量学界提出构想效度理论，旨在关注对所测对象的明确界定，并排除操作主义方法的不良作用，从科学研究的角度，对心理特质进行科学测量，从而实现对构想理论的证明。心理测量学家希望按照逻辑实证主义的思想使心理测量学获得一定的理论高度，于是做出了一个重大举措，就是提出了构想效度理论和定律网络。定律网络被用来检验构想效度的存在，也就是证明构想理论的有效性。因此，这个过程必须涉及理论证明的问题。可以说，构想效度标志着测验"和历史传统与实用传统彻底决裂"[②]，构想效度的本质就是证明关于心理构想的理论有效。

根据对定律网络原型及其本质的探究，我们认为 Cronbach 和 Meehl 选择定律网络来证明构想效度，是希望从科学哲学的角度研究构想效度，模仿成熟科学（如物理学）的实现方式，将

[①] 张凯《关于结构效度》，《语言教学与研究》1998 年第 4 期。
[②] Rogers, T. B., *The Psychological Testing Enterprise: An Introduction*. Belmont: Brooks/Cole Publishing Company, 1995.

心理学研究推向真正的科学研究。我们可以明确的是：第一，亨佩尔的三大模型是定律网络的本源。定律网络（The Nomological Net）中的 nomological 一词来自亨佩尔的 D-N 模型（Deductive-nomological Model），通过借鉴"nomological"一词来强调定律在这个科学解释框架中的核心地位。第二，"net"一词是 Cronbach 和 Meehl 自创的，旨在形象地表述理想的关联模式，不同的构想和实际操作之间存在不同的关联和相互交叉联系，形成类似网络的框架。第三，在定律网络的两端，必须是可观测的客观实体和假设的心理构想，在两者中间存在各种定律规则，它们呈网状结构把两端连接起来。

至于定律网络在心理学中的应用和发展情况，我们通过追踪 Cronbach 和 Meehl 后续的相关论述，发现定律网络这个科学解释模型并没有具体实现的应用实例，究其原因，是因为定律网络这个从科学哲学层面引入的模型，对于绝大多数心理学家来说太过陌生，心理学家们对这个几乎毫无所知的新模型并不关注，更不去为之钻研和探索。早在定律网络提出不久，Compbell 就认为，"心理学家的观念不像物理学那样具有演绎的力量，他建议心理学家应该把理想的定律系统放在一边"[①]。

[①] 转引自 Cronbach, L. J., Construct validation after thirty years. In Linn, R. L. (Ed.), *Intelligence, Measurement, Theory and Public Policy*. University of Illinois Press, 1989.

第三节　效度理论发展述评[①]

效度研究一直是心理测量及语言测试学界的一个核心问题。在长期的理论发展过程中，效度自身也经历了十分复杂的演变历程，至今仍然存在一些争议，因此，效度研究尤其是构想效度问题一直备受关注。《教育测量》（*Educational Measurement*）由美国教育委员会编辑，自1951年第一版问世以来，先后于1971年、1989年以及2006年各出版一本，随着理论的不断发展，每一版对测量的效度问题也有不同的认识和阐述。本节将以四版《教育测量》中有关效度的章节为基础，比较四版之间对效度概念界定、效度理论建构方面的异同，并根据理解提出笔者的观点和立场。

一、四版《教育测量》中效度概念的界定

第一版《教育测量》中，Cureton 写作了"效度"一章。他认为"尽管一个测验的效度是作为测量被试完成某种特定任务的能力的指标，但是它仍然依赖于相关和信度。""效度可以界定为实际测验分数与真正标准分数之间的一系列相关。"[②]Cureton 将效度与相关、信度、标准测量、预测力等几个因素联系在一起，总结出：（1）最终标准分数是在针对一个有代表性的样本，对一

[①] 本节摘自赵琪凤《效度理论发展述评——基于四版〈教育测量〉异同的比较分析》，《中国考试》2012年第7期。

[②] Cureton, E. E., Validity. In Lindquist, E. F. (Ed.), *Edueational Measurement*(1st ed.). National Council on Measurement in Education and American Council on Education, 1951.

个特定任务进行无偏估计[1]得到的分数。(2)预测力是指原始测验分数与原始标准分数的相关。(3)测验的效度是指对原始测验分数与真正标准分数之间的相关进行估计。(4)测验的相关性是指对真正测验分数和真正标准分数的相关进行估计。[2]

第二版《教育测量》中，Cronbach使用"测验的效度检验"这一提法对效度章节进行了命名。Cronbach在文中提到"狭义地说，我们往往根据测验分数做出某种特定的预言或推论（推断），效度检验就是对这种预言或推论的精确（准确）程度进行检验的过程。更宽泛地说，效度检验，就是对测验的所有解释的完备性进行检验，这些解释包括描述性解释、阐释性解释以及具体情境下的预言"[3]。Cronbach强调"对测验的解释建立效度的过程与对任何科学理论的评价是相似的"。由此可见，Cronbach在第二版的论述中将效度的研究看作是一个建立效度的过程，而不是一个既有的结果。他认为建立效度的过程应当与建立科学理论的过程相类似，这个过程是在检验根据测验分数做出的具体预测和关联的准确性。

第三版《教育测量》中，Messick重新使用"效度"一词来阐释效度理论。文中对效度的界定是"效度是一种综合性的评价，

---

[1] 无偏估计是参数的样本估计值的期望值等于参数的真实值。当估计量的数学期望值等于被估计参数时，则称此为无偏估计。

[2] Cureton, E. E., Validity. In Lindquist, E.F.(Ed.), *Edueational measurement*(1st ed.). National Council on Measurement in Education and American Council on Education, 1951.

[3] Cronbach, L. J., Test Validation. In Thorndike, L. (Ed.), *Edueational Measurement* (2nd ed.). National Council on Measurement in Education and American Council on Education, 1971.

用来评价经验证据和理论基础在多大程度上恰当且准确地支持了基于测验分数或者其他评估模式的行为。广义地说，效度是对测验证据和分数解释及应用的潜在效果的一个总结。值得注意的是，效度是一个程度的问题。效度是一个正在解决的问题，效度检验是一个连续的过程"[1]。可见，Messick 认为效度是一种评价，是针对经验证据和理论基础的有效性进行的评价。另外，Messick 还将分数使用的价值和社会效果归入了效度的研究范围中，明确指出效度检验的过程包括了实验、统计分析、评估假设和考虑科学理论的哲学意义。

第四版《教育测量》中，Kane 在文中解释了再次使用"效度检验"而不是"效度"做标题的原因，"主要有两方面的区别。第一，'效度检验'包含支持所欲做出的解释和应用的证据的发展情况；第二，'效度检验'与评价结合在一起，评价是用来评估既有解释和应用的合理性和恰当性程度"。"'效度检验'关注的是解释或意义以及影响价值和效果的决策"[2]。由此看出，Kane 对效度检验的理解包含了证据搜集和评价两个方面，可以说是对 Messick 观点的继承和发展。

---

[1] Mcssick, S., Validity. In Linn, R. L.(Ed.), *Educational Measurement.* National Council on Measurement in Education and American Council on Education, 1989.

[2] Kane, M. T., Validation. In Brennan, R.L.(Ed.), *Educational Measurement*(4th ed.). National Council on Measurement in Education and American Council on Education, 2006.

二、讨论

(一) Cureton (1951) 的效度观

发表于 1951 年的第一版《教育测量》中,Cureton 对效度的定义集中在相关和信度方面,注重具体的操作层面的问题,通过不同来源的测验分数与标准分数的相关程度来研究效度,Cureton 对效度的理解和表述是比较清楚和透彻的。

自 1921 年效度概念正式出现后,效标关联效度首先得到重视和运用,但是效标关联效度在"质"上可能是没有保障的,即效标的效度有待证明。心理学家使用的便捷方法是找到一个公认的已经证明有效的测验,如果新编制的测验与这个已知有效的测验存在高相关,则可以认为新的测验具有较高的效标关联效度。[1] 但是已知有效的测验也有自己的效标,每个测验都会有一个效标和成为别的测验的效标,这样就形成了一个循环,测验之间互相证明,互为效标。

对于这个问题,Cureton 设想了一种理想的方式,他把被试在作业上的表现称为"标准表现",标准表现上的得分称为"标准分数"。但同时他也指出"无论是测验分数还是标准分数,都不会十分可靠。但如果标准分数构成毫无偏见的判断,而这判断基于对标准表现的极有代表性的样本的观察,那么它们将和测验目的有极好的相关性。这种有极好相关性的分数称为'最终标准分数',即使它们可能只有中等的信度"[2]。根据这一设想,

---

[1] 张凯《测量是理论的组成部分——再谈构想效度》,《云南师范大学学报》(对外汉语教学与研究版) 2004 年第 5 期。

[2] Cureton, E. E., Validity. In Lindquist, E. F. (Ed.), *Educational measurement* (1st ed.). National Council on Measurement in Education and American Council on Education, 1951.

Cureton 将原始测验分数与原始标准分数的相关界定为"预测力",实际就是指测验的原始分[①]与测得的一般行为的分数之间的相关。"效度"是指对原始测验分数与真正标准分数之间的相关进行估计,实际就是指原始分与测得的真实行为的分数之间的相关。测验的"相关性"是指对真正测验分数和真正标准分数的相关进行估计,实际上就是测验的真分数与测得的真实行为的分数之间的相关。为明晰三种相关之间的差异,列表如表 4-1 所示。

表 4-1 Cureton(1951)效度定义

概念	相关关系		
预测力	原始分	对	一般行为的分数
效度	原始分	对	真实行为的分数
相关性	真分数	对	真实行为的分数

从表 4-1 可以看出,"预测力"即通常所说的效标关联效度。"效度"体现了 Cureton 追求最终标准分数的想法,倾向于测验"量"的解释方面,这一概念非常接近构想效度。"相关性"从本质上体现了构想效度的想法,注重测验"质"的解释方面,关注测验所测的东西与真正要测的东西之间的关系。只是 1951 年还没有明确的构想效度概念,也没有心理特质一说,对于效度的研究还集中在效标关联效度和内容效度方面,Cureton 虽然有了关于构想效度的一些思考,也只能间接地以分数相关的形式表达。但是,由此我们可以看出,Cureton 认为如果有条件的话,可以直接测到标准行为,只是当时的测量工具[②]、时间、精力等条件有限,

---

① 根据经典测量理论,原始分由真分数和误差分数两部分组成,即 X=T+E。
② 多特质多方法矩阵(MTMM)等方法还没有出现,直到 1959 年才开始应用。

只能间接测得。不过他认为在理论上是可能的,所以做出了一个令人满意的设想。正如 Cronbach 中提到,对于某些能力和特质理论的认识在很早就已经开始了,只是当时还没有提出"构想效度"这个具体的名称。[①]Cureton 1951 的论述就隐含了构想效度的思想。

(二) Cronbach 的效度观

1971 年第二版《教育测量》把效度定义为"对测验解释的准确性进行检验",作者 Cronbach 同时强调"对测验的解释建立效度的过程与任何科学理论的评估是相似的"。科学理论既能描述,又能解释,还能预言。从 Cronbach 对效度检验的定义可以看出,他把效度检验的过程当作科学测量的过程,认为测验是科学测量,应当具备科学测量的条件。我们可以认为,当时 Cronbach 脑子里想的是"一个完备的科学理论以及一个完善的测量工具"。

据此,我们有必要回顾一下 1955 年 Cronbach 和 Meehl 提出构想效度时的实证论背景,以及他们对构想效度的概念、建立必要性等方面的论述。20 世纪 50 年代初,构想效度这一概念被系统性地提出时,逻辑实证主义是心理学中一个突出的哲学视角。"第一个主题关注的就是科学理论的逻辑建构,将数学逻辑推广至语言领域,理论术语相应地与可观察现象相连。"[②]"证明一个主张有效,这个主张应当是一个测验测量了一个构想,围绕这

[①] Cronbach, L. J., *Essentials of Psychological Testing* (5th ed.). Harper & Row, Publishers, New York, 1990.

[②] Messick, S., Validity. In Linn, R. L. (Ed.), *Educational Measurement*. National Council on Measurement in Education and American Council on Education, 1989.

个概念的定律网络必须是存在的"[①]。Cronbach 和 Meehl 在讨论构想效度时引入了一个"假说—演绎"的科学理论模型。[②] 在这个模型中，一个理论包含一个关系网络，用来连接科学构想与其他构想以及连接科学构想与可观察属性。Cronbach 和 Meehl 认识到建立构想效度需要包含一个扩展的研究纲要，对一个理论构想的测量建立效度，包括细分一个理论、理论中构想的测量以及对从理论中推导出的预测的经验性评估。构想效度模型需要一个研究纲要，而不是一个简单的经验性研究。然而，他们也指出"决定什么样的心理构想产生了测验表现是几乎所有测验的梦想。"他们两人强调，构想效度是一个根本核心，但是目前还没有将它作为一个基本组织框架加以呈现。可见，Cronbach 和 Meehl 提出的构想效度关注于理论检验。但是在 1971 年的论述中，Cronbach 虽然坚持这一主张，但是在定律网络的实际上缺乏探索，使得定律网络仅限于理论空谈，没有落实到心理测量的实处。

（三）Messick 的效度观

1989 年第三版《教育测量》中，Messick 把效度定义为"一种综合性的评价"。具体来说，就是对分数解释和分数应用的评价。早在 1980 年，Messick 就提出"社会价值和社会效果不应当从效度思考中忽略掉"。Messick"将价值判断归入理论当中"[③]。

---

① Cronbach, L. J. & Meehl, P. E., Construct validity in psychologicaltests. *Psychological Bulletin*, 1955.

② 此模型出自亨佩尔和奥本海默在1948年发表的《说明的逻辑研究》一文，开创了科学说明的演绎—定律模型（deductive-nomological model of scientific explanation，缩写为 D-N 模型）。

③ Mcssick, S., The value of ability testing: Implications of multiple perspectives about criteria and standards. *Educational Measurement: Issues and Practice*, 1982, 3.

甚至于在 1988 年，Cronbach 也认同 Messick 的观点，强调"所有的论据都应当与概念、证据、社会和个人的效果及价值联系起来"①。对于效度是一种综合性评价这一观点，本人不能苟同。评价是基于研究结果的一种判断，带有价值判断的成分，是独立于证明效度理论之外的部分，将评价混入效度理论的定义中，是很明显的概念混乱，同时也忽略了前期提出的运用建立科学理论的过程建立效度理论的观点，却将视角关注于基于测验分数的解释和社会效果上，但是这些并不属于效度的研究范畴。

（四）Kane 的效度观

2006 年第四版《教育测量》中，对效度的定义与第三版的界定极为相似，"就是对分数运用或解释的理论进行评价"。自 Messick 提出综合的效度概念后，效度理论研究着力于搜集全面的效度证据，并对分数解释和分数应用的效果进行评价。1999 年 APA 标准中的表述也有类似的含义，"效度检验可以被认为是发展了一种科学的有效的效度论据，用来支持对测验分数的既有解释和它们与理想应用的关联"②。此时的 APA 也完全忘却了当初对构想效度的理解："构想效度研究，本质上是证明测验背后的理论有效。"③

根据以上对四版《教育测量》中效度定义的分析，现将四版效度定义之间的异同列表如表 4-2 所示：

---

① Cronbach, L. J., Five perspectives on validation argument. In Wainer , H. & Braun, H.(Eds.), *Test validity*. Hillsdale, NJ: LawrenceErlbaum, 1988.

② American Educational Research Association, American Psychological Association & National Council on Measurement in Education, *Standard for Educational andPsychological test*. Washington, D. C.: American Psychological Association, 1999.

③ American Psychological Association, Technical recommendations for psychological tests and diagnostic techniques. *Psychological Bulletin*, 1954.

表 4-2 四版《教育测量》中关于效度的定义

版次	作者	效度定义	关注点
第一版（1951）	Cureton	对原始测验分数与真正标准分数之间的相关进行估计	倾向于测验"量"的解释方面，这一概念非常接近构想效度；同时提出的"相关性"从本质上体现了构想效度的想法
第二版（1971）	Cronbach	对测验解释的准确性进行检验	认为测验是科学测量，应当具备科学测量的条件
第三版（1989）	Messick	一种综合性的评价	社会价值和社会效果应当纳入效度检验中
第四版（2006）	Kane	对分数运用或解释的理论进行评价	搜集全面的效度证据

（五）关于科学测量

从 Cureton 1951 年对"效度"和"相关性"的界定，可见当时已隐含了构想效度的思想，到 1955 年 Cronbach 和 Meehl 正式提出构想效度的概念，即"对构想效度的评价，要通过对测验所测心理属性的研究来进行"[1]，再到 Cronbach 1971 年强调心理测量应当具备科学测量的条件，"证明构想效度就是证明理论的有效性，测量在这个过程中是不可缺少的"[2]。可以认为，Cronbach 作为构想效度的创始人之一，关注对心理属性这一重要因素的研究，希望将心理测量纳入正规的科学测量当中。因此，我们有必要对科学测量的相关知识予以了解和学习。

Guilford 1936 年曾说，在教育和心理领域，所有的测量都在这样或那样的意义上是间接的[3]。在心理和教育测量中，能够直

---

[1] American Psychological Association, Technical recommendations for psychological tests and diagnostic techniques. *Psychological Bulletin*, 1954.

[2] 张凯《测量是理论的组成部分——再谈构想效度》，《云南师范大学学报》（对外汉语教学与研究版）2004 年第 5 期。

[3] 转引自张凯《标准参照测验理论研究》，北京语言文化大学出版社，2002 年。

接操作的测量对象可以说是根本不存在的,因为我们想要测量的东西都是人的心理属性,或者叫作潜在特质,这种潜在特质既不可直接观察,也不可直接测量。心理和教育测量的难处就在于找到可以操作的测量对象和抽象的心理属性之间建立联系。这也是构想效度提出后,应该着力研究和解决的问题,只有明确了测量对象和可操作的测度之间的特定关系,才能实现对心理特质的间接测量。如图4-4所示:

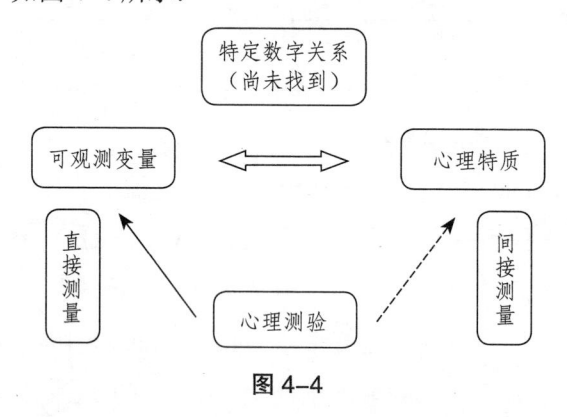

图 4-4

来看定量心理学的一个实现科学测量的成功典范(费希纳定律,1860),如图4-5所示:

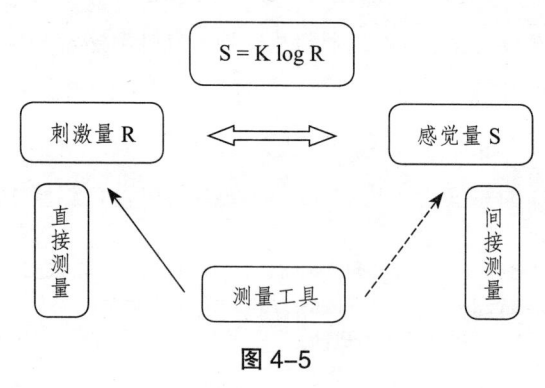

$$S = K \log R$$

图 4-5

显然，Cronbach 并没有理清这样一条研究思路，或者说他对科学测量的理解并不全面，因此，他没有在寻找一个可操作的测度方面做出努力，甚至没有提到这方面的情况，只是泛泛地提倡心理测量应该朝着科学测量的方向发展，将构想效度理论纳入科学理论中。

由于构想效度的创始人没有把它的原本意义贯彻下来，况且为抽象的心理特质寻找到可以操作的实体实属不易，后人更是难以继承。在实用主义和操作主义的影响下，Messick 等将效度研究的视角转向了多方面搜集效度证据方面，将社会效果等因素都归入效度证据当中，从操作性较强的外部因素入手扩充效度概念，形成了效度研究的主流观点。时至今日，以 Messick 为代表的效度理论仍然是心理测量界的主导理论。但是究其根源来看，确有舍本逐末的嫌疑。

三、结语

本节以四版《教育测量》中关于效度的论述为基础，梳理了四版中对效度概念的界定，并且对这四种定义进行了比较分析。可以确定的是，效度理论在长期的发展过程中，研究者曾经在逻辑实证主义的影响下，试图向科学理论和科学测量靠拢，但是因为没有实施具体的研究和探索，最终倒向操作主义的研究思路。

通过对科学测量基本要素的简单回顾，本研究认为 1955 年 Cronbach 和 Meehl 提出构想效度，试图将科学理论的逻辑建构推广至心理和教育测量研究领域，引导研究者用科学测量的方法进行效度研究，正如 Rogers 所说，"构想效度的引进，可以看成是自比奈发明智力测验以来，测验领域中最为显著的变化"[①]。令人遗憾的是，在1971年第二版《教育测量》中，Cronbach在对效度的论述中并没有继续深入研究如何实现对心理特质的操作性定义，即找到可以直接操作的实体，把不可直接测量的心理特质与可直接测量的测度联系起来，形成特定的数字关系，而是关注于对分数解释的准确性进行检验，研究视角发生了偏离。至第三版和第四版《教育测量》中，对效度的研究完全抛开了之前Cronbach和Meehl建立构想效度的初衷，而是关注于对测验分数解释和测验社会效果的评价方面，热衷于搜集多方面的外部证据来解释测验分数和测验的效果，抛开了对测量对象这一关键要素的研究，转而关注于各种统计结果与效度证据之间的联系，游离于构想效度研究的本质之外，距离实现科学测量的目标渐行渐远。

---

① Rogers, T. B., *The Psychological Testing Enterprise: An Introduction*. Belmont: Brooks/Cole Publishing Company, 1995.

第五章

测验效度的检验

第一节 中级汉语水平考试听力配伍题效标关联效度研究[①]

一、题型说明

HSK［中级］是专门为母语非汉语者设计的标准化考试。HSK［中级］有听力理解和综合阅读两大部分。其中听力理解第二和第三部分都是听长段材料后回答问题。

听力理解第二部分是"听长对话或长独白"（以下简称L2）。L2是一种常见的题目类型，在汉语水平考试HSK［基础］，HSK［初、中等］和HSK［高等］以及C.TEST系列中都有应用。这部分试题，被试先听到一段讲话，每段讲话后问五个问题。被试听到问题后，有15秒左右的答题时间。被试在这15秒中从试卷上的四个选项中选出正确答案。本部分试题共有20道，被试共听到四段长对话或长独白，题目数量占到全部听力题目的1/3。实践证明，这种题目具有较好的信度、效度，是一种适于考

---

① 本节摘自黄霆玮《HSK［中级］听力配伍题效标关联效度研究》，《中国考试》2010年第9期。

查被试听力理解水平的题型。

听力理解第三部分是"听后选择配伍答案"（以下简称L3）。这部分试题是新题型，目前尚未见到在听力理解测验中有应用。这部分试题在形式上最大的特点就是：五个题共用八个选项。而一般听力理解的多项选择题都是每道题有四个备选项。做这部分题时，被试会听到四段讲话，每段讲话后听到五个问题。每个问题后，被试有15秒左右的答题时间。在15秒中，被试在试卷上看到八个选项。这八个选项是五个问题的备选答案，每个选项只能被选择一次。当被试回答到第五个问题时，还有四个备选答案可供选择。L3共有20道题目，数量占全部听力题目数量的1/3。

下面我们看一个L3"听后选择配伍答案"的实际题目，该题目来自《中国汉语水平考试HSK〔改进版〕样卷》（2007）。

首先，被试在试卷上看到：

〔41—45〕

A.喝酒　B.还钱　C.拿手机　D.良心不安

E.暗自庆幸　　F.非常善良

G.爱占小便宜　　H.发现手机不见了

同时被试听到一段讲话：

一个夏天的傍晚，我与朋友分别后，走到一家书亭前。……

接着，被试听到五个问题：

41.说话人认为在书亭前翻书的那些人怎么样？

42.说话人回家看书看到半截，为什么看不进去了？

43.去书亭以前，说话人做什么了？

44.说话人回书亭去做什么？

45. 这段话提到的那位老人有什么特点？

根据讲话，41—45 题的答案分别是 G、D、A、B、F。

L3 最大的特点是每段话后面有八个选项，每个选项只能被选择一次。当被试回答最后一个题目时，仍然有四个备选项供选择。这时的选项数目和 L2 中的听力多项选择题一样。

本节拟用 L2 为效标，考察 L3 这个新题型的难度、区分度、信度、内部结构效度以及猜测度。

二、L2 和 L3 的实测对比分析

我们使用三次正式考试（M07N01N、M07N02N 和 M08N0IN）的实测数据计算了 L2 和 L3 的难度、区分度、信度、效度以及猜测度，并以 L2 为比较的标准，评价了新题型 L3 "听后选择配伍答案"的各项指标。

（一）难易度

我们计算了历次考试的实际难易度指数 P 值，结果如表 5-1 所示。

表 5-1　平均难易度指数 P 值

分测验名称	M07N01N	M07N02N	M08N01N
L2 听长对话或长独白	0.6501	0.6039	0.5862
L3 听后选择配伍答案	0.5041	0.5303	0.5373

表 5-1 中的难易度值是平均数，从表 5-1 中得知 L3 比 L2 难，答对率更低。为了检验 P 值差异是否在统计上显著，我们做了平均数 T 检验，分析结果显示，L2 和 L3 的难易度相差不大。只有 M07N01N 中 L3 与 L2 难度差异较大，T 检验结果在 0.01 水平上

差异显著。其他两次考试难度都相差不多。

（二）区分度

区分度是题目对被试的区分能力。它是表示题目质量的最重要的指标。一个题目是好是坏，主要看的就是区分度。区分度高的题是好题，区分度低的题就是坏题。[①] 常用的表示区分度的指标有 D 值、点双列相关系数（Rpb）、双列相关系数（Rb）等。

本节主要考察 L2 和 L3 点双列相关系数（Rpb）的情况。如果题目 Rpb 值的绝对值大于临界值，这就是一个合格的题目。Rpb 临界值的大小和被试样本量有关。计算 Rpb 临界值的公式如下：

$$Rpb = \frac{3}{\sqrt{N}} \qquad (公式1)$$

其中 N 是被试样本量。

我们统计了三次正式考试中 Rpb 绝对值小于临界值的题目数量及百分比。只有 M08N01N 中有一道题目 Rpb 值低于临界值，L2 题目合格率为 95%，其他题目合格率均为 100%。统计结果说明这两种题目质量都相当高。

此外，我们还计算了 L2 和 L3 的总区分度，结果如表 5-2 所示。

表 5-2　总区分度 Rpb 值

分测验名称	M07N01N（912）	M07N02N（597）	M08N01N（300）
L2 听长对话或长独白	0.4648	0.4951	0.4194
L3 听后选择配伍答案	0.4982	0.5079	0.5031

注：括号中的数字为样本量。

区分度的实质是相关系数，因为相关系数之差既不服从正态

[①] 张凯《语言测验理论与实践》，北京语言文化大学出版社，2002 年。

分布(z分布），也不服从 t 分布。因此必须先用以下的公式 2（Fisher z-transformation），将 Rpb 值分别转化成 z 值（即 z_2 和 z_3）（其中 ln 是自然对数）：

$$z = \frac{1}{2}\ln\left(\frac{1+\text{Rpb}}{1-\text{Rpb}}\right) \qquad (公式2)$$

然后，求出 z_2 和 z_3 的差（$\triangle z$），再除以 z_2 和 z_3 的联合标准误差（见公式 2 的分母，其中 n 是样本量），其结果也是一个 z 值：

$$\triangle z = \frac{(z_3 - z_2)}{\sqrt{\dfrac{1}{n_2-3}+\dfrac{1}{n_3-3}}} \qquad (公式3)$$

z 检验结果：三份试题的概率值 P 均大于 0.05，说明 L2 和 L3 的区分度 Rpb 值在统计上没有差别，L3 和 L2 一样区分度都极高，题目质量很高。

（三）信度

信度指的是测验自身的稳定程度，内部一致性信度用相关系数表示，表示信度的相关系数叫信度系数。信度系数越高，测验越稳定。常见的计算信度的方法有再测信度、复本信度、分半信度等[①]。

本节主要考察了测验的内部一致性信度 α。我们分别计算了 L3 和 L2 的信度系数 α，如表 5-3 所示。

表 5-3　两种听力长段项目的信度系数 α

分测验名称	M07N01N(912)	M07N02N(597)	M08N01N(300)
L2 听长对话或长独白	0.8054	0.8334	0.7491
L3 听后选择配伍答案	0.8387	0.8445	0.8406

注：括号中的数字为样本量。

---

① 张凯《语言测验理论与实践》，北京语言文化大学出版社，2002 年。

从表 5-3 看出，听力 L3 的信度系数高于 L2。

信度系数 α 是个相关系数，我们对表中两种题型的 α 做显著性检验。

检验方法同检验区分度的方法，结果显示，只有在 M08N01N 中的 L3 听力信度系数 α 显著优于 L2。在 M07N01N 中，信度系数 α 在 0.05 水平显著，在 0.01 水平不显著。在 M07N02N 中，L2 和 L3 的信度没有显著差异，说明两种题型的 α 系数都很高。

这个结果说明，L3"听后选择配伍答案"的稳定性和传统的 L2"听长对话或长独白"不相上下，两者都是稳定的题目类型。

（四）内部结构效度

效度指的是测验的有效性。对测验效度的一般定义为：测验在何种程度上测出了它宣称要测的东西。[1] 效度研究是一个实证的过程，需要收集资料、积累数据。郭树军（1995）[2] 采用 GRANT HENNING1987 年介绍的一种相关分析的方法来对汉语水平考试（HSK［初、中等］）的结构效度做了考察。这种方法逻辑思路简单易懂，操作也不复杂，是一种比较实用的效度检验办法。这种方法检验项目与分测验的相关关系，称之为内部结构效度法。它的基本假设是：若一个项目与自己所在的分测验的点二列相关系数高于与其他分测验的点二列相关系数，则此项目具有结构效度；反之，一个项目与本分测验的相关低于它与其他分测验的相关，则此项目缺乏内部结构效度。

本节采用这种方法对 L2 和 L3 的效度进行了研究。

---

[1] 张凯《语言测验理论与实践》，北京语言文化大学出版社，2002 年。

[2] 郭树军《汉语水平考试（HSK）项目内部结构效度检验》，载北京语言学院汉语水平考试中心编《汉语水平考试研究论文选》，现代出版社，1995 年。

第一节 中级汉语水平考试听力配伍题效标关联效度研究

HSK［中级］试卷结构如图 5-1 所示。

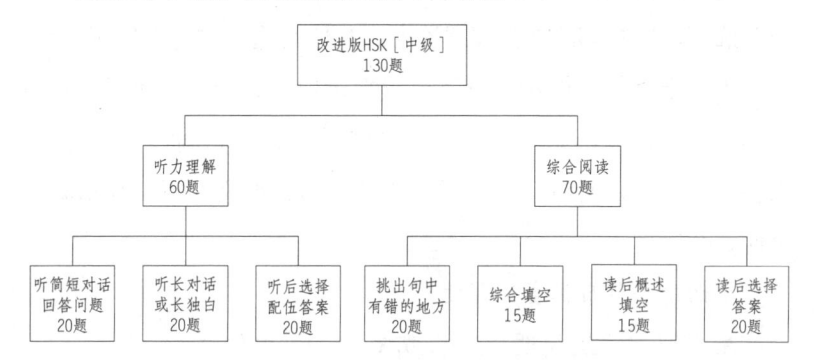

```
                改进版HSK［中级］
                    130题
        ┌──────────────┴──────────────┐
    听力理解                        综合阅读
     60题                           70题
  ┌────┼────┐              ┌────┬────┬────┬────┐
听简短对话 听长对话 听后选择   挑出句中  综合填空 读后概述 读后选择
回答问题  或长独白 配伍答案   有错的地方  15题   填空    答案
 20题    20题    20题      20题             15题    20题
```

图 5-1　HSK［中级］的试卷结构

HSK［中级］试卷包括两个分测验：听力理解和综合运用。这两个分测验是对被试语言能力的操作性定义。其中听力理解分测验测量被试的听力技能，综合阅读部分测量被试的阅读技能。根据内部结构效度法的假设，我们认为一个听力理解项目与听力理解分测验的相关应高于它与综合阅读部分的相关。

分析结果显示，三份正式试卷中，只有 M07N02N 中的一道题目和综合阅读部分的点双列相关高于和听力理解部分的点双列相关系数，内部结构效度不高，仅占到该部分题目的 5%，其他所有题目都符合内部结构效度的假设。这个结果说明 HSK［中级］听力长段题目的内部结构效度极高，说明这两种题型都能很好地测出被试的听力理解水平。

（五）猜测度

在经典测量理论中，多项选择题的题目猜测度由选项个数决定。一般情况下，多项选择题有四个选项，该题目的猜测度就是 25%。也就是说，被试有 25% 的概率仅凭猜测就能答对这道题。

由于对猜测度的定义比较简单，在经典测量理论中一般没有专门的指标衡量题目猜测度的大小。按照经典测验理论，L3 有八个备选项，猜测度是 12.5%，理论上比其他四选一的题目猜测度小。

事实上，题目的猜测度不仅仅受选项个数影响，还受题目质量等因素的影响。如果一个题目的质量不高，被试很容易就能猜出答案。例如，听过一段介绍中国传统节日的文章后，被试看到下面这个题目：

下面哪个节日离春节最近？

A. 元旦　　B. 清明　　C. 端午　　D. 中秋

这个题目对于具有一些中国文化知识的被试来说，根本不用听文章就能回答。这道题目的猜测度肯定比 25% 大。

在项目反应理论（以下简称 IRT）的三参数 logistic 模型中，除了表示难度和区分度的参数，还引进了一个表示猜测度大小的参数 c。c 表示测量中低能力被试在 0、1 计分的多项选择题上猜测得分的概率。三参数 logistic 模型的表达式如下：

$$P_i(\theta) = c_i + \frac{1-c_i}{1+exp[-Da_i(\theta-b_i)]} \quad \text{（公式 4）}$$

上式中的 c 是项目特征曲线的下渐近线，表示即使能力极低的被试在该项目上也有 c 的正确作答概率。项目反应理论中的 c 虽然也被称为猜测参数，但它与经典测验理论中依据随机概率估计的常数值不同。c 通常定义为被试中能力水平低于项目难度 $2/\alpha$ 个单位的那些人在该项目实际猜测作答获得成功的概率，因此实际估计各项目的 c 值是不相同的。[1]

---

[1] 漆书青、戴海崎、丁树良《现代教育与心理测量学原理》，高等教育出版社，2002 年。

第一节 中级汉语水平考试听力配伍题效标关联效度研究

我们使用 BILOG 软件计算了两种听力长段题型三次正式考试的猜测度，平均猜测度结果如表 5-4 所示。

表 5-4　平均猜测度 c 结果

试卷代码	L2 听长对话或长独白	L3 听后选择配伍答案
M07N01N	0.192	0.141
M07N02N	0.169	0.119
M08N01N	0.236	0.117

从表 5-4 看，三次正式考试 L3 的平均猜测度均低于 L2。平均猜测度是该题型全部题目猜测度的平均数。为了比较两种题型的猜测度是否真的存在差异，我们做了平均数差异的 T 检验，结果如表 5-5 所示。

表 5-5　猜测度平均数 T 检验结果

试卷代码	T 值	自由度	P 值	平均数差值
M07N01N	2.673	38	0.011	0.05110
M07N02N	2.682	38	0.011	0.04945
M08N01N	9.373	38	0.000	0.11855

根据表 5-5，在 0.05 水平上，三次考试 L2 和 L3 的猜测度 c 差异显著。在 0.01 水平，只有 M08N01N 中两种题型猜测度差异显著，M07N01N 和 M07N02N 差异在临界值附近，P 值为 0.011。所以我们可以认为，具有八个选项的 L3 的猜测度显著小于只有四个选项的听力长段题目。这是 L3 的最大优势。

三、结论

HSK［中级］听力理解部分有两种长段题目，即 L2 "听长对话或长独白" 和 L3 "听后选择配伍答案"，其中 L3 是一个新题型，它最大的特点是有八个备选项。

通过对三次实测数据的分析，我们比较了 L2 和 L3 在题目难易度、区分度、信度、效度和猜测度上的差异。统计分析结果显示，两者的难易度相当；区分度、信度和效度都非常高，说明 L3 和传统的听力长段题型 L2 一样稳定、有效，质量非常高。另一方面，L3 的猜测度比 L2 小，在统计上达到显著水平，这是 L3 这个新题型的最大优势。

第二节　汉语水平考试高等口试多种试题组合形式的效标关联效度研究[①]

现行的 HSK［高等］口试采用半直接式的考试方式，试卷为书面形式，包含两部分：第一部分是要求被试朗读一段文章短文，第二部分是回答两个问题，全部口试时间为 10 分钟。其中要求回答的两个问题，第一个是介绍性或描述性的题目，第二个是说明性或议论性的题目。答卷是一盘空白磁带，考生需将两部分的回答录在磁带上。面对日益扩大的考生规模，我们试图了解除了目前口试试卷的构成形式，是否存在更有效、更经济的试卷构成形式。

基于这种考虑，本研究利用现有的实考录音，对不同的题型和题数的组合形式分别进行评分，通过研究不同组合形式下的评

---

① 本节摘自赵琪凤《HSK 高等口试多种试题组合形式的效标关联效度研究》，《中国考试》2011 年第 9 期。

第二节　汉语水平考试高等口试多种试题组合形式的效标关联效度研究　*183*

分结果与效标的相关来探讨高等汉语水平考试口试题型和题数的效标关联效度问题。

一、口语测试及测试效度

（一）口语测试

口语考试关心的是对口语水平的测量，Underhill 认为，口语测试就是在测试中，引导被试讲话，并且依据其讲话对口语水平进行评价。[①]

Davies 等认为口语测试就是对使用目的语讲话的能力的评估。[②]

目前，常见的口语测试包括直接式测试和半直接式测试。直接口语测试要求受试人与主试人面对面地进行。目前著名的口语水平面试 OPI（Oral Profieieney Interview）已制定出详细的评分标准和水平等级。"半直接"口语考试使用小册子、录音带等手段，对受试人给出测试指导、讲话提示或别的刺激，主试人并不真正出现，现在这种口语考试已被很好地开发和应用，HSK［高等］口试也属于半直接式口语考试。

Stansfield 等人将 OPI（直接）与 SOPI（间接）的评分结果进行了比较，结果表明 SOPI 和 OPI 同样可信和有效[③]。O'Loughlin 研究发现直接和间接两种形式的测试得分有很高的相

[①] Underhill, N., *Testing Spoken Language*. Cambridge University Press, 1987.

[②] Davies, A., Brown, A., Elder, C., Hill, K., Lumley, T., & McNamara, T. F., *Dictionary of Language Testing*. Cambridge University Press, 1999.

[③] Stansfield, C. W., Kenyon, D. M., Paiva, R., Doyle, F., Ulsh, L., & Cowles, M. A., The development and validation of the Portuguese speaking test. *Hispania*, 1990, 73.

关（r=0.92）。[1]

（二）口试的效度

关于口语测试的效度问题，我们需要有一个框架来描述所测构想、实施作业以及对潜在能力的表现进行的评估这三者之间的关系。一般来说，我们缺少充足的证据来决定水平考试的构想效度，而有更多的证据证明内容效度。但是，仅仅证明测验内容有效，并不是对测验有效性的充分证明，还需要效标这一外部证据来证明测验的有效性。所谓效标关联效度，就是考察测验分数与效标的关系，看测验对我们感兴趣的行为预测得如何[2]。根据搜集效标的时间，可以将效标效度分为共时效度和预测效度。共时效度的效标资料是与测验分数同时搜集的，预测效度的效标资料则需要过一段时间才可以搜集到。

由于条件所限，本研究只考察共时效度。本研究决定选用HSK［高等］客观卷成绩及听力成绩[3]、作文成绩、考生平日成绩和教师根据制定的口语水平评分标准进行的打分、排序作为效标来考察不同处理水平下的口语测试的效标关联效度。

（三）研究假设

针对目前 HSK［高等］口试的考试形式，本节主要讨论以下三个问题：

1. 如果只对 HSK［高等］口试的其中一个题目评分，其他两

---

[1] O'Loughlin, K., Lexical density in candidate output on direct and semi-direct versions of an oral proficiency test. *Language Testing*, 1995, 12(2).

[2] 郑日昌、蔡永红、周益群《心理测量学》，人民教育出版社，1999年。

[3] 有学者认为，口语测验包含两方面的内容：口头表达和听力理解。参见聂建中、王正仁《评分员的信度与口语能力测量》，《山西大学学报》（哲学社会科学版）1997年第2期。因此，我们将听力题得分作为一种比较可靠的效标。

道题忽略不计，其评分结果是否与实际考试评分结果一样，具有较高的效度。

2. 如果只对 HSK［高等］口试的其中两个题目评分，另外一道题忽略不计，其评分结果是否与实际考试评分结果一样，具有较高的效度。

3. 只评 HSK［高等］口试的其中一个题目和只评 HSK［高等］口试的其中两个题目，其评分结果的效度是否有差异。

二、研究方法和研究过程

（一）实验设计

本研究采用单因素重复测量实验设计，也叫被试内设计。这种设计的基本方法是：实验中每个被试接受所有的处理水平，这种实验设计的目的是利用被试自己做控制，使被试的各方面特点在所有的处理中保持恒定，以最大限度地控制由被试的个体差异带来的变异。

1. 被试

评分员，每位评分员均参与所有处理水平，即参与实验中各种组合形式下的评分。①

2. 实验材料

从 2005 年 10 月参加 HSK［高等］的北京语言大学汉语学院本科四年级的考生中抽取 59 人，将这 59 人的口试录音磁带转录

---

① 评分员并不知道给谁评分，在每个处理水平上，评分员被假定为给不同的被试评分。

成光盘,作为评分员的评分材料。[1]

本次实验的 59 名考生中,有 36 人获得高等汉语水平考试的等级证书,获证率约为 61%。考生具体情况如表 5-6 所示。

表 5-6 (单位：人)

总人数	韩国	日本	其他国家	男	女	获证	未获证
59	51	7	1	9	50	36	23

3. 自变量

本实验中自变量为口试答题录音,该自变量包含六种处理水平：(1) 只评朗读,给出口试得分；(2) 只评问答第一题,给出口试得分；(3) 只评问答第二题,给出口试得分；(4) 只评朗读和问答第一题,给出口试得分；(5) 只评朗读和问答第二题,给出口试得分；(6) 只评两个问答题,给出口试得分。

4. 因变量

考生在六种处理水平下的口试成绩。

（二）数据分析

计算评分员间信度（Inter-Rater Reliability）。

实验中存在三组评分员,我们使用肯德尔 W 系数来检验每组三名评分员之间的评分是否一致。结果如表 5-7 所示。

表 5-7

组别	评分员数/人	肯德尔 W 系数	显著性
第一组	30	0.571	0.000
第二组	30	0.518	0.000
第三组	30	0.623	0.000

由表 5-7 可知,三组评分员的评分均具有很高的一致性。

---

[1] 原本抽取了 60 名考生的信息,但是 1 名考生没有参加口语考试,所以样本数量为 59 人。

三、效度研究

我们将考生的客观题试卷得分、听力题得分和作文得分作为内部效标,考生平日成绩、教师评分和排序作为外部效标,考察六种处理水平的口试得分和考生实际口试得分与内、外部效标的相关,得到相应的效度系数。

(一)与内部效标的相关

我们把考生参加高等考试的客观题得分、听力题得分以及作文得分作为内部效标来考察,可以用表 5-8 来归纳比较各种处理水平的效标关联效度(使用 Spearman 等级相关系数表示)。

表 5-8

处理水平	客观题得分	听力题得分	作文得分
处理一(评朗读)	0.330 (p=0.011)	0.095 (p=0.473)	0.242 (p=0.064)
处理二(评问答1)	0.511 (p=0.000)	0.263 (p=0.044)	0.245 (p=0.061)
处理三(评问答2)	0.339 (p=0.012)	0.271 (p=0.048)	0.129 (p=0.351)
处理四(朗读和问答1)	0.461 (p=0.000)	0.336 (p=0.009)	0.254 (p=0.052)
处理五(朗读和问答2)	0.501 (p=0.000)	0.296 (p=0.030)	0.289 (p=0.034)
处理六(两个问答题)	0.441 (p=0.001)	0.296 (p=0.030)	0.236 (p=0.086)
实际考试 (朗读和两个问答题)	0.698 (p=0.000)	0.446 (p=0.000)	0.220 (p=0.095)

表头:内部效标

由表 5-8 可见，六种处理水平和实际考试与客观题得分的相关均显著（$p<0.05$），但相关系数却有明显差异。实际考试与客观题的相关系数最高，达到 0.698，其次为处理二（评问答1），相关系数为 0.511。以听力题得分为效标的检验中，除了处理一（评朗读）之外，其他处理水平和实际考试的效标关联效度都较高。而以作文得分作为效标进行检验的结果表明，只有处理五（朗读和问答2）的效标关联效度系数在 0.05 水平上显著。可见，只有处理五的三种效标关联效度均较高，分别在 0.01 和 0.05 水平上显著相关。

（二）与外部效标的相关

我们找到考生所在班级，查到他们平时的综合课成绩，并且请他们所在班级的班主任根据评分标准给考生打分和排序，作为效度研究的外部效标。

（三）分析

我们把考生的平日成绩、教师打分和教师排序作为外部效标来考察，如表 5-9、表 5-10 所示。

表 5-9 与学生综合课成绩、教师打分的相关
（使用 Spearman 等级相关系数表示）

实验处理	综合课成绩	教师打分
处理一（评朗读）	0.099（p=0.455）	0.254（p=0.052）
处理二（评问答1）	0.052（p=0.696）	0.114（p=0.392）
处理三（评问答2）	0.042（p=0.764）	0.188（p=0.173）
处理四（朗读和问答1）	0.091（p=0.492）	0.238（p=0.070）
处理五（朗读和问答2）	0.065（p=0.642）	0.074（p=0.597）
处理六（两个问答题）	0.076（p=0.585）	0.231（p=0.094）
实际考试 （朗读和两个问答题）	-0.058（p=0.662）	0.084（p=0.525）

表 5-10 与教师排序的相关

（对四个班分别进行相关分析，使用 Spearman 等级相关系数表示）

实验处理	名次（4001 班）	名次（4002 班）	名次（4052 班）	名次（4152 班）
处理一	0.118（p=0.714）	0.070（p=0.859）	-0.051（p=0.835）	0.221（p=0.363）
处理二	0.310（p=0.328）	0.257（p=0.505）	0.258（p=0.287）	0.259（p=0.285）
处理三	0.281（p=0.376）	0.709（p=0.032）	0.133（p=0.586）	0.100（p=0.683）
处理四	-0.389（p=0.211）	0.757（p=0.018）	0.516（p=0.024）	0.234（p=0.334）
处理五	0.505（p=0.094）	0.590（p=0.094）	0.219（p=0.368）	0.013（p=0.957）
处理六	0.395（p=0.204）	0.685（p=0.042）	0.303（p=0.208）	0.289（p=0.231）
实际考试	-0.060（p=0.852）	0.516（p=0.155）	0.213（p=0.381）	0.102（p=0.677）

根据表 5-9、表 5-10 我们可以发现：

1. 六种处理水平和实际考试的得分与考生的平日成绩、教师打分相关都不高。

2. 本实验中抽取的 59 名考生分布于四个班中，因此我们看到，针对 4001 班和 4152 班，六种处理水平和实际考试的得分与教师的排序相关都不高。针对 4052 班，处理四的得分与教师排序的相关在 0.05 水平上相关显著，针对 4002 班，处理三、处理四和处理六的得分与教师排序的相关在 0.05 水平上相关显著。

（四）讨论

测验的效度是指测验在何种程度上测出了它宣称要测的东西[1]。效标关联效度体现的是所考察的对象与效标之间的相关程度，是借助效标来考察测验的有效程度，它是用一种间接的方式来检验研究对象的效度。

1. 关于外部效标

---

[1] 张凯《语言测试理论与实践》，北京语言文化大学出版社，2002 年。

六种处理水平以及实际考试的口语得分与学生平日成绩、教师打分和教师排序这三项外部效标的相关都不高，有的甚至出现了负相关。出现这种情况，我们认为有可能是以下原因造成的：首先，我们得到的学生平日成绩是学生综合课成绩，综合课考试主要考查的内容还是学生对词汇、语法等语言基本要素的掌握情况，并且平日测验也都是以书面答卷形式进行，与学生口语水平没有直接的关系。其次，在实验说明中，要求教师在给学生排序时不能有重复名次出现，这样一来，如果遇到几个学生水平差不多时，或许会影响到老师的排序的准确性。从考生背景来看，本研究的59名考生中，58名为日韩学生。日韩学生的特点是词汇、语法掌握较好，听力口语相对差一些，因此，往往单纯的口语得分与综合课表现会不太一致。

综合以上原因，本研究的三个外部效标的可靠性就受到了严重的威胁，而选取效标的重要标准就是可靠性。

2. 关于内部效标

六种处理水平的口语得分及实际考试的口语得分与客观题得分的相关均显著。除了处理一外，其他五种处理水平的口语得分及实际考试的口语得分与听力题得分的相关均显著。Brown 认为，口语渠道是听说相互作用的结果，说话人依靠听的能力来接受信息，依靠说的能力来产出信息。[①] 所以，我们不难理解处理一（评朗读）与听力题得分相关不高的原因了。朗读其实是一种信息的输入，属于 Brown 所归纳的接受性的模式，考生只需将看到的文本读出，不涉及信息产出过程，也不存在对输入信息的加工整合

---

① Brown, J. D., *Testing in language Programs*. Prentice Hall Regents, 1996.

第二节　汉语水平考试高等口试多种试题组合形式的效标关联效度研究

过程。以作文得分作为效标来考察，发现只有处理五（评朗读和问答2）得分与作文得分相关显著。因为作文也属于主观性考试，同样存在评分的信度问题，它相对于客观化评分的客观题得分和听力题得分来说，信度不太有保障。然而，我们认为把作文作为效标来考察，还是很有必要的，只是欲得出更积极的研究结果还有待主观性考试的评分客观化的实现。

3. 关于题型

（1）处理一（评朗读）得分只与客观题得分相关显著。Underhill 曾指出，朗读是一种具体的技能，可以在短时间内经过专门的训练获得很大的提高，而这种技巧是不真实的，与口语能力的提高关系不大，评分员从这种形式中得到的立即反馈或许不是很充分的。[1]

（2）口语考试中的两道问答题所考查的侧重点是不同的。具体来看：

只评问答第一题（以介绍性或叙述性为主）的得分与客观题得分和听力题得分相关显著。考生在回答第一题时，需要详细介绍或描述题目所要求的内容，不仅要考虑表达中的遣词造句，综合运用语音、词汇、语法各方面的知识，还要使表达条理清楚，可以体现学生的词汇量和表达能力。同时，考生不需要支持或反对某一观点，会减少一些思想负担，会更有自信地回答问题。所以，处理二的效标关联效度较高，我们可以认为只评问答第一题（以介绍性或叙述性为主）或许能较有效、较全面地反映考生的口语水平。

只评问答第二题（以说明性或议论性为主）的得分与客观题

---

[1] Underhill, N., *Testing Spoken Language.* Cambridge University Press, 1987.

得分和听力题得分相关也是显著的。议论性或说明性的题目在考查考生的口头表达能力的同时，还考查考生阐述观点、分析问题的能力，对考生的篇章组织能力要求更高一些，这些因素与考生的教育背景、文化素质、学历水平等都有关系，对那些不善言辞和分析辩论问题的考生来说，有可能带来心理压力和不自信的因素，造成无话可说，回答内容不够充分等问题，所以，处理三的效标关联效度虽然也较高，但是不如处理二的结果更为理想。

（3）实际考试（评朗读和两个问答题）的得分与客观题得分和听力题得分均在 0.01 水平上相关显著，与六种处理水平相比，具有最高的效标关联效度。看来目前的试卷构成还是比较合理有效的，从朗读、描述、议论三个不同侧面了解考生的口语水平，能较全面准确地评估考生的水平。

从题数角度来看，在所有实验处理中，除了处理一之外，其他五种处理水平和实际考试的效标关联效度均较高，其中尤以处理五为最全面。

四、结论

综合上述对六种处理水平和实际考试的效度研究，我们发现，实际考试（评朗读和两个问答题）和处理五（只评朗读和问答2）均具有较高的效标关联效度。由此，从提高效率的角度考虑，我们可以认为，处理五（只评朗读和问答2）同样能够有效地评估考生的口语水平。

第三节　汉语水平考试［高级］客观卷的构想效度研究[①]

　　HSK是为测试母语为非汉语者的汉语水平而设立的一种标准化考试。HSK［改进版］是在原版HSK的基础上进行的改进，包括初级、中级和高级三个等级。一个语言测验的构想效度如何，是否测出了它假设要测的语言能力，是测验编制者非常关心的问题。关于原版HSK的构想效度，已经有了大量的研究，如张凯（1995）、郭树军（1995）、陈宏（1999）、李慧和朱军梅（2004）和王小玲（2006）等，[②]大部分研究认为原版HSK［初、中等］主要考了听、读两种能力。HSK［改进版］问世之后，对其构想效度的研究也逐步展开。李桂梅（2009）认为HSK［中级］客观卷未能考查听和读的能力，而是考查了"听、读的综合能力"。[③]赵琪凤（2010）考察了HSK［高级］客观卷的听力理解分测验，认为该分测验考查出了"听力能力"。[④]

　　[①] 本节摘自龚君冉《HSK［高级］客观卷的构想效度初探》，《中国考试》2012年第8期。

　　[②] 张凯《汉语水平考试结构效度初探》，载《首届汉语考试国际学术研讨会论文选》，北京语言学院出版社，1995年；郭树军《汉语水平考试（HSK）项目内部结构效度检验》，载《汉语水平考试研究论文选》，现代出版社，1995年；陈宏《语言能力测验的结构效度检验及其意义》，《世界汉语教学》1999年第1期；李慧、朱军梅《汉语水平考试J324卷构想效度的验证研究》，载《考试研究文集》（第2辑），经济科学出版社，2004年；王小玲《HSK初中等效度研究报告》，《语言教学与研究》2006年第6期。

　　[③] 李桂梅《HSK［中级］主观卷构想效度研究》，《考试研究》2009年第1期。

　　[④] 赵琪凤《HSK［高级］听力理解分测验新题型检验》，载《中国汉语水平考试HSK［改进版］研究》，北京语言大学出版社，2010年。

本研究希望通过因素分析的方法来全面考察 HSK［高级］客观卷的构想效度，检验其是否达到了设计目标。

一、HSK［高级］的理论模型和试卷构成

《汉语水平考试(HSK)改进方案》中明确指出，HSK［改进版］每个等级的客观卷，均只有"听力理解"和"综合阅读"两种分测验，目的是要让被试分别从"听"和"读"两个通道来接受刺激，并对刺激做出反应。[①] HSK［高级］客观卷的试卷构成如表 5–11 所示：

表 5–11　HSK［高级］客观卷的试卷构成

试卷	分测验	题型	题数/题		时间/分钟	
卷一	听力理解	L1（听长对话）	20	60	约 55	
		L2（听模拟讲座）	20			
		L3（听后摘要重述）	20			
	综合阅读	R1（挑错句）	20	80	80	90
		R2（排序）	20			
		R3（长阅读）	40			
卷二		R4（快速阅读）	10	10	10	
总计	2	7	150		约 145	

与改进版 HSK［初级］和 HSK［中级］不同的是，HSK［高级］客观卷分成了卷一和卷二两部分，卷二在卷一收回后再发，目的是确保被试只能用 10 分钟来答题。因此本节首先假设 HSK［高级］

---

① 北京语言大学汉语水平考试中心 "HSK 改进工作" 项目组《汉语水平考试（HSK）改进方案》，《世界汉语教学》2007 年第 2 期。

客观卷希望考查被试在"听力理解""综合阅读"和"速度"三个方面的潜在能力,并将这一构想操作性地定义为:

听力理解能力——在 L1、L2、L3 三种题型上的表现。

综合阅读能力——在 R1、R2、R3 三种题型上的表现。

速度——在 R4 一种题型上的表现。

二、统计分析

因素分析是一种统计技术,它的目的是从为数众多的可观测的"变量"中概括和推论出少数的"因素",用最少的"因素"来概括和解释最大量的观测事实,从而建立起最简洁、最基本的概念系统,揭示出事物之间最本质的联系。[①]

本研究采用因素分析方法来检验 HSK[高级]的构想效度,所有数据均由 SPSS11.0 统计软件产生。

(一)观测变量

对 HSK[高级]客观卷的观测变量为 L1 至 R4 共七个题型。

(二)材料

截至 2011 年 6 月,HSK[高级]正式考试一共使用了五份试卷,如表 5-12 所示。

表 5-12 五份试卷的主要技术指标

卷号	A71	A81	A82	A92	A01
样本量	494	451	153	109	136
平均分	78.80	79.32	84.24	91.86	92.96
标准差	19.15	20.82	22.99	24.27	24.68

---

① 谢小庆、王丽《因素分析》,中国社会科学出版社,1989 年,第 2 页。

(续表)

卷号	A71	A81	A82	A92	A01
方差	366.68	433.54	528.30	589.08	609.17
偏态	0.47	0.47	0.46	0.18	0.02
峰态	0.05	-0.34	-0.33	-0.86	-0.72
α系数	0.84	0.86	0.88	0.90	0.88

由表5-12可见，五份试卷的样本量差距较大，也不太接近正态分布，但α系数都在0.8以上，有较高的信度。

（三）因素分析操作过程

1. 因素分析适合性检验

首先应进行KMO和Bartlett球形检验，以确定是否适合进行因素分析。

结果显示只有A82的KMO值是0.891，其他四份试卷都在0.9以上，Bartlett球形检验结果也都显著。说明采样充足，且变量间的相关素数矩阵适合进行因素分析。

2. 用主成分分析法提取公共因素

由于样本不太接近正态分布，所以本节采用主成分分析法来提取公共因素。

（1）用相关矩阵还是用协方差矩阵之辩。

对于应该使用相关矩阵还是用协方差矩阵来提取公共因素，存在一些不同的看法。一种观点是应从变量的性质角度来看，也许最好的方法是只使用原始分数，就是说，把协方差矩阵作为分析的基础，除非有很好的理由支持标准化……如果变量均属于同一类型，例如不同语言测试的一组分数，分析的对象就应该是原

第三节　汉语水平考试［高级］客观卷的构想效度研究　197

来的形式。①（笔者按："原来的形式"指用"协方差矩阵"。）

而很多人从变量的数值角度考虑，认为在利用协方差矩阵进行主成分分析时，一种心照不宣的假定是：变量的方差不应相差太大。否则前几个主成分将朝着那几个有较大方差的变量的方向被抽取……一般对于这种方差相差很大的情况，为了防止主成分分解趋向方差大的变量，应该先将数据标准化，然后从相关矩阵出发来进行主成分分析。②

那么对于本研究所使用的材料来说，其变量从性质看是属于同一类型，应该用协方差矩阵；但是从数值上看，各变量的方差又有很大差距，如五套卷子 R3 的方差在 38.20 到 64.19，而 R4 的方差在 3.77 到 4.95，则应该用相关矩阵。鉴于这种情况，本节两种矩阵都用，以便进行综合分析。

（2）第一次提取公共因素。

通过用两种矩阵对五份试卷分别提取三个公共因素发现，不论用哪种矩阵，五份试卷按照 Kaiser 原则都只能抽一个特征值 >1 的因素，之后第二个因素基本在 0.7 左右，第三个因素基本在 0.5 左右。按照 Jolife 原则，特征值 >0.7 也是可以接受的公共因素，那么只能接受前两个因素，而排除第三个因素。

出现这种情况，或者理论假设不对，或者测验不是对理论的好的操作性定义，或者理论假设和测验都有问题。③ 那么问题究竟

---

① Woods, A., Fletcher, P., Hughes, A.《语言研究中的统计方法》（1986），北京语言文化大学出版社，2000 年。

② 柯惠新、沈浩《调查研究中的统计分析法》（第 2 版），中国传媒大学出版社，2005 年。

③ 张凯《语言测验理论与实践》，北京语言文化大学出版社，2002 年，第 154 页。

在哪儿呢？我们初步认为问题可能出在理论假设和操作性定义上。

再次分析 HSK［高级］客观卷的试卷构成（见表 5-11）可以发现，R4 只有 10 道题目，占全部试题的 6.7%；而 L1、L2、L3 共有 60 道题目，占 40%；R1、R2、R3 共有 80 道题目，占 53%。这种试题比例上的不均衡，很可能造成即使有"速度"因素，也会由于主成分分析法是计算所有变量共同解释的变异量，而使变量在"速度"上的负荷不显著。

因此我们重新按照试卷构成假设 HSK［高级］客观卷的理论模型，认为 HSK［高级］客观卷主要考查被试在听力理解、综合阅读两个方面的潜在能力，并重新操作性地定义为：

听力理解能力——在 L1、L2、L3 三种题型上的表现。

综合阅读能力——在 R1、R2、R3、R4 四种题型上的表现。

（3）第二次提取公共因素。

按照新的操作性定义，我们再次用两种矩阵对五份试卷分别提取两个公共因素，得到了各自的初始负荷矩阵（Component Matrix），见表 5-13 和表 5-14。为了方便进行比较，本研究用协方差矩阵算出的负荷值都显示标准化后的，并将绝对值大于 0.4 视为有较大负荷，以 * 号表示。

表 5-13　用相关矩阵进行主成分提取后的初始负荷矩阵

	A71 F1	A71 F2	A81 F1	A81 F2	A82 F1	A82 F2	A92 F1	A92 F2	A01 F1	A01 F2
L1	0.685*	−0.083	0.767*	−0.238	0.758*	−0.255	0.835*	−0.016	0.766*	0.506*
L2	0.797*	0.099	0.803*	−0.144	0.824*	−0.336	0.842*	−0.239	0.782*	0.297
L3	0.806*	0.000	0.828*	−0.029	0.826*	0.204	0.881*	0.054	0.842*	0.058
R1	0.648*	0.620*	0.750*	−0.379	0.755*	−0.256	0.825*	−0.346	0.817*	0.042
R2	0.791*	0.061	0.846*	−0.056	0.868*	−0.164	0.892*	−0.173	0.866*	−0.163
R3	0.773*	−0.155	0.764*	0.296	0.830*	0.253	0.824*	0.182	0.822*	−0.197

(续表)

	A71		A81		A82		A92		A01	
	F1	F2	F1	F2	F1	F2	F1	F2	F1	F2
R4	0.670*	−0.526*	0.644*	0.665*	0.667*	0.642*	0.706*	0.647*	0.739*	−0.541*
特征值	3.84	0.705	4.19	0.754	0.39	0.788	0.83	0.661	4.54	0.708
方差贡献率%	54.96	10.07	59.93	10.77	62.75	11.26	69.07	9.44	64.92	10.10
累计方差贡献率%	65.04		70.71		74.01		78.51		75.03	

表 5-14　用协方差矩阵进行主成分提取后的初始负荷矩阵

	A71		A81		A82		A92		A01	
	F1	F2	F1	F2	F1	F2	F1	F2	F1	F2
L1	0.595*	0.242	0.667*	0.328	0.700*	0.251	0.767*	0.310	0.687*	0.432*
L2	0.758*	0.285	0.711*	0.327	0.749*	0.361	0.787*	0.355	0.710*	0.293
L3	0.756*	0.210	0.786*	0.260	0.808*	0.007	0.858*	0.097	0.814*	0.136
R1	0.587*	0.272	0.682*	0.479*	0.705*	0.424*	0.824*	0.307	0.757*	0.473*
R2	0.759*	0.491*	0.808*	0.383	0.849*	0.402*	0.866*	0.338	0.833*	0.283
R3	0.907*	−0.416*	0.915*	−0.399	0.929*	−0.355	0.917*	−0.394	0.940*	−0.335
R4	0.595*	0.053	0.585*	0.011	0.628*	−0.118	0.647*	−0.061	0.683*	0.078
特征值	3.59	0.674	3.86	0.817	4.17	0.675	4.63	0.599	4.25	0.714
方差贡献率%	51.38	9.63	55.24	11.67	59.70	9.64	66.17	8.55	60.78	10.19
累计方差贡献率%	61.01		66.92		69.34		74.73		70.98	

通过比较表 5-13 和表 5-14 可以发现：

不论使用哪种矩阵，总的看来，两个因素在五份试卷上的特征值、方差贡献率和累计方差贡献率差别不大。

不论使用哪种矩阵，五份试卷的七个变量在 F1 上都有较高的负荷，但在 F2 的负荷上有一些不同。用相关矩阵只有 R4 在

F2 上有高负荷，用协方差矩阵 L1、R1、R2、R3 都有至少 1 份试卷在 F2 上有高负荷，R4 在 F2 上却没有高负荷。

3. 旋转初始负荷矩阵

由于语言测验的因素之间可能相互有关联，所以多采用斜交方法进行旋转。前人的研究多用 Promax 方法或 Direct Oblimin 方法，因此我们这两种旋转方法都使用，以便分析比较，具体结果见表 5-15 至表 5-18。

表 5-15　用相关矩阵提取后用 Direct Oblimin 方法旋转后的负荷矩阵

	A71 F1	A71 F2	A81 F1	A81 F2	A82 F1	A82 F2	A92 F1	A92 F2	A01 F1	A01 F2
L1	0.669*	0.061	0.816*	−0.028	0.804*	−0.007	0.705*	0.207	0.989*	0.135
L2	0.676*	0.273	0.768*	0.088	0.930*	−0.076	0.902*	−0.050	0.774*	−0.102
L3	0.736*	0.173	0.693*	0.224	0.420*	0.543*	0.682*	0.301	0.551*	−0.397
R1	0.268	0.777*	0.920*	−0.190	0.803*	−0.010	0.979*	−0.179	0.519*	−0.401*
R2	0.691*	0.232	0.731*	0.199	0.800*	0.137	0.886*	0.040	0.327	−0.651*
R3	0.787*	0.006	0.372	0.566*	0.378	0.599*	0.525*	0.433*	0.265	−0.665*
R4	0.886*	−0.398	−0.029	0.940*	−0.112	0.983*	0.028	0.942*	−0.153	−0.995*

表 5-16　用相关矩阵提取后用 Promax 方法旋转后的负荷矩阵

	A71 F1	A71 F2	A81 F1	A81 F2	A82 F1	A82 F2	A92 F1	A92 F2	A01 F1	A01 F2
L1	0.550*	0.200	0.828*	−0.042	0.816*	−0.025	0.659*	0.238	1.048*	−0.213
L2	0.430*	0.465*	0.762*	0.084	0.951*	−0.101	0.906*	−0.048	0.799*	0.054
L3	0.543*	0.352	0.665*	0.233	0.364	0.571*	0.618*	0.343	0.536*	0.384
R1	−0.223	1.014*	0.956*	−0.219	0.815*	−0.028	1.009*	−0.192	0.502*	0.390
R2	0.468*	0.417*	0.707*	0.205	0.796*	0.129	0.872*	0.053	0.277	0.670*
R3	0.685*	0.155	0.290	0.609*	0.315	0.632*	0.435*	0.491*	0.210	0.689*
R4	1.010*	−0.329	−0.172	1.021*	−0.225	1.053*	−0.162	1.056*	−0.260	1.070*

表 5-17 用协方差矩阵提取后用 Direct Oblimin 方法旋转后的负荷矩阵

	A71 F1	A71 F2	A81 F1	A81 F2	A82 F1	A82 F2	A92 F1	A92 F2	A01 F1	A01 F2
L1	0.623*	−0.030	0.732*	−0.019	0.641*	−0.134	0.835*	0.010	0.874*	0.099
L2	0.767*	−.067	0.753*	−0.046	0.814*	−0.024	0.907*	0.060	0.713*	−0.080
L3	0.681*	−.152	0.713*	−0.167	0.350	−0.518*	0.593*	−0.329	0.570*	−0.328
R1	0.652*	0.007	0.916*	0.144	0.882*	0.085	0.860*	−0.025	0.959*	0.106
R2	1.001*	0.173	0.869*	−0.039	0.913*	−0.037	0.925*	−0.006	0.762*	−0.166
R3	0.061	−0.959*	0.003	−0.997*	−0.098	−1.063*	−0.043	−1.029*	0.049	−0.965*
R4	0.409*	−0.250	0.315	−0.333	0.102	−0.561*	0.265	−0.431*	0.433*	−0.319

表 5-18 用协方差矩阵提取后用 Promax 方法旋转后的负荷矩阵

	A71 F1	A71 F2	A81 F1	A81 F2	A82 F1	A82 F2	A92 F1	A92 F2	A01 F1	A01 F2
L1	0.599*	0.065	0.716*	0.042	0.631*	0.150	0.809*	0.026	0.856*	−0.064
L2	0.735*	0.112	0.735*	0.071	0.799*	0.045	0.879*	−0.022	0.675*	0.124
L3	0.645*	0.196	0.691*	0.194	0.349	0.524*	0.569*	0.359	0.503*	0.388
R1	0.629*	0.028	0.905*	−0.121	0.865*	−0.061	0.833*	0.063	0.939*	−0.067
R2	0.978*	−0.126	0.849*	0.067	0.896*	0.060	0.896*	0.046	0.710*	0.220
R3	−0.013	1.006*	−0.046	1.028*	−0.085	1.053*	−0.058	1.039*	−0.088	1.058*
R4	0.376	0.284	0.292	0.353	0.106	0.560*	0.250	0.447*	0.373	0.372

下面我们用三个标准对表 5-15 至表 5-18 进行分析比较。

（1）超平面数。

旋转的目的在于使经过旋转的因素负荷矩阵中的每一个变量都只负荷于少数的因素上，而矩阵中 0 或接近于 0 的负荷量则越多越好。这样，就会使对各因素的解释工作变得简单易行[1]。超平面数是指一个因素或一组因素中接近于 0（−0.10<W<+0.10）的

---

[1] 袁方、王汉生《社会研究方法教程》，北京大学出版社，1997 年。

负荷数目,这是评价不同旋转方法的客观指标[1]。超平面数在负荷矩阵所有元素中所占的比例可以作为一种评价因素分析结果的标准[2]。该比例越高越好。

(2)正负荷数。

旋转后的负荷矩阵应呈现尽可能多的正负荷。这一点在关于能力的测量中尤为有用。因为能力变量与能力因素的负荷一般应是正的[3]。我们用整个矩阵中正负荷数与全部负荷的数目的比例来衡量这一标准,比例越高越好。

(3)非显著负荷数。

我们认为非显著负荷数可以近似地看成超平面数的扩大化。

由于因素负荷就是变量与因素间的相关系数,那么矩阵中的一些负荷虽然不接近0,但是小于相关系数显著性水平的临界值,那么也不能说明变量与因素之间的相关有统计上的显著性,在分析时就可以忽略掉,符合因素分析的简单原则。可以用矩阵中非显著负荷数和与全部负荷数的比例来衡量这一指标,比例越高越好。

由于五份试卷的样本量不同,在双尾 $\alpha=0.01$ 的检验水平下,因素负荷在统计上显著的值也不同,通过查显著性水平相关系数表,得到五份试卷各自的临界值见表 5-19。

表 5-19 双尾 $\alpha=0.01$ 的检验水平下五份试卷各自的临界值

卷号	A71	A81	A82	A92	A01
临界值	0.115	0.121	0.208	0.242	0.219

使用上面三个标准对使用两种矩阵和两种旋转方法进行比

---

[1] 谢小庆、王丽《因素分析》,中国社会科学出版社,1989年。
[2] 同[1]。
[3] 同[1]。

较，见表 5-20。

表 5-20 用三个标准比较两种矩阵和两种旋转方法

抽取主成分所用矩阵	相关		协方差	
旋转方法	Direct Oblimin	Promax	Direct Oblimin	Promax
超平面比例 / %	15.7	10	24.3	27.1
正负荷比例 / %	75.7	80	58.6	84.3
非显著负荷比例 / %	25.7	20	34.3	34.3

总的看来，用协方差矩阵提取公共因素后用 Promax 方法进行旋转是最优的选择。

但是使用哪种矩阵和哪种旋转方法不仅有量上的区别，更有质上的差异。把表 5-15 至表 5-18 综合成表 5-21，可以看得更清楚。

表 5-21 五份试卷用两种矩阵和两种旋转方法结果对比
（只显示显著负荷）

变量	矩阵	相关				协方差			
	旋转	Direct Oblimin		Promax		Direct Oblimin		Promax	
	卷号	F1	F2	F1	F2	F1	F2	F1	F2
L1	A71	0.669*		0.550*	0.200	0.623*		0.599*	
	A81	0.816*		0.828*		0.732*		0.716*	
	A82	0.804*		0.816*		0.641*		0.631*	
	A92	0.705*		0.659*		0.835*		0.809*	
	A01	0.989*		1.048*		0.874*		0.856*	
L2	A71	0.676*	0.273	0.430*	0.465*	0.767*		0.735*	
	A81	0.768*		0.762*		0.753*		0.735*	
	A82	0.930*		0.951*		0.814*		0.799*	
	A92	0.902*		0.906*		0.907*		0.879*	
	A01	0.774*		0.799*		0.713*		0.675*	
L3	A71	0.736*	0.173	0.543*	0.352	0.681*	−0.152	0.645*	0.196

（续表）

变量	矩阵 旋转 卷号	相关				协方差			
		Direct Oblimin		Promax		Direct Oblimin		Promax	
		F1	F2	F1	F2	F1	F2	F1	F2
L3	A81	0.693*	0.224	0.665*	0.233	0.713*	−0.167	0.691*	0.194
	A82	0.420*	0.543*	0.364	0.571*	0.350	−0.518*	0.349	0.524*
	A92	0.682*	0.301	0.618*	0.343	0.593*	−0.329	0.569*	0.359
	A01	0.551*	−0.397	0.536*	0.384	0.570*	−0.328	0.503*	0.388
R1	A71	0.268	0.777*	−0.223	1.014*	0.652*		0.629*	
	A81	0.920*	−0.190	0.956*	−0.219	0.916*	0.144	0.905*	
	A82	0.803*		0.815*		0.882*		0.865*	
	A92	0.979*		1.009*		0.860*		0.833*	
	A01	0.519*	−0.401*	0.502*	0.390	0.959*		0.939*	
R2	A71	0.691*	0.232	0.468*	0.417*	1.001*	0.173	0.978*	−0.126
	A81	0.731*	0.199	0.707*	0.205	0.869*		0.849*	
	A82	0.800*		0.796*		0.913*		0.896*	
	A92	0.886*		0.872*		0.925*		0.896*	
	A01	0.327	−0.651*	0.277	0.670*	0.762*		0.710*	0.220
R3	A71	0.787*		0.685*	0.155		−0.959*		1.006*
	A81	0.372	0.566*	0.290	0.609*		−0.997*		1.028*
	A82	0.378	0.599*	0.315	0.632*		−1.063*		1.053*
	A92	0.525*	0.433*	0.435*	0.491*		−1.029*		1.039*
	A01	0.265	−0.665*		0.689*		−0.965*		1.058*
R4	A71	0.886*	−0.398	1.010*	−0.329	0.409*	−0.250	0.376	0.284
	A81		0.940*	−0.172	1.021*	0.315	−0.333	0.292	0.353
	A82		0.983*	−0.225	1.053*		−0.561*		0.560*

（续表）

变量	矩阵卷号	相关 Direct Oblimin F1	相关 Direct Oblimin F2	相关 Promax F1	相关 Promax F2	协方差 Direct Oblimin F1	协方差 Direct Oblimin F2	协方差 Promax F1	协方差 Promax F2
R4	A92		0.942*		1.056*	0.265	-0.431*	0.250	0.447*
	A01		-0.995*	-0.260	1.070*	0.433*	-0.319	0.373	0.372

通过表 5-21 可以发现：

总的看来，五份试卷不论用哪种矩阵和哪种旋转方法，从 L1 到 R2 都基本负荷在 F1 上，R3 基本负荷在 F2 上；

不论用哪种矩阵，两种旋转方法间的差异不大，在显著程度上不一致的只占 5.7%（在表 5-21 中用黑框标出）；

R4 比较特殊，用相关矩阵时比较显著地负荷在 F2 上，而用协方差矩阵时并没有显著地负荷在 F2 上；

A71 卷也有一些特殊，用相关矩阵时与其他四份试卷相比，在因素负荷上有较大差别。

因此可以说，如果一次检验只用 A71 卷的相关矩阵，另一次检验只用 A01 的协方差矩阵，来检验 HSK［高级］客观卷的构想效度，会得出很不同的结论。

4. 结果对理论模型的拟合程度及因素的命名

总的来看，因素分析的结果与理论模型拟合得并不十分理想。

由于从 L1 到 R2 都基本负荷在 F1 上，所以不能认为 F1 就是理论假设的"听力理解能力"或"综合阅读能力"。由于整套试卷都用多项选择作为答题方式，所以听力理解分测验也会不可避免地有阅读因素，尤其是 L3，被试在答题时需要阅读一段一二百字的摘要。这在 A82 卷上有明显的体现，其 L3 部分在 F2 上也有较高负荷。由于 F1 可能涉及听力理解、语法和短阅读等能力，因此我们暂且将其命名为"综合的语言能力"。

综合五份试卷使用两种矩阵和两种旋转方法的结果来看，可以近似地认为 R3、R4 负荷在 F2 上，那么这两种题型可能单独考查了一种能力。这种能力当然不是理论假设的"听力理解能力"，而且也不能认为是"综合阅读能力"，因为 R1、R2 在这个因素上的负荷都不高。研究 R3、R4 这两种题型可以发现，它们都是通过长段阅读的刺激来进行反应。那么我们暂且将 F2 命名为"长阅读能力"。

三、讨论

（一）关于因素分析方法

首先，从本次研究的数据来看，用相关矩阵和用协方差矩阵的差异并不主要体现在提取主成分时，而是在旋转之后有了更明显的不同。如果使用同一种矩阵提取主成分，两种旋转方法的差异仅在用协方差矩阵提取时 R3、R4 负荷的正负上有表现。

总的看来，提取主成分时矩阵的选择，会影响到旋转后的结果，而且其影响可能要大于选择不同的旋转方法。这也可以说是从一个侧面支持了"只有主成分提取是可靠的，因素的旋转不是很可靠，变数较大"[1]的观点。

其次，本研究的过程显示，因素分析方法需要用不同的样本

---

[1] Woods, A., Fletcher, P., Hughes, A.《语言研究中的统计方法》（1986），北京语言文化大学出版社，2000 年。

多次进行检验,如果只进行一次分析不一定能得出可靠的结论。

(二)关于 HSK[高级]客观卷的构想效度

仅就本节的研究数据而言,我们只能谨慎地认为 HSK[高级]客观卷可能测到了一个至少包含了听力理解、语法和短阅读等的"综合的语言能力",并或许测到了一种"长阅读能力"。这一结果与已有对原版 HSK 和改进版 HSK 所进行的研究成果都有一定区别。HSK[高级]客观卷的构想效度究竟如何,还有待于用其他方法、用更多的样本进行进一步的检验。

第四节 阅读理解测验构想效度的实证研究[①]

阅读是获取信息的重要途径,是语言学习者生存和发展所必备的一项社会文化技能。对阅读理解能力的培养一直是对外汉语教学总体设计的基本目标之一,因为阅读能力是考生语言水平高低的重要标志。在语言习得过程中,以读和听为主要形式的接受型技能总是先于表达型技能。[②] 就语言能力结构而言,所有的语言能力模型无不将阅读能力作为模型的重要组成部分。国内外几乎所有的综合性第二语言测验,均以相当大的权重将阅读理解能力列为必考的内容之一(如 TOEFL,IELTS,MELTB,TEF,

---

① 本节摘自柴省三《关于 HSK 阅读理解测验构想效度的实证研究》,《世界汉语教学》2012 年第 2 期。

② Anderson, N. J., *Exploring Second Language Reading: Issues and Strategies*. Boston MA: Heinle & Heinle Publisher, 1999.

J-TEST，CET，PETS等），因此，在阅读理解测验中，选择什么样的阅读材料以及通过什么样的测验方法准确地测量考生的阅读能力问题，始终是国内外语言测试理论和实践共同面对的核心问题。①

中国汉语水平考试（HSK）是为测量母语非汉语者的一般汉语水平而设计的标准化考试，其测量结果对考生求学、求职以及汉语能力评价的影响后效均具有高风险性。因此，如何确保HSK结果的使用具有令考生、用户和对外汉语教学界认可的效度问题，一直是测验开发者所关注的焦点。不少研究人员对HSK[初、中等]的设计理念进行过若干基础性研究；②张凯（1995）用因素分析法对HSK[初、中等]测验的构想效度进行了考察；③郭树军（1995）和陈宏（1999）等分别用内部结构效度法和回归分析法就HSK[初、中等]的效度做过探讨。④但迄今为止，专门针对HSK阅读理解测验的效度研究，特别是针对HSK阅读理解测验构想无关变异方面的实证研究几乎没有。影响语言测验效度的潜在因素很多，但各种效度证据之间并不是非此即彼的互斥关系或取代关系，而是具有内在统一性的互补关系。因此，对构想效度的考察不仅要针对测验的整体进行，还必须针对语言测验的每一部分进行更

---

① Clapham, C. M., *The Development of IELTS: A Study of the Effect of Background Knowledge on Reading Comprehension*. Cambridge: Cambridge University Press, 1996.

② 刘英林主编《汉语水平考试研究》（续集），现代出版社，1994年。

③ 张凯《汉语水平考试结构效度初探》，载《首届汉语考试国际学术讨论会论文选》，北京语言学院出版社，1995年。

④ 郭树军《汉语水平考试（HSK）项目内部结构效度检验》，载《汉语水平考试研究论文选》，现代出版社，1995年；陈宏《语言能力测验的结构效度检验及其意义》，《世界汉语教学》1999年第2期。

深入的研究。况且，效度验证并不是一劳永逸的过程，而是一个连续不断的动态过程，必须使用多种方法，从多角度、多层次寻求证据并进行检验的过程。[①] 基于上述考虑，本节将在对 HSK [初、中等] 阅读理解测验构想无关变异进行探讨的基础上，专门针对 HSK [初、中等] 阅读理解测验的构想效度问题进行实证研究。

一、阅读理解测验及其构想效度

在大规模、标准化语言测试的设计、开发和使用中，效度是最核心的问题，因为缺乏效度，测验结果就不能反映考生的真实语言水平，测验也就失去了使用价值。所谓效度就是指实证证据或理论依据对测验分数解释或基于分数所做决策的充分性、恰当性支持程度的综合性评判。[②] 简而言之，效度是对分数解释和使用证据及潜在影响的归纳总结。很久以来，关于语言测试效度的内涵与外延问题，在应用语言学界和心理测量界颇具争议，但随着语言学理论和心理测量理论与实践的不断发展与完善，现有的研究成果已越来越倾向于将效度视为一元综合概念，[③] 即构想效

[①] Messick, S., Validity and washback in language testing. *Language Testing*, 1996, 13(3).

[②] Messick, S., Validity. In Linn, R. L.(Ed), *Educational Measurement.* New York: American Council on Education and Macmillan, 1989.

[③] Messick, S., Validity. In Linn, R. L.(Ed), *Educational Measurement.* New York: American Council on Education and Macmillan, 1989:13-103; Bachman, L. F., *Fundamental Considerations in Language Testiug*. Oxford: Oxford University Press, 1990; Bachman, L. F. & Palmer, A. S., *Language Testing in Practice*. Oxford: Oxford University Press, 1996.

度。通过专家经验判断所获得的内容效度、通过对不同测量工具之间的相关分析获得的效标关联效度等只是为构想效度提供证据而已。[①] 任何一个语言测验都有一个或若干期望测量的特定构想。构想是源于要测量的语言能力理论的心理学概念。构想效度指的是测验实际测得的东西与理论所假设的能力要素或心理特征相吻合的程度。对阅读能力测验而言,构想效度是指考试结果能在多大程度上解释考生的阅读理解能力以及与语言能力有关的心理特征。如果考试所测的东西与语言学理论对语言能力的构想相吻合,那么我们就认为考试具有较高的构想效度。

由于考试的结果通常是以分数对考生的答题表现进行赋值来表征的,而测验分数的意义是对分数所概括的语言行为规律性以及测验分数与其他语言能力变量之间关系模式进行理论解析的建构,因此,在语言测试和心理测量研究文献中将测验分数意义的建构这一根本问题称之为构想效度。[②] 构想效度是评价语言测验,特别是语言能力测验质量高低的关键指标。但是,语言测验解释或使用效度的高低,不是由测验的设计者和开发者用考试大纲、考试文件等简单地断言或声称考试是否有效,而必须借助多种方法搜集经验证据、统计证据或理论证据来论证测验分数解释和使用的合理性、恰当性,证明测验分数的确是考生语言水平的真实反映,即必须进行构想效度验证。

---

① Shohamy, E. & Inbar, O., Validation on listening comprehension tests: The effect of text and question type. *Language Testing*, 1991, 8(1); Messick, S., Validity and washback in language testing. *Language Testing*, 1996, 13(3).

② Messick, S., Validity and washback in language testing. *Language Testing*, 1996, 13(3).

第四节　阅读理解测验构想效度的实证研究

阅读是读者对书面语言编码信息进行释义、理解和接收的心理认知过程。[1] 阅读能力是读者语言知识的反映，并与阅读过程、阅读策略和非语言知识结构密切相关。因而，阅读理解能力是一种内在的、个性化心理特质，读者对阅读材料进行释义的过程属于阅读目的或任务导向性的个性化过程。从认知加工的角度来看，阅读不是单纯的从下而上或从上而下的线性约束过程，而是以图式激活为基础的从下而上和从上而下的具有交互补偿性质的并行加工过程。读者并非文字—语音—句法—语义序列的被动解码器，[2] 而是篇章意义潜势的主动建构者。[3] 读者总是尽可能最小限度地利用篇章信息，并最大限度地借助既有的、与所读篇章主题内容相关的背景知识，取得语义完形的最佳效果，从而得出符合原文写作目的的、连贯的心理表征。[4] 因此，阅读理解能力是一种内在的、抽象的概念，依靠现有的语言学研究水平和心理测量手段尚无法对考生的阅读能力进行直接测量，只能通过可观察的、外显的语言行为或表现，根据有关的语言习得理论和认知心理学理论来间接推断其阅读水平的高低。[5] 因而经典的、常用的测量方式是，命题者根据测验目标的任务要求，以考试细目列表为操

---

[1] Urquhart, A. H. & Weir, C. J., *Reading in a Second Language: Process, Product and Practice*. New York: Addsion Wesley Longman, 1998.

[2] Alderson, J. C., *Assessing Reading*. Cambridge: Cambridge University Press, 2000.

[3] Halliday, M. A. K., *Language as Social Semiotic*. London: Edward Arnold, 1979.

[4] Rupp, A. A., How assessing reading comprehension with multiple choice questions shapes the construct: A cognitive processing perspective. *Language Testing*, 2006, 23(4).

[5] Lee, J. F., Background knowledge and L2 reading. *Modern Language Journal*, 1986, 70(2).

作指南，选择若干长度适中的阅读文章，并基于每篇文章编制一定数量的多项选择题，要求考生以个人对文章内容的理解为基础，针对每个多项选择题题干的设问，从备选项目中找出正确答案。这种经典的测验方法，具备从多角度、全方位、立体地测量考生对文章理解程度的操作优势，在命题、施测和评分方面具有成本低、效率高和可行性强的优点。[1]

不过，这种传统的以刺激—反应为核心的间接测量法，实际上是通过阅读文章的选择和多项选择题的设计以特殊的方式对阅读构想进行了操作化处理。[2] 考生的阅读理解测验结果（测验分数）实际上并不是其阅读理解能力的直接反映，而是阅读能力、阅读文章和多项选择题项目三者的函数（见图 5-2 所示）。因此，阅读理解测验中所选择的文章与测量目标是否吻合，针对每篇文章所设计的多项选择题是否合理，以及阅读文章本身的难易程度与相应的多项选择题难易度之间的匹配程度等，是引起构想缺失或构想无关变异的主要来源，因而也是对阅读理解测验构想效度进行考察的主要途径。

---

[1] Thissen, D, Steinberg, L. & Mooney, J. A., Trace lines for testlets: A use of multiple categorical models. *Journal of Educational Measurement,* 1989, 26(3).

[2] Rupp, A. A., How assessing reading comprehension with multiple choice questions shapes the construct: A cognitive processing perspective. *Language Testing*, 2006, 23(4).

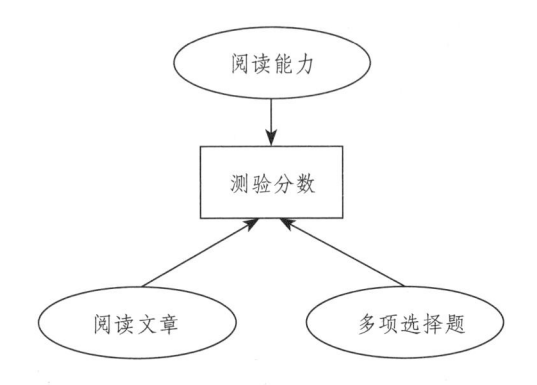

第四节　阅读理解测验构想效度的实证研究　213

图 5-2　阅读理解测验分数影响因素示意图

就汉语阅读能力测试而言，影响阅读理解测验构想效度的因素基本上可以归结为两类。其一是测验测量了与阅读能力无关的东西；其二是阅读测验构想的操作抽样不完整，测验实际测量的东西与期望测量的构想相比过分狭隘，测验结果对考生的阅读能力没有足够的概括性。[①] 前者对构想效度的威胁称为构想无关变异，而后者则称为构想缺失。所谓构想无关变异是指测验实际测量的构想要素、特质、能力因子等超出了测验构想理论定义的范围，测验实际测量了不期望测量的额外维度，比如，在以测量考生的一般汉语阅读能力为主要目的的测验中，阅读理解材料所涉及的较强专业知识就属于典型的构想无关变异；而构想缺失则是指因测验任务设计不恰当、测验方法选择不合理等，从而导致测验实际所测量的构想要素，与期望测量的语言技能等构想要素相比，没有足够的代表性。比如，在汉语阅读能力测验中，如果

---

① Messick, S., Validity and washback in language testing. *Language Testing*, 1996, 13(3); Hale, G. A., Student major field and text content: Interaction effects on reading comprehension in the test of English as foreign language. *Language Testing*, 1988, 5(1).

针对阅读材料设计的测验题目过分集中在对个别字、词、句等字面意义理解方面的考查上，那么测验结果就不足以反映考生对文章整体的理解能力，测验实际测得的东西并不是期望测量的全部语言能力因子或技能的典型抽样。构想无关变异和构想缺失的实质是语言测验实际测量的目标与拟测的构想域发生了"脱靶"现象，因而导致测验分数结构不能准确反映考生的语言水平或结构特征。

构想无关变异和构想缺失对语言测验分数表征的影响反映在无效低分和无效高分两个方面。[1] 所谓无效低分，就是因为测验任务的抽样代表性不足、忽视或缺失了某些应该测量的部分核心要素时，考生不应该获得的测验低分，或者测验本身包含了一些对考生真实语言能力的发挥具有干扰或抑制效应的"额外"题目或任务时，考生实际所获得的低分；而无效高分则是指考生在测验恰好涵盖或测量到的语言技能、能力要素上，由于应试准备比较充分而发挥良好、而在测验本不应该缺失的部分要素上正好不具备相应的语言能力时，所获得的测验高分，或者是指善于应对构想无关变异难度的应试型考生所获得的测验高分。由于构想效度所考察的是测验结果在多大程度上和我们根据某一理论所做预测相吻合的程度，或者说测验实际测到的能力或因子结构与测验的构想结构之间的一致性程度，因此在测验解释或分数使用时，如果把无效分数的高低解释为考生语言能力高低的标志，那么测

---

[1] Messick, S., Validity and washback in language testing. *Language Testing*, 1996, 13(3); Hale, G. A., Student major field and text content: Interaction effects on reading comprehension in the test of English as foreign language. *Language Testing*, 1988, 5(1).

验的构想效度就不高。因为考生的无效低分是对期望测量的语言能力水平的低估分数,而无效高分则是测验对考生实际具备的语言能力水平的高估分数。

二、HSK 阅读理解测验构想无关变异及研究设计

中国汉语水平考试(HSK)的测试对象(主要是留学生)在母语背景、年龄结构、个人经历和学业修养等方面均具有相当强的异质性,因此,HSK 的阅读理解测验所关心的不是考生阅读某一本(类)教材或某一类文章的阅读能力,而是具有普遍意义的一般阅读理解能力。[1] 在具体的命题实践中,通过选择题材广泛、内容中性、体裁多样、难度适中的一般性短文作为阅读材料,将考生在专业知识和背景知识方面的差异对构想效度的影响降低到最低限度,以便为考生提供公平的表现机会,确保测验结果对考生在非测验情景中的一般汉语阅读能力具有足够的推断价值。由于篇章主题可以显化读者背景知识的差异,读者背景知识的结构和性质也会强化篇章主题效应对测验结果的影响,因而篇章主题和背景知识在阅读测验中互为"镜像"。如果测验所选择的阅读文章在主题内容上具有明显的专业倾向性,那么理解文章内容所要求的背景知识对目标考生而言必然缺乏普适性。当考生恰好具备与文章主题内容相关的背景知识时,考生的测验结果很可能明显优于那些不具备相应背景知识的考生。测验在很大程度上考查

---

[1] 郭树军《HSK 阅读理解试题的设计》,载刘英林主编《汉语水平考试研究》,现代出版社,1989 年。

的未必是考生的一般阅读理解能力,考试的结果很可能反映的是考生在背景知识方面的差异。[1] 在阅读理解测验中如何对阅读构想以及背景知识进行理论定义和操作定义问题是构想效度考察的基点之一。考虑到阅读材料的主题内容和考生背景知识的交互作用对效度的影响问题,Bachman 和 Palmer 建议在对阅读理解测验的构想进行定义时,可按下列三种方式进行:把背景知识排除在阅读测验的构想之外;把背景知识和阅读能力定义在测验的同一构想中;把背景知识和阅读能力分别定义为期望测量的不同构想。[2]

值得强调的是,这里的背景知识不是指考生普遍拥有的、共同的、一般性知识,而是指理解阅读材料所需要的非语言方面的特殊知识,是指阅读理解材料所涉及的非专业人员仅凭语言能力和语言知识无法弄懂的内容。[3] HSK 的阅读理解测验构想定义显然属于上述第一种情况,即 HSK 期望测量的构想不是考生的非语言方面的背景知识,而是一般阅读理解能力。[4] 因此,在选择 HSK 的阅读理解材料时,要最大限度地选择那些考生普遍感觉熟悉的一般性文章。

然而,阅读材料的中立性和普适性是相对的,从绝对意义上

---

[1] Lee, Y. W., Examining passage-related local item dependence (LID) and measurement construct using Q3 statistic in an EFL reading comprehension test. *Language Testing*, 2004, 21(1).

[2] Bachman, L. F. & Palmer, A. S., *Language Testing in Practice*. Oxford: Oxford University Press, 1996.

[3] 郭树军《HSK 阅读理解试题的设计》,载刘英林主编《汉语水平考试研究》,现代出版社,1989 年。

[4] 刘英林主编《汉语水平考试研究》,现代出版社,1989 年,第 32 页。

讲，任何阅读材料的主题内容都有一定的专业倾向性。[①]考生对所读篇章主题的个人兴趣、与主题有关的背景知识的性质以及考生对所读文章内容的情感反应等因素对考生的测验成绩难免产生不同程度的积极或消极影响。篇章本身的主题特征或专业倾向对考生阅读成绩产生的综合影响称为篇章效应。在阅读理解能力测验中，测验构想无关变异最重要的来源是篇章效应，因此，要确保阅读理解测验结果对考生的阅读能力解释具有足够的效度，就必须通过实证证据证明HSK所选择的阅读材料的确不存在篇章效应方面的构想无关变异。

本研究拟用HSK的实测数据为研究资料，以阅读理解测验的多项选择题为研究对象，考察测验题目的认知结构是否与相应的阅读材料形成对应关系。实证方法采用多元等级聚类分析法。研究的潜在（非零）假设是：HSK的阅读理解测验部分至少有一篇阅读材料存在篇章效应方面的构想无关变异。研究采用证伪法。用实证聚类分析的结果来验证阅读理解测验题目之间是否存在以篇章为支配因子的潜在聚敛效应。如果统计聚类的结果显示以同一个阅读篇章为基础的若干项目之间，存在系统性的局部项目依赖性，那么阅读材料的主题效应很可能是构想无关变异的重要来源。[②]因为所读篇章的专业倾向性较强，对一般阅读理解能力的测量目标产生了干扰，所以测验的构想效度就会受到影响；反之，

[①] Chihara, T., Sakurai, T. & Oller, J., Background and culture as factors in EFL reading comprehension. *Language Testiug*, 1989, 6(2).

[②] Johnston, P., Prior knowledge and reading comprehension test bias. *Reading Research Quarterly*, 1984, 19(2); Koh, M. Y., The role of prior knowledge in reading comprehension. *Journal of Reading in a Foreign Language*, 1985, 3(1).

如果研究的结果没有发现阅读理解测验存在篇章效应方面的统计证据，那么我们就可以拒绝上述非零假设，而接受虚无假设，即HSK的阅读理解测验中所选择的阅读材料不存在篇章效应方面的构想无关变异，或者说篇章的专业倾向性较弱，因而我们有较大的把握断定阅读测验实际测量的能力因子与期望测量的构想域吻合良好，测验测量的是考生的汉语阅读能力，而不是与篇章有关的专业知识，亦即测验具有较高的构想效度。

三、实证聚类分析

（一）研究对象

本研究所使用的数据来源于中国国内 43 个考点的 22 582 名参加 HSK［初、中等］考试的考生实测数据。研究只针对阅读理解测验部分的 6 篇阅读理解材料以及相应的 30 个多项选择题进行统计分析。考虑到不同语言水平的考生在阅读理解过程中，其背景知识和阅读能力的补偿效应可能存在差异，为保证研究结果具有较强的推广价值，首先将全部考生按照 HSK 总分划分为低分组、中分组和高分组三个组别，然后从低分组、中分组和高分组中分别随机选取 1000 名考生的阅读理解测验结果作为研究样本。各组别的样本结构描述、各组别样本的阅读理解测验分数的统计描述请分别参见表 5-22 和表 5-23。

表 5-22　样本结构描述表

	低分组	中分组	高分组
样本数	N=1000	N=1000	N=1000
男	54.20%	43.80%	38.90%
女	45.80%	56.20%	61.10%

(续表)

	低分组	中分组	高分组
考点数	42	43	43
国家数	33	28	29

表 5-23 阅读测验分数统计描述

		低分组	中分组	高分组
	最高	20	25	30
	最低	3	9	18
总分：30	均值	10.37	17.52	24.37
	全距	17	16	12
	SD	3.10	2.73	2.70

（二）研究目标

HSK[初、中等]的阅读理解测验包括词汇和阅读试题两部分。HSK具有明确的选材和命题原则，而且在正式拼卷之前对测验题目都要采取预测分析和等值技术处理，因此，在考生的样本数量足够大时，以某一试卷为分析对象所获得的研究结果作为其他平行试卷的效度证据具有相当强的概括性。基于该考虑，本研究仅以卷标为M05N09X的试卷的阅读理解测验第二部分试题为研究目标，探讨阅读材料与相应的多项选择题之间是否存在约束关系，重点考察针对同一篇阅读材料所编写的测验题目之间是否存在局部聚敛效应。构成本卷的阅读材料共六篇，每篇阅读材料与题目的操作对应关系请参见图5-3。

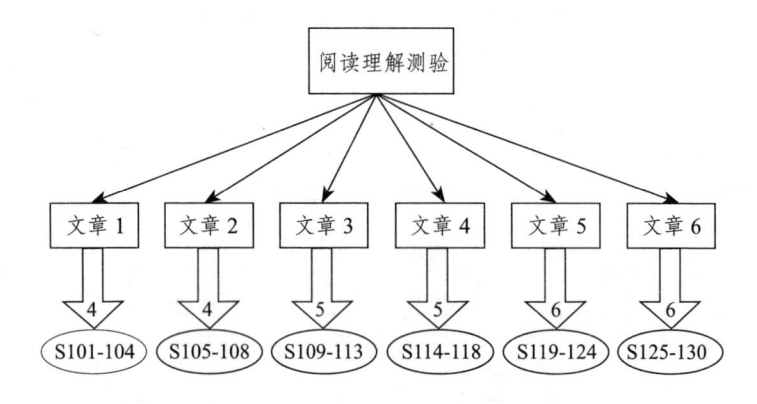

图 5-3　阅读材料与题目操作对应关系

（三）研究方法与过程

本研究采用的统计方法是多元等级聚类分析法（分析软件采用 SPSS17.0）。等级聚类分析法（Hierarchical Cluster Analysis，简称 HCA）是一种根据变量之间的相似程度或距离进行聚类的分析程序。在对测验项目进行聚类以前，不以每个测验项目所属的刺激输入为约束条件，而是把研究的项目视作平行变量，根据测度指标之间的相似程度对项目进行归类。聚类的基本原则是：被分在同一类内的测验项目间应该具有最大的同质性，而被分在不同类内的项目间则应该具有最大的异质性。测验采用的是（0/1）二值记分法，因此聚类研究可供选择的测度指标有简单匹配系数、雅可比系数和果瓦系数等三种。[①] 本研究采用雅可比系数为测度指标，以组间平均联结法为聚类方法，用逐次聚类的方式将 6 篇阅读材料的 30 个多项选择题进行统计分类。

---

① 郭志刚《社会统训—分析方法——SPSS 软件应用》，中国人民大学出版社，1999 年，第 122—124 页。

（四）聚类输出结果

聚类结果最终以树状图的形式将所有阅读测验项目之间的嵌套关系、亲疏关系等形象地展示出来，据此我们可以比较直观地观察项目间的聚合关系。通过考察项目的认知结构与操作结构之间的对应程度，对测验的效度证据进行评价。低分组样本、中分组样本和高分组样本的聚类输出树状图，请分别参见图 5-4、图 5-5 和图 5-6。图中左侧第一列（Label）的题号（如 S119 等）表示题目在试卷中的结构顺序号，第二列（Num）表示 30 个阅读理解测验题目的自然顺序号，题目之间的聚合关系可结合图 5-3 进行解释。

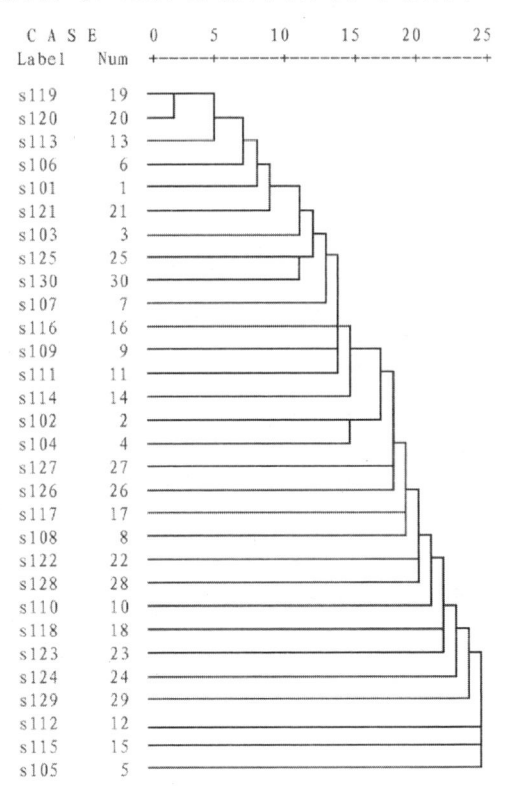

```
       C A S E     0    5    10   15   20   25
       Label  Num  +----+----+----+----+----+
       s119   19
       s120   20
       s113   13
       s106   6
       s101   1
       s121   21
       s103   3
       s125   25
       s130   30
       s107   7
       s116   16
       s109   9
       s111   11
       s114   14
       s102   2
       s104   4
       s127   27
       s126   26
       s117   17
       s108   8
       s122   22
       s128   28
       s110   10
       s118   18
       s123   23
       s124   24
       s129   29
       s112   12
       s115   15
       s105   5
```

图 5-4 低分组测验项目聚类树状图

第五章 测验效度的检验

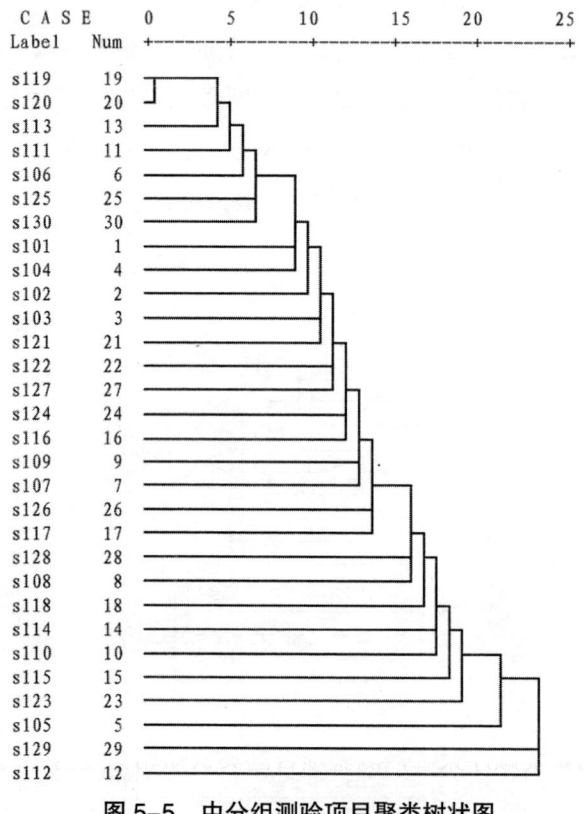

```
          C A S E      0         5        10        15        20        25
          Label  Num   +---------+---------+---------+---------+---------+
          s119    19   ─┐
          s120    20   ─┤
          s113    13   ─┼─┐
          s111    11   ─┘ │
          s106     6   ───┼─┐
          s125    25   ───┘ │
          s130    30   ─────┼─┐
          s101     1   ─────┘ │
          s104     4   ───────┤
          s102     2   ───────┼─┐
          s103     3   ───────┘ │
          s121    21   ─────────┤
          s122    22   ─────────┤
          s127    27   ─────────┼─┐
          s124    24   ─────────┤ │
          s116    16   ─────────┘ │
          s109     9   ───────────┼─┐
          s107     7   ───────────┤ │
          s126    26   ───────────┘ │
          s117    17   ─────────────┼─┐
          s128    28   ─────────────┤ │
          s108     8   ─────────────┘ │
          s118    18   ───────────────┼─┐
          s114    14   ───────────────┘ │
          s110    10   ─────────────────┼─┐
          s115    15   ─────────────────┘ │
          s123    23   ───────────────────┼─┐
          s105     5   ───────────────────┘ │
          s129    29   ─────────────────────┤
          s112    12   ─────────────────────┘
```

图 5-5　中分组测验项目聚类树状图

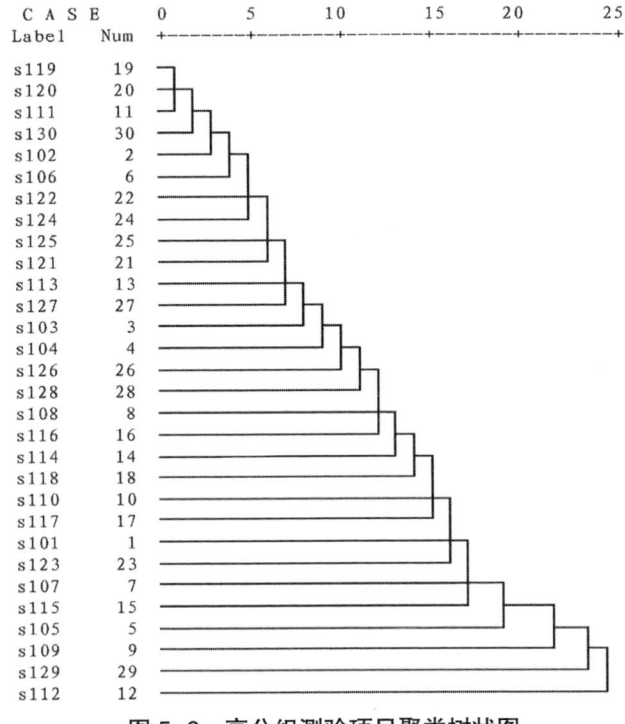

```
          C A S E    0         5        10        15        20        25
          Label  Num  +---------+---------+---------+---------+---------+
          s119    19
          s120    20
          s111    11
          s130    30
          s102     2
          s106     6
          s122    22
          s124    24
          s125    25
          s121    21
          s113    13
          s127    27
          s103     3
          s104     4
          s126    26
          s128    28
          s108     8
          s116    16
          s114    14
          s118    18
          s110    10
          s117    17
          s101     1
          s123    23
          s107     7
          s115    15
          s105     5
          s109     9
          s129    29
          s112    12
```

图 5-6　高分组测验项目聚类树状图

（五）聚类结果解释

通过对低分组、中分组和高分组研究样本聚类树状图的直观分析，我们可以明显地发现：HSK 的 30 个阅读理解测验题目基本上是以"从下向上"的方式逐级递增形成了一个大类。从每个树状图的聚类顺序来看，测验项目因其认知相似度的不同，其局部的聚合顺序略有差异；但从整体上来看，测验项目的聚类趋势基本一致，没有发现具有统计意义的特殊分类结构。唯一的例外是针对同一篇阅读材料（文章 5）设计的六个测验项目中，有两个测验项目（S119 和 S120）在三个研究样本中分别形成了较强的聚敛关系。经考察我们发现项目 S119 和 S120 的难度值明显低于其他测验项目（即测验项目 S119 和 S120 太简单），因而 S119 和 S120 两者之间发生"耦合"的概率也显著高于其他项目间的"耦合"概率。但从总体上看，尽管测验项目的聚类顺序不尽相同，但并没有发现典型的嵌套关系和具有统计意义的项目亚类或次亚类结构。在三个研究样本树状图中，均未发现测验项目以任何一篇阅读理解材料为约束基础的完整、独立的项目结构。

四、研究结果与讨论

文章的选择一直被公认为是命题过程中最重要的环节之一，也是阅读理解测验中构想无关变异的主要来源。因为阅读材料既是语言理解的对象，也是知识的载体。考生不仅具有期望测量的、程度不同的阅读能力，而且还具有明显不同的、非语言方面的专业知识。如果阅读测验材料所涉及的专业知识性过强，即在测验结果中产生了篇章效应，那么一旦考生的非语言方面的专业知识与文章的内容知识产生共振，就必然会给测验结果带来构想无关变异。当考生恰好具备文章主题所涉及的专业背景知识时，即使考生不具备期望测量的一般阅读能力，但依靠背景知识方面的专业优势，仍可以达到理想的阅读效果；同样，对另一部分不具备该背景知识的考生而言，虽已达到相应的阅读水平，但因非语言知识方面的欠缺仍然无法取得预期的理解效果。因此，要证明一个阅读理解测验具有较高的构想效度，不仅需要提供语料选择有效性的经验证据，而且还必须寻求实证证据证明测验不存在文章选择方面的构想无关变异。

本研究首次运用多元等级聚类分析法对 HSK 阅读理解测验

在文章选择方面的构想无关变异进行了考察。研究的统计证据与我们在研究设计中所提出的潜在假设明显相左。从以上研究结果可知，低分组考生、中分组考生以及高分组考生的阅读理解测验结果从整体上来看均未受到阅读理解材料方面的系统干扰。在三个研究样本中，所有测验题目均以不同的聚类顺序逐渐被归为一个大类，聚类成员之间的局部同质性较弱，整体同质性较强；这说明测验项目分别从不同角度测量了考生对阅读材料的理解能力，项目的测量功能比较一致。特别是针对同一篇阅读理解材料所设计的若干测验项目之间，并未因阅读材料与测验项目间的命题依赖关系而产生局部聚敛结构关系，证明考生对同一题束内测验项目的回答，并未受到来自阅读材料非语言知识方面的系统干扰；换言之，HSK［初、中等］阅读理解材料的选择比较有效地规避了专业知识对考生汉语阅读理解能力测量的影响。考生能否正确回答测验题目的决定因素主要是考生的汉语阅读能力，测验结果主要是阅读水平的反映，而不是其专业知识或背景知识的反映；所有测验题目几乎以不同顺序、平行地被聚为一类，没有任何一个与特定阅读材料相对应的题束被单独聚为一个亚类，统计证据表明不同阅读材料虽然在主题倾向方面难免有所侧重，但均被有效地控制在考查语言理解要求方面的范围以内。本研究的聚类统计证据基本上可以证明，在HSK的阅读理解测验中，没有发现具有统计显著意义的构想无关变异因素，考生对阅读材料的理解程度主要反映的是其汉语阅读能力的高低，因而HSK［初、中等］阅读理解测验的分数解释或使用具有较高的构想效度。

第五节 汉语水平考试听力测验构想效度研究[①]

一、引言

　　信度和效度是评价语言测验质量高低的核心指标,不过,信度具有一定的静态性,是效度的必要而非充分条件,信度的高低可以从测验本身获得刚性的佐证。效度则是柔性的,只能依据各种经验证据、理论证据或统计证据论证测验效度的高低。效度验证必须以测验分数的使用、解释或推断为参照点,依靠各种外部证据证明效度的高低。对于语言能力测验而言,最重要的是构想效度问题,即语言测验实际测得的东西与理论假设的语言能力要素或心理特征相吻合的程度。如果测验的构想效度不高,那么测验结果(测验分数或测验表现)就无法对被试语言能力的高低做出有效的解释或推断,更无法准确地对考生在非测量情景中的语言表现水平做出有效的概括。

　　很久以来,关于效度,特别是构想效度的定义问题,在心理测量学界颇具争议。有不少学者主张将效度划分为内容效度、效标效度和构想效度等不同形式,但 Messick(1981,1989,

---

　　① 本节摘自柴省三《汉语水平考试(HSK)听力测验构想效度研究》,《语言文字应用》2011 年第 1 期。

1996)、Cronbach（1971）和 Bachman（1990）等[1]认为，内容效度和效标效度是获得构想效度的手段，三者具有一元结构性。通过专家评判获得的内容效度，以及通过测验之间的相关分析所获得的效标效度，只是为构想效度提供证据和输入而已，[2]因此，在所有的语言能力测验中，构想效度问题都是测验设计、开发和使用中无法回避的首要问题。

在构想效度的验证过程中，获取证据的来源越广泛，证明测验使用或分数解释有效的说服力就越强。效度验证时所获得的各种类型的证据，包括重要的但未必支持测验使用或解释的证据，都应该被测验开发者予以评估甚至采纳，以编制出更有效的测验或对现行测验进行必要的改进，使之更合理。证明测验使用或解释具有构想效度的过程是一个不断积累证据的动态过程。比如，我们可以通过考察测验实际所测的东西与某种理论依据是否吻合来说明测验是否有效，或者依靠专家的经验判断从测验内容方面探讨效度的高低，也可以使用各种统计方法获得实证证据对效度进行验证。总之，效度验证不是一劳永逸的即时过程，而是一个使用多种方法从多方面、多渠道不断进行证据积累的历时性论证过程。

---

[1] Messick, S., Evidence and ethics in the evaluation of tests. *Educational Researcher*, 1981(10); Messick, S., Validity. In Linn, R. L.(Ed.), *Educational Measurement*. New York: American Council on Education and Macmillan, 1989; Messick, S., Validity and washback in language testing. *Language Testing*, 1996(3); Cronbach, L. J., Test validation. In Thorndike, R. L. (Ed.), *Educational Measurement*. Washington D. C.: American Council on Education, 1971; Bachman, L. F., *Fundamental Considerations in Language Testing*. Oxford: Oxford University Press, 1990.

[2] Shohamy, E. & Inbar, O., Validation of listening comprehension tests: the effect of text and question type. *Language Testing*, 1991(1).

中国汉语水平考试（HSK）是以测试母语非汉语者的一般汉语能力为唯一目的的国家级标准化考试，其测量结果对考生求学、求职以及汉语能力评价的影响后效均具有高风险性，因此，HSK从设计之初就十分重视测验的效度问题。HSK考试的基本理念是，以听力理解和阅读理解为主线，语言能力测试为核心，标准化形式（多项选择题）为基本方向。[①] 为了比较准确地测量考生的一般语言能力，在测验任务设计时，要对考生的目标语言使用域及交际特征进行分析与概括，并从中选取若干典型样本作为测验任务。

考虑到听力理解能力测试在汉语水平考试中的特殊性，本节拟使用实证统计法专门研究听力理解测验的构想效度问题。研究的基本思路是：首先运用多元等级聚类分析法对HSK听力理解测验的三种任务形式，即句子、简短对话和长对话或讲话三种听力测验项目所测量的潜在纬度结构进行考察；然后验证测验项目纬度结构与HSK听力理解能力的一元结构构想是否吻合；最后以本研究的统计证据为基础，从提高测验任务的真实性角度出发，在不损害测验效度并维持现有分数体系的前提下，对HSK［初、中等］听力理解测验任务类型的改进提出自己的建议。以期对未来HSK测验方式的改进与完善提供可资借鉴的参考。

[①] 刘英林主编《汉语水平考试研究》，现代出版社，1989年。

二、听力测验的构想与测验方法

听是语言交际活动、二语习得的前提,是获取信息的重要途径之一,同时也是语言学习者生存、发展所必备的一项社会文化技能。[①] 在语言习得过程中,以听和读为主要形式的接受型技能总是先于表达型技能。[②] 从语言能力结构角度来看,几乎所有的语言能力模型都将听力理解能力看作模型的重要组成部分。听力理解能力被公认为是一个人语言水平高低的重要标志,在第二语言教学和测试中都占有重要的地位,因此,国内外几乎所有的综合性语言测验,均以相当大的权重将听力理解能力列为必考的内容之一(如 TOEFL、IELTS、MELTB、TEF、J-TEST、CET、PETS 等)。不过,语言理解能力属于一种非常复杂的构想,因而对听力理解能力的认识是人类从心理学、语言学角度不断探索的漫长过程。从现有的 L1 和 L2 听力研究文献中,我们还没有找到一个测验可以依据的、被普遍接受的听力能力解释理论。在实践中,测验设计者往往在参考其他相关测验的基础上,凭知觉或个人经验来编制听力理解测验,[③] 因此,测验质量保证的理论依据是什么,或者说使用什么样的测验任务来测量听力理解能力,无疑是影响测验使用或分数解释效度的关键。

由于听力理解能力是一种抽象的特质,它本身不能像物理测

---

① Anderson, N. J., *Exploring Second Language Reading: Issues and Strategies*. Thomson Learning Asia Pte Ltd, 1999.
② 邹申《语言测试》,上海外语教育出版社,2005 年。
③ Buck, G., The testing of listening comprehension: an introspective study. *Language Testing*, 1991, 1.

量那样进行直接测量，只能建立在对经验事实或行为观察的基础上。[①] 因此，测验设计和开发者必须根据构想定义的能力要素，从那些与一般语言能力具有潜在对应关系的目标语言使用域中，选择若干有代表性的听力材料作为测验任务输入，然后针对听力理解材料设计一个或若干个多项选择题，要求考生在理解加工输入材料的基础上，从备选项目中选出正确答案。最后再根据被试在测验任务上的表现情况，来推断其在目标语言使用域中的一般听力理解能力或特征。在应用性测量中，了解考生在特定测验任务上的表现，并不是测量所期望达到的最终目的，我们更感兴趣的是，把被试在测验上的表现或分数解释为个人语言能力水平指标的有效性、合理性和恰当程度，而不是仅仅把被试的测验表现解释为其参加特定测验的应试能力。[②] 听力测试的有效程度就在于测试结果能否真正反映考生在现实生活中应该具有的听力理解能力，因此听力测验任务的特征与目标语言应用任务特征的吻合程度，是影响测验构想效度的关键要素之一。[③] 如果两种任务特征脱节，那么考生在测验任务上的表现水平对考生在目标语言应用域中的语言使用表现就没有足够的概化能力（见图5-7），即测验缺乏构想效度。

[①] 陈宏《在语言能力测验中如何建立结构效度》，《语言教学与研究》1997年第2期。

[②] Bachman, L. F. & Savignon, S. J., The evaluation of communicative language proficiency: a critique of the ACTFL Oral Interview. *The Modern Language Journal*, 1986, 70.

[③] Bachman, L. F. & Palmer, A. S., *Language Testing in Practice*. Oxford: Oxford University Press, 1996.

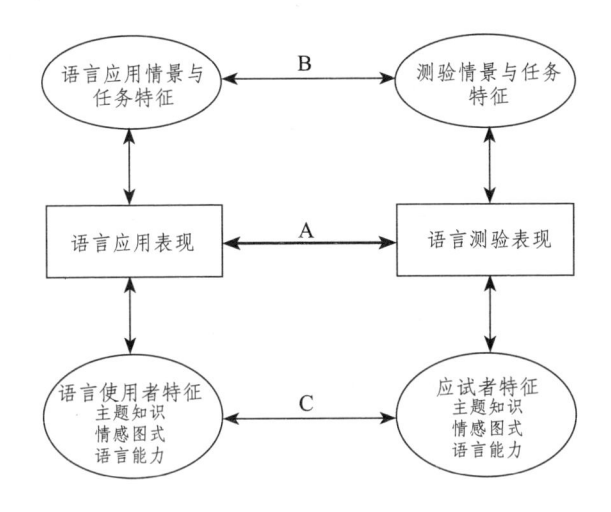

第五节　汉语水平考试听力测验构想效度研究

图 5-7　构想效度解释体系[1]

HSK［初、中等］的听力理解测验部分，在遵循 HSK 总体设计原则的前提下，主要承担对考生一般汉语听力理解能力的测量，即"通过测量考生能否听懂语速正常的句子、对话和一般题材的讲话（或长对话）来考查考生的听力理解能力"[2]。测验所选用的语料在内容和题材等方面适当广泛。在语料集层面上追求多元性、平衡性和中立性，避免语料在风格和内容等方面具有明显的专业倾向性，以便为不同地点、以不同方式和依据不同教材学习汉语的考生群体提供均等的考试刺激条件。

HSK［初、中等］的效度问题，一直是设计和开发者最关注的问题。刘英林等（1994）对 HSK［初、中等］设计的理念进行过最基本的探讨，张凯（1995）用因素分析法对 HSK［初、中等］

---

[1] Bachman, L. F. & Palmer, A. S., *Language Testing in Practice*. Oxford: Oxford University Press, 1996.

[2] 刘英林主编《汉语水平考试研究》，现代出版社，1989 年。

测验的构想效度进行了研究，郭树军（1995）、陈宏（1997）分别用 Grant Henning 的内部结构效度法和多质多法就 HSK［初、中等］的构想效度做过考察。[①] 这些研究所得出的结论比较一致，即：尽管 HSK［初、中等］考试的测验操作结构由四个分测验、九个小部分所构成，但从测验实际所测量到的能力因子来看，HSK［初、中等］主要测量了听力理解能力和阅读理解能力。HSK［初、中等］的听力理解测验构想就是考生的一般汉语听力理解能力。

三、听力测验项目的聚类分析

HSK［初、中等］的听力理解测验任务，由基于三种不同类型的言语刺激形式所设计的 50 个多项选择题所构成，测验试题包括句子理解 15 题（S01—S15）、简短对话理解 20 题（S16—S35）以及讲话或长对话理解 15 题（S36—S50）。测验的具体操作结构见图 5-8。通过三种相对独立的测验任务来测量考生能否了解句子、简短对话和讲话的基本大意，跳跃障碍，抓住主要信息或重要细节，根据所听到的材料进行推理和判断，理解说话人的目的和态度。本研究主要通过对测验项目进行聚类分析来探索句子理解测验任务是否测量了相对独立的因子。

[①] 刘英林主编《汉语水平考试研究》（续集），现代出版社，1994年；张凯《汉语水平考试结构效度初探》，载《首届汉语考试国际学术讨论会论文选》，北京语言学院出版社，1995年；郭树军《汉语水平考试（HSK）项目内部结构效度检验》，载《汉语水平考试研究论文选》，现代出版社，1995年；陈宏《在语言能力测验中如何建立结构效度》，《语言教学与研究》1997年第2期。

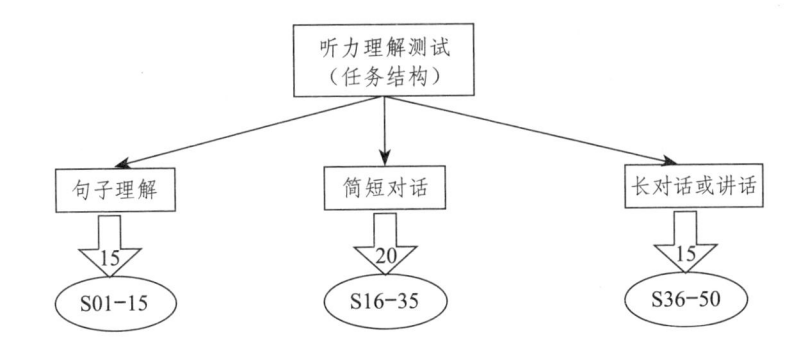

```
           听力理解测试
            (任务结构)
          ↙      ↓      ↘
    句子理解   简短对话   长对话或讲话
      ↓15       ↓20         ↓15
    S01-15    S16-35      S36-50
```

图 5-8　HSK 听力测验操作结构图

(一) 研究样本

研究所采用的数据来自中国国内32个考点参加HSK［初、中等］考试的7828名考生的实测数据。本研究只对由句子理解、简短对话和长对话或讲话三部分所构成的听力理解测验部分进行统计分析。为了确保研究样本具有足够的代表性，我们从考生团体中随机选取1000名考生的数据作为研究样本。样本结构和测验分数描述情况见表5-24。

表 5-24　样本结构与测验分数描述

样本结构		听力测验分数描述	
样本数	N=1000	最高	50
男	44.30%	最低	1
女	55.70%	均值	30.74
考点数	32	全距	49
国家数	58	标准差	10.37

(二) 研究目标

HSK［初、中等］的听力理解测验部分，一共由50个多项选择题构成。出于对HSK试卷进行等值处理的需要，在听力理解测验的第一部分和第二部分分别嵌入了4个"锚题"，为了排除"锚题"曝光率因素给研究结果可能带来的统计"噪音",本研究不考虑考生在"锚题"上的作答反应情况,只对卷标为 J323 卷的 42 个有效测验项目进行实证聚类分析。

（三）研究方法与研究过程

本研究采用的统计方法是等级聚类分析法。等级聚类分析（Hierarchical Cluster Analysis,简称 HCA）是一种根据变量之间相似程度或距离远近进行聚类的多变量分析程序。在对测验项目进行聚类以前,先不考虑每个测验项目所属的刺激结构,也不局限于项目预期测量功能的先验判断,而是把测验项目看作平行变量,淡化每个测验项目在试卷卷面中的自然结构和篇章或任务类型的约束关系,根据被试作答的认知反应模式,以考生实际认知反应的相似程度为分类基础。

聚类分析的基本原则是,被分在同一类内的测验项目,应该具有尽可能大的同质性,而被分在不同类内的项目之间则应该具有尽可能大的异质性。

测验采用的是（0/1）二分记分法,因此聚类研究可供选择的测度指标有简单匹配系数、雅可比系数和果瓦系数等三种。[①] 本研究采用雅可比系数为测度指标,以组间平均联结法为聚类方法,用逐次聚类的方式对三种听力测验任务的 42 个多项选择题进行统计分类。

（四）聚类输出结果

聚类分析的结果,最终以聚类树状图的形式将所有项目成员

---

① 郭志刚《社会统计分析方法——SPSS 软件应用》,中国人民大学出版社,1999 年。

第五节　汉语水平考试听力测验构想效度研究　235

之间的嵌套关系、等级层次关系等形象地显示出来。据此我们可以比较直观地观察项目间的聚合、亲疏关系。项目树状图可以从横向上揭示类和类之间的异质程度，在同一类内可以反映项目之间的同质性；在纵向上可以揭示亚类和母类之间的等级层次关系。通过考察测验项目聚类结构与测验任务操作结构之间的对应情况（测验任务与测验项目的操作结构情况，见图5-8），来探讨测验项目与任务类型之间的约束关系。研究样本的统计聚类结果见图5-9。

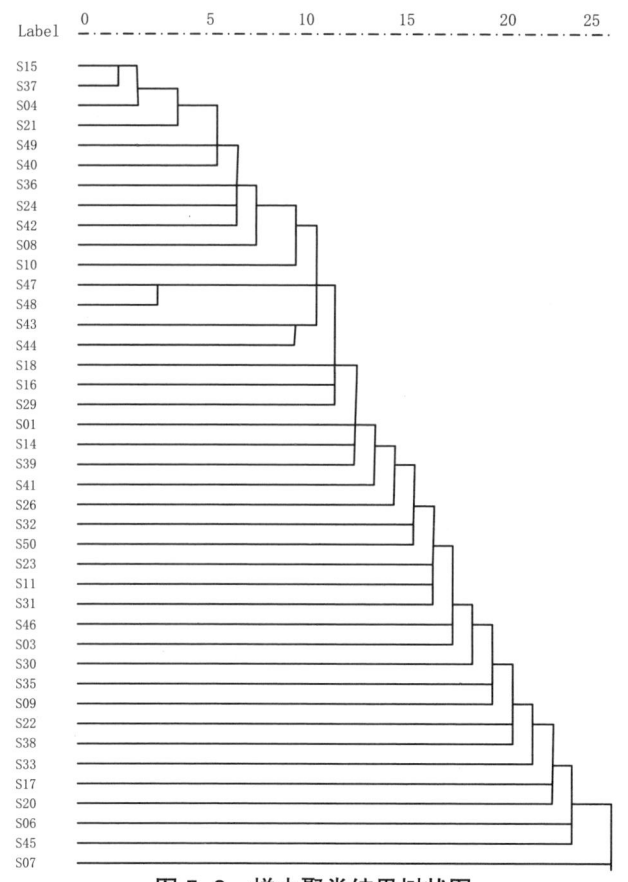

图 5-9　样本聚类结果树状图

(五)聚类结果解释

根据对聚类树状图的直观分析可以明显地发现:所有的听力测验项目几乎均以"从下而上"的方式逐级递增而被聚合为一个大类。测验项目的聚类顺序与测验任务的顺序之间没有对应性。项目的聚类结构具有如下基本特征:

在以句子、简短对话和长对话或讲话三种任务为约束关系的 42 个听力理解测验项目中,只存在两组连锁项目,分别是第 15 题和第 37 题、第 47 题和第 48 题;

从整体上看,测验项目并没有按照测验任务的分类约束关系进行对应聚类;

测验任务之间基本上不存在等级嵌套关系,测验项目的潜在纬度只有一个。

四、讨论

语言测验任务的选择,是测验设计理念的体现,是测验开发者依据不同的语言能力模型,结合测量目的、用途及可行性,并从保证测验使用具有较高效度的角度出发所做出的主观决策。从本质上讲,HSK [初、中等] 听力测验的任务由两个基本要素构成:其一是需要听解的言语刺激或输入,其二是根据听解结果要求考生对命题者编制的二级刺激(即多项选择题)做出的必要反应。三种测验任务在刺激长度、交际特征、信息密度和语境依赖方面均存在较大差别。从传统的语言加工理论上来看,与同一类测验任务相对应的测验项目之间理应具有较强的聚敛效应,与不同测验任务对应的题束之间应该具有一定的判别效应,即测验项目应该按任务类型形成平行结构或嵌套关系。然而，项目的实证聚类结构与预期的项目结构完全不同。

首先，被试在回答三种测验任务的题目时，虽然需要借助的语言知识、背景知识、策略知识和短时记忆负担有所区别，与同一测验任务类型对应的测验项目所发挥的测量功能应该具有较强的同质性，在聚类树状图上至少应该各有一个亚类与测验任务相对应。但聚类结构图显示，测验项目并没有按照三种任务类型形成聚类结构，以不同任务类型为约束的42个听力测验项目实际测得的因子比预期的要单一得多。听力测验项目的潜在纬度只有一个。假如HSK［初、中等］听力理解测验设计的初衷是通过句子、简短对话和长对话或讲话来测量一元结构的听力理解能力的话，研究结果表明，HSK［初、中等］的听力理解测验较好地达到了预期的测量目的，三种测验任务共同测量了被试的汉语听力理解能力，因而测验结果可以很好地反映被试汉语听力能力的高低，听力测验具有较高的构想效度。

其次，聚类结果显示，有两对测验项目的局部聚敛性较强，分别是S47题和S48题、S15题和S37题。通过与测验任务结构对比，我们不难发现，测验项目S15和S37分别属于测验的第一部分和第三部分，显然这两个测验项目并不受同一个输入刺激约束，因此不属于影响测验效度的构想无关变异。不过，测验项目S47和S48则受同一段长对话材料的约束，因而发生了连锁项目关系。[1] 通过考察，第47题和第48题之所以发生连锁关系或

---

[1] Aiken, L. R., *Psychological Testing and Assessment*. Pearson Education Group, 2003.

者缺乏局部独立性的原因，很可能是题目所考查的东西重叠或彼此间具有较强的暗示效应。如果测验中存在过多的连锁项目，无疑会导致不恰当的项目聚敛关系，从而影响测验的构想效度。研究结果表明，由于有完善的命题、预测和分析等质量控制体系，HSK［初、中等］的听力测验部分已经将项目的连锁现象降低到最低限度，从而保证了测验项目具有良好的性能。

最后，项目实证聚类结构并没有显示相对独立的因子与测验任务相对应，从测量一元结构的听力理解能力角度来看，HSK［初、中等］的任何一种听力任务类型在测量功能方面均不具有不可替代性。

五、结论与建议

语言测验的基本目的是通过被试在测验任务上的表现水平，来推断其在现实生活中的语言能力，因此，测验任务要尽可能反映与构想定义相对应的目标语言使用域中语言使用任务的基本特征。如果测验任务特征与非测量情景中的语言使用任务特征相比具有足够的真实性，那么测验结果就可以准确反映考生在真实生活中运用语言的能力；反之，如果测验任务与语言使用任务特征的吻合性不高，那么测验结果就只能反映考生完成特定测验任务的表现水平，而不能据此推断或解释考生在非测量情景中的语言能力。

经验证据显示，在HSK听力理解测验的三种任务类型中，句子理解测验任务与其他两种测验任务相比，在任务真实性、交互性等方面均处于劣势（见表5-25）。而本研究的统计证据则进一步表明，在测量目标方面，句子理解测验部分并未测量到

第五节 汉语水平考试听力测验构想效度研究

其他听力测验任务所无法测量的独立维度，三种测验任务在测量目标方面具有相当强的一致性。这说明现行 HSK 的听力理解测验在测量考生的听力理解能力方面具有较高的构想效度，但是，如果从听力测验任务的拟测功能来考察，使用其中任何一种测验任务置换另外一种测验任务形式的话，测验仍可以实现期望测量的目标。

表 5-25 测验任务性质评价表

	任务类型 1（句子理解）	任务类型 2（简短对话）	任务类型 3（长对话或讲话）
真实性	一般	较高	高
交互性	无	较强	强
测量目标	听力	听力	听力

语言能力不是考生静态语言知识的简单再现，而是语言知识、语用知识、社会语言能力以及策略能力在现实交际活动中的综合反映。在语言测验的设计、开发和使用中，应尽可能保证所选择的测验任务特征与非测量情景中的语言使用任务特征具有最佳对应性。考虑到句子层次的听力理解任务与其他两种任务类型相比，在真实性、交互性方面较差，而句子理解题目在实证研究中又没有体现出测量不同因子或特质的独特功能，因此，可以考虑通过增加简短对话和长对话或讲话题目的数量，取代句子听力理解测验任务，这样不仅可以结合交际语境全面考查考生的语言知识、语用知识、语言策略，而且还可以在保证甚至提高测验构想效度的前提下，明显提高测验任务的真实性、交互性，确保现有记分方法和分数体系的稳定性。

第六章

语言能力结构研究

第一节 汉语作为二语的初学者口语能力结构[①]

一、问题的提出

在第二语言口语测验的研究中,对口语能力结构的研究十分欠缺,对于汉语作为第二语言的口语能力结构问题更是鲜有人问津。多数口语测验是建立在某个语言能力等级量表之上的,也就是说,测验的编制依据的是量表中对于各个等级语言水平的描述。这样的方法虽然可以使我们对不同语言水平的考生的语言表现做出区分,但缺乏对口语能力结构的理论分析。第二语言学习者的人数分布是呈金字塔形的,初学者位于塔的底部,是人数最多的一部分。在汉语逐步向国际推广的今天,初学者的人数会以更加迅猛的势态增长。由于汉语文字系统的特殊性,初学者的书面表达能力十分有限,而口语能力却能够有长足的发展,因此探讨初学者的口语能力的结构问题就显得更加有意义。

---

① 本节摘自王佶旻《汉语作为第二语言的初学者口语能力结构初探》,《心理学探新》2008 年第 1 期。

二、初学者第二语言口语能力测验的理论构想

口语属于口头渠道的表达模式。这种产出模式在实际运用中有两种子模式：其一是听—说的模式，即说话人依靠听的能力来接受信息，依靠说的能力来产出信息；其二是单模式的口语产出过程，即口语独白的模式，这也是我们经常遇到的口语表达形式。欧洲语言委员会语言能力共同标准（Common European Framework，CEF）关于口语能力的描述中就明确区分了这两种模式，并且指出在评价口语时要从这两个不同的方面来进行。

另一方面，二语学习者口语水平的发展过程经历了从词语或短语表达到句子表达再到语段表达的三个阶段。对于多数初学者而言，口语表达的形式以短语和句子为主，部分优秀学习者会在较短的时期具备一定的语段表达能力。因而可以认为初学者的口语特点是以短语和句子表达为主，并逐渐开始具备一定的语段表达能力。因此对初学者口语能力的考查也应该涉及这三种形式。

根据口语表达及初学者口语能力的发展特点，可以把口语能力定义为学习者在口头渠道运用语言的能力，同时操作性地定义为学习者在听—说模式下的口语表达能力和在独白模式下的口语表达能力，并在此基础上提出初学者二语口语能力测验的理论模型，具体如图 6-1。

该模型中，听—说模式和独白模式是口语运用发生的两种具体环境，而短语、句子和语段三种表达形式可以理解为三种成分。初学者口语测验模型体现了两种口语表达环境与三种口语表达形式的相互作用。

242 第六章 语言能力结构研究

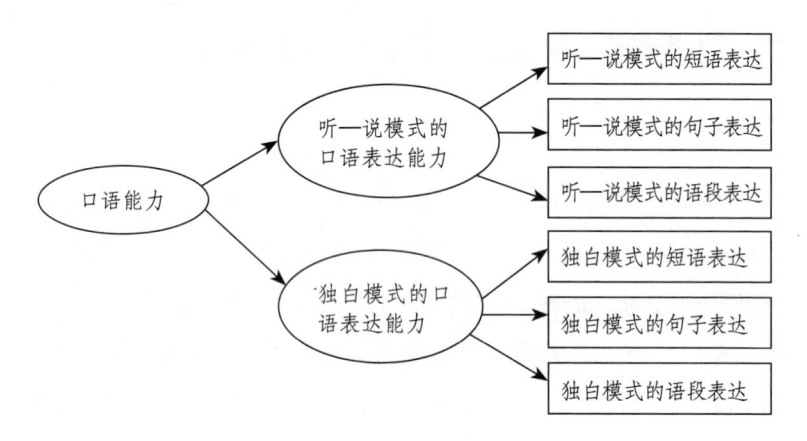

```
                    ┌─→ 听—说模式的短语表达
         听—说模式的
       ┌→口语表达能力 ┼─→ 听—说模式的句子表达
       │            └─→ 听—说模式的语段表达
口语能力┤
       │            ┌─→ 独白模式的短语表达
       │ 独白模式的口
       └→语表达能力  ┼─→ 独白模式的句子表达
                    └─→ 独白模式的语段表达
```

图 6-1 口语能力模型图

三、研究方法与过程

（一）被试

依据《汉语水平等级标准与语法等级大纲》中的有关描述，确定目标团体为接受正规现代汉语教育半年至一年的留学生，并把它作为研究对象。被试来自北京语言大学汉语进修学院一年级上和一年级下的留学生，共 275 人。其中预测样本 52 人，来自 13 个国家或地区，正式测试样本 223 人，来自 53 个国家或地区。样本的具体情况如表 6-1。

表 6-1 预测样本情况

	人数 / 人	男 / 人	女 / 人	平均年龄 / 岁
一年级上	25	15	10	23.57
一年级下	27	16	11	25.34
总计	52	31	21	24.46

表 6-2　正式测试样本情况

	人数/人	男/人	女/人	平均年龄/岁
一年级上	117	65	52	21.29
一年级下	106	59	47	21.59
总计	223	124	99	21.29

(二) 研究工具

1. 汉语初学者口语测验的编制

汉语初学者口语测验为半直接式口语测验，学生持有试卷并且从耳机中听到提问，全部考试时间约 20 分钟，测验的结构框架如下表 (表 6-3)。

表 6-3　测验结构框架

	题型	部分	准备时间/秒	答题时间/秒	题目数/题	预测题目数/题	刺激方式	反应方式
汉语初学者口语能力测验	快速回答	第一部分	2	5—8	10	20	听问句	口头回答问题
		第二部分		10—15	10	20		
	图片比较	第一部分	8	10	10	20	看图	说出两幅图的不同点
		第二部分		15	10	20		
	听后重复	第一部分	30	90	1	1	听一段话语	把听到的内容重复说出来
		第二部分	30	90	1	1		
	看图说话	第一部分	120	90	1	1	看一组图片	根据一组图片说一段话
		第二部分	60	60	1	1		

其中，快速问答和听后复述属于听说渠道的口语测验题型，图片比较和看图说话属于独白渠道的口语测验题型。另外，快速问答的前半部分主要以回答词或短语为主，后半部分以回答比较

完整的句子为主；图片比较也是如此；听后复述和看图说话则是语段表达。

2. 确定评分标准

Madsen 针对初学者口语测验的评分做了客观化探讨，认为可以采用 0/1 的形式对包括问答、看图说话和复述等题型进行评分。[1]Madsen 认为初学者的发音、语法等能力比较弱，所谓的中间状态不好评判，不适合采用分部评分，即指评分时包括对中间状态的评分。比如回答完全正确得 2 分，发音有问题但回答可以理解得 1 分，没有回答或回答不可辨认的得 0 分。研究采用 Madsen 所推荐的 0/1 的评分形式。对于问答题，用回答符合题意并且可以理解作为评价标准，是得 1 分，否得 0 分。对于看图说话，事先将图画切分成若干片断，对每一片段实施 0/1 评分，然后相加得到总分。对于复述题型，将所要复述的段落事先切分成若干要点，然后分别加以 0/1 评分，最后汇总得到总分。

（三）测验构想的分析与检验

1. 探索性因素分析

在理论建立与发展过程中，通过探索性因素分析建立模型，再用验证性因素分析来检验模型，这种程序称为交叉证实，这样可以保证量表所测特质的确定性、稳定性和可靠性。[2]另一方面，根据张建平（1993）、侯杰泰（1994）等的观点，[3]不能

---

[1] Madsen, H. S., *Techniques in Testing*. Oxford University Press, 1983.

[2] 姜勇《验证性因素分析及其在心理与教育研究中的应用》，《外国教育研究》1999 年第 3 期。

[3] 张建平《一种新的统计方法和研究思路——结构方程建模述评》，《心理学报》1993 年第 1 期；侯杰泰《为何需要建立结构方程模型及如何尽力潜伏变量》，《教育研究学报》（香港）1994 年第 9 期。

第一节 汉语作为二语的初学者口语能力结构

用同一组数据既做探索性因素分析又做验证性因素分析。因此先使用探索性因素分析对预测卷的构想效度进行检验,以初步分析研究对口语能力的操作性定义,对模型进行检验和修正。

进入因素分析的变量为六个分测验,即快速问答第一部分、快速问答第二部分、图片比较第一部分、图片比较第二部分、听后复述、看图说话,分别记为 A1、A2、B1、B2、C、D。计算时均使用各分测验的总分。在这之前,先进行 KMO 和 Bartlett 球形检验来检验采样充足性以及变量间相关系数矩阵是否适合进行因素分析,检验结果如表 6-4。

表 6-4　KMO 和 Bartlett 球形检验

Kaiser-Meyer-Olkin	采样充足度检验	0.821
Bartlett 球形检验	卡方	434.761
	自由度	28
	显著性	0.000

一般而言,KMO 值至少应该大于 0.5 采样才算充足,0.821>0.5,检验合格。Bartlett 球形检验结果显著,说明相关系数可以用于因素分析提取因素。采用主成分分析法提取因素,具体情况如下:

表 6-5　探索性因素分析因素提取

因素	特征值	方差贡献 / %	累计方差贡献 / %
1	3.741	62.356	62.356
2	1.134	18.897	81.254
3	0.413	6.891	88.145
4	0.307	5.124	93.268
5	0.233	3.891	97.159
6	0.170	2.841	100.000

可以看出,只有两个因素的特征值大于 1,并且这两个因素

的累计方差贡献率已经达到了 81.254%，也就是说用这两个因素代替 6 个原始变量，可以概括总信息的 81% 以上，把这两个因素分别记作因素 1 和 2。两因素未经旋转的负荷矩阵如下：

表 6-6　两因素未经旋转的负荷矩阵

分测验	因素 1	因素 2
A1	0.757	0.487
A2	0.708	0.561
B1	0.846	-0.404
B2	0.875	-0.268
C	0.785	0.265
D	0.756	-0.525

由于各变量在因素上的负荷没有明显区别，在给因素进行命名时比较困难，这时就需要进行旋转使负荷系数向 0 和 1 两极分化。采用极大方差旋转，旋转后的因素矩阵模式如下：

表 6-7　旋转后的因素矩阵

分测验	因素 1	因素 2
A1	0.228	0.871
A2	0.142	0.892
B1	0.897	0.274
B2	0.826	0.394
C	0.399	0.725
D	0.912	0.124

因素 1 在 B1、B2 和 D 上有较高的负荷，而在 A1、A2 和 C 上的负荷比较低（均小于 0.4）。因素 2 在 A1、A2 和 C 上有较高负荷，而在 B1、B2 和 D 上的负荷比较低（均小于 0.4）。B1、B2 和 D 分测验考查的是独白模式的口语表达，而 A1、A2 和 C 分测验考查的是听—说模式的口语表达，因此可以把因素 1 叫作独白模式的口语表达能力，把因素 2 叫作听—说模式的口语

表达能力。这说明探索性因素分析的结果同理论构想颇为一致。

2. 验证性因素分析

用验证性因素分析来进一步检验实测数据是否与理论模型有较好的拟合度。研究的理论假设是汉语初学者口语能力测验包括两因素：听—说模式的口语能力和独白模式的口语能力，分测验一、分测验二和分测验五属于因素1，分测验三、分测验四和分测验六属于因素2。使用 Amos 4.0 来检验该理论模型与实测数据的拟合程度。

要检验和评价模型是否与数据拟合，需要借助各种拟合指数。按侯杰泰等（2004）推荐的分类，拟合指数可以分为三大类，即绝对指数、相对指数（或称增值指数）和简约指数，其中常用的是绝对指数和相对指数。[①] 绝对指数中常用的有 χ^2、χ^2/df、近似误差均方根（RMSEA）、拟合优度指数 GFI、AGFI 等。相对拟合指数典型的有 NFI、NNFI（TLI）和 CFI。这些指数在检验模型拟合度时的评价标准是：χ^2 不显著表示模型拟合得好，χ^2/df 值越接近1越好，小于5表示模型可以接受，RMSEA 值小于0.1表示好的拟合，GFI、AGFI、NFI、NNFI（TLI）和 CFI 指数的值大于0.9表示模型可以接受。首先按照这样的规则来判断研究模型的拟合度，检验结果如下：

表6-8 验证性因素分析拟合指数评价

拟合指数	评价标准	研究的结果（n=223）
χ^2	不显著	23.771（df=8，p=0.003）
χ^2/df	<5	2.97
RMSEA	<0.1	0.094

---

① 侯杰泰、温忠麟、成子娟《结构方程模型及其应用》，教育科学出版社，2004年。

（续表）

拟合指数	评价标准	研究的结果（n=223）
GFI	>0.9	0.984
AGFI	>0.9	0.910
NFI	>0.9	0.976
NNFI(TLI)	>0.9	0.969
CFI	>0.9	0.984

从上面的结果可以看出，χ^2 值达到了显著性水平，说明模型拟合得不好。然而 χ^2 分布作为一个渐进分布，样本容量越大分布近似得越好。所以对于小的样本容量(n<50)，估计的 χ^2 值误差往往很大，而对于较大的样本，χ^2 都较大，导致几乎所有模型都被拒绝。[①] 根据温忠麟等（2004）提出的卡方准则，样本容量与 χ^2 的显著性阈值有关。[②] 当样本量较大时，χ^2 的显著性阈值应当从通用的 0.05 下调，以减少错误拒绝零假设的风险。在样本容量 n=200 时，显著性阈值应当选择 0.001，研究的显著性阈值为 0.003>0.001，因而可以认为 χ^2 值不显著。正如前面所说的，χ^2 值容易受样本容量影响，因而并不是个十分理想的指标，在评价模型时还要参照其他指标，特别是不容易受到样本容量影响的 GFI、AGFI、NFI、NNFI（TLI）和 CFI 等指标。研究结果显示，χ^2/df=2.97<5，表明模型拟合得比较好。RMSEA 值为 0.094<0.1，可以认为基本合格。GFI、AGFI、NFI、NNFI（TLI）和 CFI 值

[①] 侯杰泰、温忠麟、成子娟《结构方程模型及其应用》，教育科学出版社，2004 年。

[②] 温忠麟、侯杰泰、马什赫伯特《结构方程模型检验：拟合指数与卡方准则》，《心理学报》2004 年第 2 期。

第一节 汉语作为二语的初学者口语能力结构

都大于 0.9 表示模型拟合得比较好。因此,综合各项拟合指数,可以认为模型的拟合度比较好。

接着分析模型的参数估计值,因为即使拟合指数显示模型拟合得很好,也不排除可能有些参数的估计值根本就没有意义,因而对参数逐一检视也是评价模型的重要步骤。每一个参数估计值都有相应的标准误,这样就可以对参数进行显著性检验。当检验的结果显示参数显著不等于零,则认为假设模型让该参数自由估计是合理的。研究模型参数估计值如下:

表 6-9　模型参数估计值

	未标准化			标准化回归估计值	R^2	残差
	λ 估计值	C.R.	p			
因素一→分测验一	1.000			0.906	0.820	0.180
因素一→分测验二	0.903	17.347	0.000	0.863	0.744	0.256
因素一→分测验五	1.414	13.709	0.000	0.750	0.562	0.438
因素二→分测验三	1.000			0.903	0.816	0.184
因素二→分测验四	0.950	17.995	0.000	0.874	0.763	0.237
因素二→分测验六	1.053	11.987	0.000	0.793	0.629	0.371
因素一←→因素二	4.996	8.614	0.000	0.851		

上表中,C. R.(critical ratio)是参数估计值与其标准误的比值,用以对参数进行显著性检验,其值大于 2 即认为有显著性。可以看出,参数检验的结果均有显著性。标准化回归估计值也都比较理想(一般认为最好介于 0.5 与 0.95 之间)。R^2 介于 0.5 至 0.9 之间,表明模型的拟合度不错。如此,可以把汉语初学者口语测验模型的因素结构图表示如下:

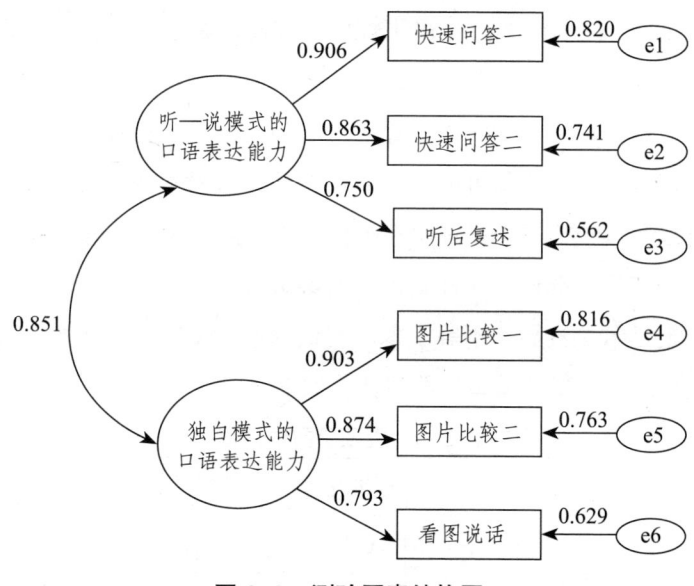

图 6-2 测验因素结构图

使用正式测试样本进行验证性因素分析的结果表明，不易受样本容量影响的指标 NFI、CFI、NNFI、GFI 和 AGFI 都大于 0.9，说明实测数据与理论模型的拟合程度良好。从探索性因素分析和验证性因素分析的结果来看，测验的构想效度是比较好的。这一方面说明测量工具，即汉语初学者口语能力测验有较好的效度，另一方面也说明对口语能力结构的理论构想是基本正确的。

四、讨论

（一）关于初学者口语能力结构

口语能力作为一种相对独立的能力在第二语言的教学和学习中充当着重要的角色，口语活动的认知过程与表达方式同听力、阅读和写作是有区别的。以往的研究者从口语习得、口语训练和口语测查等方面出发构建了若干二语口语模型。Rivers 和 Temperley 于 1978 年提出了二语口语技能模型，该模型是以口语学习过程为基础而构建的。[①] 模型区分了技能获得和技能运用两个方面，技能获得包括认知和产出两个因素，技能运用包括互动因素。互动因素由接收和表达两个部分组成，在互动过程中口语表达是双向的，在产出过程中口语表达是单向的，这是两种口语产出的主要区别。上述观点可以用图 6-3 表示：

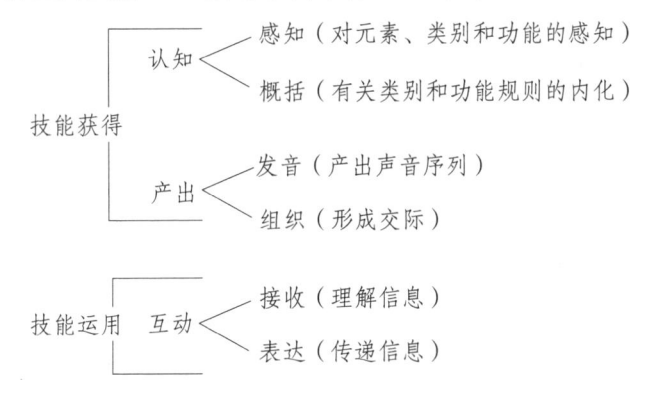

```
            ┌─ 认知 ─┬─ 感知（对元素、类别和功能的感知）
技能获得 ─┤         └─ 概括（有关类别和功能规则的内化）
            └─ 产出 ─┬─ 发音（产出声音序列）
                     └─ 组织（形成交际）

技能运用 ─── 互动 ─┬─ 接收（理解信息）
                    └─ 表达（传递信息）
```

图 6-3　Rivers & Temperley 的口语能力模型图

Littlewood 从二语口语练习的角度提出了一个两维模型，包括预备交际活动和交际活动两个因素。[②] 模型的具体形式如下：

[①] Rivers, W. & Temperley, R. S. A., *Practical Guide to the Teaching of English*. Oxford University Press, 1978.

[②] Littlewood, W., *Communicative Language Teaching*. Cambridge University Press, 1981.

252　第六章　语言能力结构研究

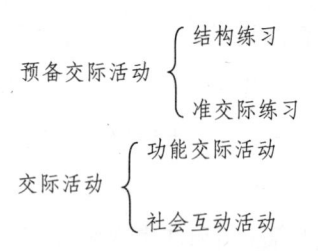

```
                   ┌─ 结构练习
         预备交际活动 ┤
                   └─ 准交际练习

                   ┌─ 功能交际活动
         交际活动   ┤
                   └─ 社会互动活动
```

图 6-4　Littlewood 的口语能力模型图

Martin Bygate 则从口语测查的角度区分了两种口语技能，第一种称为机械感知技能，第二种称为互动技能，[①]Bygate 的观点可以用图 6-5 表示：

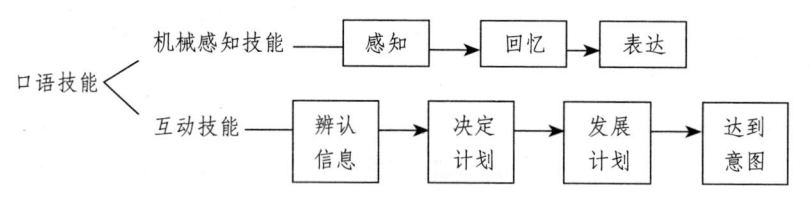

```
              机械感知技能 ── 感知 → 回忆 → 表达
口语技能 ┤
              互动技能 ── 辨认信息 → 决定计划 → 发展计划 → 达到意图
```

图 6-5　Bygate 的口语能力模型图

上述的三种模型各自从不同角度分析了口语能力，虽然表述各不相同，但不难看出其中的共同点，即模型都区分了听和说互动形式的口语表达以及单向的口语表达，认为这两种口语表达能力是既有联系又有区别的能力。可惜的是，研究者并没有对以上三种模型做过实证性的检验，因而它们与实测数据的拟合程度如何人们不得而知。

根据汉语初学者的口语能力特点所拟构的初学者口语能力理论模型得到了实证研究的支持，这是在口语能力结构研究领域的一次有益的尝试。研究的结果说明口语能力并不是简单的成分组合，而是语言表达模式与表达内容相互作用的结果。

---

① Bygate, M., *Speaking*. Oxford University Press, 1987.

（二）关于口语能力的培养

研究的结果对第二语言口语能力的培养也有所启示。研究结果表明口语能力可以分为听—说模式的口语能力与独白模式的口语能力两个因素，在测验中前者是以听的形式输入的，而后者是以看的形式输入的。在口语训练中，教师也可以通过不同的输入途径来进行口语操练以培养学生不同方面的口语表达能力。周为京（2005）就提出，口语教学应当超越传统的听、说捆绑的单一范式，合理介入视觉输入，使听音输入和文字阅读输入并重或交替进行，充分利用不同输入模式的互补效应，综合提高学生口语的流利度、准确度和复杂度[1]。这一观点是正确的，但周文是针对英语教学的，而在对外汉语教学中使用图片作为视觉输入要好于使用文字。这是因为汉语的文字系统不同于英语，初学者的汉字认读能力比较弱，不宜采用汉字作为输入方式，使用图片作为视觉输入方式更为合适。

第二节　基于结构方程模型的高级汉语学习者语言技能关系研究[2]

语言测验的开发要建立在语言能力理论的基础上，这其中对

---

[1] 周为京《语言输入模式对口语产出的影响》，《解放军外国语学院学报》2005 年第 6 期。

[2] 本节摘自原鑫、王佶旻《基于结构方程模型的高级汉语学习者语言技能关系研究》，《华文教学与研究》2012 年第 4 期。

听、说、读、写四项技能关系的研究是十分重要的环节。分立式测验是建立在语言技能独立和分散的理论基础之上的，而近年来流行的综合式测验则是建立在技能融合的观点之上的。然而，目前对学习者四项技能间关系及其纵向发展趋势的实证研究还很不够，这使得测验的开发缺乏必要的理论和实证研究的支撑。

本研究的核心目的在于找出最接近高级水平汉语学习者听、说、读、写四项技能关系真实状况的技能模式，具体问题包括：高级水平汉语学习者语言技能因子数量及其构成；高级水平汉语学习者四项技能的关系模式；高级水平汉语学习者四项技能间的融合／分散趋势。

一、研究背景

20世纪五六十年代以Lado和Carroll为代表的学者提出了"技能／成分说"，认为语言能力涉及两大方面：语言技能和语言成分。这种学说认为听、说、读、写四项技能是独立的，应分别加以测量。70年代，Oller提出了"单一能力假说"，并进行了相关的实证研究。他采取主成分分析法，分析了UCLA英语分班考试和TOEFL，结果得出了一个单一的语言能力因子。[①] 于是Oller认为语言能力不可分割，听、说、读、写四项技能是融合在一起

[①] Oller, J. W., Evidence of a general language proficiency factor: An expectancy grammar. *Die Neuen Sprachen*, 1976, 76; Oller, J. W. & Hinofotis, F. A., Two mutually exclusive hypotheses about second language ability: Factor analytic studies of a variety of language subtests. In Oller, J. W. Jr. & Perkins, K.(Eds.), *Research in Language Testing*, Rowley. MA: Newbury House, 1980.

的。90年代，Bachman创立了语言交际能力模型（Communicative Language Ability，CLA）。他指出，首先要区分听和看两种渠道以及理解性和表达性两类模式。在理解性的语言应用中，需要使用听和看的技能；在表达性的应用中，需要使用神经肌肉技能（比如说话和写字）。我们将Bachman（1990）的阐述整理为下表：

表6-10　Bachman对四项技能的分类

模式	渠道	
	听觉渠道	视觉渠道
理解性模式	听	读
表达性模式	说	写

Bachman的分类只是体现了人们对四项技能最直观化的认识，其他研究者对四项技能的关系也持有一些不同的观点。Benson和Hjelt持听力领先观点，他们认为，听的技能领先于说、读、写，并相应地提出了一个教学模式，即在语言学习的最初阶段训练听力理解，之后的阶段可同时训练说、读、写的能力。[1] Carroll（1983）和North（2000）则认为听力和阅读在心理认知过程中具有相似性，有别于口语和写作能力。[2]

最近一些研究者认为，二语能力结构并不是一个简单的一阶形式，而是在一个普遍能力因子下面存在几个能力因子。Sawaki et al.（2008）使用多质多法（MTMM；Multitrait-multimethod

---

[1] Benson, P. C. & Hjelt, C., Listening competence: A prerequisite to communication. In Oller, J. W. Jr. & Perkins, K. (Eds.), *Research in Language Testing*. Rowley, MA:Newbury House, 1978.

[2] Carroll, J. B., Psychometric theory and language testing. In Oller, J.W. Jr.(Ed.), *Issues in Language Testing Research*. Rowley, MA: Newbury House, 1983; North, B., *The Development of a Common Framework Scale of Language Proficiency*. New York: Peter Lang Publishing, Inc, 2000.

Matrix）验证性因子分析，在题目层面对 TOEFL iBT 的试卷结构进行了全面深入的分析。研究结果得到听力、口语、阅读、写作四个一阶因子和一个高阶因子。[1]

除了能力因子的组成结构之外，各技能因子关系的纵向发展趋势也是学界关注的问题。关于这一问题，目前形成两派截然相反的观点：一派认为随着学习者语言水平的提高，各技能因子趋向于融合；[2] 另一派则认为随着学习者语言水平提高，各技能因子趋向于分散。[3] 周聪对初级水平汉语学习者语言能力结构进行探索，认为初级水平汉语学习者听、说、读、写四项技能呈现出较为分散的趋势。[4] 这一结论与 Oltman et al.（1988）、Alderson（1991）、Kunnan（1992）的论断基本相符。

根据上述的相关研究，我们对听、说、读、写四项技能的关

---

[1] Sawaki, Y., Stricker, L. & Oranje, A., *Factor Structure of the TOEFL Internet-Based Test (iBT): Exploration in a Field Trial Sample*. Princeton, NJ: ETS, 2008.

[2] Oltman, P. K., Stricker, L. J. & Barrows, T., *Native Language，English Proficiency, and the Structure of the TOEFL (TOEFL Research Report No. 27)*. Princeton, NJ: Educational Testing Service, 1988; Alderson, J. C., Language testing in the 1990s: How far have we come? How much further have we to go? In Anivan, S. (Ed.), *Current Developments in Language Testing*. Singapore: SEAMEO Regional Language Centre, 1991; Kunnan, A. J., An investigation of a criterion-referenced test using G-theoryfactor and cluster analyses. *Language Testing*, 1992(9).

[3] Swinton, S. S. & Powers, D. E., *Factor Analysis of the Test of English as a Foreign Language for Several Language Groups. (TOEFL Research Report No. 6)*. Princeton, NJ: ETS, 1980; Ginther, A. & Stevens, J., Language background, ethnicity, and the internal construct validity of the advanced placement Spanish language examination. In Kunnan, A. J.(Ed.), *Validation in Language Assessment, Mahwah*. NJ: Lawrence Erlbaum Associates, 1998.

[4] 周聪《综合式测试方法对初级水平汉语学习者的适用性研究》，北京语言大学硕士学位论文，2009 年。

系总结出九种不同的假设，并形成九个待验证的基础模型（参见表 6-11）。

表 6-11 九个待验证的模型

	因子个数	因子构成	理论依据	实证基础
高阶分析	四因子	G →听+读+说+写	技能成分说	Sawaki et al. (2008)
一阶分析	四因子	听+读+说+写	Lado 和 Carroll 的技能成分说	——
	三因子	听+读写+说	——	Carroll(1983), Bachman et al. (1995), Kunnan (1995)
		听读+说+写	Carroll, North 等	——
	二因子	听说+读写	Bachman 的心理生理运动机制：按渠道	——
		听读+说写	Bachman 的心理生理运动机制：按模式	——
		听+读说写	Benson & Hjelt	——
		听读写+说	——	Stricker et al. (2005)
	单因子	听读说写	Oller 的单一能力假说	Oller(1979), Oller & Hinofotis (1980)

二、方法、过程与结果

（一）样本

本研究的数据来自于 2007 年 10 月 13 日施测的 HSK [高级] 考试。研究选取了本次考试北京语言大学考点主试卷（考查听力和阅读)、口语、写作三项考试全都参加的考生共 98 人。考生母语背景、性别情况见表 6-12。

表 6-12 HSK［高级］考试考生基本情况

（单位：人）

总人数	男	女	国家及人数
98	33	65	韩国（69）、日本（15）、美国（3）、英国（1）、加拿大（1）、澳大利亚（1）、新西兰（1）、泰国（5）、越南（2）

（二）方法及指标的设定

本研究使用结构方程模型作为主要的研究方法，采用题目组作为各因子的观测变量，并根据试卷结构来划分题目组。听力理解、综合阅读、口语题目组的划分严格按照试卷结构执行。即听力理解含三个指标，分别命名为 L1、L2、L3。综合阅读含四个指标，分别命名为 R1、R2、R3、R4。口语含两个指标，分别命名为 S1、S2。对于写作考试，我们采取的做法是用两个评分员给出的分数作为两个指标。这样，写作含两个指标，分别命名为 W1、W2。

一般认为结构方程模型中每个因子至少有三个指标是较为合适的。对于含有两指标的多因子模型，侯杰泰等（2004）提出了两指标法则，[①] 我们根据此法则对本研究各理论模型进行了检视，结果均符合法则要求。说明本研究口语因子和写作因子虽只包含两个指标，但模型的建立是可行的。

---

① 即对于一个多因子模型，如果有因子只含两个指标，模型可识别的充分条件如下：每个因子有两个或两个以上的指标；每个指标只测量一个潜变量；对每个潜变量，至少有另一个潜变量与之相关；误差之间不相关。参见侯杰泰、温忠麟、成子娟《结构方程模型及其应用》，教育科学出版社，2004 年。

最终，整个考试被整合为 11 个指标，分别为：L1、L2、L3、R1、R2、R3、R4、S1、S2、W1、W2。

（三）数据分析过程与结果

1. 数据检验结果

使用 PRELIS2.54 对所有样本在 11 个观测变量上的原始分数进行缺失值、极端值、一元正态性、多元正态性，以及线性关系和方差齐性检验。数据检验结果显示，不存在缺失数据、极端数据，散点图显示数据不存在非线性的关系也不存在方差不齐的现象。

然而多元正态性检验显示样本分布的偏度检验和总体检验的 P 值均小于 0.01，表明样本分布显著地偏离了正态分布。[1] 于是我们对样本 11 个观测变量的一元正态性检验结果进行了逐个检查，检查发现所有变量的峰度不存在严重的偏离，主要是偏度方面偏离的现象较严重。我们根据 Hair *et al.* 针对不同偏态提出的转换法则，对数据进行了处理，[2] 转换后的 P 值均大于 0.01，数据服从一元正态分布和多元正态分布。转换前后一元正态性及多元正态性检验结果对比见表 6-13 和表 6-14。

表 6-13　转换前后各变量一元正态检验结果对比

	转换前						转换后					
	偏度		峰度		总体检验		偏度		峰度		总体检验	
	Z 值	P 值	Z 值	P 值	χ^2 值	P 值	Z 值	P 值	Z 值	P 值	χ^2 值	P 值
L1	-0.39	0.697	-1.433	0.152	2.205	0.332	-0.39	0.697	-1.433	0.152	2.205	0.332

---

[1] Hair, F. J., Black, C. W. & Babin, J. B., *Multivariate Data Analysis*. NJ: Pearson Education Inc, 1987.

[2] 对正偏态的变量做开根处理，负偏态的变量求平方。参见 Hair, F. J., Black, C. W. & Babin, J. B., *Multivariate Data Analysis*. NJ: Pearson Education Inc, 1987。

(续表)

	转换前					转换后				
	偏度		峰度		总体检验	偏度		峰度		总体检验
L2	2.163	0.031	-1.137	0.256	5.969 0.051	1.053	0.292	-2.04	0.041	5.269 0.072
L3	0.839	0.401	-0.135	0.893	0.722 0.697	0.839	0.401	-0.135	0.893	0.722 0.697
R1	2.759	0.006	0.857	0.391	8.349 0.015	0.96	0.337	0.095	0.924	0.932 0.628
R2	-1.415	0.157	-1.741	0.082	5.033 0.081	1.31	0.19	-2.144	0.032	6.312 0.043
R3	-0.102	0.919	1.275	0.202	1.637 0.441	-0.102	0.919	1.275	0.202	1.637 0.441
R4	-1.514	0.13	-0.472	0.637	2.516 0.284	-1.514	0.13	-0.472	0.637	2.516 0.284
S1	-1.061	0.289	0.492	0.623	1.368 0.505	-1.061	0.289	0.492	0.623	1.368 0.505
S2	-1.03	0.303	0.042	0.967	1.062 0.588	-1.03	0.303	0.042	0.967	1.062 0.588
W1	-2.961	0.003	1.933	0.053	12.506 0.002	1.243	0.214	-0.444	0.657	1.741 0.419
W2	-2.173	0.03	2.223	0.026	9.662 0.008	2.297	0.022	0.006	0.995	5.279 0.071

表 6-14 转换前后各变量多元正态检验结果对比

	偏度		峰度		总体检验	
	Z 值	P 值	Z 值	P 值	χ^2 值	P 值
转换前	3.469	0.001	1.507	0.132	14.306	0.001
转换后	2.383	0.017	0.960	0.337	6.602	0.037

我们把计算了转换后数据的协方差矩阵作为模型验证时参数估计的基础。

2. 模型拟合检验结果

使用转换后的数据计算样本的协方差矩阵,然后使用 LISREL 8.80,通过验证性因子分析的方法对九个理论模型进行验证,参数估计使用极大似然法。

（1）一阶因子模型分析结果。

结构方程验证性因子分析得出了八个一阶因子模型拟合数据的结果，整理如表6-15。

表6-15　一阶因子模型拟合指数汇总

模型		df	χ^2	χ^2/df	P	GFI	NNFI	CFI	RMSEA	ECVI	AIC
四因子	听+说+读+写	38	55.77	1.47	0.031	0.91	0.97	0.98	0.067	1.14	110.40
三因子	听+读写+说	41	98.85	2.41	0.00	0.85	0.91	0.93	0.12	1.51	146.23
	听读+说+写	41	58.51	1.43	0.037	0.90	0.97	0.98	0.063	1.10	106.85
二因子	听说+读写	43	114.50	2.66	0.00	0.80	0.85	0.88	0.15	1.86	180.08
	听读+说写	43	114.58	2.66	0.00	0.83	0.89	0.92	0.12	1.57	151.92
	听+读说写	43	141.85	3.30	0.00	0.80	0.85	0.89	0.15	1.83	177.56
	听读写+说	43	102.45	2.38	0.00	0.84	0.91	0.93	0.12	1.50	145.09
单因子	听说读写	44	145.19	3.30	0.00	0.80	0.85	0.88	0.14	1.83	177.15

根据上表可知，对于"听读+说+写"模型，χ^2检验的P值为0.037，大于0.01，说明模型和数据差异不显著。χ^2/df等于1.43，小于3，RMSEA介于0.05和0.08之间，表明模型拟合较好。GFI、NNFI、CFI均达到0.90以上，说明拟合结果很好。ECVI、AIC均是八个模型中最小的。综合各项拟合指数的结果来看，在

八个一阶模型中,"听读+说+写"模型拟合结果最好。

可以看到,四因子模型各项指数也都达到了拟合标准。但对各拟合指数进一步检视发现,四因子模型的 GFI 为 0.91,略高于"听读+说+写"模型,CFI 为 0.98,和"听读+说+写"模型相等。除此以外,四因子模型其余各项拟合指数的结果都不如"听读+说+写"模型。这说明"听+说+读+写"四因子模型也是一个可接受的模型,但对于数据的反映不如"听读+说+写"模型适切。

其余六个模型的各项拟合指数则全部或部分未达到模型拟合的评价标准。"听读写+说"和"听+读写+说"两个模型的 CFI、NNFI 和 χ^2/df 达到了拟合标准。相较而言,"听读写+说"模型拟合效果略好于"听+读写+说"模型。"听读+说写"模型只有 CFI 和 χ^2/df 勉强达到标准,拟合效果仅次于"听+读写+说"模型。在剩下的"听说+读写""听+读说写"和单因子模型中,单因子模型略好于其余两个模型。"听+读说写"模型又略好于八个模型中表现最差的"听说+读写"模型。

按从好到差的顺序,对结构方程一阶因子分析中八个模型拟合效果排序如下:三因子"听读+说+写";四因子"听+说+读+写";二因子"听读写+说";三因子"听+读写+说";二因子"听读+说写";单因子"听说读写";二因子"听+读说写";二因子"听说+读写"。

(2)高阶因子分析结果。

高阶因子模型与数据拟合结果见表 6-16。

第二节 基于结构方程模型的高级汉语学习者语言技能关系研究

表 6-16 高阶因子模型拟合指数汇总

模型	df	χ^2	χ^2/df	P	GFI	NNFI	CFI	RMSEA	ECVI	AIC
G→听+说+读+写	40	56.67	1.42	0.042	0.91	0.97	0.98	0.064	1.11	107.67

通过与一阶因子模型拟合指数对比,我们发现,高阶因子模型拟合数据的结果比一阶因子模型中拟合结果最好的"听读+说+写"略差,并且好于"听+说+读+写"模型。

综上,八个一阶因子模型和一个高阶因子模型中,拟合结果最好的是"听读+说+写"一阶因子模型,本研究将对"听读+说+写"一阶因子模型参数估计结果做深入分析。

(3)最优模型("听读+说+写"一阶模型)参数估计结果及分析。

在模型评价阶段,我们除了需要对模型整体拟合效果进行检验,还需要考察模型的参数估计结果。现将"听读+说+写"一阶模型参数估计标准化解整理如下:

表 6-17 "听读+说+写"一阶模型参数估计标准化解

	因子负荷	误差方差	多元相关平方 SMR
LR → L1	0.66*	0.56*	0.44
LR → L2	0.80*	0.36*	0.64
LR → L3	0.75*	0.44*	0.56
LR → R1	0.69*	0.53*	0.47
LR → R2	0.71*	0.49*	0.51
LR → R3	0.70*	0.52*	0.48
LR → R4	0.64*	0.58*	0.42
S → S1	0.80*	0.37*	0.63
S → S2	0.84*	0.30*	0.70
W → W1	0.82*	0.33*	0.67
W → W2	0.87*	0.24*	0.76

三因子相关矩阵

	LR	S	W
LR	1.00		
S	0.47*	1.00	
W	0.59*	0.33*	1.00

SMR =（Squared Multiple Correlations *t＞2）

我们对以上参数估计结果进行了检视，未发现不恰当的解。[1] 说明模型的参数估计结果是合理的。

结构方程模型最大优点之一就是能够评估理论模型的构想效度。[2] 在这里，构想效度是指一系列测量指标能够测到相应潜在构想的程度。构想效度反映了测量的准确性，测量具有构想效度说明测量指标反映了存在于总体中的真实分数。我们主要通过聚敛效度和判别效度来衡量构想效度。

根据 Hair et al. 的研究，聚敛效度的考察标准主要包括因子负荷、方差析出量[3] 和构想信度[4]。具体评价标准为：（1）标准化的因子负荷应至少达到 0.5，0.7 以上则较为理想。（2）方差析出量达到 0.5 以上表明收敛性较好。（3）构想信度达到 0.7 以上表示各指标具有内部一致性，说明指标测量了同一个潜在构想。

---

[1] 参数估计中不恰当的解，指方差、标准误的估计值出现负值；相关的估计值大于 1；参数估计显著性检验 t 值小于 2，等等。

[2] Hair, F. J., Black, C. W. & Babin, J. B., *Multivariate Data Analysis*. NJ: Pearson Education Inc, 1987.

[3] 差析出量的算法是：每个因子各指标因子负荷（标准化）平方的平均数。一般方差析出量达到 0.5 以上表明收敛性较好。参见 Hair, F. J., Black, C. W. & Babin, J. B., *Multivariate Data Analysis*. NJ: Pearson Education Inc, 1987。

[4] 构想信度的计算方法为，每个因子各指标因子负荷（标准化）之和的平方，比上各指标因子负荷之和的平方与该因子各指标误差方差之和的和。

第二节 基于结构方程模型的高级汉语学习者语言技能关系研究

判别效度的考察方法为,将两个因子间相关(标准化)的平方同这两个因子各自的方差析出量进行比较,两个方差析出量都大于相关的平方时,说明测量模型具有较好的判别效度。

根据上述检验方法,我们对"听读+说+写"一阶模型的构想效度进行了考察,相应指标整理如表 6-18 和表 6-19。

表 6-18 "听读+说+写"一阶模型聚敛效度检验表

	LR 因子	S 因子	W 因子
因子负荷 (标准化)	L1(0.66)、L2(0.80)、 L3(0.75)、R1(0.69)、 R2(0.71)、R3(0.70)、 R4(0.64)	S1(0.80)、 S2(0.84)	W1(0.82)、 W2(0.87)
方差析出量	0.50	0.67	0.71
构想信度	0.88	0.80	0.83

表 6-19 "听读+说+写"一阶模型判别效度检验表

	LR & S		LR & W		S & W	
因子间相关的平方	0.22		0.35		0.11	
方差析出量	0.50	0.67	0.50	0.71	0.67	0.71

根据表 6-18,本研究所有 11 个指标在相应因子上的负荷均超过 0.5,其中除了指标 L1、R1,其余指标标准化因子负荷都高于 0.7,每个因子的方差析出量都在 0.5 以上,构想信度也都高于 0.7,表明测量模型具有较好的聚敛效度。

在表 6-19 中,我们将三个因子进行两两比较,两个因子各自的方差析出量均大于因子间相关的平方。表明测量模型具有较好的判别效度,因子间区别性比较高。综合聚敛效度和判别效度的检验结果,我们认为"听读+说+写"一阶模型具有较好的构想效度。

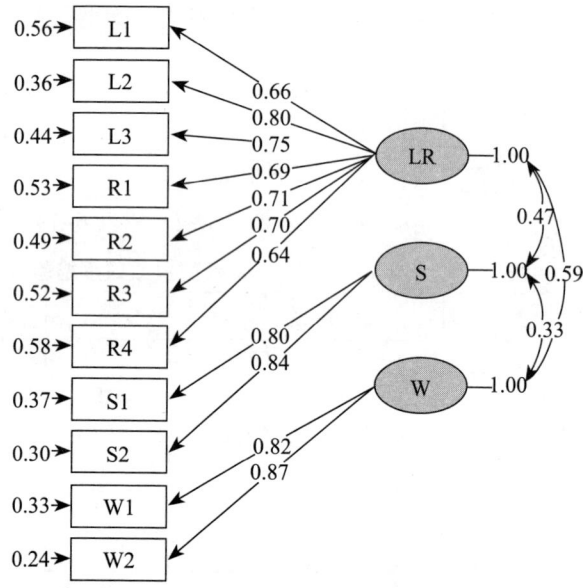

Chi-Square=56.85, df=41, p-value=0.05085, RMSEA=0.063

图 6-6 "听读 + 说 + 写"三因子模型参数估计路径图

三、讨论

（一）高级水平汉语学习者语言技能因子数量及其构成

验证性因子分析结果表明，"听读 + 说 + 写"一阶因子模型是对高级水平汉语学习者语言技能因子结构的较好概括。我们认为高级水平汉语学习者的语言能力总体上由听读、说、写三个独立的因子构成，而这三个因子间又存在一定关联。

本研究的结论证实了语言能力可分的观点。然而，从具体因子构成以及技能间关系来看，本研究结果与已有研究存在一定差异。目前支持语言能力结构可分的研究的主要结论如下：Carroll

第二节 基于结构方程模型的高级汉语学习者语言技能关系研究 267

（1983）、Bachman et al.（1995）以及 Kunnan（1995）的研究[①]都发现了"听+读写+说"的因子构成；Stricker et al.（2005）对 TOEFL iBT 的前身 Langu Edge Courseware 的跨组别验证性因子分析得出了两个相关的一阶因子："听读写+说"；[②]Sawaki et al.（2008）对 TOEFL iBT 整体结构的验证，发现了"听+读+说+写"的四因子组合。[③]

本研究与以上几项研究的差异归结为以下几点：

1. 研究材料的不同，Carroll（1983）、Bachman et al.（1995）以及 Kunnan（1995）的研究材料是几个考试的组合，研究材料复杂的内部关系会对因子关系的确定产生影响。[④]

2. 研究目的不同，Stricker et al.（2005）的研究目的是讨论语言技能结构的跨组别不变性，[⑤]而本研究的目的在于讨论高级水平汉语学习者的技能结构。

3. 观测变量选择方法的不同，Sawaki et al.（2008）以题目为

---

① Carroll, J. B., Psychometric theory and language testing. In Oller, J. W. Jr. (Ed.), *Issues in Language Testing Research*. Rowley, MA: Newbury House, 1983; Bachman, L. F., Davidson, F., Ryan, K. & Inn-Chull Choi, *An Investigation into the Comparability of Two Tests of English As a Foreign Language: The Cambridge-TOEFL Comparability Study*. Cambridge, England: Cambridge University Press, 1995; Kunnan, A. J., *Test Taker Characteristicsand Test Performance: A Structural Equation Modeling Approach*. England: Cambridge, Cambridge University Press, 1995.

② Stricker, L. J., Rock, D. A. & Lee, Y. W., *Factor Structure of the Language Test across Language Groups (TOEFL Monograph Series No. MS-32)*. Princeton, NJ: ETS, 2005.

③ Sawaki, Y., Stricker, L. & Oranje, A., *Factor Structure of the TOEFL Internet-Based Test (iBT): Exploration in a Field Trial Sample*. Princeton, NJ: ETS, 2008.

④ 同①。

⑤ 同②。

观测变量,[①] 本研究以题目组为观测变量。

4. 研究样本的不同,以上研究均以英语学习者为样本,而本研究以汉语学习者为样本,以不同的语言学习者为样本有可能得出不同的语言技能结构。

(二)高级水平汉语学习者四项技能的关系模式

按照从高到低的顺序对三个技能因子间相关系数进行排序,结果如表 6-20。

听读作为一个融合因子,与写、说的相关分别是 0.59 和 0.47。说和写的相关为 0.33。可以说,三个技能因子的相关都是比较低的,说和听读、说和写的相关只有 0.47 和 0.33。可见,三个因子间的区分程度比较高,而且说的技能与其他技能间的分离程度相对较高。

表 6-20 "听读 + 说 + 写"模型三项技能因子间相关系数

技能	相关
听读和写	0.59
听读和说	0.47
说和写	0.33

听力和阅读作为一个融合因子的研究结果,在以往对于四项技能关系的实证研究中从未出现。本研究得出了听读这一融合因子,是比较值得关注和思考的。

首先,从交际方式角度看,按照 Bachman 提出的模式和渠道的划分标准,听和读同属理解性技能。[②] 其次,从心理认知过程

[①] Sawaki, Y., Stricker, L. & Oranje, A., *Factor Structure of the TOEFL Internet-Based Test (iBT): Exploration in a Field Trial Sample*. Princeton, NJ: ETS, 2008.

[②] Bachman, L. F., *Fundamental Considerations in Language Testing*. Oxford: Oxford University Press, 1990.

角度看，是听／读者从外界提取信息、加工信息的认识过程。尽管它们接受语言信息的渠道不同（一个来自听觉，一个来自视觉）。但是，它们的心理过程是极为相似的。因此，高级水平汉语学习者听和读的技能呈现较为融合的关系是具有合理性的。

另外，值得注意的是，同属表达性技能的说和写相关非常低，只有 0.33。关于说和写的关系，笔者认为，由于汉字意音文字的特点，汉语学习者的写作技能与其他目的语学习者写作技能呈现出一些不同的特性，这也许是本研究结果显示说和写的技能相关较低的原因。

笔者认为，对于高级水平汉语学习者，同为理解性模式的听力和阅读技能在语言能力发展过程中具有相辅相成的关系，对高级水平汉语学习者语言技能的发展也有着较大的影响。

（三）高级水平汉语学习者四项技能间的融合／分散趋势

在对听、说、读、写四项技能关系的研究中，四因子模型代表了技能因子间关系最为分散的状态，单因子模型代表了技能因子间关系最为融合的状态。本研究中，"听读＋说＋写"模型和"听＋说＋读＋写"模型都达到了拟合数据的标准，而"听读＋说＋写"模型拟合结果优于"听＋说＋读＋写"模型，二者的主要差别在于听、读两个技能融合／分散关系的不同。较之"听＋说＋读＋写"模型，"听读＋说＋写"模型中听、读因子关系更为融合。因此笔者认为，高级水平汉语学习者技能间关系呈现出部分融合的趋势。

四、结论

本研究的主要结论如下：

高级水平汉语学习者技能结构模式可以用"听读+说+写"的形式进行描述，四项技能中听力和阅读呈现融合的趋势，相对而言，说的技能与其他技能的区分性比较高。

高级水平汉语学习者听、说、读、写四项技能呈现出部分融合的趋势。

高级水平汉语学习者的分技能水平可能存在较大差异，如：口语水平较高的学习者，写作水平可能相对较低。

HSK［高级］考试，采用主试卷、口语试卷和写作试卷三部分各自独立施测的方法，并将听力和阅读分数进行综合报导，口语、写作分数独立报导。这种做法具有一定的合理性。并且在汉语作为第二语言测验中，对于高级水平被试，听—读类综合式题型是一种比较适用的语言能力考查方式。

第三节 基于结构方程模型的高级水平汉语学习者语言理解能力结构探究[1]

语言能力问题是语言测试研究的基本问题，因此对这个问题的讨论在语言测试理论中显得尤为重要。根据接受性和产出性两

---

[1] 本节摘自黄敬、王佶旻《基于结构方程模型的高级水平汉语学习者语言理解能力结构探究》，《华文教学与研究》2013年第2期。

类模式,语言能力可分为语言理解能力和语言表达能力[1]。听力理解能力和阅读理解能力都属于语言理解能力。关于语言能力结构,国内外学界都做了大量的研究。但是在国内汉语作为第二语言测试界,有关语言理解能力的研究还有待补充。听力理解和阅读理解都是复杂的和多维的过程,国内外学者们都在试图从不同角度描述其内部包括的子能力。正如Alderson和Lukmani(1989)[2]指出,不同的研究者认为存在不同数量和类型的子能力,但是有的研究者拥有实验数据的支持,有的却没有[3]。同时,在子能力的数量和类型这一问题上,学者们仍然没有达成一致。在国内,有关语言理解能力结构的研究,特别是汉语作为第二语言的语言理解能力的结构研究尚不充分,本研究可作为这方面研究的补充。同时,对语言理解能力结构进行深入研究,可以为汉语测验的编制提供思路,为分数解释和诊断性测验提供依据,也可以为汉语教学起到指导和改善作用,为有针对性地进行听力和阅读技能的训练、改进课堂教学效果提供科学的依据。

基于以上理论目的和实践目的,本研究将使用结构方程模型(Structural Equation Model,SEM)的方法,探讨汉语作为第二语言的高级水平学习者语言理解能力的结构。本研究涉及语言

---

[1] Brown, J., *Testing in Language Programs*. Upper Saddle River, NJ: Prentice Hall Regents, 1996.

[2] Alderson, J. & Lukmani, Y., Cognition and reading: Cognitive levels as embodied in test questions. *Reading in a Foreign Language*, 1989, 5(2).

[3] Davis, Research in comprehension in reading. *Reading Research Quarterly*, 1968, 3; Munby, J., *Communicative Syllabus Design*. Cambridge: Cambridge University Press, 1978; Richards, J., Listening comprehension: Approach, design, procedure. *TESOL Quarterly*, 1983, 17, 2; Weir, C., *Understanding and Developing Language Tests*. New York: Prentice Hall, 1993.

理解能力及其内部子能力这些潜变量的复杂关系,传统的统计方法(如回归分析)不能妥善处理这些潜变量,而结构方程模型能够同时处理潜变量及其外显指标。[1] 此外,结构方程分析经常用以比较不同模型,将同一组数据用不同的模型去拟合,看看哪一个模型拟合更好,从而推想被试的能力结构。[2] 这也有利于本研究比较汉语作为第二语言的高级水平学习者语言理解能力结构的多个可能模型,并最终得出最优模型。在语言测试领域,一些研究[3]也使用过相似的方法来研究第二语言能力结构,但很少有研究使用结构方程模型的方法来研究汉语作为第二语言学习者语言理解能力的结构。

一、研究问题

基于以上论述,本研究主要解决以下问题:

---

[1] 侯杰泰、温忠麟、成子娟《结构方程模型及其应用》,教育科学出版社,2004年。

[2] 同[1]。

[3] Bachman, L. & Palmer, A., The construct validation of the FSI oral interview. *Language Learning*, 1981, 31; Bachman, L. & Palmer, A., The construct validation of some components of communicative proficiency. *TESOL Quarterly*, 1982, 16; Buck, G., The testing of listening comprehension: An introspective study. *Language Testing* 1991, 8(1); Buck, G., Listening comprehension: Construct validity and trait characteristics. *Language Learning*,1992, 42(3); Sang, F., Schmitz, B., Vollmer, H., Baumert, J. & Roeder, P., *Models of second language competence*: Structural equation approach. *Language Testing*, 1986, 3; Sasaki, M., Second Language Proficiency. *Foreign Language Aptitude, and Intelligence: Quantitative and Qualitative Analyses*, New York: Peter Lang, 1996; Shin, S., Did they take the same test? Examinee language proficiency and the structure of language tests. *Language Testing*, 2005, 22(1).

第一，汉语作为第二语言的高级水平学习者的听力理解能力和阅读理解能力这两种语言理解能力是否可分？如果可分，其结构分别是什么？其内部所包括的子能力的数量和类型分别是什么？

第二，汉语作为第二语言的高级水平学习者的语言理解能力是否可分？如果可分，语言理解能力的结构是什么？其内部所包括的子能力的数量和类型分别是什么？

二、研究背景

基于以上提出的研究问题，我们将从语言理解能力结构研究和听力理解能力与阅读理解能力的结构关系研究两方面来梳理已有的有关研究成果。

（一）语言理解能力结构研究

关于语言理解能力的结构，学界一直存在着争议。归结起来主要有两个基本问题：第一，语言理解能力的可分性。第二，如果可分，那么语言理解能力内部的子能力的数量和种类分别是什么？对于第一个问题的回答，研究者关于语言理解能力结构主要持有两派观点，即语言理解能力不可分论和语言理解能力可分论。

持不可分论的学者认为，语言理解能力由一个单一的、整体的、综合的特质构成，并不存在不同的可分性的子能力。根据研究指出，阅读是一种单一的、整体性的技能，并没有明晰的证据表明其内部存在可分离的子能力。[1]Alderson 和 Lukmani（1989）

---

[1] Lunzer, E. & Gardner, K., *The Effective Use of Reading*. London: Heinemann Educational Books, 1979.

通过研究也对阅读理解能力是否由不同的子能力构成,以及这些子能力之间是否存在层级关系提出了疑问。他认为,即使是专家,有时候也很难判断某一道阅读题究竟考查的是哪一种阅读能力[1]。

持可分论观点的学者认为,语言理解能力是由多个各不相同的子能力构成的。但是对于构成语言理解能力的子能力的数量和种类,学界一直未能达成共识。目前存在两派观点:

一种观点认为,语言理解能力由两部分构成。在听力理解能力结构研究方面,一些研究者提出听力理解能力包括两个部分,[2]最为典型的是 Carroll,他认为听力理解能力由两部分构成:一是理解语言信息的能力;二是将语言信息和广阔的交际语境联系起来的能力。[3]在阅读理解能力结构研究方面,目前的研究者越来越倾向于认为,阅读理解能力由解码和理解两部分构成。解码是识别词汇,而理解则包括对句子进行语法分析、理解句子在语篇中的意义、建构语篇结构以及将这些理解与已有知识整合等。[4]由于语言材料呈现的方式不一样,在解码阶段,听

---

[1] Alderson, J. & Lukmani, Y., Cognition and reading. Cognitive levels as embodied in test questions. *Reading in a Foreign Language*, 1989, 5(2).

[2] Clark, H. & Clark, E., *Psychology and Language: An Introduction to Psycholinguistics*. New York: Harcourt Brace Jovanovich, 1977; Hughes, A., *Testing for Language Teachers*. Cambridge, UK: Cambridge University Press, 1989; Oakeshott-Taylor, J., Information redundancy, and listening comprehension. In Dirven, R. (Ed.), *Horverstandnis im Fremdsprachenunterricht (Listening Comprehension in Foreign Language Teaching)*. Kronberg/Ts: Scriptor, 1977; Rivers, W., Listening comprehension. *Modern Language Journal*, 1966, 50(4).

[3] Carroll, J., Defining language comprehension. In Freedle, R. *et al.* (Eds.), *Language Comprehension and the Acquisition of Knowledge*. New York: John Wiley, 1972.

[4] Gough, P., Ehri, L. & Treiman, R., *Reading Acquisition*. Hillsdale, NJ: L. Erlbaum, 1992.

力和阅读存在明显的差异，而在理解阶段，两者则是一致的。

　　另一种观点认为，语言理解能力内部包含三种及以上的子能力。但是，对于语言理解能力内部的子能力的数量和种类，研究者并未取得一致意见。在听力理解能力结构研究方面，研究者们一直尝试确定构成听力理解能力的子能力。但是，对于构成听力理解能力的子能力的数量和种类，学界一直未能达成共识。不同的研究者从不同的角度划分了听力理解能力的子能力，少至 3 种，多达 250 种。[①] 在阅读理解能力结构研究方面，从事阅读研究的学者们同样也都一直试图确定构成阅读理解能力的子能力，并提出了许多不同的子能力列表。但是对于构成阅读理解能力的子能力的数量和种类，学界也未能达成共识。不同的研究者从不同的

---

　　① Kenneth, C., *Developing Second Language Skills: Theory to Practice*. Boston: Houghton Mifflin Company, 1976; Munby, J., *Communicative Syllabus Design*. Cambridge: Cambridge University Press, 1978; Richards, J., Listening comprehension: Approach, design, procedure. *TESOL Quarterly*, 1983, 17(2); Valette, R., *Modern Language Testing*. New York: Harcourt Brace Jovanovich, 1977; Weir, C., *Understanding and Developing Language Tests*. New York: Prentice Hall, 1993; 杜建《听音理解过程和听力评估方法》，《外语教学与研究》1992 年第 4 期；谷陵《论汉语听力测试中应考查的六种听力技能》，《云南师范大学学报》（对外汉语教学与研究版）2003 年第 6 期；金天相、李泉《广播新闻听力课教学论略》，《汉语学习》1994 年第 3 期；李清华《谈科技汉语的听力理解》，《语言教学与研究》1987 年第 2 期；刘秀明、王苹《预科汉语听力成绩测试中的微技能与信息转换》，《喀什师范学院学报》2008 年第 1 期；杨惠元《谈谈听力教学的四种能力训练》，《世界汉语教学》1989 年第 1 期；杨惠元《论听和说》，《语言教学研究》1991 年第 1 期；朱正才、范开泰《语言听力理解的认知结构与测试》，《语言教学与研究》2001 年第 3 期。

角度划分了阅读理解能力的子能力，少至3种，多达100种[1]。综观此类研究，多角度考察了语言理解能力，对语言理解能力的研究呈现出多元化趋势。既有从语音（重音、语调等）、词汇、语法（句型、句式等）等语言要素的角度考察语言理解能力的结构，也有从交际目的、说话者态度等语用学角度来分析语言理解能力的结构，还有从修辞、连贯等篇章要素的角度来研究语言理解能力的结构，等等。这样的划分虽然全面，但是带来的一个严重的问题就是划分的维度和层次不清晰。有的研究对于子能力的划分过于细致，导致下位能力与上位能力之间层次混乱；有的研究对于子能力的划分过于笼统，导致有的子能力过于复杂，实际上是一个综合性能力。这样既加大了子能力定义的难度，也影响了其

---

[1] Carroll, J., *Human Cognitive Abilities*. Cambridge, UK: Cambridge University Press, 1993; Carver, R., Optimal rate of reading prose. *Reading Research Quarterly* XVIII (1), 1982; Carver, R., Is reading rate constant or flexible? *Reading Research Quarterly*, 1983, XVIII (2); Carver, R., Rauding theory predictions of amount comprehended under different purposes and speed reading conditions. *Reading Research Quarterl*, 1984, XIX (2); Carver, R., *Reading Rate: A Review of Research and Theory*. New York: Academic Press, 1990; Carver, R., What do standardized tests of reading comprehension measure in terms of efficiency, accuracy, and rate? *Reading Research Quarterly*, 1992, 27(4); Davis, F., Fundamental factors of comprehension in reading. *Psychometrika*, 1944, 9; Davis, F., Research in comprehension in reading. *Reading Research Quarterly*, 1968, 3; Grabe, W., Current development in second language reading research. *TESOL Quarterly*, 1991, 25; Gray, W., The major aspects of reading. In H.Robinson (Ed.), *Sequential Development of Reading Abilities*. Chicago: University of Chicago Press, 1960; Harmer, J., *The Practice of English Language Teaching*. New York: Longman Group Limited, 1983; Kintsch,W. & van Dijk, T., Toward a model of text comprehension and production. *Psychological Review*, 1978, 85; Kintsch, W. & Yarbrough, J., Role of rhetorical structure in text comprehension. *Educational Psychology*, 1982, 74(6); Lennon, R., What can be measured? *Reading Teacher*, 1962, 15; Munby, J., *Communicative Syllabus Design*. Cambridge: Cambridge University Press, 1978.

第三节 基于结构方程模型的高级水平汉语学习者语言理解能力结构探究 277

理论与实证价值的实现。

在实证研究方面，大多数的研究使用了因素分析的方法[1]和多元回归分析的方法[2]。随着统计技术的发展，一些研究者开始使用认知诊断模型来研究语言理解能力，[3]但此类研究都是侧重解决有关测验分数的诊断性报告的问题，而非研究语言理解能力

---

[1] Carroll, J., *Human Cognitive Abilities*. Cambridge, UK: Cambridge University Press, 1993; Davis, F., Research in comprehension in reading. *Reading Research Quarterly*, 1968, 3; Lennon, R., What can be measured? *Reading Teacher*, 1962(15); Rost, D., Assessing the difference components of reading comprehension: fact or fiction? *Language Testing*, 1993, 10(1); Spearitt, D., Identification of subskills of reading comprehension by maximum likelihood factor analysis. *Reading Research Quarterly*, 1972, 8; 金琰如、王佶旻《初级阶段留学生汉语听力能力结构探究》，《语言教学与研究》2012 年第 3 期。

[2] Davey, B., Factors affecting the difficulty of reading comprehension items for successful and unsuccessful readers. *Experimental Education*, 1988, 56; Drum. P., Calfee, R. & Cook, L., The effects of surface structure variables on performance in reading comprehension tests. *Reading Research Quarterly*, 1981, 16; Freedle, R. & Kostin, I., Can multiple-choice reading tests be construct valid? *Psychological Science*I, 1994, 5; Nissan, S., DeVincenzi F. & Tang, L., *An Analysis of Factors Affecting the Difficulty of Dialogue Items in TOEFL Listening Comprehension (TOEFL Research Report No.RR-51)*. Princeton, NJ: Educational Testing Service, 1996; Pollitt, A., Hutchinson, C., Entwistle, N. & DeLuca, C. *What Makes Exam Questions Difficult? An Analysis of 'O'Grade Questions and Answers*. Edinburgh: Scottish Academic Press, 1985.

[3] Buck, G. & Tatsuoka, K., Application of the rule-space procedure to language testing: Examining attributes of a free response listening test. *Language Testing*, 1998, 15(2); Jang, E., Cognitive diagnostic assessment of L2 reading comprehension ability: Validity arguments for Fusion Model application to language assessment. *Language Testing*, 2009, 26(1); 李小兰《知识空间理论与规则空间模型在汉语听力理解技能测验编制中的应用》，北京语言大学硕士学位论文，2008 年；王静《C.TEST 阅读理解测验的诊断性评价研究》，北京语言大学硕士学位论文，2008 年；徐式婧《C.TEST 听力理解测验的诊断性评价研究》，北京语言大学硕士学位论文，2007 年；杨旭《融合模型在 C.TEST 听力理解试题中的认知诊断研究》，北京语言大学硕士学位论文，2010 年。

结构本身的结构特点。

（二）听力理解能力和阅读理解能力的结构关系研究

有关听力理解能力和阅读理解能力的结构关系依旧没有定论。Reves 和 Levine（1988）运用相关分析和多元回归分析进行研究，结果发现两种语言理解能力（听力理解和阅读理解）都包含一个单一因子和许多子能力。[1] 他们认为阅读理解能力内部的子能力在某种程度上来说和听力理解能力内部的子能力是相似的。听力理解能力不同于阅读理解能力，是因为听力理解与阅读理解相比，是更为整体性的语言理解能力。口头话语和书面话语之间的差异会导致处理模式的差异。Buck（1991）使用多质多法（Multitrait-Multimethod，MTMM）模型进行构想效度的研究表明听力理解能力作为一种不同的特质区别于阅读理解能力。[2] 然而，Buck（1992）的研究指出支持听力理解能力作为一种不同的特质这一观点的证据是矛盾的。[3] 通过两次研究所得出的不同结果，他进一步推测研究中的"强大特质效应"的存在并不能表明听力理解能力区别于阅读理解能力。Bae 和 Bachman（1998）使用验证性因素分析进行研究，认为听力理解能力和阅读理解能力存在重叠部分，但各自又有独特的方面。[4] Freedle 和 Kostin（1999）

---

[1] Reves, T. & Levine, A., The FL receptive skills: Same or different? *System*, 1988, 16.

[2] Buck, G., The testing of listening comprehension: An introspective study. *Language Testing*, 1991, 8(1).

[3] Buck, G., Listening comprehension: Construct validity and trait characteristics. *Language Learning*, 1992, 42(3).

[4] Bae, J. & Bachman, L., A latent variable approach to listening and reading: Testing factorial invariance across two groups of children in the Korean/English Two-Way immersion Program. *Language Testing*, 1998, 15(3).

对比了听力理解能力和阅读理解能力，也得出了类似的结论。[①]
Buck（2001）在对以往理论研究和实证研究总结的基础之上，认为"听力理解能力和阅读理解能力形式的特征，虽然两者在某些方面存在独特性，但它们拥有许多共同的特征"。[②]Park（2004）则认为听力理解能力和阅读理解能力是不同的。[③]第二语言听话者比较容易处理推理性信息，而第二语言阅读者则较为容易处理事实性信息。语言知识和背景知识对于听力理解能力来说都十分重要，而在阅读理解能力中，背景知识没有语言知识重要。

三、研究方法、过程及结果

（一）样本

本研究的数据来自于 2010 年 10 月 16 日施测的 HSK［高等］考试，共有来自 52 个国家和地区的 2733 名考生参加了此次考试。此考试适用于汉语作为第二语言的高级水平学习者，接受过 3000 学时或 3000 学时以上现代汉语正规教育的学习者（包括具有同等学力或同等水平的汉语学习者）可达到这一级标准。

[①] Freedle, R. & Kostin, I., Can multiple-choice reading tests be construct valid? *Psychological Science*, 1994, 5; Freedle, R. & Kostin, I., Does text matter in a multiple-choice test of comprehension? The case for the construct validity of TOEFL's minitalks. *Language Testing*, 1999, 16(1).

[②] Buck, G., *Assessing Listening*. Cambridge, UK: Cambridge University Press, 2001.

[③] Park, G., Comparison of L2 listening and reading comprehension by university students learning English in Korea. *Foreign Language Annals*, 2004, 37.

（二）测量工具

本研究使用的试卷是 HSK［高等］的笔试试卷。笔试试卷分为三个部分：听力理解、阅读理解和综合表达，共 120 题。本研究由于需要同时考察听力理解能力和阅读理解能力的结构，故只选取听力理解和阅读理解两个分测验。其中听力理解分测验主要考查应试者听懂并理解汉语口语的能力，有 2 个小部分，共 40 题，约 30 分钟；阅读理解分测验主要考查应试者看懂并理解汉语书面材料的能力，有 2 个小部分，共 40 题，约 40 分钟。

（三）观测变量

1. 对试题进行分类

基于已有的研究和 HSK［高等］测验试题的内容以及测验问题和选项分析，80 道测验试题被分为以下三类：概括总结能力——理解并抓住语言材料的主要内容的能力；细节捕捉能力——理解并抓住语言材料的有关细节的能力；推理判断能力——理解并根据语言材料进行推理的能力。

基于此分类，两位专家受邀分别考察了听力理解分测验和阅读理解分测验的语言材料以及问题和选项，对 80 道测验试题进行了归类，并比较分类结果。两位专家分类结果一致的题目有 77 道，占总题数的 96%。未能取得一致意见的题目为 3 道，其中阅读理解分测验试题 2 道，听力理解分测验试题 1 道。在经过讨论之后，两位专家对所有题目的分类取得了一致意见。分类结果见表 6-21。

表 6-21 试题分类结果

	概括总结能力	细节捕捉能力	推理判断能力
听力理解	4 道题	20 道题	16 道题
阅读理解	5 道题	26 道题	9 道题

2. 项目合并

在结构方程模型中，观测变量（或称指标）被用来测量那些不能被直接测量的潜变量（或称因子）。题目或题目组均可作为因子的外显指标。就本研究而言，选择采用题目组作为各因子的观测变量，将各分测验中相同分类下的几个题目合并成为一个新的连续变量。主要原因有：第一，这 80 道试题均为二项记分，不能满足现有结构方程模型软件的需要；第二，结构方程模型对于样本量与观测变量个数之间的比值有一定的要求，样本量小、变量个数多的情况下极有可能得到不稳定的解，因此本研究采用将题目划分成小组的方式来减少变量个数。在项目合并的过程中，应遵循以下原则：合并的项目应该是相似的，并被用来测量同一构念；① 合并的项目应该来自同一篇文章，因为内容相似也是项目合并的一个重要原则；② 项目合并后的合成分数应该尽可能呈

---

① Kishton, J. & Widaman, K., Unidimensional versus domain representative parceling of questionnaire items: An empirical example. *Educational and Psychological Measurement*, 1994, 54.

② Nasser, F., Takahashi, T. & Benson, J., The structure of test anxiety in Israeli-Arab high school students-An application of confirmatory analysis with miniscales, *Anxiety, Stress and Coping*, 1997, 10.

正态分布;① 项目小组中的每一项目应该是单维的。②

因此,最终得到 13 个听力变量和 10 个阅读变量,总共为 23 个变量,如表 6-22 所示:

表 6-22 观测变量与分数

听力变量	分数	阅读变量	分数
V1: LSUM1	0—2	V14: R2SUM1	0—2
V2: LSUM2	0—2	V15: R2SUM2	0—3
V3: L1DET1	0—4	V16: R1DET1	0—5
V4: L1DET2	0—3	V17: R1DET2	0—4
V5: L1DET3	0—3	V18: R1DET3	0—6
V6: L1DET4	0—4	V19: R2DET1	0—6
V7: L2DET1	0—3	V20: R2DET2	0—5
V8: L2DET2	0—3	V21: R2INF1	0—3
V9: L1INF1	0—3	V22: R2INF2	0—3
V10: L1INF2	0—3	V23: R2INF3	0—3
V11: L1INF3	0—3		
V12: L2INF1	0—3		
V13: L2INF2	0—4		

---

① Bandalos, D. & Finney, S., Item parceling issues in structural equation modeling. In Marcoulides, G. *et al.* (Eds.), *New Developments and Techniques in Structural Equation Modeling*, Mahwah, NJ: Lawrence Erlbaum Associates, 2001; Enders, K. & Bandalos, L., The effects of heterogeneous item distribution on reliability. *Applied Measurement in Education*, 1999, 12.

② Hattie, A., Methodology review:Assessing unidimensionality of tests and items, *Applied Psychological Measurement*, 1986, 9; Hayduk, L., *LISREL Issues, Debates and Strategies*. Baltimore. MD: Johns Hopkins University Press, 1996; Kishton, J. & Widaman, K., Unidimensional versus domain representative parceling of questionnaire items: An empirical example. *Educational and Psychological Measurement*, 1994, 54.

(四)研究过程

1. 初步数据分析

首先,对 23 个观测变量进行描述性统计分析,并计算各变量的组间内部一致性信度系数。计算结果如表 6-23。

表 6-23 各变量组间内部一致性信度系数

	听力变量	阅读变量	全部变量
α 系数	0.852	0.816	0.900

由表 6-23 知,听力理解测验 13 个题目组的内部一致性信度系数为 0.852,阅读理解测验 10 个题目组的内部一致性信度系数为 0.816,所有 23 个题目组的内部一致性信度系数为 0.900,可以看出各分测验题目组间具有较高的内部一致性。

2. 结构方程模型分析

基于对以往文献的回顾以及本研究的目的,本研究将建立以下三类模型:单一能力模型,双能力模型,三能力模型。在单一能力模型中,只包含一个"一般理解能力"因子。在双能力模型和三能力模型中,均包含了"概括总结能力""细节捕捉能力"和"推理判断能力"三个因子。但是,在双能力模型中,将"概括总结能力"和"细节捕捉能力"合并为"理解显性信息的能力",而将"推理判断能力"称为"理解隐性信息的能力"。

因此,本研究将分为两步:第一,在听力理解能力和阅读理解能力分别是不同的能力特质这一理论假设下,分别对听力变量和阅读变量进行三个模型的检验;第二,在听力理解能力和阅读理解能力都是语言理解能力,只是呈现模式不同(声音和文本)这一理论假设下,把听力变量和阅读变量整合在一起进行三个模型的检验。

3. 模型评价的标准

拟合指数是模型拟合数据程度的评价标准，一个理想的拟合指数，应当具有下面三个特征：不受样本容量的影响；惩罚复杂模型；对误设模型敏感。[①]

参考已有研究中常用且普遍认为较稳定的拟合指数，[②] 本研究拟选择以下几个拟合指数作为模型拟合的检验标准：GFI、CFI、RMSEA、ECVI、AIC。需要特别说明的是，由于本研究采用大样本，且 χ^2 和 χ^2/df 易受样本容量的影响，[③] 因此本研究不选择 χ^2 和 χ^2/df 作为模型评价的标准。各拟合指数特性和判断标准如下：

GFI（goodness of fit index，拟合优度指数）：早期使用较多，一般认为大于或等于 0.90 则模型拟合较好。

CFI（comparative fit index，比较拟合指数）：不受样本容量的影响，从而避免对模型与小样本拟合优度的低估。缺点是没有惩罚复杂模型。大于 0.90 表示较好的拟合。

RMSEA（root mean square error of approximation，近似误差均方根）：评价模型时，会考虑模型的复杂性，受样本量影响较小。

[①] 温忠麟、侯杰泰、马什赫伯特《结构方程模型检验：拟合指数与卡方准则》，《心理学报》2004 年第 2 期。

[②] Boomsma, A., Reporting analyses of covariance structure. *Structural Equation Modeling*, 2000, 7; Hoyle, R. & Panter, A., Writing about structural equation models. In Hoyle, H. (Ed.), *Structural Equation Modeling*: *Concepts, Issues and Applications*. Thousand Oaks, CA: Sage Publications, 1995; Raykov, T., Tome, A. & Nesselroade, J., Reporting structural equation modeling results in Psychology and Aging: Some proposed guidelines. *Psychology and Aging*, 1991, 6.

[③] 侯杰泰、温忠麟、成子娟《结构方程模型及其应用》，教育科学出版社，2004 年。

小于 0.05 表示非常好的拟合，0.05 和 0.08 之间表示较好的拟合，大于 0.10 说明拟合很差。[①]

ECVI（expected cross-validation index，交互效度指数）：反映了模型拟合结果对同一总体的另一样本的可重复性，其值越小，在另一样本拟合的结果越好。

AIC（akaike information criterion，赤池信息量准则）：是用于比较不同模型拟合数据效果的一种信息指数，可以权衡所估计模型的复杂度和此模型拟合数据的优良性。其数值越小，表明模型拟合越好。

（五）研究结果

1. 对听力变量和阅读变量的分别检验

我们分别对听力变量和阅读变量进行了三个模型的检验（单一能力模型、双能力模型和三能力模型）。单一能力模型假设第二语言听力理解能力和阅读理解能力都是单一的、整体的能力。而双能力模型和三能力模型则假设在第二语言理解能力内部存在可分性的子能力。同时，作为高阶因子的"听力理解能力"或者"阅读理解能力"影响着作为一阶因子的子能力，并通过被试在听力试题或者阅读试题上的作答反应表现出来。三个模型检验后的拟合指数总结于表 6-24：

[①] Browne, M. & Cudeck, R., Alternative ways of assessing model fit. In Bollen, K. *et al.* (Eds.), *Testing Structural Equation Models*, Newbury Park, CA: Sage Publications, 1993.

表 6-24 对听力变量和阅读变量进行三个模型检验后的拟合指数

	听力变量			阅读变量		
	单一能力模型	双能力模型	三能力模型	单一能力模型	双能力模型	三能力模型
GFI	0.794	0.924	0.994	0.787	0.977	0.917
CFI	0.755	0.935	0.995	0.727	0.958	0.878
RMSEA	0.051	0.021	0.015	0.063	0.054	0.059
ECVI	0.078	0.069	0.058	0.147	0.123	0.132
AIC	259.094	181.080	158.386	446.937	335.009	347.926

如表 6-24 所示，无论是听力变量还是阅读变量，双能力模型和三能力模型的拟合度均优于单一能力模型。单一能力模型的 GFI 和 CFI 均低于 0.90（未达到 0.90 以上），RMSEA 也均介于 0.05 和 0.08 之间（虽然表明模型拟合较好，但是仍高于双能力模型和三能力模型的 RMSEA 指数），ECVI 和 AIC 也都是三个模型当中最高的。参考所有的拟合指数，对于听力变量，三能力模型的 GFI 和 CFI 分别为 0.994 和 0.995，均达到 0.90 以上，RMSEA 为 0.015，远远小于 0.05，ECVI 和 AIC 分别为 0.058 和 158.386，均是三个模型中最小的，故三能力模型优于单一能力模型和双能力模型；对于阅读变量，双能力模型的 GFI 和 CFI 分别为 0.977 和 0.958，均达到 0.90 以上，RMSEA 为 0.054，介于 0.05 和 0.08 之间，ECVI 和 AIC 分别为 0.123 和 335.009，也均是三个模型中最小的，故双能力模型优于单一能力模型和三能力模型。听力理解能力三能力模型图和阅读理解能力双能力模型图见图 6-7 和图 6-8。

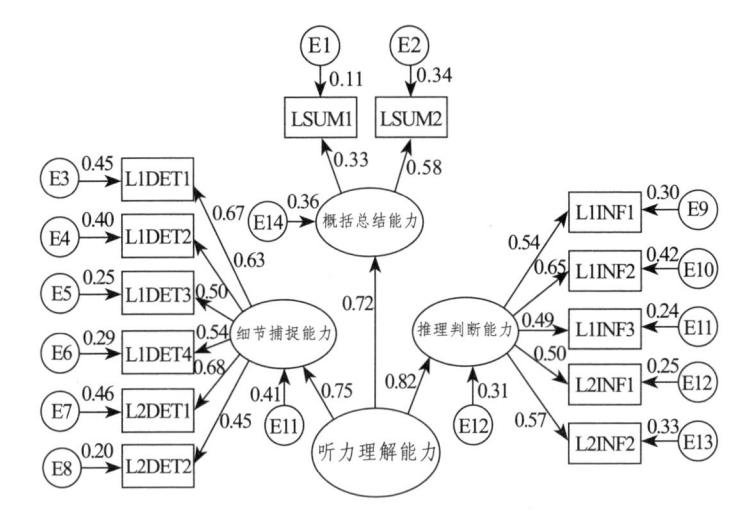

第三节 基于结构方程模型的高级水平汉语学习者语言理解能力结构探究 *287*

图 6-7 听力理解能力的三能力模型图

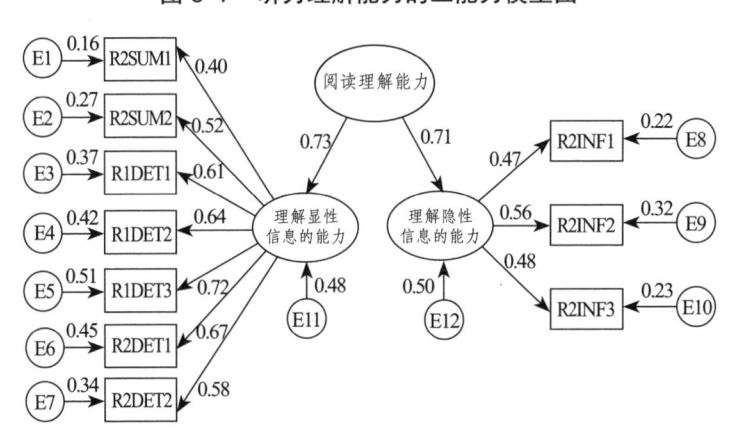

图 6-8 阅读理解能力的双能力模型图

因此，在听力理解能力和阅读理解能力分别是不同的能力特质这一理论假设下，分别对听力变量和阅读变量进行三个模型的检验结果显示：（1）第二语言听力理解能力和阅读理解能力并不是一个单一的、整体的能力，其内部包括不同的可分性子能力；

(2) 对于听力理解能力而言，三能力模型为最优模型，而对于阅读理解能力而言，双能力模型为最优模型。

2. 对语言理解能力的检验

在听力理解能力和阅读理解能力都是语言理解能力，只是呈现模式不同（声音和文本）这一理论假设下，我们将听力变量和阅读变量整合在一起进行了三个模型的检验。三个模型的拟合指数总结于表6-25：

表6-25　对语言理解能力进行三个模型检验后的拟合指数

	单一能力模型	双能力模型	三能力模型
GFI	0.658	0.645	0.654
CFI	0.649	0.612	0.638
RMSEA	0.037	0.048	0.043
ECVI	0.453	0.677	0.519
AIC	1353.132	1932.721	1508.786

如表6-25所示，三个模型的GFI和CFI均处于0.60和0.70之间，远远低于0.90。单一能力模型的RMSEA虽然小于0.50，但也处于接近0.50的位置，而双能力模型和三能力模型的RMSEA均处于0.50和0.80之间，只表明模型拟合较好。因此，三个模型的拟合度都不太好。回顾之前分别对听力变量和阅读变量的检验，双能力模型和三能力模型在听力变量和阅读变量中都拟合较好，而将听力变量和阅读变量整合在一起检验后则拟合不太好。

因此，我们对三个模型进行了一些调整，在原有模型的基础之上，我们加入了两个"渠道"因子，即"听觉渠道"和"视觉渠道"。这一做法的理论假设为：在第二语言听力理解能力和阅读理解能力中，不仅仅只包含了一个共有的理解过程，同时也包含着一个不同的解码过程。在听力理解能力中，存在着对听觉渠道信息的解码，而在阅读理解能力中，存在着对视觉渠道信息的解码。三个新模型的拟合指数总结于表6-26：

表6-26　对语言理解能力进行三个新模型检验后的拟合指数

	新单一能力模型	新双能力模型	新三能力模型
GFI	0.962	0.931	0.950
CFI	0.946	0.908	0.939
RMSEA	0.031	0.050	0.038
ECVI	0.274	0.416	0.291
AIC	256.537	407.891	288.896

如表6-26所示，在对原模型调整后，三个新模型的拟合度都比较好。但是，是否语言理解能力只包含两个"渠道"因子，而不包括三个"子能力"因子呢？于是，我们将新模型中的"子能力"因子剔除，得到一个只包含两个"渠道"因子的模型（简称"渠道"模型），并对所有变量进行了检验。"渠道"模型的GFI和CFI分别为0.827和0.849，RMSEA为0.065，这就表明"渠道"模型不能较好拟合。同时，这也就说明了在原有模型的基础上加上"渠道"因子是必要的。

根据表6-26的各项拟合指数，三个新模型的拟合度都很好。因此，仅仅依据拟合指数，我们很难选出语言理解能力的最优模型。单纯就统计的角度来看，新单一能力模型是最优模型，原因如下：在三个新模型中，单一能力模型的拟合指数是最好的；单一能力模型和三能力模型的各项拟合指数十分接近，单一能力模型的GFI、CFI和RMSEA分别为0.962、0.946和0.031，三能力模型的GFI、CFI和RMSEA分别为0.950、0.939和0.038，两个模型的ECVI和AIC也都十分接近。同时在三能力模型中，三个一阶因子在高阶因子上的因子负荷都接近1，这就似乎表明三个

"子能力"因子实际上可能就是一个单一因子。

但是,在结构方程模型中,选择最优模型不能仅仅依靠统计信息。[①] 由于在对听力变量和阅读变量的分别检验中,单一能力模型的拟合度均不好。因此,对所有变量而言,似乎选择双能力模型或者三能力模型为最优模型比较合适。而根据表6-26,新三能力模型的各项拟合指数均优于新双能力模型。因此,我们选择新三能力模型为语言理解能力的最优模型。语言理解能力的最优模型图见图6-9。

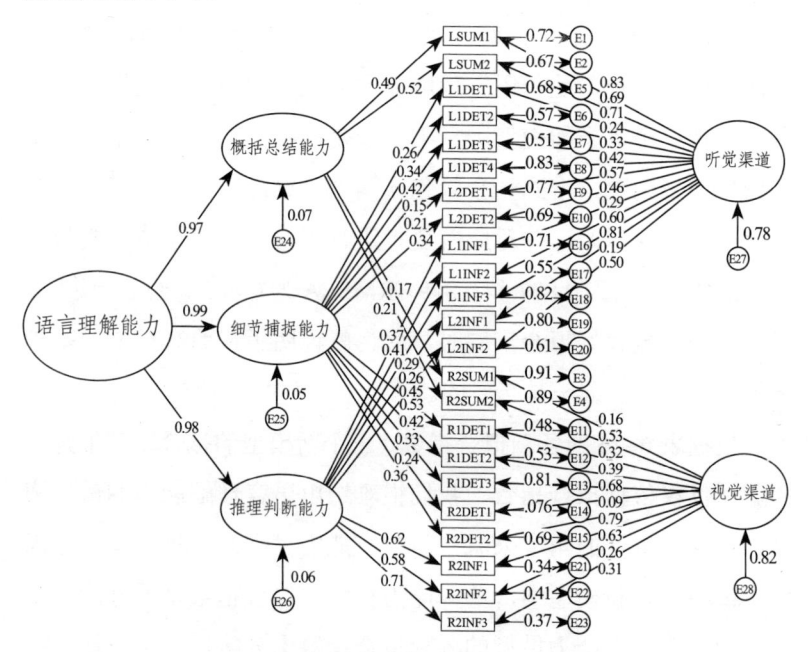

图 6-9 语言理解能力的最优模型图

---

① 侯杰泰、温忠麟、成子娟《结构方程模型及其应用》,教育科学出版社,2004年。

四、讨论

（一）听力理解能力结构和阅读理解能力结构

本研究的研究问题一是：汉语作为第二语言的高级水平学习者的听力理解能力和阅读理解能力这两种语言理解能力是否可分？如果可分，其结构分别是什么？其内部所包括的子能力的数量和类型分别是什么？

关于这一研究问题，我们分别对听力变量和阅读变量进行了三个模型的检验。如表6-24所示，在听力理解能力中，三能力模型优于单一能力模型和双能力模型；在阅读理解能力中，双能力模型优于单一能力模型和三能力模型。如图6-7所示，三能力模型在听力变量中拟合较好，包含三个子能力因子，即"概括总结能力""细节捕捉能力"和"推理判断能力"。如图6-8所示，双能力模型在阅读变量中拟合较好，包含两个子能力因子，即"理解显性信息的能力"和"理解隐性信息的能力"。

就双能力模型而言，它在阅读变量中的拟合度优于在听力变量中的拟合度。这就说明"概括总结能力"和"细节捕捉能力"并不能够很好地在阅读变量中区分开来，但却能够很好地在听力变量中区分开来。我们认为原因如下：

第一，参加HSK［高等］考试的汉语学习者对汉语阅读文本比较熟悉，因此，他们既能掌握和理解阅读文本的主要内容，也能较好地理解阅读文本的具体细节。这就使得"概括总结能力"和"细节捕捉能力"在阅读变量中很难被区分开来。然而，正如许多听力研究者所言，即使学习者理解了口头演讲中的每一个词的意义，他们也很难理解其主要观点。[①] 这就使得"概括总结能力"和"细节捕捉能力"能够在听力变量中得以区分。同时，这也就说明了对于高级水平汉语学习者而言，理解长对话或者口头演讲比理解阅读文本难度更大和更具挑战性。

第二，HSK［高等］的听力理解分测验和阅读理解分测验的任务特征不同，也是导致听力理解能力和阅读理解能力具有不同的能力结构的一个重要原因。HSK［高等］的阅读理解分测验的阅读文本相对较短，每篇文章750字左右。同时，考生在进行阅读理解测试的过程中可以随时反复多次阅读文本。这些都有利于考生理解文章的主要内容和具体细节。而听力理解分测验中有的听力材料比阅读文本要长。更为重要的是，考生在听力理解测试的过程中只能听一遍，没有机会回过头去重新检查和思考。这就使得考生的"概括总结能力"和"细节捕捉能力"得以有效区分。

正如Alderson所言，子能力对于初级阅读者来说能够更为有效地进行区分，技能成分的研究方法对于低水平的第二语言阅读者来说可能较为有效，而对于高级阅读者来说则不亦然。[②] 也就是说，在考生表现较差的测验中，子能力能够更好地区分开来。因此，在本研究中，较之阅读变量而言，子能力能够更好地在听力变量中区分开来。

（二）语言理解能力结构

本研究的研究问题二是：汉语作为第二语言的高级水平学习

---

① Olsen, L. & Huchin, T., Point-driven understanding in engineering lecture comprehension. *English for Special Purposes*, 1990, 9.

② Alderson, J., *Assessing Reading*. Cambridge, UK: Cambridge University Press, 2000.

第三节 基于结构方程模型的高级水平汉语学习者语言理解能力结构探究

者的语言理解能力是否可分？如果可分，语言理解能力的结构是什么？其内部所包括的子能力的数量和类型分别是什么？

有关这一研究问题，我们将听力变量和阅读变量整合在一起进行了三个模型的检验。研究结果从实证的角度支持了听力理解能力和阅读理解能力都是语言理解能力，只是呈现模式不同（声音和文本）这一理论假设。但就本研究而言，听力理解能力和阅读理解能力两者的关系是异大于同的，因为单纯包含"子能力"因子的三个模型的拟合度都不好，在加入"渠道"因子之后，三个新模型的拟合度有了显著提高。基于目前的分析，我们很难断定语言理解能力是整体的、单一的能力还是其内部包含若干不同的子能力。虽然我们综合考虑把新三能力模型作为最优模型，但是新单一能力模型和新双能力模型的拟合度同样也是好的，这种不确定性有可能源于本研究的数据特征。正如之前所讨论的，HSK［高等］的听力理解分测验和阅读理解分测验上的任务特征不同，这就使得当我们把听力变量和阅读变量整合在一起检验时，"渠道"因子就解释了总体变异中的大部分，而"子能力"因子的影响就小得多。

因此，就目前的研究结果而言，虽然单一能力模型优于双能力模型和三能力模型，但是我们就此认为第二认为理解能力是一个单一的、整体的能力是值得商榷的。正如前面的讨论，实验数据受到被试语言能力和测验任务特征的影响，因此第二语言理解能力的可分性也可能受到被试语言能力和测验任务特征的影响。

五、结论

第一，听力理解能力和阅读理解能力的结构是相似的，它们都包含两个或者三个子能力。听力理解能力包含三个子能力，即"概括总结能力""细节捕捉能力"和"推理判断能力"；阅读理解能力包含两个子能力，即"理解显性信息的能力"和"理解隐性信息的能力"。

第二，听力理解能力和阅读理解能力在理解过程方面是相似的，但在解码过程中却是不同的，具体表现在呈现模式上，即听觉渠道和视觉渠道。

第三，第二语言理解能力的可分性会受到被试语言能力和测验任务特征的影响。因此，在解决有关语言理解能力的可分性及其内部子能力的种类和数量的问题时，需要考虑具体测验情境下的被试语言能力因素和测验任务特征因素。

第七章

主观性测试及评分研究

第一节 国内语言测试写作评分标准理论与应用发展述评[①]

写作测试评分标准的研究一直都是语言测试研究体系中的重要组成部分,研究者们根据不同的语言研究和语言测试研究的成果制定出多种写作测试的评分标准。目前国内一些大规模写作测试的评分标准的基本框架已经趋于稳定,评分标准的科学性和可操作性也在不断提高,有关评分标准的各类研究也不乏著述。但是这些研究大多限于某种特定的写作测试,囿于某个特定的历史阶段,而对国内各类大规模写作测试评分标准的理论和应用发展情况,尚缺乏横向对比、历时分析、全面总结的专门研究。鉴于此,本节拟从共时和历时的角度,对国内一些知名的写作测试,如汉语作为一语的写作测试、英语作为二语的写作测试以及汉语作为二语的写作测试的评分标准进行一次系统的梳理和评述,旨在了解评分标准理论与应用发展的历史和现状,明确今后的研究方向。

---

① 本节摘自赵琪凤《国内语言测试写作评分标准理论与应用发展述评》,《中国考试》2009 年第 8 期。

一、写作评分标准理论发展述评

(一)写作评分标准的作用与评分方法

写作测试是直接考查考生书面表达能力的题型,与其他间接考查书面表达能力的题型相比,它具有无可比拟的测试效度。但控制评分误差历来是写作测试的一个难题和研究热点,而评分标准作为控制评分误差的主要因素之一也由此受到研究者的关注。Liz Hamp-Lyons 和 Barbara Kroll 等学者都曾指出,对书面表达能力的考查,经历了直接测试(如短文写作)、多项选择测试、基于档案的评价等三个阶段,考查方式和评分标准是影响书面表达考试质量的主要因素。[1]

评分标准的制定是写作测试设计的一个重要组成部分,是建立在语言能力构想模型或者教学大纲的基础上的。制定评分标准应该遵循科学性和可操作性两大原则。科学性,是指基于语言能力构想,有明确的理论基础;可操作性,是要能抓住作文的篇章特点,从中抽取最主要的考核内容,表述清晰,有相对量化的指标,使评分员易于掌握。[2]

McNamara 指出,写作测试中使用的评分标准是考试的理论依据,具体反映了测验开发者认为哪些技能或者能力是该考试所要考查的重点。[3] 评分标准不仅用来指导评分过程,同时还要报告评分结果,因此确定评分方法以及制定该评分方法各个等级的

---

[1] Hamp-Lyons, L. & Kroll, B., Issues in ESL writing assessment: An overview. *College ESL*, 1996, 6(1).

[2] 辛平《基于语言能力构想的作文评分标准及其可操作性研究》,《暨南大学华文学院学报》2007 年第 3 期。

[3] McNamara, T. F., *Measuring Second Language Performance*. New York: Longman, 1996.

第一节　国内语言测试写作评分标准理论与应用发展述评

描述项对于评估的有效性至关重要。目前常用的写作评分方法主要有两种，即综合评分法和分项评分法。这两种评分方法的区别主要体现在评分标准上。

综合评分法的评分标准是综合性的，只包含一个评分等级量表，每一等级中包含多项内容，比如内容结构、语言运用等方面的判定标准。评分者根据评分标准中规定的各项内容和对作文的总体印象，给作文打分。它的优点是效率高，特别适合大规模的写作考试评分。目前我国的高考语文作文评分，高考英语作文评分，大学英语四、六级作文评分以及中国汉语水平考试（HSK［高等］）的作文评分均采用综合评分法。但它的缺点在于分数的解释性稍差一些，另外，在评分标准中各项评分内容的比重很难确定。①

分项评分法包含两个或两个以上的独立评分等级量表，它的评分标准对语言能力的各个方面和各个等级都有具体描述和分数规定。给不同的语言能力都赋予单独的分值。由于评分员在分项评分时要逐项、逐条打分，某条或者某项分数的误差对整体分数的影响相对比较小，因此对考生语言能力的评估比较全面，评分结果也会比较稳定，信度相对来说比较高。它的缺点也很明显，阅卷时间长、劳动强度大，涉及考试的可操作性问题，目前在大规模考试中使用得不多。我国高考语文作文评分曾在1994—2000年间采用分项评分的方法。

---

① Bachman, L. F. & Palmer, A., *Language Testing in Practice*. Oxford: Oxford University Press, 1996.

(二) 汉语作为一语的写作测试对写作能力的理解

1. 古代的写作测试——科举考试

中国是世界上最早采用考试的方法来选拔人才的国家，以写作测试为主的科举制度自隋朝创立到清末废除，历时近1400年。从明清时期对八股文写作的主要评分标准来看，古代考官对写作能力的界定主要着眼于考生语言运用的连贯程度、篇章结构的严密程度以及运用修辞手段的能力三个方面。

2. 中考语文写作测试

汉语作为一语的现代写作测试种类很多，本节以中考作文、成人高考作文、高考作文为例，概述这些测试对写作能力的界定。先看中考作文。

中考是全国各省、直辖市独立命题，没有统一的评分标准。本节选取北京市、天津市和辽宁省三地的中考语文科目的评分标准进行归纳分析（见表7-1）。

表7-1 北京市、天津市和辽宁省三地的中考语文科目的评分标准

评分标准	北京市中考作文	天津市中考作文	辽宁省中考作文
1	表达	内容	内容
2	内容	语言	立意
3	书写	篇章	语言
4			篇章

这三个省市的写作评分标准都包含内容、语言和篇章三项内容，可见，中考写作测试的开发者认为对初中毕业生写作能力的考查主要应从内容的充实性、语言的准确、流畅程度以及篇章结构的完整性三大方面着手，这体现了中考写作测试对写作能力的

理解和界定。

3. 成人高考语文写作测试

成人高考写作测试涉及议论文、记叙文、说明文、应用文等实用文体的写作，主要体现在对内容充实性、语言运用准确性、结构完整性以及内在逻辑性的考查上，这几个方面代表着该测试对写作能力的认识。

4. 高考语文写作测试

从 1977 年恢复高考至今，在近 30 年的时间里，高考作文评分标准的内容几经调整，大致经历了四个发展阶段（见表 7-2）。

表 7-2　高考作文评分标准的内容经历的阶段

年代	评分标准主要内容
1977—1993	不详
1994—1997	内容、语言、结构、书写
1998—1999	内容、表达、书写
2000 至今	基础等级（内容、表达、书写），发展等级（深刻透彻、生动形象、有文采、有创新）

由表 7-2 可见，历年的高考写作评分标准都以内容、表达等几项要素作为衡量写作能力的基本尺度。2000 年开始实行的高考语文写作评分标准除了内容、表达、书写三大基本评价项目（基础等级）外，还增加了对创新、思想深刻程度以及运用修辞手段等能力发展等级的考虑。可见测试开发者认为写作能力不仅包括语言知识的基础运用，还包含了思想性、创新性以及修辞等体现写作能力高级水平的内容要素。这些评分标准有利于鼓励创新、发展个性，与古代科举考试的评分标准内容有相似之处。

5. 小结

要想比较客观而相对准确地评估学生的写作能力，就应该把测评的重点放在写作诸因素中相对稳定的一面,也就是语言基本功方面。① 以上列举了三种考试写作评分标准的内容要素,归纳了每种考试对写作能力的理解和界定。可以看出,在汉语作为一语的写作测试中,测试开发者普遍将写作能力操作性地界定为内容、语言表达、篇章三个基本功方面(见表 7-3)。

表 7-3 三种考试写作评分标准的内容要素

评分标准	中考	成人高考	高考
1	内容	内容	内容
2	语言	语言	表达
3	篇章	篇章	书写
4		逻辑	创新
5			思想性
6			修辞

当然,三种考试的评分标准也存在一些差异,因为评分标准应该具有针对性,体现不同阶段、不同层次水平、不同测试目的对考生不同的写作要求。具体来看,造成差异的原因主要有两点:

(1)考试对象不同。参加中考的是十五六岁的初中毕业生,考虑到中学生写作教学是一种教育过程,它的目的是培养基本能力,以适应学生未来的不同需要,② 因此中考的作文评分标准中没有对思想性、内在逻辑性的要求,只是从语言运用方面进行考查。而参加高考的考生基本都是成年人,已经开始形成自己的价值观、人生观等,在评分标准中也应体现出对作文思想性、逻辑性和创新性的要求,这是对考生语言运用能力、逻辑思维能力、

---

① 章熊《评分标准研究的基本出发点——大规模考试作文评分研究系列之三》,《中学语文教学》1994 年第 8 期。

② 同①。

认识和创造能力等的全面考查。

（2）考试目的不同。中考应属于升学考试，多数学生还是会获得高中教育的机会，所以中考的评分标准要求不必太严，主要从语言表达、内容结构方面考查考生对语言的掌握和运用情况。而高考的目的是选拔人才，所以评分标准相对于中考而言要求要高一些，不仅考查考生语言的运用情况，而且对修辞手法、文化积累等方面也有要求，力求将高水平的人才选拔出来。

（三）英语作为二语的写作测试对写作能力的理解

英语作为二语的写作测试对写作能力的要求见表7-4。

表7-4 英语作为二语的写作测试对写作能力的理解

评分标准	大学英语四、六级	专业英语四、八级	考研英语	高考英语	同等学力读研	PETS四级	PETS五级
1	内容	结构	内容	内容	结构	内容	内容
2	表达	逻辑	表达	语言	语言	语言	语言
3	书写	语言	意义	结构	篇章	篇章	篇章
4		书写	语言规范性	逻辑		逻辑	逻辑
5							真实性

以上是国内知名的英语作为二语的大规模写作测试，都是从内容、语言表达、篇章结构这些比较稳定的基本要素来考查写作能力的。除此之外，测试难度较高的专业四、八级考试，考研英语以及PETS五级还同时从论述的逻辑性、写作的真实性等方面进行了考查。

（四）汉语作为二语的写作测试对写作能力的理解

中国汉语水平考试（HSK［高等］）也包括写作考试。中国汉语水平考试是专门为测试母语非汉语的人士而设计的标准化考试,写作考试的评分标准主要包括内容、语言表达、篇章结构等方面,由此看来 HSK［高等］写作考试也与其他的二语写作考试一样,着眼于对考生语言运用能力的考查。

（五）述评

从共时的角度看,比较现代一语写作和二语写作评分标准的主要内容,可以得出以下结论:

无论是一语写作还是二语写作的评分标准都把内容、语言表达和篇章结构这些相对普遍、稳定的因素当作考查的重点。

无论是一语写作还是二语写作的评分标准的制定都体现出了针对性和层次性的特点。评分标准的内容基本与考生写作能力的发展相一致,符合不同层次、不同阶段考生水平的考查。

在一语写作评分标准中,除了考查语言运用能力外,还重视写作内容的深度、思想性以及运用的修辞手法和文化因素等方面。而二语写作评分标准则强调作文的连贯性,注重对考生语言运用能力的考查,对修辞、文化等方面要求较少。何旭良曾指出,二语写作中的语言实质上是"中介语",它不可能达到像母语者的水平,因此也就不能用对母语的判定标准来判断二语写作的优劣。[①] 以上国内一语和二语写作评分标准的差异也体现了测试开发者对这种观点的认同。

从历时角度来看,国内对一语写作能力的研究在不断发展,并且从分项分等的评分方式逐渐变成综合评价的方法,评分标准的内容也越来越具有针对性和概括性,同时也体现了对写作能力

---

① 何旭良《大学英语写作研究现状及其前瞻》,《南通职业大学学报》2004 年第 3 期。

的层次性的划分，这也是评分标准的科学性和可操作性的表现。同时，国内写作评分标准的发展也体现了国内外对语言能力和写作能力理论认识的发展趋势，即语言测试由分立式到综合技能测试的发展轨迹。

二、写作评分标准应用发展述评

（一）汉语作为一语的写作测试

1. 科举考试

古代科举考试的评分方法分五级制，阅卷时使用不同的阅卷符号，分为圈"○"、小三角"△"、点"……"、直线"——"、叉号"×"，以圈"○"最多者为名列前茅。[1] 可见，科举考试采用综合评分法，评分者在阅读作文的过程中边读边做出标记，作为总体给分时的参考。

2. 中考语文

以北京市、天津市中考语文科目的写作评分方法为例：

北京市中考作文采用分项评分法。评分标准包括表达、内容和书写三个方面，所占的分值分别是 30 分、20 分和 10 分，满分 60 分。其中内容和书写有三个等级，表达有五个等级。阅卷时，阅卷员先通读全文，画出病句、错别字，按上述三个方面的优劣评出等级，再查阅评分表得出分数。然后扣去错别字、标点以及字数等该扣的分数，最后才是作文实际得分。

---

[1] 任筱萌《整理发掘古为今用》，《广西民族学院学报》（哲学社会科学版）1998 年第 9 期。

天津市中考作文采用综合评分法，满分50分。评分标准包括内容、语言和篇章三个方面，在此基础上划分了五个水平等级。

3. 高考语文

高考语文写作评分标准经历了从综合评分到分项分等评分再到综合评分的过程（见表7-5）。

表7-5 高考语文写作评分标准经历的过程

时间	评分方法	评分标准主要内容
1977—1993	综合评分法	不详
1994—1999	分项分等评分法	内容（21分）、语言（19分）、结构（14分）、书写（6分）
2000至今	综合评分法	基础等级50分（内容、表达、书写），发展等级10分（深刻透彻、生动形象、有文采、有创新）

目前的高考语文作文评分采用等级综合评分法。作文成绩由基础等级50分和发展等级10分两部分构成，满分60分。基础等级由"好""较好""中""差"四等组成，"发展等级"包括深刻透彻、生动形象、有文采和有创新四方面。

综合以上国内一语写作测试的评分标准，可见综合评分法被普遍采用。

（二）英语作为二语的写作测试

有关英语作为二语的写作测试评分标准的主要内容在上文已做详细介绍，此处主要对各种考试的评分方法以及等级划分进行概括总结（见表7-6）。

表 7-6　各种考试的评分方法以及等级划分

考试名称	评分方法	等级划分
大学英语四、六级考试	总体评分	满分 15 分。分为五等：2 分、5 分、8 分、11 分及 14 分，每一等都可上下浮动 1 分
专业英语四、八级考试	总体评分	同上
考研英语	总体评分	满分 20 分。分为五等：20—17 分、16—13 分、12—10 分、9—5 分、4—1 分
高考英语	总体评分	满分 25 分。分为五等：21—25 分、16—20 分、11—15 分、6—10 分、1—5 分
同等学力申请读研	总体评分	满分 15 分。等级划分同大学英语四、六级考试
公共英语考试（PETS）	总体评分	PETS 一到五级的等级划分各有不同

可见，这些考试无一例外地采用总体评分法进行评分，并且给分数设定的等级都是五个等级（零分级除外）。

（三）汉语作为二语的写作测试

中国汉语水平考试（HSK［高等］）写作考试同样采用总体评分法，按照五个等级给分。

（四）述评

综合国内语言测试写作评分标准的应用发展情况，可以看出，绝大多数的写作测试都采用综合评分法，并且分成五级进行评分。

三、结语

国内语言测试写作评分标准随着语言能力构想模型的发展而发展，同时在借鉴国外大规模水平考试的经验基础上不断完善，科学性不断提高，但是由语言能力特别是写作能力作为制定评分标准的理论依据，还需要进一步地研究和界定，以确保考试的效度。在评分标准的可操作性方面，目前综合评分法大受欢迎，但是评分细则的描述和可操作性程度还有待提高，需要继续研究和借鉴国际上著名写作测试的评分标准，使评分标准易于评分员理解和掌握，尽可能在最大程度上控制评分误差，保证考试的信度。

第二节　汉语水平考试写作评分标准发展[①]

汉语水平考试（HSK）是北京语言大学研发的汉语作为第二语言的著名测试品牌，包含基础、初中等、高等三个等级系列的考试。其中，HSK［高等］从1989年起研制，并于1992年引入了主观性考试——写作和口试，从而使汉语水平考试实现了全面考查听、说、读、写综合语言能力的目标。[②]2006年，HSK［改进版］正式推出，在初、中、高三个级别的考试中都设计了写作和口试，主观性考试的重要性凸显。

写作作为一种主观性考试是测试语言运用能力的有效方式。所谓主观性，首先指答题的主观性，即考生答题的自主性大，可以较多地展现其真实的语言水平，因此测试效度高；另外，还指

[①] 本节摘自聂丹《汉语水平考试（HSK）写作评分标准发展概述》，《云南师范大学学报》（对外汉语教学与研究版）2009年第6期。

[②] 刘英林《高等汉语水平考试的总体设计与理论思考》，《语言文字应用》1994年第1期。

评分的主观性,即分数的评定受评分标准制定者和阅卷评分者等主观因素的影响大,测试信度不稳定。引起评分误差的原因很多,其中评分标准是一个关键因素,其内容的科学性关乎测试效度,其可操作性关乎测试信度。为提高写作考试的信、效度,HSK 写作评分标准几经修改,但目前尚无专文对此进行评述。本节致力于这项研究,通过梳理 HSK 写作评分标准的发展轨迹,希望引发学界对 HSK 乃至各类语言测试写作评分标准的关注和思考。

一、HSK [高等] 写作要求、评分等级、评分方法

HSK [高等] 写作属于限制性命题作文,即在规定题目(有时附加一段相关材料)下进行写作。《中国汉语水平考试大纲[高等]》(简称《大纲》)规定,HSK [高等] 写作主要考查书面表达和汉字书写能力,要求语言通顺,观点清楚,内容充实,表达得体,汉字书写正确、工整,标点符号准确,篇幅400—600字。[①] 该写作考试采用五级评分制,分数等级由五个基准级(1—5 级)和七个辅助级(2-、2+、3-、3+、4-、4+ 和 5-)构成。

一般来说,写作考试的评分方法主要有两种:综合评分法和分项评分法。前者是根据对考生应试表现的整体印象来评分,评分效率高,但分数解释性稍差。后者则是把写作能力分解成几个项目要素作为评价指标,规定每个项目的权重、分值及分项评分标准,先根据分项标准对各个项目打分,再根据权重合成总分,由

---

① 北京语言大学汉语水平考试中心《中国汉语水平考试大纲[高等]》,北京语言大学出版社,1995 年。

于它对语言能力的评估比较细致,故评分信度较高,但评分效率低,效度也难保证。HSK［高等］写作考试主要采用综合评分法,并辅以分项评分标准来规引评分员建立相对全面的整体印象,每个分项只有标准描述,并未赋予权重和分值。这种综合评分法和分项评分标准描述相结合的方式也是国内外大多数写作考试所采用的办法。尽管 HSK［高等］写作评分标准几经修改,但评分方法始终未变,改变的主要是评分标准的项目要素、项目内涵、级差标注等,修改的目的都是为了使分项标准的内容更科学,整体印象的建立更公正,阅卷评分的操作更简便,评分标准的表述更规范。

二、HSK［高等］写作评分标准（1995版）评述

表 7-7　《大纲》规定的 HSK［高等］写作评分标准

级别	标准描述
5级	内容充实,条理清楚,语法正确,语言通顺。能使用较复杂的句式和一定的修辞手段,词汇丰富,遣词造句恰当,表达得体。汉字及标点书写正确。有极个别语法、词汇及汉字书写上的错误,但不影响文章思想内容的表达。
4级	内容较充实,较有条理。语法结构清楚,语言尚通顺,能使用较复杂的句式清楚地表达思想。词汇较丰富,使用正确,表达基本得体。有个别语法、词汇及汉字书写错误,但不影响交际。
3级	内容较完整,能用基本通顺的语言表达思想。语法结构尚清楚,词汇较丰富,但有时词不达意。有语法、词汇及汉字书写方面的错误,基本上不影响交际。
2级	基本能表达思想,但内容不充实。有一定的词汇量,但使用时往往词不达意。语言欠通顺,语法、词汇及汉字书写错误较多,影响文章的通顺和思想的表达。
1级	能表达一定的思想,但较零乱。语法及汉字书写错误很多,以致严重影响交际。

（一）项目要素

写作评分标准的项目要素反映着标准制定者对写作能力的理解和界定，这一界定越是接近写作能力，则评分标准的效度越高。概括来说，1995版写作评分标准把内容、结构、语法、词汇、汉字书写、流利性、得体性、交际性等作为评价写作能力的项目要素，应该说基本上反映了对第二语言写作能力的一般要求。但从项目要素的表述来看，存在一些问题：(1) 项目要素缺乏统一的称谓。如5、4级出现的"条理"应属"结构"项还是"流利性"项？再如，第5级提到"语法"项，到第4、3级又变成"语法结构"的称谓，语焉不详。(2) 项目要素缺乏统一的排序。尽管项目要素的权重关系难以确定，但在等级描述中也应有稳定的表述顺序。(3) 同一项目要素在同一等级的描述中重复出现。比如第5、4、3、2级对"语法""词汇"等项在不同位置反复提及，显得冗乱。(4) 同一项目要素在不同等级的描述中时断时续。像"内容"项只出现在5、4、3、2级中，"流利性""得体性"等项只在5、4级出现。如果说，这是出自对低水平考生不做某些能力要求的合理考虑，那么，"交际性"一项只在4、3、1级中出现，就有些随意了。(5) 其他范畴要素零星出现。比如，第5级出现了"修辞"和"标点"等评价指标（其他等级均无），为突出主体项目要素并显示高水平考生的区别性特征，这两项附加的评价指标应单独列出，而不应与主体项目要素混杂在一起。(6) 各项目要素的层级不对等。比如"语法""词汇"是语言要素，"内容""结构"是非语言要素，流利性、得体性、交际性是各要素整合后的综合效果，应合理归类、分层表述。

（二）项目内涵

项目要素确立后，就要对其内涵进行描述，规定各项目要素的评价标准。比如，上述"内容"项的内涵有两项评价标准，一是充实性，这是对"量"的评估；一是思想性，这是对"质"的评估。再如，"词汇"项内涵也有"量"（丰富性）与"质"（正确性）两项评价标准。应该说，大部分项目内涵界定都比较切合第二语言写作能力要求，但在描写上尚须规范。比如，对"内容"项"量"的要求时而是"充实"，时而是"完整"，而后者似乎应属"结构"项要求；再如，对"语法"项的评价标准有时是"正确"，有时是"清楚"，旨意不明。

（三）级差标注

不同等级在项目内涵上所要求达到的程度是不同的，如何进行级差标注，以体现各等级不同的目标要求，直接关系到写作评分的科学性和操作性。由于写作能力不能量化地界定，能力差距也就难准确地丈量，因此级差标注大都采用语义相对模糊的程度副词或体现程度差异的词句来反映。比如，在描述"语法、词汇及汉字书写"的错误频率时，分别用"有极个别错误""有个别错误""有错误""错误较多""错误很多"来渐次体现从5级到1级的能力差距。这也是国内外主观性考试评分标准主要采用的级差标注方法，用模糊的语言描述模糊的概念，恰恰是为了追求精确。不过，级差标注应具有与等级相符的渐进性。像5级和4级都要求"能使用较复杂的句式"，4级和3级都要求"词汇较丰富"等，就未能体现等级差距。再有，标注语言错误程度时，5级要求"不影响文章思想内容的表达"，4级为"不影响交际"，3级为"基本上不影响交际"，2级为"影响文章的通顺和思想的表达",1级为"严重影响交际",这一级差标注序列的最大问题是评价对象不统一,不具可比性。

(四)总评

总体来说,1995版评分标准项目要素比较丰富,项目内涵设定和级差标注方法比较合理,文字通俗、易懂,但在概念界定、层次划分、语言表述等方面的规范性和严密性都明显不足,一定程度上影响了对评分标准的理解和操作,在实际评分活动中应用有限。

三、HSK［高等］写作评分标准[①]（2002版）评述

2002年,在HSK［高等］主观考试评分培训中,对评分标准首次做了较大改进,[②]此后便不再使用1995版评分标准。

(一)项目要素

2002版评分标准明确规定了内容、语法、词汇、汉字书写、连贯性等五个项目要素。其中"语法""词汇""汉字书写"项属于语言文字运用不同侧面的评价指标,"连贯性"则是语言运用、文章结构、内在逻辑等方面的综合评价指标。因此这五个项目要素的层级关系并不对等。该标准一个显著的优点是各项目要素在等级描述中称谓统一,语义清晰,排序固定,条理分明,体现了

[①] HSK［高等］主观考试评分标准及实施细则经历过两次重大修改,但都仅在阅卷评分实践中应用,并未公之于众。HSK［高等］主观考试评分标准（暂行版）于2007年11月制定,写作时尚未向外界公布。囿于保密原则,这里对未公开出版的写作标准仅做要点概述。

[②] 主要修订者为北京语言大学汉语水平考试中心陈宏。

评分标准的规范性。

（二）项目内涵

该标准另一个突出特点是明确界定了每个项目要素的内涵。比如，"内容"项的评价标准既包含"充实性"（"量"），又包含与话题的"关联性"（"质"）。又如，"语法"项第一看其"准确性"（"质"），第二看其"丰富性"（"量"），第三看其"效率"（经济性）。应该说，该标准对项目内涵的定位和解析合理、周密，所存在的主要问题是表述稍嫌晦涩。比如，对"语法"项"效率"标准的解释是"对最简洁的表达方式的敏感性"，其含义就较难理解。此外，个别项目内涵的界定尚需推敲，比如，对"连贯性"从内在逻辑和外在语言形式两个维度来评价有其合理性，但前一维度包含"逻辑性""条理性""衔接的顺畅和连贯程度""结构的复杂性、完整性、一体感"等许多层面的内容，其内涵似乎扩大了；而后一维度专指"关联词语使用的恰当性"，其内涵似乎又缩小了。再有，"丰富性""多样性""充实性"这几个词语含义相近，应明确所指，避免理解偏差。

（三）级差标注

该标准的一大创举是在规定了各个分项评分标准之后，又描述了每个等级的整体表现特征，主要包括三个评价指标："可觉察的错误"程度；流利度；交际效果。级差标注则专用来描写这三个评价指标在每个等级的表现特征，仍然通过体现程度差距的副词或其他词句来标示，层次鲜明，表述严谨。

（四）总评

2002版评分标准最大特点是明确分为分项评分标准和等级整体表现两部分内容。1995版评分标准中的"流利性""交际性"

等都是和分项标准的诸多项目要素并行排列的，而在 2002 版评分标准中它们作为等级整体表现的评价维度从分项评分标准中独立出来了。也就是说，2002 版评分标准中的 5 个项目要素是"分项"评价，即将写作能力分成 5 个单项来评价，而等级描述中的 3 个维度是"综合"评价，即写作能力诸方面的整体表现。应该说，该标准对写作能力的思考更加细腻、深入，分类和描写更加周详、规范，从内容到形式都更具科学性、创新性，为 HSK 写作评分标准提供了较合理的结构框架、内容范式，影响深远。不过，个别项目归类的合理性还需探讨；另外，语言表述有些艰涩，不易为普通评分员理解。

四、HSK［高等］写作评分标准（2004 版）评述

2004 年，HSK［高等］主观考试评分标准又进行了第二次改进，① 改进后的评分标准和实施细则在此后的阅卷评分及相关培训中一直沿用。

（一）项目要素

2004 版评分标准将内容、篇幅（字数）、语言形式（字、词、句、语法等）、结构、表达效果等作为项目要素。与前两版评分标准相比，增加了量化的项目要素"篇幅"，并将字、词、句、语法等归入"语言形式"这一上位层级，使之与"内容""结构"等项平行排列，层级关系比较合理；同时，项目要素在各等级描

---

① 此次改进由北京语言大学汉语水平考试中心组织对外汉语教学界知名学者共同研讨、制定。

述中的称谓和排序基本一致。不过,"篇幅"项似应作为"内容"项的下位层级;"表达效果"项可看作各项目要素的综合表现,与诸要素并行排列似乎不妥;此外,语法与字、词、句并提也值得商榷。

（二）项目内涵

该标准"内容"项专指是否切题,即"质"的标准,其实"篇幅"项可作为"量"的标准纳入其中;"语言形式"项主要关注错误程度（"质"）;"结构"项专指是否完整;至于"表达效果"项,则涉及流利性、丰富性、自然性、清晰性等诸多方面。可见,前几类项目要素及其内涵只提出了最基本的要求,至于更高的要求都放到"表达效果"中去描述了。或者说,前面各项只关注"对"与"错","表达效果"项则关注"好"与"坏";前者属于"分项"评价,后者则属于"整体"感觉,这与2002版评分标准的分类框架有相近之处。有几处描述尚待澄清:"表达流畅"和"表达连贯"含义是否相同?"表达清楚"和"表达自然"具体指什么?"表达形式丰富、多样"如果专指"量"的标准,是否可以仅保留"丰富"?总之,内涵的界定和描述尚需明确、精练。

（三）级差标注

级差标注仍然主要通过反映程度差距的词句来体现,"篇幅"项则通过量化的字数来体现。不过,并不是每个分项标准的等级描述都有级差,比如,"内容"项的描述5级和4级都是"切题",3级和2级都是"基本切题";"结构"项的描述5级和4级都是"完整"等。该标准的一个创新之处是在每个等级描述中都增加了"评分要点",揭示该等级区别于其他等级的标志性特征,以此作为评分的重要依据,这就更有利于迅速把握标准,提高评分效率。

（四）总评

与以往相比，2004版评分标准最显著的特点是每个等级描述都分为"标准表现"和"评分要点"两部分。在"标准表现"中，对项目要素的分类和项目内涵的界定比较合理，表述简明；在"评分要点"中，强调等级之间的区别性特征，文字通俗，概括准确，易懂、易记、易操作。可以说，该评分标准在追求科学性的同时，更加注重可操作性。当然，它在项目要素分类的科学性、项目内涵界定的严密性、语言表述的规范性上还需进一步提高。

五、HSK［高级］写作评分标准（2007版）评述

（一）HSK［高级］写作要求、评分等级、评分方法

HSK［改进版］在初、中、高三个级别的考试中都增加了写作考试。鉴于在考生水平、题目类型、测试主旨等方面，HSK［高级］写作与HSK［高等］写作一脉相承，本研究仅对HSK［高级］写作评分标准进行概述。HSK［高级］写作也是限制性命题作文，主要考查写作结构完整的议论性短文的能力，要求语句准确，表达连贯、得体，结构完整，条理清晰，汉字书写清楚、工整，标点符号正确，篇幅400—600字。[①]HSK［高级］写作评分分成9、8、7三个等级，大体对应HSK［高等］的5、4、3级（并不完全对应）。评分方法仍以综合评分法为主，辅以分项评分标准进行等级描述。

---

① 北京语言大学汉语水平考试中心《中国汉语水平考试HSK［改进版］样卷》，北京语言大学出版社，2007年。

（二）项目要素

该标准可概括出内容、语言形式、语篇表达三大项目要素，每个项目要素都具有丰富的内涵，包含诸多下位层级的评价维度。这种分项方法汲取了2002版和2004版评分标准的优点以及近年来主观评分培训的有益经验，既具有良好的内容效度，又具备高度的概括性；项目要素层级基本对等，在等级描述中的排序和称谓清晰、规范。

（三）项目内涵

该标准的"内容"项强调议论性，主要看论点是否切题（"质"），论据、论述是否充分（"量"）；"语言形式"项包括词、句等的规范性（"质"）和多样性（"量"）；"语篇表达"项强调连贯性，包含语言形式和内在逻辑的连贯性。这些界定和描述同样吸纳了以往评分标准的合理之处，并有所改进。不过，个别表述仍需推敲，比如，"条理性"和"逻辑性"所指不清，随意使用，而这对概念在以往评分标准中的用法也比较混乱，亟须辨别和定性。

（四）级差标注

该标准继承了2004版评分标准的最大优点，即非常注重刻画各等级整体表现的标志性特征，这些特征主要集中在"（内容）议论性"和"语篇表达"的水平上，通过程度副词体现级差。各条分项标准的级差标注也都是通过体现程度差异的词句来完成的。

（五）总评

总的来看，2007版评分标准承继了以往评分标准的诸多长处，项目要素分类合理，概括性强，项目内涵界定比较准确、到位，在等级描述上整体表现和分项标准相结合，重点突出，条理清晰。该标准更加注重对各等级整体表现特征的概括和描写，评价整体表现的关键维度是"(内容)议论性"和"语篇表达",这是第一次在汉语作为第二语言的写作评分标准中明确地把议论能力(即抽象说理能力)作为高水平汉语学习者写作能力的评价指标,当然,这一要求的合理性还需探讨;此外,该标准更加关注"语篇表达",要求考生必须具备连贯的成段表达能力,而这一能力要求在 HSK 以往评分实践中也被认为是最接近第二语言写作考试构想效度的,同时也是最具操作性的评分标尺。HSK[高级]写作评分标准吸取了以往的实践认识成果,第一次把"语篇表达"要求明确写进评分标准,并作为最突出的评价指标加以强调,这是 HSK 写作评分标准的一个历史性改进。此外,该标准文字精短,用词通俗,识记性和操作性更强。不过,个别概念的界定和语言表述仍需完善。

六、结语

写作评分标准的制定是语言测试界一大难题。写作能力的界定永无止境,写作评分标准的探索就没有尽头。HSK 写作考试评分标准的历次沿革反映出标准制定者对写作能力的认识在不断深化,从面面俱到地考虑内容、结构、语言形式等各类因素到重点关注第二语言写作能力的构成特点,重视第二语言运用能力,重视连贯性语篇表达能力,从而越来越接近第二语言写作能力的构想效度;同时,分项标准的比较准确的定位和清晰的描述也使写作评价的科学性不断提高;此外,级差标注和语言表述的规范性和可操作性都在不断增强。表 7-8 简要归纳了目前应用于 HSK[高等]和 HSK[高级]写作评分标准培训中的内容框架。实践表明,该框架在科学性、可接受性和操作性等方面得到了评分员的普遍认可。

表 7-8　写作评分标准培训内容框架

项目要素		项目内涵	级差标注	语言表述
内容	质	相关性（切题）	用体现程度差异的词句标注级差；刻画等级整体表现的区别性特征。	设置"评分要点"
	量	充分性（篇幅、论据）		规范：词句规整
语言形式	质	准确性		严谨：表述周密
	量	丰富性		通俗：语义明晰
语篇表达		形合：句、段等的连贯性		精短：便于识记
		意合：逻辑思维等的连贯性		

诚然，写作考试的主观性特点决定了评分标准很难尽善尽美，我们所能做的就是结合写作考试的理论研究和评分实践，让写作评分标准在科学性和可操作性上不断提升。

第三节　汉语水平考试主观考试评分的 Rasch 实验分析①

主观考试一般要求被试按照规定完成一定的综合性任务，评分员对被试完成任务的具体表现进行综合评定，给出一个综合分数。这种考试方式的固有特点使得它无法完全被客观考试所取代，许多知名的考试都采用或者部分采用主观考试。

主观考试的评分基本依赖于评分员的主观印象，容易受到评分员的知识水平、综合能力、爱好、情绪、疲劳等主观因素的影响。

---

① 本节摘自田清源《HSK 主观考试评分的 Rasch 实验分析》，《心理学探新》2007 年第 1 期。

因此，主观考试的不同评分员之间存在着主观差异，同一个评分员在不同的时间也具有主观不稳定性。在评分的准确性（accuracy/inaccuracy）、严厉度（harshness/leniency）和集中度（centrality/extremism）三个方面，评分员自身在多次评分时难以保持一致，不同评分员对相同被试的评分也难以相同，这些不一致的存在，直接导致评分员自身信度（intra-judge reliability）和评分员之间信度（inter-judge reliability）的降低，从而降低评分结果的信度，国外文献将这种现象称为评分员效应（rater effects）。[①]

为了消除评分员效应，提高主观评分的信度，人们引入了许多方法。从评分体系的管理上，最为常见的方法有两个：一是对评分员进行提前培训，力争让评分员达到统一的评分标准；二是对相同的被试进行多人评分，使用原始评分的平均数作为评分结果。有研究表明，无论如何进行事前培训，评分员也无法在严厉度上保持一致；[②] 实际的主观评分中必须考虑工作的负荷，一般不可能让所有的评分员对所有的被试进行评分，因此，原始分平均数也不能保证公平。从数学的方法上，人们引入了方差分析模型和结构方程模型，但是因为数据的不完整性（并非每一个评分员对每一个被试都做出评分）以及原始分数的非线性特征（原始分数为等级分数，不是被试特质的线性表示），这些方法的适用都受到了限制。

Rasch 模型是项目反应理论（Item Response Theory）的模型

---

① Wolfe, E. W., Identifying rater effects using latent trait models. *Psychology Science*, 2004, 46(1).

② Lunz, M. E., Wright, B. D. & Linacre, J. M., Measuring the impact of judge severity on examination scores. *Applied Measurement in Education*, 1990, 3.

之一，将基本 Rasch 模型拓展为多面 Rasch 模型（Many-faceted Rasch Model）之后，它提供的统计框架可以消除主观评分中各个方面的因素对评分结果的影响，提高评分结果的信度。[①]

文章的后续部分将介绍多面 Rasch 模型的原理。之后，基于多面 Rasch 模型，设计 HSK 主观考试评分质量控制应用框架。然后，利用 HSK 作文评分的数据进行模拟实验。

一、Rasch 模型原理及其拓展

（一）Rasch 模型

项目反应理论之理论基础是：被试的能力是被试的潜在特质（latent trait），它与被试参加的考试以及具体的项目无关。Rasch 模型是项目反应理论的单参数模型，对于项目它只考虑难度参数。如果进行 0/1 评分，被试在某个项目上获得分数的概率可以表示为公式 1。

$$P_{ni} = \frac{e^{(B_n - D_i)}}{1 + e^{(B_n - D_i)}} \qquad （公式 1）$$

其中：B_n，被试 n 的能力值；D_i，项目 i 的难度；P_{ni}，被试 n 在项目 i 上获得分数的概率。

对公式 1 进行数学转换，可以得到公式 2，这就是 Rasch 模型。[②]

[①] Linacre, J. M., *Many-Facet Rasch Measurement*. Chicago, IL: MESA, 1994.

[②] Rasch, G., *Probabilistic models for some intelligence and attainment tests*. Chicago: University of Chicago Press, 1960/1980.

$$log \frac{P_{ni}}{1-P_{ni}} = B_n - D_i \qquad \text{（公式 2）}$$

使用这个模型，可以同时估算项目的难度和被试的能力值，因此，它是一个双面模型。

对于多级评分，Rasch 模型可以做如下拓展：

$$log \frac{P_{nik}}{1-P_{ni(k-1)}} = B_n - D_i - F_{ik} \qquad \text{（公式 3）}$$

F_{ik}，对于项目 i，评分等级 k 相对于等级 $k-1$ 的难度；P_{nik}，被试 n 在项目 i 评定为 k 的概率；$P_{ni(k-1)}$，被试 n 在项目 i 评定为 $k-1$ 的概率。

进一步，假设在考试中有多个任务，而每一个任务又是由若干项目组成，同时，再考虑不同评分员具有不同的评分严厉度，上述模型又可以拓展如下：

$$log \frac{P_{nmijk}}{1-P_{nmij(k-1)}} = B_n - A_m - D_i - C_j - F_{mik} \qquad \text{（公式 4）}$$

A_m，表示任务 m 的难度；C_j，第 j 个评分员的严厉度；F_{mik}，对于任务 m 项目 i，评分等级 k 相对于等级 $k-1$ 的难度；P_{nmijk}，被试 n 在任务 m 项目 i 由评分员 j 评定为 k 的概率；$P_{nmij(k-1)}$，被试 n 在任务 m 项目 i 由评分员 j 评定为 $k-1$ 的概率。

使用这个模型，被试能力值、任务难度、项目难度和评分员严厉度能够同时得到估算，它是一个四面 Rasch 模型，是多面 Rasch 模型的一个典型示例。

这个模型中，任务和项目是相对的概念：任务是由若干项目组成，因此，任务难度是组成该任务的所有项目的难度的函数；在把任务作为一个面进行处理的同时，把项目也作为一个面来处理，能够对不同任务中相同项目之间的难度差异进行估算和比较。

（二）多面 Rasch 模型的应用框架

基于多面 Rasch 模型开发的统计工具 FACETS，可以同时估算各个面的测量值（logit），还可以估算这些测量值的标准误和符合度统计指标（fit statistics）。测量值中，各面之间的相互作用已经分离，被试的能力值不受其他面的影响。通过符合度统计参数，可以发现异常的原始分数，也可以发现其他各个面上的异质点。比较各面的测量值，深入分析异常原始分数和异质点的原因，可以对主观评分有一个更加深入和准确的把握。[1]

因为多面 Rasch 模型在估算各个面上的测量值时，已经将各个面之间的相互作用进行了区分和隔离，所以，应用这个框架可以提高测量的区分信度。

国外，多面 Rasch 模型广泛应用于主观考试分数等值、评分员效应识别、试题评审质量控制和考试公平性等领域。[2]

二、HSK 主观考试评分质量控制应用框架设计

（一）HSK 主观考试评分质量控制应用框架

中国汉语水平考试（HSK）是由北京语言大学汉语水平考试中心设计研制，为测试母语非汉语者的汉语水平而设立的国家级

---

[1] Linacre, J, M, *Facets-Rasch Measurement Computer Program*. Chicago, IL: MESA Press, 2003.

[2] 田清源《主观评分中多面 Rasch 模型的应用》，《心理学探新》2006 年第 1 期。

第三节 汉语水平考试主观考试评分的 Rasch 实验分析

标准化考试。在高等汉语水平考试中，包括作文和口试两个主观分测验：作文考试要求完成一篇 400 到 600 字的作文，口语考试要求朗读一段文章，另外口头回答指定的两个问题。两个主观分测验在考试后由评分员人工评分。

为了解决主观评分的信度问题，HSK 主观考试采取多评分员独立对一个被试评分，之后计算平均分数的评分办法。为了进一步控制评分质量，成立了统计专家、语言学家和对外汉语教学专家组成的质量监控小组，对多个评分员之间分数差异较大的评分进行复评，对评分员的表现进行控制。这种主观评分质量控制应用框架效果显著，但也存在一些难以解决的问题，主要包括评分员的表现无法在整个评分员群体中衡量，不同主观试卷之间的难易差别无法衡量，评分工作总体负荷沉重，等等。

以原有框架为基础，引入多面 Rasch 模型进行数据分析，可以进一步解决这些问题。具体设计如下：

1. 对于一次考试，设计一定比例的被试为锚（anchor），所有评分员都对这些被试评分；对于其他被试，每一个被试只由一个评分员评分，评分员不知道锚的存在，或者知道锚的存在，也不知道哪一个是锚。评分数据由多面 Rasch 模型统计工具处理，在锚的连接作用下，每个评分员都能在整个评分员群体中得到衡量。被试的评分中消除评分员严厉度的影响，评分信度得到提高。

2. 通过上述统计的 fit 指标，以及残差方差和残差与期望值之间的相关系数等统计指标，可以发现评分不准确以及评分过于集中或者分散等异常的评分员，及时进行控制。

3. 需要比较两次主观考试的难易差别时，多面 Rasch 模型中增加一个代表不同考试的面，在两次评分中使用一定数量的相同评分员，以这些评分员为锚，实现两次考试的连接。这时，不同考试的难度差异得以发现和剔除，实现了不同主观试卷之间的等值。

4. 从工作负荷来看，因为不需要对每一个被试都进行多次评分，总体工作负荷能够降低。

（二）应用框架适用性的理论分析

多面 Rasch 模型是基于项目反应理论的模型，它的适用具有一定前提条件。项目反应理论具有两个等价的前提假设：单维假设和独立假设。考察 HSK 主观考试评分中的被试和评分员两个面：对于被试来说，统计上，不同被试的能力值是可以视为相互独立的；对于评分员来说，不同评分员对相同被试进行评分时，不知道其他评分员对该被试的评分，因此，他们的评分之间没有相互影响，评分具有独立性。基于这些分析，理论上看，将被试和评分员各视为一个面的双面 Rasch 模型是适用的。

（三）应用框架适用性的实验验证设计

为了进一步验证应用框架的适用性，利用 HSK 作文考试的实际数据，设计验证性的实验如下：从一次 HSK 作文评分中选取 406 名被试，编号从 1 到 406。这些被试由 8 名评分员评分，编号从 1 到 8。评分等级为 0 到 5 分，辅助以 2+、3- 这样的辅助等级，实际为 12 级计分。为了方便处理，将上述评分转换为 0 到 12 分的计分，称为原始评分。每一个被试由两个评分员评分，被试与评分员的关系如表 7-9。利用多面 Rasch 模型进行处理的数据中，被试和评分员各为一个面，只在每两个相邻评分员之间保留 10 个共同被试作为锚，以模拟锚只占全体被试部分比例的情形，整理后的数据结构如表 7-10。利用 Rasch 分析得到的结果，进行两个方面的验证：评分员严厉度的识别以及被试能力值中评分员严厉度差异的消除。

表 7-9 实验采用的评分员与被试

评分员	被试
1	1—33
2	1—82
3	34—136
4	83—191
5	137—252
6	192—336
7	253—406
8	337—406

表 7-10 Rasch 模型处理的评分员与被试

评分员	被试
1	1—33
2	24—82
3	73—136
4	127—191
5	182—252
6	243—336
7	327—386
8	337—406

三、实验数据分析

按照实验设计，使用多面 Rasch 模型统计工具处理实验数据，得到被试和评分员测量值。图 7-1 概要显示了两个面的情况。表 7-11 为评分员的 Rasch 分析数据，从上向下按照评分员严厉度由高到低排列。数据表明，评分员 2 在所有评分员中最为严厉。评分员 5 最为宽松，评分员 1 次之。表 7-11 中 InfitMS 是指信息加权均方离差符合度统计指标（information-weighted mean-square fit statistic），OutfitMS 是指常规均方离差符合度统计指标（conventional mean-square fit statistic）。根据这两个指标，评分员 5 趋向于给所有被试相同的分数，而评分员 2 的评分最为分散。

326　第七章　主观性测试及评分研究

```
---------------------------------------------------
|测量值|+ 被试能力值  |- 评分员 |量表 |
---------------------------------------------------
+   7  +*            +        + (12) +
|      |             |        |      |
+   6  +.            +        +      +
|      |.            |        |      |
+   5  +*.           +        + 10   +
|      |*            |        | ---  |
+   4  +             +        +      +
|      |**.          |        |      |
+   3  +.            +        + 9    +
|      |**           |        |      |
+   2  +*.           +   2    + ---  +
|      |***.         | 3 8    | 8    |
+   1  +****         +        +      +
|      |**.          |        | ---  |
*   0  * ****        *   4    * 7    *
|      |*******.     |   6    |      |
+  -1  +*******.     +   7    +      +
|      |.            |   1    | ---  |
+  -2  +*.           +   5    +      +
|      |*********.   |        | 6    |
+  -3  +*****        +        +      +
|      |*.           |        |      |
+  -4  +***.         +        + ---  +
|      |*******.     |        |      |
+  -5  +.            +        +      +
|      |**           |        |      |
+  -6  +**           +        + 5    +
|      |**           |        |      |
+  -7  +*****.       +        + (3)  +
---------------------------------------------------
|测量值| * 代表 5 个被试 |- 评分员 | 量表 |
---------------------------------------------------
```

图 7-1　测量值分布概况[①]

---

① 其中，被试能力值（logit）：均值 =-2.18，标准差 =3.29；评分员严厉度（logit）：均值 =0，标准差 =1.44。

第三节 汉语水平考试主观考试评分的 Rasch 实验分析

表 7-11 评分员 Rasch 分析数据

评分员	严厉度（logit）	标准误	InfitMS	OutfitMS
2	2.05	0.39	0.75	0.74
8	1.50	0.49	0.49	0.44
3	1.28	0.35	0.72	0.70
4	0.22	0.35	0.50	0.47
6	-0.40	0.36	0.61	0.57
7	-0.83	0.33	0.61	0.70
1	-1.59	0.49	0.42	0.41
5	-2.23	0.34	0.26	0.28

对 Rasch 模型分析得到的评分员严厉度进行验证：每两个相邻的评分员都有一组共同被试。当相邻评分员严厉度测量值之差大于一个标准差时，计算他们所有共同被试（而非仅仅是锚）的原始分均值，以验证多面 Rasch 模型对评分员严厉度区分的有效性。参照表 7-11 数据，对评分员 2 和 1，评分员 6 和 5，评分员 4 和 5 以及评分员 8 和 7 进行上述比较。这四个评分员组中，都是前面一个评分员的 Rasch 分析严厉度高。表 7-12 中计算了四个评分员组所有相同被试原始评分均值，为了便于比较，也摘列了 Rasch 分析得到的评分员严厉度测量值。原始分均值计算使用了各组评分员所有的共同被试，数量最少为 33 个，最多为 70 个，而 Rasch 分析时相邻评分员只选用 10 个共同被试作为锚。表 7-12 中，Rasch 分析严厉度高的评分员，所有共同被试的原始评分的均值都明显偏低，这验证了 Rasch 分析在区分评分员严厉度差异上的有效性。

表 7-12 评分员严厉度 Rasch 分析的验证

评分员	被试人数	被试原始分数均值	原始分标准差	Rasch 分析评分员严厉度（logit）
2	33	5.45	1.371	2.05
1	33	6.42	1.173	-1.59
6	61	6.43	1.408	-0.40
5	61	6.84	1.344	-2.23
4	55	6.31	1.763	0.22
5	55	7.16	1.686	-2.23
8	70	6.00	1.274	1.50
7	70	7.10	1.625	-0.83

对被试能力值中评分员严厉度差异的消除进行验证：表 7-13 中列出由评分员 1 和评分员 2 各自给出原始评分为 8 的两个被试，数据经过多面 Rasch 模型的处理，评分员严厉度的差异得以消除，虽然原始得分相同，被试 10 由宽松的评分员 1 评分，他的能力测量值为 -0.19logit，而被试 40 由最严厉的评分员 2 评分，他的能力测量值为 3.39logit。

表 7-13 被试 Rasch 分析数据摘录

被试编号	评分员编号	原始分数	调整后分数*	被试能力值（logit）
10	1	8.00	7.02	-0.19
40	2	8.00	9.12	3.39

* 从被试能力值（logit）转换得到的量表分数。

四、结语

主观评分往往存在各种不一致性，它们表现为评分员效应，导致主观评分的信度降低。对项目反应理论模型之一的 Rasch 模型进行的多面拓展所得到的多面 Rasch 模型在识别和消除评分员效应上有其优势。

基于多面 Rasch 模型，设计了 HSK 主观考试评分质量控制应用框架，并利用 HSK 作文评分数据进行了实验，实验数据的分析表明，使用多面 Rasch 模型能够有效区分评分员严厉度的差异，提高主观评分的信度。

第四节　汉语水平考试作文客观化评分[①]

在语言能力测试中，作文是最为常用的主观考试形式之一。主观考试也被称为综合能力测试，它是与客观考试相对应的。因为客观考试客观性强，不受阅卷员主观因素和阅卷环境的影响，易于批量阅卷等诸多优点，所以现代考试中大量采用。然而，客观考试直接考查的是被试的思维结果而不是思维过程，很难直接考查他们对知识的综合应用能力。因此，人们又重新开始重视主观考试，许多知名的考试已经开始采用或者部分采用主观考试，如 HSK［高级］，其中的作文考试就属于主观考试。由于主观考试的不同评分员之间存在着主观差异（如知识水平、综合能力、爱好、兴趣等），即使是同一个评分员在不同的时间也具有主观不稳定性。这些差异性和不稳定性导致评分存在着误差，西方学

---

① 本节摘自田清源、赵刚《HSK 作文客观化评分的研究》，《汉语学习》2008 年第 5 期。

术界称之为评分员效应（rater effects），[1] 评分员之间的差异称为评分员之间效应（intra-rater effects），评分员自身的不稳定性称为评分员自身效应（inter-rater effects）。如果不能有效地控制这些差异和不稳定性，评分结果的误差将有可能淹没分数的有效含义。因此，如何为主观考试的评分工作确定一个客观的评分标准和程序，最大限度地消除评分员效应，是主观考试所面临的一个挑战。在一些专业考试中，已经有参考客观试卷得分调整作文分数的尝试，[2] 然而，如何分析和控制评分员效应的来源，以实现评分员效应的消除还不多见。

一、评分员效应的分析

传统的作文评分中，评分员效应产生于两个过程之中：一是评分员对答卷各个分项的判断；二是评分员对各个分项的综合。下面举例来说明这两个过程。

假设某个作文考试的考查目标可以分解为内容、篇幅、语法、篇章四个分项，如果这些分项是经过提炼的，维度单一，易于掌握，评分标准也针对分项进行了规定，那么，评分员对每个分项就能比较自如地把握，分项的评判上能够表现出一定的稳定性和准确性。如果情况相反，那么分项就不能区别于综合性的项目，这些分项的判断过程实际上蕴含了综合计算过程（如下面将要分析到

---

[1] Wolfe, E. W., Identifying rater effects using latent trait models. *Psychology Science*, 2004, 1.

[2] 杨惠中、C. Weir《大学英语四、六级考试效度研究》，上海外语教育出版社，1998年。

的），它不具有稳定性。

如果评分员不是采用书面记录各个分项评分，然后使用统一公式计算综合分数的方法进行综合评分，而是凭借头脑中对各个分项的记忆印象进行综合判断，直接给出综合分数，那么，各种干扰（包括答卷本身的干扰）会转移评分员所注重的分项，使得综合的结果不具有稳定性。我们可以用一个例子来说明这个问题：假设一个评分员对答卷 A 和答卷 B 进行综合评分，这两份答卷的各个分项以及答卷的整体都具有相同的水平，各个分项的等级分别是内容"优秀"、篇幅"及格"、语法"良好"、篇章"及格"，评分员能够正确地评判这些分项，但是，在综合答卷 A 时，他的注意力更加集中于内容和语法，对答卷 A 就直接给出介于"优秀"和"良好"之间的综合分数；而在综合答卷 B 时，他却更加注重语法和篇章了，他对答卷 B 的综合评分就降到了"良好"和"及格"之间。这样，综合过程的不稳定性导致他对相同水平的答卷虽然做出了相同的分项判断，却没有给出相同的综合分数。

上述分析表明，评分员效应分别来自分项评判和综合计算两个过程，那么，进行评分员效应控制，相应地就必须从分项合理提炼以及综合过程标准化两个方面入手。

二、专家模型的构造

为了有效控制评分员效应的两个来源，构造出利用计算机辅助评分的专家系统，它由两个部分组成：作文分项标准和分项综合计算程序。

(一)作文分项标准

使用专家研讨和统计分析相结合的方法,提炼维度单一、易于把握的作文分项,对于各个分项,明确设定各个评分等级的标准。在分项数量的控制和分项自身复杂程度的控制上,基于统计分析进行折中,将合理控制分项数量,使得评分员既能够准确地把握每一个分项,又不因为分项数量繁多而影响工作效率。依据HSK高等考试作文评分的经验,这里的模拟实验使用四个分项:内容、篇幅、语法和篇章。

(二)分项综合计算程序

分析评分专家的综合过程,将它提炼为从分项分数获得综合分数的综合计算专家逻辑,使用计算机程序固化这个计算逻辑,就可以确保分项分数相同的答卷获得相同的综合分数,以消除综合过程的随意性和不稳定性。

分数综合的计算过程,常见的专家逻辑有两类:第一类是按照有无分项优先等级来划分的,分为无优先级和有优先级;第二类是按照是否对分项加权计算来划分的,分为简单算术平均和加权算术平均。两类标准组合为四种专家综合计算逻辑,如表7-14。

表 7-14 专家综合逻辑的划分

类　　型	简单算术平均	加权算术平均
无优先级	无优先级简单算术平均	无优先级加权算术平均
有优先级	有优先级简单算术平均	有优先级加权算术平均

1. 无优先级简单算术平均

这是四种逻辑之中最简单的一个。将综合分数标记为 Z,将分项分数标记为 f_i,i 取值为 1 到 n,n 为分项个数。该模型的综合分数计算如下:

$$z = (\sum_{i=1}^{n} f_i)/n$$

假设：评分员 1 对答卷 A 的分项判定为内容 90 分，篇幅 60 分，语法 80 分，篇章 60 分，综合分数就是（90+60+80+60）/4=72.5。

2. 无优先级加权算术平均

该逻辑比前一个逻辑复杂和精密。它对各个分项引入了权重，假设不同分项的权重为 wi，该模型的综合分数计算如下：

对前面的假设的分项评分，假如评分标准中注重内容而不苛求篇章，给定 4 个权重分别为 1.2，1.0，1.0，0.8，那么综合分数为（90×1.2+60+80+60×0.8）/4=74。

3. 有优先级简单算术平均

该逻辑引入优先级，但不引入权重。到底什么是优先级呢？假设对作文考试做了如下规定：内容必须切题，否则有默写考前所押题目的嫌疑，作文质量再高也不能及格，那么，内容分项就具有最高优先级，其他分项的分数如果超出内容分项的分数，超出的部分将不予以考虑。

除了最低优先级，其他较高的优先级别中，每个级别只能有一个分项。该模型的综合分数计算流程请见图 7-2。

仍以前面举过的例子来说，如果各个分项得分是内容 90 分，篇幅 60 分，语法 80 分，篇章 60 分，假设内容的优先级最高，篇幅的优先级次之，语法和篇章最低，计算过程如下：语法和篇章平均为（80+60）/2=70，大于篇幅 60 分的限定，两个分项分数替换为 60，优先级提高到与篇幅相同；再次计算替换之后最低优先级分项的平均值（60+60+60）/3=60，它小于上一个优先级的分项，保持数值不变，提高优先级；现在只有一个优先级别了，平均值（90+60+60+60）/4=67.5，这就是最终的综合分数。

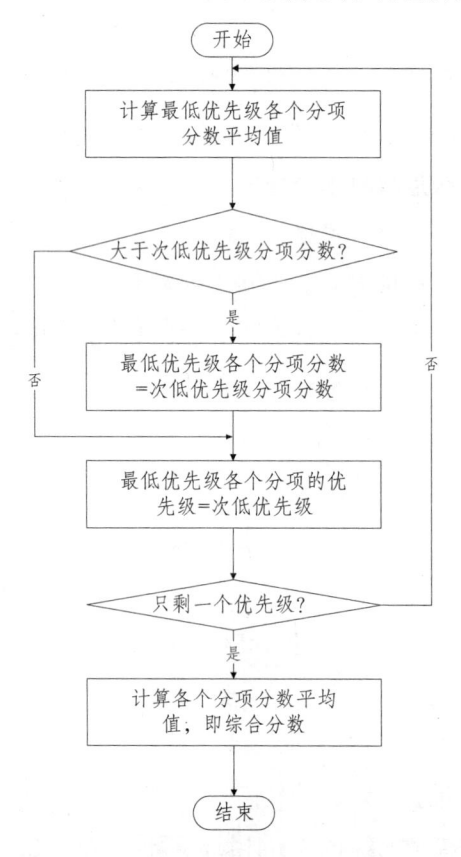

图 7-2 有优先级简单算术平均模型的算法流程

4. 有优先级加权算术平均

该模型在引入优先级的同时也引入权重。其算法与有优先级的简单算术平均模型基本一致，只把每个优先级上的平均值计算公式由简单算术平均公式替换为加权算术平均公式即可。在这种模型中，优先级与权重相互嵌套，优先级和权重的设计有一定难度。

三、专家模型的应用

（一）综合计算逻辑的适用性

在教学培训实践中，教师对于学生作业的评分，适宜采用无优先级的模型。其原因是学生作业一般旨在练习，作文各个分项一般均衡发挥，极少有应试型的畸形情况发生（比如分项之间严重失衡）。对于获取等级证书的考试，一般要采用有优先级的模型，其主要目的是防止应试型的分项之间严重失衡的答卷获取不应获取的高分。

（二）评分实践

在具体的评分实践之中，专家模型的开发和应用步骤如下：（1）确立考查目标；（2）提炼考查分项；（3）提取综合分数计算专家逻辑；（4）程序开发，利用计算机程序固化综合分数计算专家逻辑；（5）评分员培训、阅卷，分项分数直接录入计算机网络，或者后期处理时录入分项评分；（6）计算机统一计算，得出综合分数。

四、作文客观化评分模拟实验

（一）实验设计和实验原理

我们邀请两位有多年对外汉语教学经验的教师对随机选取的30份作文试卷进行4次评分。作文隐去考生信息，每次评分都与前一次相隔一周左右的时间，评分时打乱作文的顺序。隐去考生信息，是对考生隐私的尊重，同时也与间隔时间和打乱顺序一起消除评分员两次评分之间的提示作用，使得评分员的每一次评分都相当于对一批新作文的评分。

前两次评分模拟普通的主观评分做法,直接给出综合评分。后两次评分模拟使用专家系统进行计算机辅助评分,给出内容、篇幅、语法、篇章四个分项分数,采用加权算术平均的方法计算综合分数,依据相关经验,本实验选取四个分项的权重分别为0.3,1.8,1.5 和 0.4。因为每次评分的对象都是同一批试卷,从理论上讲,如果没有评分员效应,两次评分的结果就会完全一致,反映在统计数据上,两次评分之间的相关系数就会高达1。两次评分之间的相关系数越高,说明两次评分结果的一致性越高,相应地评分员效应也就越小。

(二)实验数据分析

分别计算两位评分员自身的评分相关性。第1次和第2次评分之间的相关系数是两次主观评分的相关系数,第3次和第4次评分之间的相关系数是两次专家系统辅助评分之间的相关系数。数据如下表 7-15 和表 7-16。

表 7-15 评分员 1 自身的相关性(Spearman 相关系数)

	第 1 次	第 2 次	第 3 次	第 4 次
第 1 次	1	0.860	0.893	0.899
第 2 次	0.860	1	0.907	0.970
第 3 次	0.893	0.907	1	0.976
第 4 次	0.899	0.970	0.976	1

表 7-16 评分员 2 自身的相关性(Spearman 相关系数)

	第 1 次	第 2 次	第 3 次	第 4 次
第 1 次	1	0.906	0.731	0.899
第 2 次	0.906	1	0.806	0.921
第 3 次	0.731	0.806	1	0.931
第 4 次	0.899	0.921	0.931	1

从上面两个表格的数据可得知，因为两个评分员是有经验的专家，他们各自的主观评分都具有很高的相关性，相关系数分别为 0.860 和 0.906。通过采用专家系统的辅助，他们评分的相关系数都比主观评分有了进一步提高，分别达到 0.976 和 0.931。这充分表明了利用专家系统实现计算机辅助客观化评分，在消除评分员自身效应上起到了一定的作用。

再对两个评分员之间的相关性进行比较，计算两个评分员之间的相关系数，结果见表 7-17，其中 R1.2 表示评分员 1 的第 2 次评分，R1.4 表示评分员 1 的第 4 次评分，依此类推。

表 7-17　评分员之间相关性（Spearman 相关系数）

	R1.2	R2.2	R1.4	R2.4
R1.2	1	0.890	0.970	0.828
R2.2	0.890	1	0.938	0.921
R1.4	0.970	0.938	1	0.932
R2.4	0.828	0.921	0.932	1

与评分员自身相关性的分析相似，在两个评分员之间，主观化评分的相关性已经很高，相关系数为 0.890，利用专家系统辅助评分的相关系数得到进一步提高，达到了 0.932。这说明了利用专家系统实现计算机辅助客观化评分在消除评分员之间效应上的作用。

五、结论

本节研究了如何利用计算机将专家系统应用于作文的评分工作之中。通过专家系统的建立和计算机辅助工作，可以在一定程度上消除作文评分中的评分员效应，作文评分的客观性得到了提高。本研究提出的专家系统模型同样可以推广到其他主观考试的评分工作之中，比如口语测试、专项操作技能测试等。

本节的模拟实验旨在说明使用专家系统进行作文客观化评分的可行性，实验使用的模型还欠精准。在实际应用中，对于分项的提炼和综合计算逻辑的确定还需进行反复的研究和验证，它们是专家系统优劣的关键。一旦专家系统建立并付诸应用，系统应该保持一定的稳定性，以保证考试成绩的可比性。

第五节　汉语口语成绩测试评估标准[①]

在外语和第二语言教学中，对学习者口语能力的评估一直是一个难题，困难在于口试评分主观性较强，评分人对评估标准的理解和运用存在差异，难以保证评分的一致性和准确性。正如刘镰力针对 HSK ［高等］口试所说："五级标准的制定，使口试阅卷评分有了重要的参照依据，但阅卷人主观意向的干扰和对标准把握不同造成的评分误差，依然是口试评分中亟须着重解决的问题。"[②]

相对于标准化的口语能力考试，规范化、标准化程度都不高的口语成绩测试其主观性更强。影响评估信度的关键项目——评分标准，就是一个从研究到操作都不成熟的薄弱方面。在评估口语水平时，大家比较公认的、也是最重要的一个评价指标是流利

---

① 本节摘自翟艳《汉语口语成绩测试评估标准》，《华文教学与研究》2012 年第 1 期。

② 刘镰力《HSK ［高等］口试探索》，《世界汉语教学》1997 年第 2 期。

性，国内外学者对此都相当重视，但在汉语教学界，研究成果较少。如张莉（2011）考察了留学生汉语学习的焦虑感与口语输出的关系，郭修敏（2007）考察了流利性与HSK［高等］口试成绩的关系，王佶旻（2002）从发音、语法和流利性方面研究了问答、重复句子、口头报告三类口语考试题型的评分情况，[①] 以上研究基本都未涉及口试评分标准问题。本节尝试以流利性内涵分析为基础，通过考察、记录教师评分时的思维行为，探讨他们的口试评估标准以及对标准的理解和运用，在此基础上讨论确定符合教师习惯的、适合于考查学生汉语口语水平的成绩测试评估标准。

一、研究背景

（一）关于口语评估标准

所谓口语评估标准，是指考生按照一系列任务要求完成口语语言产出，考官对其语言产出的等级或得分做出评判时所依据的准则或规定。在整个施测过程，制定和实施评分标准的重要性丝毫不亚于测试任务本身，因为它决定了测试的信度。据说，"自20世纪90年代中期以来，评分准则的制定已经成为口语测试最关键的研究领域之一"[②]。

近些年来的测试研究，特别是大型的口语测试研究，都较关

[①] 张莉《留学生汉语学习焦虑感与口语流利性关系初探》，《语言文字应用》2011年第3期；郭修敏《汉语作为第二语言的口语流利性量化测评》，《湘潭师范学院学报》2007年第4期；王佶旻《三类口语考试题型的评分研究》，《世界汉语教学》2002年第4期。

[②] 杨莉芳《近二十年口语测试研究中存在的主要问题》，《外语教学》2006年第1期。

注评分标准的讨论,也都有一套与测试概念相适应的评分标准。如 FSI(Foreign Service Institute)从语法、语音、流利性、词汇和理解力五个方面来评价口语水平;大学英语口语考试从语言的准确性和语言的宽度、话语的长度和连贯性、灵活性和适切性三个方面进行评分;[①] 英语专业四级从内容、语音语调、语法、流利性四个方面来评分。[②] 汉语方面最知名的考试 HSK[高等]口试,由北京语言大学汉语水平考试中心研制,1993 年投入使用,它所制定的《口语考试五级标准》对各等级口语水平的界定做了描述性的说明。为了缩小评分误差,之后又制定了《口语考试阅卷评分办法及细则》。在评分时,陈田顺(1995)认为从内容、语音语调、流利程度、词汇、语法等方面分解了标准;[③] 刘镰力(1997)也认为,考官首先重视总体印象,在此基础上注意了对内容、语音语调、语法、得体性这几方面的把握。[④] 另一个是美国的 OPI 应用于汉语的口语能力测试。[⑤] OPI 全称"Oral Proficiency Interview",从初到高一共四级九等,评分时考虑了功能/情景(即交际场合)、话题(谈话的广度)、准确性、篇章类型(输出的是段落、句子还是单词、短语)四个方面。

我们发现,以上考试的评分标准存在诸多不同,原因在于它

[①] 杨惠中《大学英语口语考试设计原则》,《外语界》1999 年第 3 期。

[②] 文秋芳、赵学熙《全国英语四级录音口试评分的实践与研究》,《解放军外国语学院学报》1998 年第 2 期。

[③] 陈田顺《谈高等 HSK 的主观性考试》,《世界汉语教学》1995 年第 3 期。

[④] 刘镰力《HSK[高等]口试探索》,《世界汉语教学》1997 年第 2 期。

[⑤] 柯传仁、柳明《介绍一种中文口语能力考试——OPI》,《语言教学与研究》1993 年第 2 期;张和生《OPI 与汉语口语水平的测试》,《北京师范大学学报》(社会科学版)1996 年第 6 期;林柏松《谈谈汉语口语水平考试》,载《第八届国际汉语教学讨论会论文选》,高等教育出版社,2005 年。

们是不同的测试模式。以汉语考试为例，HSK 口试为半直接式，考生把答案录在磁带上，考官听磁带打分。命题为朗读、回答两大项，它着重考查静态的、单向的口语能力，因此标准侧重对内容和语言形式的考查；OPI 为直接式，也叫面试型口试，采用一对一交互式谈话、考官和考生分角色扮演等方式，着重考查学生交际中的口语能力，因此标准强调了语言的应用性、交际性，即考生能做什么，不能做什么。在这里，口试的题型和任务形式不仅直接受命于测试目的，而且规定了评估标准的构成。林柏松在对比了这两种测试模式的异同后提出，应该围绕语言交际的各项任务重新设计汉语口语水平考试，而对评估标准的看法是，需通过反复的考察和探讨来获得对考生口语水平的认定，非常有意义。[①] 但是林柏松的提议还不能完全应用到口语课程考试中，因为水平考试与课程考试的性质、任务不完全相同。课程考试属于成绩测试，考试具有检验学习内容和诊断口语水平的双重职责，因此既需要考查交际性，又需要考查学生对学习内容和语言形式的掌握情况。成绩测试也带有明显的阶段性，考试只是对目前这个学习阶段学生口语水平的认定，而且对口语能力诊断的意义大于对口语能力判断的意义。另外，测试任务形式也较简单，如本研究考察的口语试题有朗读、问答和话题表达三种。本研究选择了第三项"话题表达"作为样本，因为研究者一般认为，成段表达总体评分的有效性较强，[②] 话语层面的流利性不影响对语音、

---

① 林柏松《谈谈汉语口语水平考试》，载《第八届国际汉语教学讨论会论文选》，高等教育出版社，2005 年。
② 王佶旻《三类口语考试题型的评分研究》，《世界汉语教学》2002 年第 4 期。

语法评分的效度,并有助于考察靠语境传达和理解的意义,因而较适合用来考察评估标准的构成。

还有与评分信度有关的问题。一些大型的标准化口语考试,尽管它们的评分标准和评分过程都经过了严格的信度检验,评分员也都接受了认真、规范的培训,然而评分误差仍不可避免,原因在于评分员对评分标准和语言产出的认知理解处理过程不同。为了减少口语评分的主观性,应该降低评分标准的不确定性和减少评分员理解和运用评分标准的差异,为此,曾用强(2007)提出了三条评分误差的控制原则,首要一条为一致性原则,即正确理解评分标准,始终激活评分标准,以及完整性原则和独立性原则。[①] 本节的研究对象为非标准化的课程口语考试,评分员一般都由任课教师担任,考试的随意性、标准的不确定性和对标准认识的模糊性现象更为严重,因此厘清标准指标、建立标准体系为当务之急,这也是本研究的一个主观愿望。

(二)关于流利性

流利性,一般的理解为言语行为的流畅、从容和快速。在外语和第二语言教学界,口语流利性研究始终是口语能力研究的一个重要课题,国内外的二语习得专家、外语教学专家对其进行过多角度、多层面的研究,其中,对本研究有直接意义的是 Lennon(1990)的观点。[②] 他认为流利性是有广义和狭义之分的,广义的流利性是一种高层流利性,是口语水平的总称;狭义流利性是一种底层流利性,仅与口语的语速和流畅程度有关。

[①] 曾用强《论英语口语考试的评分误差》,《考试研究》2007年第3期。

[②] Lennon, P., Investigating fluency in EFL: A quantitative approach. *Language Learning*, 1990, 3.

关于广义流利性的内涵，研究者们给出了多样的解释。Faerch 等（1984）认为，流利性可分语义、句法和发音三个层面，[1] 也有研究者将其区分为具有言语的流畅性和语言的可接受性两个层面。Skehan（1996）强调交际时的语义表达。[2]Doutrich 则认为，流利性还应该包含语言能力以外的东西，如文化流利性，这多少与我们的文化适应能力有关。[3]虽然每个研究的视角不同，结论不同，但不难看出，除了考察语速、停顿等狭义流利性现象外，广义流利性的内涵与社会语言学家提出的语言交际能力较一致，这说明广义流利性的指标能够在相当程度上标示学习者的口语水平。以流利性的考察为导引，研究一线教师对口语流利性指标的认识，能够帮助我们厘清教师评价指标的来源，从而确立起口试成绩测试的评估标准。本节的研究正是在这样的思路上展开的。

二、研究方法

我们通过记录评分员，也就是口语教师施测时的心理思维来进行研究，这与借助有声思维收集评分员反馈的方式类同。方法是针对学生口语录音样本，请教师就其流利性情况独立评分，随即写下评分依据，即评分标准；然后分析教师主述标准，对比考察其中的异同，并探讨新标准的构成。

---

[1] Faerch, C., Haastrup, K. & Phillipson, R., *Learner Language and Language Learning*. Multilingual Matters LTD, 1984.

[2] Skehan, P., A framework for the implementation of task-based instruction. *Applied Linguistics*, 1996, 1.

[3] 转引自张文忠《〈流利性面面观〉评述》，《外语教学与研究》2003年第 3 期。

本研究参评学生来自北京语言大学汉语速成学院的中级班，共10人，他们平均年龄21.8岁，在校学习20周，每周10节口语课。经历过期中口语考试，熟悉口试形式。

取样为期末口试录音。每个学生考前10分钟抽取成段表达的题目，然后进行准备。考试开始后使用录音笔现场录音。

随机选取该院12名专职教师作为参评教师，他们有多年汉语教学经验，口语评价体系成熟、稳定。其中女性8人，男性4人，平均年龄38.9岁。具有高级职称者5人，中级职称者7人。从事汉语教学的最长教龄24年，最短5年，平均教龄14.75年。教师评分后，提交了120份近一万字的教师主述标准。

从统计学的要求来看，学生的样本数不够大，分布也较集中，可能会对结论的产生带来影响。考虑到本研究的主要对象为教师的主述说明，因此小样本的局限暂时忽略。

三、教师评分结果相关性分析

（一）教师评分结果

我们先看教师聆听样本后的打分情况。评分规定1分为最不流利，10分为最流利，允许出现小数点。12位教师的评分如下（表7-18）：

表7-18 教师评分情况

	学生									
	1	2	3	4	5	6	7	8	9	10
教师A	8	5	7.5	7	6	8	9	7	4	6
教师B	9	5	7	5	7	9	8	7	5	7
教师C	8	5	8.5	5.5	7	8.5	9	9	7	6

（续表）

	学生									
	1	2	3	4	5	6	7	8	9	10
教师D	9	5	8	7	8	9	9	7	6	7
教师E	9	7	7	6	7	6	8	6	5	8
教师F	8	6	5	6	9	8	10	7	4	6
教师G	9	5	8.5	7	7.5	8.8	8.5	8.5	5	8.5
教师H	9	6	7	7	7	6	8	8	5	8
教师I	7	4	6	4	8	7	8	6	5	4
教师J	9	6	8	6	7	8	7	7	5	8
教师K	9	6	7	7	8	7	8	7	6	7
教师L	9	6	6	5	7	8	8	7	7	6
总分	103	66	85.5	72.5	88.5	93.3	100.5	86.5	64	81.5
平均	8.58	5.5	7.13	6.04	7.38	7.76	8.38	7.21	5.33	6.79

（二）评分结果的统计分析

我们希望就教师对学生所做出的评定成绩进行相关统计分析，试图来了解12位不同教师在评判10个不同样本的流利性时，评定的结果是否具有相关性。

由于考虑的是多个等级变量的相关性问题，所以我们对结果数据进行了肯德尔和谐系数分析，结果获得了平均等级值，如表7-19，据此可以将10个样本排名次。同时我们也获得了肯德尔和谐系数 W=0.635，渐近相伴概率 Asymp.Sig.=0.000，显示12位老师的评定结果相关极其显著。

表 7-19　肯德尔和谐系数统计结果

Ranks

学生	平均等级值
1	9.00
2	2.42
3	5.63
4	3.25
5	6.08
6	7.13
7	8.42
8	5.79
9	2.21
10	5.08

Test Statistics

N	12
Kendall's W (a)	0.635
Chi-Square	68.533
df	9
Asymp. Sig.	0.000

a Kendall's Coefficient of Concordance

以上数据说明，尽管教师性别、职称和教龄都不同，在针对不同的口语样本进行分析时，评定的结果相关性非常显著。不同教师对不同样本的评定结果相关，就说明参评老师们所持有的评定标准也是相关的。从这个统计结果可以看出，尽管参评教师并没有就流利性接受统一的说明和规定，但是在具体评定过程中，各人所持的关于流利性的标准也在一定程度上具有默契。

以此为基础，接下来我们就对教师的主述标准做具体的描述分析。

四、教师主述标准分析

（一）主述标准项目

通过整理分析，我们从这 120 份评分依据中归纳出教师所依据的评价指标六项，根据其特征，分别定义为听感、语音、词汇、句法、意义表达和临场表现。"听感"主要指教师从听觉上感知

第五节 汉语口语成绩测试评估标准

流利性的情况,"表现"主要指学生临场时所展现出来的语言控制和语言表现能力。六项中的前五项特征清楚,归类较准确。"表现"一项指代较杂,我们将涉及口试场上表达的各种因素都涵盖其中,如"反应速度""自信心";个别无法归类的项,如"准备充分""熟悉话题"这些与本研究主题游离较远的项目则舍弃不计。这六个指标包括以下 24 个子项(表 7-20):

表 7-20 主述标准项目

项次	项目名称	子项数	子项内容
1	听感	7	停顿次数,停顿长度,重复,语速,语流顺畅,表达自然,表达接近母语
2	语音	2	声韵调和语调自然、正确
3	词汇	2	词语运用正确,用词丰富
4	句法	3	句法正确,句子完整,句式表达复杂丰富
5	意义表达	6	意思表达清楚,逻辑、思路清晰,具有连贯性,使用连接成分,叙述完整,层次清楚
6	临场表现	4	有自信,声音明亮,反应快,准确理解说话人的意思

我们将教师主述标准中所提及的各个项目进行统计,统计时以次数为准,只要教师提到某项目,即计为 1,依次累计。具体结果为表 7-21:

表 7-21 教师主述标准项目次数

	听感	意义表达	词汇	语音	句法	临场表现
教师 A	4		4	5	2	7
教师 B	22		2		1	
教师 C	17	17	4	2	3	7
教师 D	23	1	4	13	3	
教师 E	13	4	9	2	6	2

（续表）

	听感	意义表达	词汇	语音	句法	临场表现
教师 F	15	4		5	4	3
教师 G	32	8	11	11	13	1
教师 H	5	11	14	9	4	6
教师 I	24	4	1	1		
教师 J	11	16	5	1	3	
教师 K	1	16	14	9	8	1
教师 L	15		4	2	3	4
总计	182	81	72	60	50	31
位次	1	2	3	4	5	6

（二）主述标准共性分析

从数据可看出，教师的主述标准共性明显，而且颇具广义流利性的特点。进入评价体系的不仅包括停顿、语速等狭义流利性惯常使用的指标，而且包括了语言知识、语言内容、表达逻辑以及学生的语言基础、临场表现等综合能力指标。从标准涉及的广度来讲，涵盖了有关口头语言能力的多个方面，如形式与意义，反应和理解，流利性、准确性和复杂性等。特别是"表现"一项。此次教师们关注到了自信心对口语表达的促进作用，这也从另一方面印证了张莉（2011）关于焦虑影响口语表达的结论。[①]

从指标数量的排序位置，可以看出教师对指标的重视程度。如果以评价次数的多寡来代表重要程度，那么这六项指标可构成这样的序列：听感—意义—词汇—语音—句法—表现。"听感"居于首位，原因不言而喻，因为流利性首先表现为时间现象，口语表达最突出的特征是用声音传递信息，因此教师首先考虑音感

---

① 张莉《留学生汉语学习焦虑感与口语流利性关系初探》，《语言文字应用》2011 年第 3 期。

特征，如是否流畅、自然等。"意义"次之。如果将语音、词汇和句法统归为语言形式，那么统计次数正好与"听感"相同。尽管我们都赞同，语言的本质功能是交际，但从教师理解来看，语言形式的准确性非常重要，学生的口语表现不能出现洋腔洋调和词不达意现象，而意义连贯这些更高层次的要求是建立在语言的流畅和准确基础之上的。

教师的主述标准具有较大的共性，整体上代表了对外汉语教师对学生口语能力的一般看法。以共性为基础，能够建立具有代表性的、富有解释力的口语评估标准体系。

（三）主述标准差异性分析

研究发现，尽管做出了非常相关的评分结果，教师所持标准的总体类别大致相同，但是在使用具体指标进行评价时，存在差异性等问题，而这主要表现在教师之间和教师自身。

1. 应用的指标项数

教师们对六项指标的应用数目存在差异。同时运用六项指标来评分的教师有五位，应用五项的有五位，即综合使用到五项及五项指标以上的有10位，占到教师数的84%，但仍有两位教师运用的指标数低于五项，在完整性上有所欠缺。此外，没有使用"表现"指标的教师最多，有四位，有三位未使用"意义"指标，说明有的教师对这两项的认可度低，也说明教师对流利性的认知理解有差异。

2. 指标的使用率

研究发现，个别教师不能均衡把握指标来进行评价。我们把某项指标运用的次数占总次数之比称作使用率，在六项指标中，首选"听感"的教师，教师B的使用率高达88%，教师I达

80%，教师L为54%，教师D为52%，都超过了总次数的50%。其余教师有的较看重语音，如教师A在描述中写道："发音不好我个人觉得流利程度就差。"有的教师更侧重"意义"评价，在描述中较多关注内容的篇章结构、逻辑关系。这种现象带来的问题是，学生的分数可能是依据不同的评分倾向得出的，评分员之间存在差异性问题。

3. 指标的内部倾向性

再进一步分析，教师对每个子项的运用也不稳定。"听感"共涉及七个子项，教师K仅运用了"停顿"一个子项，教师B运用了"停顿次数""停顿时间""重复"三个子项，而教师I则运用了全部七个子项。"意义表达"包括六个子项，如教师J对学生3的描述，"整体表达有逻辑性、层次性和渐进性，能够相应地采用适当的关联词语和篇章连接词语"，至少涉及四个子项，而有的教师却未提及。教师本身也存在评价学生1时可能用到三个子项、评价学生2可能用到五个子项这种前后不一、不连续现象。

从差异性分析可看出，教师对流利性的认识存在具体不同，教师之间和教师内部在指标运用的一致性、完整性、稳定性、连续性方面也存在一定差异，这充分说明加强成绩测试标准化、规范性的必要。而在建立标准体系时，差异现象可以帮助我们更细致地思考，力求做到全面、公正。

五、口语评估标准的项目及细节

（一）口语评估标准的项目

口语评估标准要做到简洁、易行、区分清晰，项数就不能太多。

如前文所提，FSI 的标准有五项，OPI 有四项，大学英语口试有三项六点，英语专四口试有四项，HSK 口试概括起来有六项，以上标准的项数都在 3—6 项之间。许希阳（2005）提出了汉语口语测试的 10 项标准：语音、词汇、语法、内容、流利性、连贯性、得体性、完整性、整体交际效果和其他，[①] 是文献中见到项数最多的。但是许文没有进一步的研究来证实它的操作性，所以我们的标准也取一般情况，限定在 3—6 项之间。

教师主述标准一共涉及六项，综合教师的认可度[②]、已有研究成果以及对汉语教学的长期观察，我们采取去粗存精、提取内核的原则，认定至少有五项是可以列入口语成绩测试评价体系的。

听感：12 位教师的主述标准中都包含"听感"一项，对"听感"的认可度达到 100%。依据国内外对流利性的研究，以停顿、流畅程度为特征的指标是衡量流利性最基本的、共同的要素，因此可以确定为指标 1。

语言形式：对"语音""词汇""句法"的认可度达到 91.7%，对这三项的考察是衡量语言表达准确性和复杂性的主要依据，它们是与流利性（狭义）并列的指标，因此都应保留。为了体现汉语口语的特点，"语音"一项重点关注声调、节奏和韵律方面的自然感和准确性。针对个别教师中存在的"词汇"与"句法"概念互通情况，我们认为，作为一项标准，描述应该清晰一些，可以分别列入指标体系。因此第二层可以确定的指标为"语

[①] 许希阳《汉语口语测试研究》，《云南师范大学学报》（对外汉语教学与研究版）2005 年第 5 期。

[②] 认可度是这样计算出来的：如 12 位教师的评价指标中都包含"听感"的内容，就计为 100%；如果有 10 人认可，就计为 10÷12×100%=83.3%。

音"——指标2、"词汇"——指标3、"句法"——指标4。

意义表达：这部分涉及意义的表达和衔接连贯，认可度75%。在以往的研究成果中，有以"内容"来冠之的，也有以"连贯性"来冠之的，我们认为这两种提法都不够全面，因为内容或思想性仅靠孤立的语句是不足以表达的，必定依靠一定的篇章结构和逻辑安排，综合起来考察既有连带性，又比较经济，因此统一定为指标5。

最后一项"表达"的认可度为66.7%。这一项比较麻烦，以往的研究中确实也有将"自信""反应快"等作为指标来考查口语产出的，赞成的意见认为它们确实会影响学生提取和组织语言的速度，但更多的人认为这些因素属于考生的个人特性，主观感较强，因此，我们认为作为单独的一项，支撑性不强，而且分寸不好把握，所以将其舍去。

至此，我们确立了口语评估的五项标准，它们是在三个层面展开的：听感——由声音符号传递而带来的各种感受，侧重流利性；语言形式——语音、词汇、句法的运用，侧重语言准确性和复杂性；意义表达——思想内容表达和篇章结构安排，侧重连贯性。

（二）口语评估标准的细节

五项标准的细节如前文所说，共有24子项，在总数465个统计次数中，各子项提及的次数并不均衡。实际上，在边听边评的过程中，教师的注意力不可能同时分散到各个方面，这从前文的分析和有关文献都可得到证实。同时，为了增加标准的可操作性，子项的数量也要少，概括性要强，为此，我们将24子项依照统计择其要者合并如表7–22：

表 7-22 五项标准的子项

听感			语言形式						意义表达		
			词汇		语音		句法				
停顿少	语流自然	重复少	使用正确	词汇丰富	语音语调正确	使用正确	句式复杂丰富	表达正确完整	衔接连贯	逻辑清晰
小计	84	60	34	40	22	51	40	8	22	37	27
合计	178			62		51		48	86		
比例	38%			13.3%		11%		10.3%	18.5%		
	91.1%										

以上 11 子项从统计数量看已覆盖了先前 24 子项的 91.1%，用来描述学生口语输出的情况，应该较有代表性和说服力。

至此我们建立了基于流利性分析的、描述学生口语输出水平的五大项 11 子项的口语成绩测试标准，也可称"五项十一点"标准。

六、结语

本研究通过统计与分析，发现教师在未经统一培训的情况下，各人对口语流利性的评判标准具有较高的相关性，在总括类别上较有默契。尽管理解的细节在广义和狭义两个方面都存在具体差异，但是对流利性评定的分数结果仍具有较高的相关性。在此基础上获得的口语成绩测评标准，由教师丰厚的教学经验打底，并经过了细致的整理和客观的论证，具有相当的可靠性。标准的描述简洁、明确，区分性强，并易于操作。

考试标准与一定的任务形式相联系。本研究所探讨的口语测试标准是针对成段表达任务形式而设立的，对于试题中的朗读、回答问题这样简单的任务形式，以及以交互性为特点的小组或配对口试形式未必完全合适。为提高标准的适应性，我们可以做一些变通，如将标准分解使用，将考查语音的指标分配给朗读，考查语法的指标分配给问答，将意义表达和衔接连贯等指标分配给口头报告、话题叙述；还可以增加某项指标，如针对角色扮演等交互性任务，可重点考查"意义"项，并侧重从输出篇章类型、对语言文化的理解与回应是否得体的角度打分。依据考试时间和教师经验，还可以考虑采用综合性评分或是分项式评分的方法，对普通教师而言，采取综合性评分标准，其效度和信度都较好。[1]但无论怎么操作，考前的教师培训是完全必要的。

成绩反馈是另一个方面。以往的口试，教师往往无力为学生即时的口语表现做出明确的反馈，学生拿到的是一个分数，而不是一个评价。本标准的制定，确保了评分过程的有效记录，我们可以为学生的成绩附上一份详细的诊断书，这可能比孤立的分数更让学生满意。

最重要的，考试只是检验手段。课堂教学是围绕着一定的教学目标展开的，教师必须明确自身的教学行为是为达到什么教学目标。标准的明确能促进教师对教学行为的掌控，增强考试对教学的反拨作用，也让学生在平时就有了自我评估的依据。

口语测试是较具主观性的考试，"要保证评分的客观性就必须最大限度地保证对评分标准解释的确定性"[2]，统一评分员的行为，是保证评分公平、一致的关键。

---

[1] 吕长竑、宋冰、王焰、刘文丽、黎斌《口语测试评分标准比较研究》，《外语教学与研究》2008年第6期。

[2] Underhill, N.《口语测评药方》，南开大学出版社，2003年。

第六节 任务型汉语口语成绩测试研究[①]

汉语口语成绩测试一般指口语课程的期中、期末考试。口语课作为一门几乎贯穿汉语教学各个层级的主干课程,在培养学习者汉语口语交际能力方面起到重要的作用。成绩测试则是提供一种科学的测试工具,对学生的口语水平进行客观、准确的评价,对口语课的教学效果进行评估。

在汉语教学界,汉语口语成绩测试虽得到一些重视,[②]但在任务型语言教学日益成为二语教学主流教学模式的今天,探讨任务型汉语口语测试的文章仍然较少。任务型语言教学给课程的各个方面特别是口语评估带来了挑战,[③]如果我们还是继续沿用传统的语言评价方式来考核任务型课程的成果,那就违背了课程评价重在反映学习者所学内容这一基本原则。教学方法在变,测试方法应该随之改变,"考"什么与怎么"考"成为汉语口语测试研究的重要课题。

本节尝试在任务型语言教学的框架下探讨汉语口语成绩测试的相关问题,并提出一份任务型汉语口语成绩测试方案。

[①] 本节摘自翟艳《任务型汉语口语成绩测试研究》,《语言文字应用》2012 年第 4 期。

[②] 陈昭玲《大型对外汉语口语成绩测试的探索》,《汉语学习》1998 年第 4 期;刘颂浩、钱旭菁、汪燕《交际策略与口语测试》,《世界汉语教学》2002 年第 2 期;许希阳《对外汉语口语成绩测试新模式之探索》,《语言教学与研究》2008 年第 4 期;刘壮、戴雪梅、竺燕、阎彤《对任务式语言测试的探索》,《语言文字应用》2008 年第 2 期。

[③] Nunan, D., *Task-Based Language Teaching*. 外语教学与研究出版社,2011 年。

一、研究基础

　　语言测试是伴随着语言教学出现的,不同的教学观决定了语言测试不同的构念、方式与题型。[1] 从前科学语言测试到交际性语言测试,测试的理念、方法和手段在不断地变革和发展。20世纪90年代起,任务型语言教学成为国外英语教学界的主流,作为语言教学的产物,"Putting tasks to the test"逐渐成为研究的热点,并"代表了语言测试发展的方向"[2]。

　　任务型教学是在交际法和互动理论、社会文化学说、建构主义的基础上建立起来的,它将意义的交流作为语言学习的根本目的,把模拟真实世界的任务作为语言学习的途径,通过平等、协商、互动的教学方式,让学习者在实际交际中表达思想,接触新的语言形式,发展自己的语言能力。任务型教学强调"意义原则",表达意义是首要的;"目的原则",学习者需要解决某个交际问题;"真实性原则",学习者所做的事情要与现实生活中的某些活动有联系;"做事原则""信息交流原则",完成任务是最重要的;"结果原则",对活动的评价要以结果为依据。[3] 这六个原则成为我们设计、判断和评价任务型语言教学及语言测试的根本依据。

　　基于任务的语言测试,以被试完成任务的表现来评估学生的语言能力,它的六大原则最重要的就是"can do"理念,运用在测试上,就是将评价放在一个人能做什么上,关注测试过程,也

---

[1] 杨惠中《语言测试与语言教学》,《外语界》1999年第1期。
[2] 韩宝成《语言测试的新进展:基于任务的语言测试》,《外语教学与研究》2003年第5期。
[3] 程晓棠《任务型语言教学》,高等教育出版社,2004年。

关注任务完成的结果。在此，我们从操作模式方面概括出任务型语言测试的六个形式特征。

动态：测试过程非静态。采用一对一或小组互动的方式，考查被试进行交际的语言能力，摒弃离散的、针对语言形式的静态考查方式。

双向：信息传递非单向。采用交互性的双向交流方式，排除朗读、回答问题等单向的信息传递方式。

主动：表达动机非被动。通过信息差等任务活动，激发学习者的主动参与意识和表达愿望，降低情感过滤。

明晰：馈入信息非模糊。采用图片、卡片等方式导入交际信息和语境，方便被试展开话题并进行持续的交流。

自由：言语导向非控制。测试过程中，被试的表达为开放性的，无标准答案的约束。

多维：输出评价非单维。除考查语言形式的正确性、输出的流利性等，还要考查逻辑、篇章、应试者的听力理解能力、文化情感、表达技巧和策略，即不仅看常规口语技能，还看应变口语技能，进行综合性的多维考查。

六个原则与六个特征基本反映了任务型教学的理念和操作模式在测试中的面貌，成为我们设计和评价任务型口语成绩测试的依据。

相较于语言教学，语言测试毕竟是第二性的产物，它的运用和实施离不开教学实际。任务型教学提倡教师指导下的班级或小组活动，许多任务型教学的倡导者从不同角度对任务活动进行了分类，这些分类有很多共同之处，这里我们把它们归纳为四大类：模拟情景类、信息交换类、问题讨论类和趣味游戏类。《汉语十日通》[1]36 课正课共设计了 64 项小组活动，包括了排序与分类、拼图、找不同、解决问题、选择决定、个人经历、小组调查、角色扮演、游戏等九种类型。本研究对九位优秀教师的教学录像[2]进行了统计分析，[3] 其中运用的交际性任务活动共有角色扮演、话题讨论、叙述与描述、给视频配音、看视频解说、按语篇结构表达、讲述个人经历、看图说话、小组研究汇报、班级辩论等 10 种形式。如果按以上四种分类，这些任务活动可分类如下：

  模拟情景类：角色扮演、小组调查、给视频配音、看视频解说
  信息交换类：排序与分类、拼图、找不同、看图说话、个人经历、
       叙述与描述
  问题讨论类：解决问题、选择决定、话题讨论、班级辩论、
       按语篇结构表达、小组研究汇报
  趣味游戏类：游戏

  这些活动都是课堂教学实例，是对外汉语教学经常采用的活动方式。按任务型教学的观念来看，有的属于学习型任务，如信息交换类中的排序、拼图、看图说话；有的属于真实世界的目标任务，如模拟情景类中的角色扮演，问题讨论类中的解决问题等。它们的差别在于真实性的强弱。研究者认为，大多数课堂教学任务都属于学习型任务到真实任务的连续体。

  考试是课堂教学的最后一个环节，课堂教学方法决定了口语测试的形式，口语测试只有顺应和服务于课堂教学，才能发挥出

---

[1] 杨惠元主编《汉语十日通》，商务印书馆，2008 年。
[2] 录像来自 2008 年北京语言大学举办的对外汉语综合课教学观摩活动。
[3] 翟艳《汉语综合课课文教学过程分析》，载崔希亮主编《对外汉语综合课课堂教学研究》，北京语言大学出版社，2010 年。

对教学的反拨作用。随着任务型汉语教学的普及,开展任务型汉语口语成绩测试研究的条件已经成熟。以下我们着重从测试方式、评价标准、题型和测试步骤四方面探讨任务型口语成绩测试的设计与应用。

二、任务型口语成绩测试的形式及评分方法

任务型口语测试是交际口语测试中的一种,在形式上与交际口试有很多一致点。它的突出特征是以任务为载体,以互动为交流方式。

(一)测试形式

外语类口语考试大致可分为直接口试和半直接口试两类。直接口试又称面试型口试,简称 OPI(Oral Proficiency Interview)。半直接口试又称录音考试,简称 SOPI(Simulated Oral Proficiency Interview)。研究表明,OPI 更适用于分级考试和课程评估考试,SOPI 更适用于信度要求较高的大规模考试。[1] 在话语的产出方面,两种口试形式在交际策略和话语特点方面存在较大差异,直接口试更能使考生融入话语的交际中,有助于交际互动和意义的传达。[2] 由于成绩测试为非标准化的课程考试,而且长期以来采用面试的方法,故首选 OPI 式。

---

[1] 庞继贤、陈婵《外语口语考试的效度和信度研究述评》,《外语与外语教学》2005 年第 7 期。

[2] Shohamy, E., The validity of direct versus semi-direct oral tests. *Language Testing*, 1994, 11(2).

1. 教师与被试

任务型口语成绩测试的交互方式取决于课堂教学占大多数的双人任务活动类型，因此可以设计为一对二或一对多形式，即一位教师对两名或两名以上的学生。两位被试可在施测教师引导下进行平等对话，完成交换信息和观点的任务。高级汉语口试的被试可根据题型设为3—4人。

2. 考试持续时间

我们统计了北京语言大学的9份试卷，其中8份为10分钟，一份为10—15分钟，相较于美国政府部门的口语水平考试（简称ILR OPI）的30—45分钟，美国外语教学协会的口语水平考试（简称ACTFI OPI）的20—30分钟，目前的口试时间明显偏短。鉴于考生人数已调整为每组两个，为了给学生充足的展示时间，可以将考试持续时间规定为20分钟。

3. 考试步骤

OPI的考试包括热身、摸底、探顶和结束四个部分，每一部分的设置，都有心理学、语言学及语料的可评估性三方面的考虑。由于成绩测试多为本班老师考本班学生，摸底这一步骤可以省略。与水平考试不同的是，成绩测试有诊断的需要，因此在结束环节可加反馈，教师做一些简单评价，指出一些明显的表达错误或不足。

（二）评分方式

标准化口试的评分方式大致分为两种：分项评分（分析评分）与总体评分（印象评分）。分项评分指按照评分标准的各个类别分别打分相加，总体评分指按照笼统的标准打综合印象分。测试界普遍认为，两种打分方法各有利弊。分项评分信度高，对于经验不足或培训不充分的教师，分项评分的方法较易操作；总体评分虽然信度低，但效度高。

评分结果的一致性是决定评分方式的重要因素，也是保障测试信度的依据。标准化考试由一名考官来评定成绩的情况较少，评分的方式有取相同评分、取平均分、取综合分和单项分之和三种。目前各校口语成绩测试多为教师一人打分，评分方法主要为按照不同等级的相关标准、利用打分表进行分项打分。实际上，在具体操作中，据教师反映，由于比较熟悉学生，老师们在心里多有"先入之见"，如果学生的表现失常，在分项评分后都会有一次"位置调整"，这时起作用的就是综合评分。鉴于此，我们建议任务型口语成绩测试的评分方法采用分项评分与总体评分相结合的方式，以分项评分为主，总体评分为辅，总体评分的分值设为总分的 5%—10%。

为克服一人评分带来的信度问题，可以采用分数复核的方法来保证评分的准确，如由教研室主任按比例抽查每班口试录音，或由教师提出难以评定的组别，与其他教师或教研室主任协商评定。目前北京语言大学其他课程笔试试卷要么采用流水阅卷的方式，要么由教研室主任或课程负责人再次审核，口语成绩的评定也应能做到联合把关。

三、任务型汉语口语成绩测试的标准

按照一定的评分标准，考官要对考生口语产出的等级或得分做出评判。在整个施测过程，制定和实施评分标准的重要性丝毫不亚于测试任务本身。

任务型汉语教学将语言交际能力作为教学的目标,任务型测试的目的之一就是考查教学目标的实现情况,考查的标准也要围绕交际能力这个目标来设计。Bachman 和 Palmer 的"语言能力成分:测试及分析核对表"提出了任务型语言测试的五项内容:语法、语篇、功能、社会语言学、元认知策略。[①] 测试过程就是看语言能力与测试任务及场景的一致性,即语言能力在任务活动中的表现。OPI 的评分标准[②] 大体根据这五个方面,共分为四项:功能,包括交际任务的完成、态度、表达、语调等,即一个人能做什么;内容/上下文,包括话题、主题范围、活动和工作中的表达、环境背景;准确性,包括信息传递的可接受度、正确性、质量和贴切性;篇章类型,包括输出的长度与组织、各个类型的会话模式。OPI 的评分标准突出了语言交际的实质内容。

从北京语言大学的成绩测试标准来看,目前的口试侧重一般口语技能的考查,如语言知识的运用(声、韵、调、词汇、语法),即准确性,语言内容的表达(可理解性)以及流利性,高级口试注意了替代、省略等篇章组织策略,但共同的问题是对交互性的语言输出特征考查不够,没有关注应变口语技能,如会话过程中的态度、情感,社会文化交流中的非语言策略,不同的上下文及语境,不同的会话模式中的语言表现等。考虑到成绩测试的功能,我们的标准可以突出以下几个方面:准确性与得体性:语言形式的正确与准确;流利性:能自然地、连续地讲话,包含一定的输出长度;表达内容的逻辑性与丰富性:内容言之有物,持之有理;

---

① Bachman, L. F. & Palmer, A. S., *Language Testing in Practice*: Designing and Developing Useful Language Tests. Oxford: Oxford University Press, 1996.

② 来自 OPI 的 *Tester Certification Workshop Manual*,属内部资料。

篇章类型：根据题型的设计和任务类型，确定符合语境的会话技能。

这个标准既参考了 OPI 的评分标准，也考虑到了课程考试的功能，即检查学生对课程内容的掌握情况。标准首先要考查学生学习的结果，如掌握了什么，然后要考查学生语言能力的表现，如不同任务形式下的表达连贯性、论说条理化、符合语境要求等，而这些都要在动态的交互过程中通过学生的真实反映来体现。OPI 评分标准的第一项"功能—完成任务情况"，我们想把它作为一项综合指标来看待，在打综合印象分的时候进行参考。由于评分标准体系复杂，限于篇幅在此无法展开论述。

四、任务型口语成绩测试的题型

任务型教学提倡的"做中学"，落实在任务型口语成绩测试上就是在"做中考"。按照前文归纳出的任务型语言测试"动态""双向""主动""明晰""自由""多维"的形式特征，结合任务型教学的原则，我们来考察一下目前现行的口语成绩测试的试卷题型，看它们距离任务型语言测试的要求还有哪些不足，如何改进。

（一）现行口语成绩测试题型分析

本节依据北京语言大学九份口语试卷，文献中搜集到的北京大学口语试题，[①] 崔颂人（2006）考察的中美两国 20 余所大学的

---

① 汲传波、刘芳芳《对目前汉语口语评价体系的思考》，《暨南大学华文学院学报》2009 年第 3 期。

部分口语试卷,[①]陈昭玲（1998）所列暨南大学的口试方式,[②]对现行口语成绩测试的题型进行了统计分析,共计88条,归类为16项,见表7-23。

表7-23 题型统计

题型	条数	来源[③]	题型	条数	来源	题型	条数	来源
造句	14	4	看图说话	4	3	选择判断	2	1
朗读	14	4	解释词语	4	2	演讲	2	1
回答问题	12	4	角色扮演	3	2	说词	1	1
话题表述	9	4	辩论讨论	3	3	听写	1	1
复述	8	4	讲故事	2	2			
对话	7	3	小组调查	2	1			

依照任务型口语测试的形式特征,这些题型的任务特征明显度可列为表7-24。

表7-24 题型中的任务型测试特征统计

	造句	朗读	回答问题	话题表述	复述	对话	看图说话	解释词语
动态	-	-	-	-	-	+	-	-
双向	-	-	-	-	-	+	-	-
主动	-	-	?	-	-	+	?	-
明晰	-	-	-	+	-	-	+	-
自由	-	-	?	+	-	+	-	-
多维	-	-	?	-	-	-	+	-
	角色扮演	辩论讨论	讲故事	小组调查	选择判断	演讲	说词	听写
动态	+	+	-	+	-	-	-	-
双向	+	+	-	+	-	-	-	-

---

① 崔颂人《略谈对外汉语成绩考试的改进》,《语言教学与研究》2006年第4期。

② 陈昭玲《大型对外汉语口语成绩测试的探索》,《汉语学习》1998年第4期。

③ 来源指统计所涉及的四家单位或文献。

（续表）

	造句	朗读	回答问题	话题表述	复述	对话	看图说话	解释词语
主动	+	+	-	+	-	-	-	-
明晰	+	+	+	+	-	+	-	-
自由	+	+	+	+	-	+	-	-
多维	+	+	-	+	-	-	-	-

表中使用了三种符号："-"表示不具备这种属性，"+"表示具备这种属性，"?"表示视情况而定。从表中可看出，这16项题型基本可分为三类：完全不具有任务型测试特征（-任务），部分具有任务型测试特征（+任务），完全具有任务型测试特征（任务）。以下分别说明。

1. -任务类

朗读、造句、复述、解释词语、选择判断、说词与听写七项属于该类。它们多是单向、静态的表达，学生在给定的内容框架下作答，内容受限制，机械性的表达居多，输出形式多为单句，没有馈入信息，评价单维。如"选择判断"项中"选择A、B、C、D四个答案中的词语填空，并念出完整的句子"，"造句"项中"用指定的词语模仿造句""用所给的口语语词或口语句式改说句子"等，尽管形式不同，但都具有突出的考查语言知识运用的特点。"复述"项无论是要求变化语体或叙述人身份，还是使用规定的词语或句式，都是在重新组织内容，与主动的交际表达仍有较大差距。在语言输出类型上，"听写"甚至还不属于口头表达的形式。

从内容上看，这类试题未把在真实的交际活动中进行有意义交流作为设计的根本，偏重于考查语言形式运用的准确性，交互性差。

2. +任务类

回答问题、话题表述、看图说话、讲故事、演讲和对话六项属于该类,它们都具有一些任务型测试的特征,属于学习型任务。

回答问题、对话在形式上具备动态、双向的特点,但是对话的起因与交谈的内容是受限的,如根据课文内容、图画等来回答教师提问,"把短文改成口头对话""用指定的词语完成对话",回答的内容都要符合给定的信息,不能臆造。测试过程中如果教师没有反馈,特别是没有针对个人感受的扩展性提问,则话轮不能持续,也就做不到真实、主动、自由的交流。话题表述、看图说话、讲故事和演讲在形式上多为单向的静态表达,但内容上有一定的表达自由度,馈入信息清楚,输出也是成段的语篇。

总体而言,学习型任务的真实性和交际性与真实任务是有差别的,如果任务的设计没有解决一定的交际问题,结果也不容易评价。为了强化学习型任务在测试中的作用,我们可以稍加改造。如将回答问题改为对输入材料的评论或讨论,或设计为对学生真实情况的了解,将对话改成有明确要求的角色扮演,话题表述、看图说话等设定若干信息差,被试之间去有意识地探寻图片、故事的内容和对方的观点、态度,这样就有了互动交际的可能,它们的任务性会大大提高。

3. 任务类

角色扮演、辩论讨论和小组调查三项是最具有任务型测试特点的口试形式,属于真实任务。从任务形式特征上看,它们都具备双向的动态交互形式,人物身份明确,话题清楚,被试测试时是以交际为目的,是为了完成某个任务而使用语言,而不是机械、被动地随着试题的要求去做各种受控的活动。角色扮演一般有规定好的情景，具体的人物身份，明确的任务目标，在被试完成任务的过程中，可以观察他们的语言表现、会话技巧、感情态度，如电话求职。而辩论讨论类任务，学生要根据自己的个人爱好、情感、态度等对某一问题表达自己的想法，对某个社会现象展开讨论，辩论双方会因观点的对立而言语交锋。小组调查是对信息的直接获取，如调查留学生的穿衣情况，询问的内容包括所关注的服装、买衣服的标准、上课适宜穿什么样的服装等方面。这些任务型活动的最大特点是交互性，它的核心是意义协商，因为在交际过程中，"交流双方并不是一次性地、毫无障碍地成功表达意义或传递信息，而是要经过提问、证实、复述等一系列协商过程"[1]。在互动环境中，学生的潜力被激活，使用语言的积极性和创造性得到极大的发挥。

（二）分析讨论

根据以上分析可以看出，目前口语成绩测试的题型大多数还停留在结构主义的语言形式考查上，这类题占题型总数的43.8%。朗读和复述是运用最为普遍的测试题型，覆盖范围广（4家教学单位或文献），数量大（各达到14条）。学习型任务占1/3多，运用还较为普遍。最能体现任务型测试理念的真实任务题型只有3种，占全部题型的18.7%，数量占总条数的9%。我们的观点是，语言形式的考查题型可删，学习型任务可改，真实任务要提倡。

反观课堂教学，"－任务类""＋任务类"和"任务类"活动都是课堂教学的重要教学形式。"－任务类"活动主要用于语

---

[1] 程晓棠《任务型语言教学》，高等教育出版社，2004年。

言形式的操练，"+任务类"活动承担了大部分的交际性活动操练，"任务类"活动是模拟真实世界的任务操练。这三类任务都有明确的教学侧重，最终目的都是为培养学习者的语言交际能力服务。实际上任务型教学并不排斥对语言形式的操练，特别是在初学阶段，语言形式的操练是辅助任务完成的重要条件，但在口语测试中，却不适宜用来测评学生的语言水平，因为教学的目的是培养语言能力，考试的目的是检测培养的效果，它们的目的是不同的。任务型口语成绩测试应将真正体现测试目的的题型筛选出来，在形式上不必与课堂教学活动完全对应。学习型任务是交际性活动的一种，也是对外汉语传统教学经常采用的方法，能够按照任务型教学的理念加以改造并合理利用。

为了有针对性地考查被试口语能力的不同侧面，全面衡量和评价学生口语水平，口语成绩测试试卷应在体现语言运用的交互性和反映应试者的口语潜能基础上，形成最佳口试题型的组合。以下我们结合测试步骤重点介绍几种题型。

五、任务型汉语口语成绩测试步骤

任务型口语成绩测试可以分为四个步骤：

（一）热身：2—3分钟

方式为师生双方寒暄，被试之间互相问候。教师可以就最近的生活、学习情况、身体状况、家人的来信、天气、今后的打算等与学生进行简短交流。目的是创造一个轻松、愉快的考试氛围。适宜的题型为问答、会话。

(二) 进入: 4—5 分钟

从热身中的聊天儿,引入测试相关的主题。根据题型的要求,师生之间、被试之间开始任务活动。内容为具有交际性的简单任务活动,范围包括学生学习、生活、交往中的小事件,如描述一个画面、听懂一个指令、询问和交流基本需求等。目的在于考查被试在单纯的语境下进行语言表达的能力。适宜的题型为"+任务类"活动,如看图说话、听指令做事、拼图、找不同、讲故事等。

1. 看图说话

看图说话使用图画的手段馈入信息,被试各持有不同的图画,或一张图画的部分或连续几张图画中的若干,根据理解预测、猜测或推断内容。被试之间存在信息差,他们需要通过协商来获取未知信息,补全内容。如果是一张图画,可以设计为一人描述,一人绘画;如果是两张不同的图片,可以设计为找不同;如果是几幅连续的画面,可以设计为讲故事。表述时,被试需要选择一些特定情景下必须使用的词语或句子,在会话技巧上要知道如何开始,如何结束,功能上要懂得如何得体表达。

2. 听指令,做动作,同时做出语言回应

教师说句子,被试做出正确的反应,或者一个被试说句子,另一个被试做出正确的反应。句子通常是含有指令意义或暗示的句子。例如:

(1) ××,请把后边的窗户打开。

(2) ××,把你的笔给我用用。

(3) 这个苹果给你,放你书包里吧。

(4) 房间里好热啊!

(5) 哎,我的手机没电了。

我们认为,听懂、正确理解说话人的意图也是考查交际能力的一个方面,听话人正确的回应是做事,同时在语言上伴有相应的表示:"老师,是左边的窗户吗?""谢谢,我不要,还是您吃吧!",在言语和行动上都表现出一致性。

(三)展开:8—10分钟

这一部分通常设计为交际环境较复杂、完成步骤较多、需要多人合作、动用多种技能、结果开放的任务活动,是真实的任务活动。主要考查被试在复杂的情况下驾驭语言的能力,以及学生的生活经验、社会知识、文化素养、跨文化交际能力在交际中的体现。角色扮演、小组调查、辩论、解决问题等是较适宜的题型。

1. 角色扮演

分角色表演是在角色环境下谈论的方式,根据给定的主题,角色的职业、地位、个性、态度和情绪,加上想象中的语言环境,考生自编脚本并表演。在表演过程中,考生可以运用多种协商互动模式,如语义澄清:要求对方解释说明刚说的话;理解确定:确认自己理解的准确性;表达检测:确定对方理解自己所说的话等;加上各种副语言表现手段,弄懂对方的意思并做出相应的回应,以在最大程度上展示交际活动。

成绩测试中的角色扮演可以由两位考生来完成。考生根据提示卡所提供的情境和提示,轮流向对方提问,进行角色扮演。提示卡最好使用图片,也可以使用语言描述,如"角色A:你最近想换份工作,听说你一位多年不见的大学同学开了一家电脑公司,你决定给他打个电话,看看有没有机会。你希望能维持在大城市的生存,你有了一个女朋友,她正催着结婚。角色B:一家中等规模的电脑公司的老板。最近正在苦恼,公司中的员工希望加薪,你既想留住一些技术人才，又想开掉几个人，节省部分开支"，将这些信息制作成卡片分发给学生。角色扮演的话题需要生活经验做基础，因此题目的选择要贴近真实的社会环境，贴近角色个人，这样学生才容易参与并表现出最好的水平。

2. 辩论讨论

这类任务可以概括为观点差，是一种开放性任务。被试根据个人爱好、情感、态度，或对社会问题进行讨论，或就个人经历、观点、态度等进行阐释。场景真实，主题明确，学生表现积极，说话的技巧、语篇的运用都能较好体现出来。有较强的分组效应。馈入的信息可以是文字、图片、视频等。如有的老师选择中央电视台的公益广告《常回家看看》《有时间多陪陪孩子》等作为馈入的材料。这些广告时间短（不到一分钟），有一个完整的故事情节，人物对话少，动作语言多，演员表演生动，有丰富的信息。在辩论或讨论中能看出学生的思辨能力、意义协商能力和话题讨论的技巧。

设计辩论讨论类试题时，给出的题目要鲜明，能引起考生的表达欲望，有话可说。提供的材料要充分，馈入简洁。

3. 小组调查

调查采用口头询问的方式了解被调查者对某些问题的看法。在调查过程中，我们看到交际双方对信息的沟通，在汇报中，我们看到语段的组织与输出表达。

小组调查可以有两种方式，一是提前把任务布置给学生，同时规定调查报告完成的格式，调查人需对调查名称、调查目的、时间、地点、对象、方法等做出说明。考试时，报告的结果以PPT形式展现，小组中的每个成员负责讲一部分。班里的所有学生既是考生也是听众,报告结束,听众可以发问。还有一种是现场调查,考生随机分组,根据调查主题进行组内调查,记录调查要点,准备调查报告,现场公布调查结果。对大部分学生来说,民意测验或调查都是生活中经常遇到的获取信息的形式,因此可以应用到口语测试中。

(四)结束和反馈:2—3 分钟

教师适时介入,对被试的观念做些个人理解和评价,就任务完成情况做一总结,肯定学生的进步,指出关键的表达错误,适当纠错改正。回到轻松、愉快的谈话气氛,结束测试。

六、结语

目前,任务型语言测试还在探索发展中,尽管大家对任务的真实性、代表性以及任务难度等一系列问题还未形成共识,但改革现行口语测评方式的需求越来越强。本研究基于任务型教学的理念对汉语口语成绩测试的各个方面做了初步探索,有其可操作性和现实意义,并有望得到进一步的实践证明。

第八章

公平性研究

第一节 汉语水平考试阅读理解测验公平性研究[①]

语言测试的公平性是测验结果能否准确反映被试语言能力或语言水平的重要属性,因而也是测验效度验证的重要证据来源。如果测验的公平性不高,那么考生之间的测验分数差异就无法体现考生之间语言水平的不同,或者说测验的效度不高。效度是语言测试设计、开发和应用的基本要求,同时也是评价语言测验质量高低的核心指标[②]。只有当理论证据、经验证据和统计证据表明测验实际测量的目标与期望测量的语言能力结构之间高度吻合时,我们才能根据测验分数对考生的语言能力或知识水平做出准确的推断,并以较大的把握将测验分数解释为拟测语言能力的标志,或者说测验具有较高的效度[③]。否则,如果测验实际测量的构想与目标构想之间脱节,那么测验就缺乏构想效度,因为测验

---

① 本节摘自柴省三《汉语水平考试(HSK)阅读理解测验公平性研究》,《语言文字应用》2013 年第 4 期。

② Messick, S., Validity and washback in language testing. *Language Testing*, 1996, 3; American Psychological Association (APA), *Standards for Educational and Psychological Testing*. Washington, D. C.: American Psychological Association, 1999.

③ Messick, S., Validity and washback in language testing. *Language Testing*, 1996, 3.

内容、测验任务或测验方法很可能涉及了系统性构想无关变异因素，因而测验不仅效度低，而且缺乏公平性和表面效度。

中国汉语水平考试（HSK）是以测量母语非汉语者的汉语能力为唯一目标的国家级标准化考试，其考生团体在母语、性别、民族、年龄以及专业背景等方面均具有较强的异质性，因此，测验题目（item，也称为项目）对不同考生亚团体的公平性问题始终是测验开发者和设计者关注的焦点。不少研究人员[①]从项目功能差异（Differential Item Functioning，简称 DIF）角度，分别对不同性别、母语和不同习得环境的考生在 HSK［初、中等］考试中的公平性问题进行了检验。不过，迄今为止，专门针对不同专业背景的考生的测验公平性研究成果并不多见，然而考生的专业背景对语言测试结果的影响，特别是对阅读理解测验分数的影响问题被公认为国内外各类语言能力测验关注的核心。[②] 基于上述考虑，本研究将分别从 DIF 角度和篇章层次两个方面专门就 HSK［高等］阅读理解测验对不同专业背景考生的公平性问题进行实证研究。

[①] 任杰《在 HSK 考试中如何保证试题的公平性》，《汉语学习》2002 年第 3 期；黄春霞《汉语水平考试（HSK［初、中等］）试题中的 DIF 检验》，北京语言大学硕士学位论文，2004 年；鹿士义《汉语水平考试（HSK）的 DIF 研究》，南京师范大学博士学位论文，2004 年。

[②] Clapham, C., *The Development of IELTS*: *A Study of the Effect of Background Knowledge on Reading Comprehension*. UCLES / Cambridge University Press, 1996; Douglas, D., *Assessing Language for Specific Purposes*: *Theory and Practice*. Cambridge: Cambridge University Press, 2000; Weir, C. J., *Language Testing and Validation*: *An Evidence-Based Approach*. Basingstoke: Palgrave Macmillan, 2005.

一、语言测试公平性的本质

所谓测验的公平性是指一个测验对来自不同团体并具有相同目标能力或熟练程度的个体所测得的特性是否相同的属性。[1] 公平性的本质是测验的难度差异对不同考生团体而言是否合理的问题。并不是所有的难度差异都可以归结为公平性问题，只有当具有某些共同特征的考生亚团体，比如具有相同母语、性别、民族、学科背景或认知风格等特征的考生亚团体，在测验表现上与其他正常考生团体相比具有系统性差异，而且该考生团体的共同特征与期望测量的语言能力或语言知识之间没有任何逻辑关系时，我们才能断定该测验存在有失公平性的偏差现象。[2] 判定测验存在偏差必须满足两个基本条件：其一是某考生团体的测验表现与其他考生团体相比具有系统性差异；其二是引起这种差异的考生特征与期望测量的语言能力或水平之间不具有任何逻辑关系。比如，在阅读理解水平测验中，如果我们选择明显涉及医学专业知识方面的文章作为测验材料，那么该测验材料不仅表面效度不高，而且在测验中具有医学专业背景的考生团体的测验分数很可能高于其他具有相同语言能力的非医学专业的考生的测验分数，然而，考生之间在测验结果上的差异，在很大程度上反映的是考生在医

---

[1] Bachman, L. F., *Fundamental Considerations in Language Testing*. Oxford: Oxford University Press, 1990; Bachman, L. F., *Statistical Analysis for Language Assessment*, Cambridge: Cambridge University Press, 2004; Camilli, G. C. & Shepard, L. A., *Methods for Identifying Biased Test Items*. California, USA: SAGE Publications, Inc, 1994.

[2] Bachman, L. F., *Fundamental Considerations in Language Testing*. Oxford: Oxford University Press, 1990.

学专业知识方面的不同,而不是在我们希望测量的阅读能力方面的不同,所以,当我们以这个测验分数为基础对考生的阅读理解能力进行评价时,就会产生不公平现象。因此,测验公平性是一个与难度差异的认知归因密切相关的概念。[1]

二、阅读理解测验材料的偏差来源

阅读是读者借助已有的背景知识,对文本符号进行解码、释义和主动建构语义的心理过程,因而文章本身所拥有的内容特征是对不同考生团体产生测验偏差的重要来源之一。[2] 在以测量考生的一般阅读理解能力为主要目标的语言能力测试中,如果目标考生具有若干不同的专业背景,那么命题时所选择的阅读理解材料应该在内容方面尽可能具有中立性。[3] 一方面,文章的内容对目标考生而言,不能过分抽象,以保证达到必要能力水平的所有考生都具备理解文章所需要的足够丰富的图式,同时文章的内容也不能过分神秘或陌生,以避免文章内容无法被考生映射到既有的图式上;[4] 另一方面,文章的内容也不能过分熟悉、过分具体,以免考生无须阅读文章本身,而仅凭既有的生活常识或个人

---

[1] Khalif, H. & Weir, C. J., *Examining Reading*: *Research and Practice in Assessing Second Language Reading*. Cambridge: Cambridge University Press, 2009.

[2] 同①。

[3] Huges, A., *Testing for Language Teachers*. Cambridge: Cambridge University Press, 1989.

[4] Urquhart, A. H. & Weir, C. J., *Reading in a Second Language*: *Process, Product and Practice*. New York: Longman, 1998.

第一节 汉语水平考试阅读理解测验公平性研究

经历就足以预测文章的意义。[①] 因此,在阅读理解能力测验中,能否选择内容合理、难度适中、对不同专业背景的考生具有较高普适性的阅读材料将直接影响阅读理解测验的效度和公平性的高低。[②]

阅读材料的普适程度可以用抽象性—具体性、陌生—熟悉两个维度共同构成的二维空间中的具体位置进行形象的描述(如图8-1所示)。文章的内容属性越接近于两个维度的交点,其内容普适性就越高,考生理解文章所需要的特殊知识就越少,测验对不同考生团体产生偏差的可能性也就越低;反之,如果文章的内容属性越靠近某一维度的极端,那么文章就越有可能涉及特殊的专业知识或生活常识,测验的表面效度和构想效度就越低,因而也就更容易产生测验偏差。就文章的相对难度而言,内容既陌生又抽象的文章(A区)一般要比内容陌生但比较具体的文章(B区)的难度要高,[③] 内容陌生但比较具体的文章一般要比内容熟悉且具体的文章(D区)的难度要高;同样,内容熟悉但比较抽象的文章(C区)通常要比内容熟悉且具体的文章(D区)的难度要高。在图8-1中,介于两个圆之间的环状带中的阅读材料的专业性一般高于内圆中阅读材料的专业性。因此,为了确保阅读理解测验的公平性,不仅在测验设计时应该尽可能选择考生较熟悉、内容

---

① Buck, G., *Assessing Listening*. Cambridge: Cambridge University Press, 2001.

② Zumbo, B. D., Tree Generations of DIF Analysis: Considering Where It Has Been, Where It Is Now, and Where It Is Going. *Language Assessment Quarterly*, 2007, 4(2).

③ Alderson, J. C., *Assessing Reading*. Cambridge: Cambridge University Press, 2000.

较具体的文章作为阅读考试材料,而且还必须借助各种内容分析手段和统计工具,对测验任务和题目进行后验论证,将考生在专业知识方面存在的差异对考试结果的影响降低到最低限度,以保证测验分数能够准确反映考生的真实阅读能力。[①]

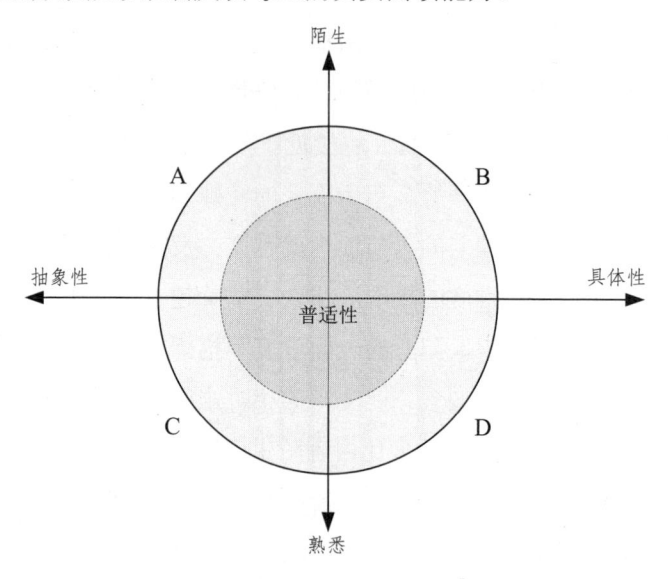

图 8-1 阅读理解材料普适性示意图

三、HSK(高等)阅读测验公平性研究的必要性

中国汉语水平考试(HSK)的阅读理解测验目标是考生的语言能力或水平,而不是考生在其他专业方面的知识,[②] 因此,在

[①] Weir, C. J., *Language Testing and Validation: An Evidence-Based Approach*. Basingstoke: Palgrave Macmillan, 2005.

[②] 郭树军《HSK 阅读理解试题的设计》,载刘英林主编《汉语水平考试研究》,现代出版社,1989 年。

第一节 汉语水平考试阅读理解测验公平性研究

HSK 阅读理解材料的选择中,我们必须遵循公平性原则,以满足对 HSK 考生的多元性测量要求。作为一个完整的考试体系,HSK 从低到高由 HSK［基础］、HSK［初、中等］和 HSK［高等］三个等级构成,分别适用于测量具有基础汉语水平、初中等汉语水平和高等汉语水平的汉语学习者的一般汉语能力。尽管三个等级的 HSK 考生团体之间在语言学习经历、语言水平方面存在较大差异,但 HSK 的目标构想之间并没有本质的区别,其阅读理解测验部分的测量构想均为考生的一般汉语阅读理解能力,而不是考生在阅读某一类专业文献时的汉语阅读水平。

与 HSK［基础］和 HSK［初、中等］阅读理解测验的开发和命题相比,HSK［高等］阅读理解测验存在偏差的潜在风险性更高。因为在选择 HSK［高等］阅读理解测验材料时,我们不得不面对这样一个两难的困境:一方面,所选择的阅读材料必须在词汇、句法和结构等方面满足较高的语言理解要求;另一方面,还要避免阅读材料的内容涉及过强的、非语言理解要求方面的专业知识。如果文章的难度不高,那么考试就不能满足对语言水平相对较高的目标考生的测量要求,测验体系之间就会缺乏梯度和区分度。因为文章不仅是语言理解的对象,而且是测量的媒介和知识的载体,所以在提高文章理解难度的同时,往往就要在很大程度上承担因为测验内容可能缺乏公平性而带来的偏差风险。毕竟,参加 HSK［高等］考试的考生主要是汉语水平已经达到中高级阶段的汉语学习者,而且绝大多数考生都具有非汉语专业类的其他学科背景,不少考生甚至以 HSK［高等］考试的测验结果作为职业晋升或申请进入高等院校攻读硕士研究生学位的汉语水平证明,测验结果的使用具有相当高的利害性,因此,对 HSK［高等］阅读理解测验的题目和文章分别进行 DIF 检验和公平性研究具有特殊的价值。

四、实证研究

在面向外籍考生的第二语言测试中，产生测验偏差的潜在来源主要包括文化背景、认知风格、背景知识以及母语、种族、年龄和性别等因素。[①] 其中，在 HSK［高等］阅读理解测验中，考生的背景知识，特别是考生的专业背景差异是影响测验公平性的最敏感因素之一，因为参加 HSK［高等］的考生在专业背景方面具有异质性强、人数分布不均的显著特点。基于我们对考生专业背景的问卷调查和分析，在中国境内参加 HSK［高等］的所有外国留学生中，考生的专业背景涉及 48 个之多，其中人数最多的前 4 个专业分别是中国语言文学专业、经济学专业、生物和医学（含中医）专业以及中国历史专业。因此，本研究将以上述 4 个专业背景的考生为研究对象，分别对 HSK［高等］阅读理解测验进行 DIF 检验和公平性研究。

（一）研究方法

目前，国际上最常用的 DIF 分析技术包括 MH 法（Mantel-Haenszel Procedure）、STND 法（Standardization，标准化法）和 SIBTEST 法（Simultaneous Item Bias Procedure）等。考虑到各专业样本结构的特点和研究目标的实际需要，本节将采用 MH 法和

---

① Clapham, C., *The Development of IELTS: A Study of the Effect of Background Knowledge on Reading Comprehension*. UCLES/Cambridge University Press, 1996; Bachman, L. F. & Palmer, A. S., *Language Testing in Practice*. Oxford: Oxford University Press, 1996.

STND 法对 HSK［高等］阅读理解测验的项目进行 DIF 交叉检验。

MH 法和 STND 法是国内外语言测试进行 DIF 检验时使用最广泛的两种经典方法。[①] 研究要求首先根据考生的某些区分特征（比如性别、年龄、民族或专业等）确定要研究的目标组和参照组，然后选择测验总分或单项分数作为匹配变量，通过构建 2（组）×2（对与错）×K（匹配变量水平）列联关系表，分别计算反映两组考生之间答题难度差异的 MH 值和标准化 P 差，并根据 MH 值和标准化 P 差是否显著来判定测验项目的 DIF 性质和级别。

根据逻辑分析和专家咨询的结果，我们认为具有中国语言文学专业背景的考生与其他专业背景的考生相比，因为缺乏某些专业知识方面的相对优势，在测验中更容易因为文章内容可能涉及的非语言理解方面的特殊知识而受到不公平性影响，因此我们将该组考生视为研究的目标组（F），同时把具有经济学专业背景的考生作为参照组（R），然后借助 MH 法和 STND 法分别检测阅读理解测验题目在两组考生之间是否存在 DIF 显著性。

由于在参加 HSK［高等］的考生团体中，具有生物医学专业、中国历史专业背景的考生人数较少，研究样本无法满足 DIF 检验的要求，因此，我们只能在对目标组和参照组考生进行 DIF 检验的基础上，再分别从上述两个专业以及生物医学专业和中国历史专业四个考生组中进行随机抽样，然后针对阅读理解测验中的六

[①] Holland, P. W. & Thayer, D. T., Differential item functioning and the Mantel-Haenszel Procedure. In Wainer, H. & Braun, H. I. (Eds.), *Test Validity*. Hillsdale, NJ: Lawrence Erlbaum, 1988; Dorans, N. J. & Kulick, E. M., Demonstrating the utility of the standardization approach to assessing unexpected differential item performance on the Scholastic Aptitude Test. *Journal of Educational Measurement*, 1986, 2.

篇文章分别进行方差分析（ANOVA）。

（二）研究材料

本研究所使用的 HSK［高等］试卷卷标是 A10TC01X，考生资料全部来自 2010 年 4 月 17 日在国内 31 个考点参加 HSK［高等］的实测数据。参加本次考试的考生总人数为 3319 人，试卷的整体信度值（*Alpha* 系数）达到 0.918，因而测验结果具有较高的可靠性。HSK［高等］阅读理解测验包括两部分试题，其中第一部分是基于阅读材料的简答题，第二部分是传统的基于阅读理解材料的多项选择题。为了避免因测验题型不同对研究结果可能带来的交互影响，所以本研究仅对阅读理解测验的第二部分进行测验公平性研究。题目结构与阅读材料的题材及文体特征描述等见表 8-1。

表 8-1 测验结构与阅读材料特征

文章序号	文章 1	文章 2	文章 3	文章 4	文章 5	文章 6
题目数量（25）/题	4	4	5	4	4	4
题号（56—80）	S56—S59	S60—S63	S64—S68	S69—S72	S73—S76	S77—S80
文章字数/字	758	806	428	443	703	897
题材及文体	人际关系方面的议论文	关于唐山地震的记叙文	女性社会角色的说明文	中国历史人物的记叙文	中国乡情方面的议论文	北大历史人物的记叙文

（三）DIF 研究样本

为了对阅读理解测验的题目进行 DIF 检验，我们首先选择 HSK［高等］测验总分作为考生能力的匹配变量，并将考生水平分为 10 个等级（K=10），然后，分别用 MH 法和 STND 法计算相关 DIF 指标。参照组和目标组考生的样本结构特征见表 8-2。

第一节 汉语水平考试阅读理解测验公平性研究

表 8-2 参照组和目标组考生结构

组别	专业结构	人数/人	男生/人	女生/人	合计/人	来源国家/个 考点数/个
参照组（R）	经济学	192	221	199	420	36/28
	商业经济	48				
	国际贸易	99				
	金融学	81				
目标组（F）	现代汉语	183	253	277	530	39/30
	对外汉语	258				
	中国文学	48				
	中国文化	41				
合计		950	474	476	950	

（四）方差分析研究样本

为了克服因样本分布不平衡给研究结果带来的影响，我们分别从生物医学专业和中国历史专业以及上述参照组和目标组考生中随机选择 15 名考生作为研究对象，然后针对四个考生样本在六篇阅读材料上的测验得分进行方差分析，以考察阅读材料对四个不同专业背景的考生是否具有公平性。四个考生样本的具体结构见表 8-3。

表 8-3 方差分析研究样本描述

	样本 1	样本 2	样本 3	样本 4
专业背景	汉语与文学	经济学	生物医学	中国历史
样本数（N）/个	15	15	15	15
平均年龄/岁	23.86	23.75	23.79	23.69
最大年龄/岁	58	46	37	39
最小年龄/岁	19	15	21	20
来源国家/个	11	9	12	7
男/个	9	7	10	8
女/个	6	8	5	7
来源考点/个	9	12	10	13

（五）DIF 检验过程与结果

根据 MH 法和 STND 法的检验要求，我们将采用自编程序分别对目标组和参照组考生在 HSK［高等］阅读理解测验 25 个题目上的 DIF 指标进行计算，然后根据 MH 值和标准化 P 差的检验标准，对测验题目的 DIF 值进行分类。在 MH 法中，MH 值的具体计算公式如下：

$$\alpha MH = (\sum_{k=1}^{s}(f_{1rk} * f_{0fk})/n_k) / (\sum_{k=1}^{s}(f_{0rk} * f_{1fk})/n_k)$$

其中，f_{1rk} 和 f_{0rk} 分别表示在第 K 级能力水平上，参照组中答对该测验项目的人数和答错该测验项目的人数，f_{1fk} 和 f_{0fk} 则分别是目标组考生中答对和答错测验项目的人数。为了使用方便，我们采用美国 ETS 测试服务中心对 MH 所做的对数变换值作为判断标准，其具体转换公式如下：

$$\Delta MH = -\frac{4}{1.7}\ln(\alpha MH) = -2.35\ln(\alpha MH)$$

经过上述变换以后，ΔMH 为 0，表示研究项目不存在 DIF；ΔMH 为正，表示测验项目对目标组有利；ΔMH 为负，则表示对参照组有利。如果 $|\Delta MH|<1$，表示该测验项目具有很小的 DIF，项目的测验功能差异不大；如果 $|\Delta MH|>1.5$，则说明该类测验项目的 DIF 比较显著，必须做进一步的内容分析，以判断测验题目是否存在偏差。

在 STND 法中，标准化 P 差的具体计算公式如下：

$$STND_{P-DIF} = \frac{\sum_{k=1}^{s}[W_k(P_{fk} - P_{rk})]}{\sum_{k=1}^{s}W_k}$$

其中：$P_{fk}=f_{lfk}/n_{fk}$ 和 $P_{rk}=f_{lrk}/n_{rk}$ 分别表示目标组考生和参照组考生在第 K 分数水平上正确作答某测验项目的概率，$(P_{fk}-P_{rk})$ 表示在分数水平 K 上目标组和参照组考生在某测验项目上的答对率之差；$W_k/\Sigma W_k$ 表示在分数水平 K 上两个考生团体正确作答某项目的概率之差的加权数。①

$STND_{P\text{-}DIF}$ 的取值范围在 -1 到 +1 之间，正值表示该测验项目对目标组有利，负值则表示项目对目标组不利。标准化 P 差的 DIF 判断标准如下：

1. 当 $|STND_{P\text{-}DIF}| \leqslant 0.05$ 时，表示测验项目的测量功能对目标组和参照组考生的影响很有限，基本可以忽略不计；

2. 当 $0.05<|STND_{P\text{-}DIF}| \leqslant 0.1$ 时，测验项目的 DIF 需引起适当的关注；

3. 当 $|STND_{P\text{-}DIF}| > 0.1$ 时，测验项目的 DIF 值被视为异常值，必须进行公平性审查。

已经有的研究结果表明，以 $|STND_{P\text{-}DIF}| > 0.5$ 为标准对测验项目的 DIF 进行决策的效果比较理想 (Dorans, 1989)，因而本研究将以此作为决策标准。

根据上述两种检验方法和判断标准，我们对所计算的测验项目 DIF 值分布进行了归纳，检验结果见表 8-4。

---

① Camilli, G. C. & Shepard, L. A., *Methods for Identifying Biased Test Items.* California, USA: SAGE Publications, Inc,1994; Geranpayeh, A. & Kunnan, A. J., Differential item functioning in terms of age in the certificate in advanced English examination. *Language Assessment Quarterly*, 2007, 2.

表 8-4 DIF 检验结果

DIF 研究方法	MH 法	STND 法	MH×STND
有利于参照组项目数	12	11	11
有利于目标组项目数	13	14	12
DIF 显著标准（临界值）	$|\Delta MH|>1.5$	$|STND_{P-DIF}|>0.5$	$|\Delta MH|>1.5$ 且 $|STND_{P-DIF}|>0.5$
DIF 显著项目数（题号）	2（S66，S72）	3（S61，S66，S72）	2（S66，S72）

由表 8-4 的 DIF 分析结果可见，在所检验的 25 个阅读理解测验项目中，用 MH 法和 STND 法检测出有利于参照组考生的测验项目数分别是 12 个和 11 个，而有利于目标组考生的测验项目数分别为 13 个和 14 个。用 MH 法和 STND 法同时检测出有利于参照组考生和目标组考生的测验项目数分别为 11 个和 12 个。其中，具有交叉 DIF 显著性的测验项目仅有 2 个，即 S66 题和 S72 题。

（六）方差分析结果

为了对四个考生组在每篇文章上的测验得分进行方差分析，我们首先进行了方差齐性检验。检验结果显示，在显著水平为 0.05 的前提下，四个考生组在每篇文章上的测验分数均符合方差齐性的要求，因而可以进行方差分析。对四个考生组在六篇阅读文章上的测验分数进行方差分析的结果见表 8-5。

表 8-5 方差分析结果汇总表

	来源	平方和	自由度	均方	F 值	P 值
文章 1	组间差异	1.800	3	0.600	0.613	0.609
	组内差异	54.800	56	0.979		
	合计	56.600	59			

（续表）

	来源	平方和	自由度	均方	F 值	P 值
文章 2	组间差异	0.450	3	0.150	0.105	0.957
	组内差异	79.733	56	1.424		
	合计	80.183	59			
文章 3	组间差异	4.050	3	1.350	1.014	0.393
	组内差异	74.533	56	1.331		
	合计	78.583	59			
文章 4	组间差异	1.650	3	0.550	0.463	0.709
	组内差异	66.533	56	1.188		
	合计	68.183	59			
文章 5	组间差异	0.583	3	0.194	0.132	0.940
	组内差异	82.267	56	1.469		
	合计	82.850	59			
文章 6	组间差异	0.450	3	0.150	0.176	0.912
	组内差异	47.733	56	0.852		
	合计	48.183	59			

*$F(3,56)_{0.05}=2.772$，$F(3,56)_{0.01}=4.158$。

从表 8-5 方差分析的结果可知，来自中国语言文学专业、经济学专业、生物医学专业以及中国历史专业的四个考生样本在六篇阅读材料上的 F 值全部小于 F（3，56）$_{0.05}$ 的临界值（2.772），相应的 P 值全部大于 0.05，根据方差分析的统计决断规则，我们应保留零假设，而拒绝备择假设，即：四个不同专业背景的考生在 HSK［高等］阅读理解测验的六篇阅读材料中的任何一篇文章上的测验得分之间并不存在显著性差异。尽管考生的专业背景优势各不相同，但上述任何一个考生团体在任意一篇阅读材料上并没有额外受益，或者说研究结果并未发现阅读材料存在内容方面的测验偏差，因而测验具有较高的公平性。

五、研究结果与讨论

在大规模、标准化语言测试中，减少和控制测验偏差是保证测验公平性和效度的基本要求，特别是在阅读理解测验中，文章的主题内容与考生的专业背景知识之间存在明显的互动关系，而且这种互动关系很可能会影响考生的阅读理解测验结果，[①] 因此，针对阅读理解测验材料进行公平性考察，在澄清测验的目标构想、甄别测验偏差方面具有重要的意义。

本节以 MH 法和 STND 法对参照组考生和目标组考生所进行的实证 DIF 研究表明，在 25 个阅读测验题目中，有利于参照组考生和目标组考生的测验题目数基本相同，绝大多数测验题目的 DIF 指标不具有显著意义；2 个具有 DIF 指标显著性的测验项目分别属于两篇不同的阅读材料（题目 S66 属于文章 3，而题目 S72 则属于文章 4），显然，这种 DIF 差异不能归结为由同一篇阅读材料的内容所引起的偏差。DIF 指标显著性只是测验题目存在偏差的必要条件，而不是充分条件，因此，为了进一步探究这两个测验项目是否真正属于偏差范畴，我们将测验项目和相应的阅读材料提交给审题专家进行评估，经过审题专家组的内容分析和逻辑判断，最终排除了测验项目存在内容偏差的可能性。DIF 检验的结果证明：HSK［高等］阅读理解测验在项目层次上对目标组考生和参照组考生具有较高的公平性。

---

① Douglas, D., *Assessing Language for Specific Purposes*: *Theory and Practice*. Cambridge: Cambridge University Press, 2000; Khalif, H. & Weir, C. J., *Examining Reading*: *Research and Practice in Assessing Second Language Reading*. Cambridge: Cambridge University Press, 2009.

上述方差分析结果显示,四个考生样本在 HSK [高等] 阅读理解测验中所选择的六篇文章上的考试分数之间也不存在显著性差异。虽然考试的阅读材料在主题内容方面难免具有一定的专业倾向性,但从总体而言,我们尚未发现任何一篇文章的内容对某一考生团体构成了理解障碍,从而导致该考生团体的测验得分明显低于其他考生团体,同时,我们也没有发现任何一篇文章在理解内容上特别有利于某一专业背景的考生亚团体。尽管考生的专业优势各不相同,但对文章的认知难度并没有明显的差异,HSK [高等] 阅读理解测验不存在与中国语言文学专业、经济学专业、生物医学专业和中国历史专业内容相关的测验偏差。尽管文章2、文章4和文章6的主题内容分别具有中国历史事件或历史人物方面的内容属性,但对文章内容的理解仍属于对语言水平或知识考查的范畴,因而来自中国历史专业的考生团体并未因此而获得额外的理解优势;同时,来自其他专业背景的考生尽管未必具备中国历史方面的专业知识,但依靠其汉语阅读能力和汉语知识同样可以取得理想的效果,因而阅读理解测验在整体上不存在与某一学科背景相关的构想无关变异因素。HSK [高等] 阅读理解测验在篇章内容层次上对上述四个专业背景的考生而言具有跨专业背景的公平性,测验分数是考生阅读各类一般性阅读材料时所体现出来的、具有普遍意义的阅读水平的反映,而不是阅读某一类特定专业文献的阅读能力的反映,因此,测验分数可以解释为考生汉语阅读能力高低的标志。

第二节 蕴涵量表法在汉语水平考试阅读理解测验公平性研究中的应用[①]

一、问题的提出

测验任务或题目对不同考生亚团体的公平性问题始终是国内外心理与教育测量领域关注的核心问题,因而对公平性问题的考察一直是获取测验效度证据的重要途径之一。在以往的 20 多年中,许多研究人员和考试机构以经典测量理论(CTT)为基础,先后采用 MH 法(Mantel-Haenszel Procedure)、SIBTEST 法(Simultaneous Item Bias Procedure)和 STND 法(Standardization)[②]等对测验项目在不同考生群体上的项目功能差异(Differential Item Functioning,DIF)进行了检验和探索[③];许多专业考试研发机构(如 ETS)也将测验公平性审查工作列入测验实施的基本要

[①] 本节摘自柴省三《蕴涵量表法在 HSK 阅读理解测验公平性研究中的应用》,《考试研究》2012 年第 5 期。

[②] Shealy, R. & Stout, W., A model-based standardization approach that separates true bias/DIF fromgroup ability differences and detects test bias/DTF as well as item bias/DIF. *Psychometrika*.1993, 58(2); Dorans, N. J. & Kulick, E. M., Demonstrating the utility of the standardization approach to assessing unexpecteddifferential item performance on the Scholastic Aptitude Test. *Journal of Educational Measurement*, 1986, 23(2).

[③] Holland, P. W. & Thayer, D. T., Differential item functioning and the Mantel-Haenszel procedure. In Wainer, H. & Braun, H. I. (Eds.), *Test Validity*. Hillsdale, NJ: Laurence Erlbaum, 1988; Dorans, N.J. & Kulick, E. M., Assessing unexpected differential item performance of female candidates on SAT and TSWE forms administered in December 1977: An application of the standardization approach. *ETS Research Report* RR-88-9. Princeton, NJ: Educational Testing Service, 1983.

求；Wainer 等（2007）则先后针对项目反应理论（IRT）在测验题组（item bundles，也称之为题束）公平性检测方面的应用进行了研究，并获得了若干颇具理论启发意义和使用价值的方法。[①]

综观上述各种公平性研究方法和研究过程，尽管其理论基础不同，所使用的参数和指标体系各异，但所考察的核心问题并没有区别，即都是以甄别具体测验项目、测验任务或由若干项目组成的题束对不同特征的参照组考生和目标组考生（比如不同性别、民族、母语的考生）之间的难度差异为根本目标的。[②] 可以说难度差异的显著性检验和认知归因问题是一切 DIF 和公平性研究的本质。因此，本节将通过效标测量法和蕴涵量表分析相结合的方法专门对中国汉语水平考试（HSK）阅读理解测验的文章难度在不同专业背景考生中的公平性问题进行探讨，一方面研究结果可以为 HSK 阅读理解测验的效度检验（validation）提供公平性证据，另一方面也借此考察效标测量和蕴涵量表法相结合在教育测量公平研究中的应用。

二、研究的意义

中国汉语水平考试（HSK）是以测量母语非汉语者（包括外国人、华侨和中国少数民族考生）的一般汉语能力为主要目的的

[①] Wainer, H., Brandlow, E. T. & Wang, X., *Testlet response theory and its applications*. New York: Cambridge University Press, 2007.

[②] Geranpayeh, A. & Kunnan, A. J., Differential item functioning in terms of age in the Certificate in Advanced English Examination. *Language Assessment Quarterly*, 2007, 4(2).

国家级标准化考试，根据难易程度的不同，HSK包括HSK［基础］、HSK［初、中等］和HSK［高等］三个独立施测的考试，分别适用于测量具有基础汉语水平、初中等汉语水平以及高等汉语水平的汉语学习者的一般汉语能力。HSK的考试结果对外籍考生求职、入学和汉语能力评价等均具有高利害性，因此，如何确保测验题目和测验任务对不同考生群体的公平性问题已经成为测验开发者关注的焦点。不少研究人员先后就HSK［初、中等］对不同性别、民族和不同母语背景的考生的公平性问题进行过研究。[1] 然而，迄今为止，专门针对不同专业背景的HSK考生的测验公平性研究还不多见，已有的研究中所使用的检测方法也没有明显突破。因此，本研究将在研究内容和检测方法两方面进行尝试。

由于HSK的考生团体在母语背景、文化背景、年龄结构和个人经历等方面都具有相当强的异质性，为了准确测量考生的汉语阅读能力，HSK阅读理解测验的设计初衷是：尽量选择题材广泛、体裁多样、内容中性、难度适中的一般性科普类短文作为阅读材料，以便将考生在专业知识和背景知识方面的系统差异对测验效度的影响降至最低限度。因为HSK阅读理解测验的构念是考生的一般性汉语阅读理解能力，而不是考生阅读某一专业学科文献的汉语阅读理解能力。[2]

不过，由于报考HSK［高等］的考生和报考HSK［基础］

---

[1] 任杰、谢小庆《中国少数民族考生与外国考生HSK成绩的公平性分析》，《心理学探新》2002年第2期；黄春霞《汉语水平考试（HSK［初、中等］）试题中的DIF检验》，北京语言大学硕士学位论文，2004年；鹿士义《汉语水平考试（HSK）的DIF研究》，南京师范大学博士学位论文，2004年。

[2] 郭树军《HSK阅读理解试题的设计》，载刘英林主编《汉语水平考试研究》，现代出版社，1989年。

以及 HSK［初、中等］的考生团体之间在汉语水平、专业背景等方面存在较大差异，所以，与 HSK［基础］和 HSK［初、中等］的命题相比，在 HSK［高等］阅读理解测验中，命题者面临的特殊困惑是：一方面必须要选择语言理解要求较高的文章作为阅读材料，以适应对语言水平较高的目标考生团体的测量要求；另一方面还要确保所选择的文章在主题内容方面对来自不同专业背景的考生团体具有较高的普适性，以避免因文章在内容方面存在偏差而影响考试的公平性。然而，在阅读理解测验中，文章不仅是语言理解的对象，而且是知识的载体，文章的内容或知识属性与文章的理解难度之间具有较高的依赖性，[1]因此，要保证考试结果的解释和使用具有较高的构念效度，必须对测验所选择的文章在不同专业的考生中的难度排列顺序进行实证检验。

根据对报考 HSK［高等］的考生专业背景的调查分析，在参加 HSK［高等］的外国留学生中，按照专业背景的不同，人数最多的前三个专业分别是中国语言与文学专业（33%）、经济学专业（21%）和生物及医学专业（15%），三个专业背景的考生占总考生人数的比例接近70%，因此，对 HSK［高等］阅读理解测验中所选择的阅读文章的难度在上述三个考生亚团体中排列顺序的研究，在测验公平性和效度研究中具有特殊的价值。

---

[1] Alderson, J. C., *Assessing Reading.* Cambridge: Cambridge University Press, 2000; Pae, T. I., DIF for examinees with different academic backgrounds. *Language Testing*, 2004, 21(1); Zumbo, B. D., Does item-level DIF manifest itself in scale-level analysis? Implications for translating language tests. *Language Testing*, 2003, 20(2).

三、研究设计

在由若干篇主题各异的文章所构成的阅读理解测验中，如果其中某一篇、几篇甚至所有文章的内容涉及了较强的、非专业人员仅凭语言能力无法理解的特殊知识，那么，这些文章的整体难度在不同专业背景的考生团体中的排列顺序就必然不同。由于留学生的汉语中介语表现水平具有较强的语境变异性，当文章的主题内容正好与该组考生所学的专业相同时，考生就会感觉文章的理解难度较低，其测验分数很可能明显高于在其他文章上的得分；反之，对于来自另一个专业并具有相同阅读能力的考生而言，因为他们不具备理解文章主题内容所要求的非语言理解方面的专业知识，所以他们就会感觉该文章的理解难度更高，而且其测验得分也很可能低于前者。这种与测量目标无关的专业知识在心理与教育测量领域称为构念无关变异因素，是威胁测验效度的重要来源之一。[①] 因此，在语言能力测试中，以不同专业背景的考生在每篇文章上的测验得分为基础，根据文章的难度排列顺序差异来考察阅读文章是否存在偏差问题是对传统的 DIF 检验和公平性研究方法的一个突破和补充。

在以往的测验公平性研究中，多采用前文提到的几种经典分析方法，以具体测验项目作为研究对象，从微观上考察测验项目的难度值在目标组和参照组考生中是否存在显著性差异，从而获

---

① Bachman, L. F., *Fundamental Considerations in Language Testing*. Oxford: Oxford University Press, 1990; Messick, S., Validity and Washback in Language Testing. *Language Testing*, 1996, 13(3).

得关于测验公平性方面的证据。[①] 在上述各种检测方法中,虽然都考虑到了不同考生组别中不同语言水平之间的差异因素,但它们都没有采用独立于测验本身的外在效标对考生水平或测验任务难度进行整体检验,而且选择测验总分或单项分作为对考生能力分级的匹配变量本身具有循环论证的成分。因为在经典测量理论(CTT)中,难度是一个相对性指标,对不同语言水平的考生测验结果进行难度分析时,所获得的难度指标之间不具有可比性。因此,为避免上述诸方法的不足,本研究将以教师对考生阅读能力的评价作为效标,采用蕴涵量表分析法,考察 HSK[高等]阅读理解测验中的阅读文章在三个考生组中的整体难度排列顺序的一致性程度,从而验证测验的公平性问题。

(一)效标测量

为了获得关于考生汉语阅读水平方面的效标证据,笔者以调查问卷的形式,在考前一周,邀请考生的汉语任课教师在不考虑学生学科背景和专业知识差异的前提下,仅就学生阅读一般性汉语文章的阅读水平进行七级量表评价(具体评价量表见表 8-6,其中 L1 至 L7 分别表示水平等级),然后以此评价结果作为构建蕴涵量表和对考生阅读能力进行分级的效标。

表 8-6 考生汉语阅读能力评价表

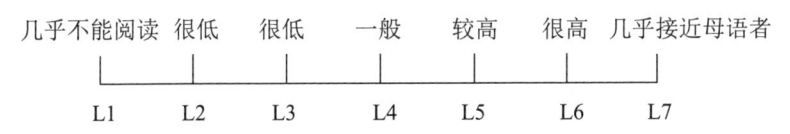

几乎不能阅读	很低	很低	一般	较高	很高	几乎接近母语者
L1	L2	L3	L4	L5	L6	L7

[①] 曹亦薇、张厚粲《汉语词汇测验中的项目功能差异初探》,《心理学报》1999 年第 4 期;董圣鸿、马世晔《三种常用 DIF 检测方法的比较研究》,《心理学探新》2001 年第 1 期。

调查问卷在全国 13 个考点累计发放 1286 份，实际收回 1172 份。在剔除各种无效问卷后共获得有效问卷 1026 份，其中符合本研究目的和专业要求的考生问卷共计 496 份。目标组和参照组考生的专业背景以及各等级水平的考生样本结构情况，参见表 8-7。

表 8-7 目标组和参照组考生样本描述

分组	被试描述	L1	L2	L3	L4	L5	L6	L7	合计
目标组（F）	中国语言与文学专业考生	13	15	26	35	34	27	9	159
参照组1（R1）	经济学（含商业）专业考生	10	24	31	41	32	24	14	176
参照组2（R2）	生物医学专业考生（含中医）	15	21	24	43	28	18	12	161
合计		38	60	81	119	94	69	35	496

（二）研究资料

本研究使用的测验资料是 2010 年 10 月份在中国境内 13 个考点举办的 HSK［高等］的考生实测数据。研究数据只涉及 HSK［高等］阅读理解测验部分的六篇阅读文章以及相应的 25 个多项选择题。测验文章与题目数量以及测验结构的具体对应关系参见图 8-2。

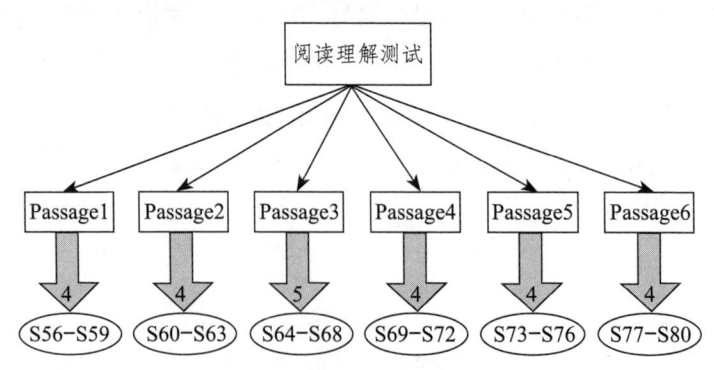

图 8-2 测验文章及题目对应关系

（三）研究步骤

在建立上述各组考生的汉语阅读能力效标以后，首先分别计算目标组和两个参照组中各效标等级上的考生在阅读理解测验中每篇文章上的平均得分；然后，将每个效标等级中的考生在每篇文章上获得的平均分除以每篇文章的题目总数，以排除因为每篇文章的测验题目数在整个测验中的权重不同所产生的差异，保证该难度指标在各组考生之间、不同文章之间以及不同水平的考生之间具有可比性；最后，取 0.65 作为每篇文章的难度分界线，确定蕴涵量表的编制标准，即当某一级别的考生在某一篇文章上的测验得分难度值达到或超过 0.65 时，就认为该水平的考生基本理解了文章的意思，并将该文章在相应的蕴涵量表中赋值为 1，否则全部取 0。之所以将 0.65 作为分界线，是因为 HSK 的项目难度值一般分布在 0.40—0.60 之间，并尽可能控制在 0.50 左右，因此，为了保证研究结果的稳健性，决定以 0.65 作为分界线。根据上述方法所编制的参照组和目标组考生在六篇阅读文章上的蕴涵关系量表分别参见表 8-8、表 8-9 和表 8-10。

表 8-8 目标组考生的蕴涵量表

水平顺序	难 P6	P2	P4	P5	P3	易 P1
L7	1	1	1	1	1	1
L6	0	1	1	1	1	1
L5	0	0	1	1	1	1
L4	0	1	1	1	0	1
L3	0	0	0	1	1	1
L2	0	0	1	0	1	1
L1	0	0	0	0	0	1
合计 (0, 1)	6, 1	4, 3	2, 5	2, 5	2, 5	0, 7

表 8-9　参照组 1 考生的蕴涵量表

水平\顺序	难 P6	P2	P4	P5	P3	易 P1
7	0	1	1	1	1	1
6	0	1	1	1	1	1
5	0	1	1	0	1	1
4	0	0	1	1	1	1
3	0	0	0	1	1	1
2	0	0	0	0	1	1
1	0	0	0	0	0	0
合计 (0, 1)	7, 0	4, 3	3, 4	3, 4	1, 6	1, 6

表 8-10　参照组 2 考生的蕴涵量表

水平\顺序	难 P6	P2	P4	P5	P3	易 P1
7	1	1	1	1	1	1
6	0	1	1	1	1	1
5	0	1	1	0	1	1
4	0	0	1	1	1	1
3	0	0	0	1	1	1
2	0	0	0	0	1	1
1	0	0	0	0	0	0
合计 (0, 1)	6, 1	4, 3	3, 4	2, 5	1, 6	1, 6

四、蕴涵量表分析

蕴涵量表程序是由伽特曼首先提出的一种心理测验量表分析技术,[①] 它可以用于第二语言习得顺序研究、语言测试的项目难度顺序考察、测验任务的跨样本公平性验证和构念效度的研究中。蕴涵量表的核心思想是：如果测验任务或测验项目客观上存

[①] Hatch, E. & Lazaraton, A., *The Research Manual: Design and Statistics for Applied Linguistics*. Boston, US: Heinle & Heinle Publishers, 1991.

在一个与测验构念相关的难度顺序,那么这些测验项目或测验任务在不同语言水平或不同背景的考生中的难度排列顺序应当高度一致,否则,测验项目或测验任务就很可能涉及了与目标构念无关的其他干扰因素,从而影响了测验的公平性和构念效度。比如,在阅读理解测验中,如果文章只涉及了与阅读能力有关的单一构想,那么语言水平较高的考生的得分应当比语言水平较低的考生的得分要高,并且测验中的若干文章的难度值在高水平考生团体和低水平团体中的排列顺序应该完全一致。相反,如果所选择的阅读材料涉及了不期望测量的某一方面知识,而考生恰好具备与该文章内容有关的专业知识时,考生在阅读文章时显然获得了高于效标预测水平的测验分数,尽管就其一般阅读能力而言,他未必具备理解同等语言难度的其他主题文章的阅读能力;同样,对于其他不具有该专业背景的考生而言,虽然他可能已经达到甚至超过了效标预测的阅读水平,但因为该文章涉及了非专业人员仅凭语言知识和阅读能力无法弄懂的特殊知识,所以他仍无法达到理解文章的预期要求。由于考试结果受到了与测量目标无关的其他维度或因素的干扰,考试分数不仅无法反映考生的真实阅读能力,而且必然导致测验文章的难度值在不同专业背景的考生团体中的排列顺序不一致。[①]

在 HSK [高等] 阅读理解测验中,为了确保测验具有较高的

---

① Clapham, C. M., *The Development of IELTS: a Study of the Effect of Background Knowledge on Reading Comprehension*. Cambridge: Cambridge University Press, 1996; Hale, G. A., Student Major Field and Text Content: Interaction Effects on Reading Comprehension in the Test of English as Foreign Language. *Language Testing*, 1988, 5(1); 曾秀芹、孟庆茂《项目功能差异及其检测方法》,《心理学动态》1999 年第 2 期。

信度，通常选择六篇主题内容不同的文章作为阅读材料，因而这六篇阅读文章对不同专业背景的考生是否具有公平性的问题，完全可以通过蕴涵量表分析来考察。

（一）蕴涵量表的编制过程

蕴涵量表的编制主要包括以下五个基本步骤：确定研究目标（如测验项目、测验任务等）；选择研究对象（如不同专业、水平的考生等）；获取研究对象的效标资料（专家判断、考试数据、教师评价等）；收集研究对象在研究目标上的表现资料；编制并对蕴涵量表进行二维排序。[①]

（二）蕴涵量表的分析

蕴涵量表编制完成以后，首先需要进行信度分析，考察量表数据是否可靠。如果蕴涵量表的信度太低，就不能再进一步对量表进行分析，只有当信度达到一定要求后，才能继续对量表进行后续研究。因此，对蕴涵量表的检验和分析需要计算以下四个具体指标。

1. 计算伽特曼重复系数（Coefficient of Reproducibility，简称 Crep）

受测量误差的影响，按照上述过程构建的蕴涵量表不一定具有统计价值，因此，必须首先对蕴涵量表进行信度检验。蕴涵量表的信度通常用伽特曼重复系数来评价（Crep），其具体计算公式如下：

$$Crep = 1 - \frac{N_e}{N_s * N_p}$$

其中，N_e 是量表偏误的计数频次，指上述每个量表中（表8-8、

[①] Hatch, E. & Lazaraton, A., *The Research Manual: Design and Statistics for Applied Linguistics*. Boston, US: Heinle & Heinle Publishers, 1991.

第二节 蕴涵量表法在汉语水平考试阅读理解测验公平性研究中的应用

表8-9、表8-10)黑色折线右侧所有0的个数和折线左侧所有1的个数之和。N_e越大，Crep越小，效标对考生在研究项目上的难度排列顺序的预测力就越差；N_e越小，Crep越大，测量结果就越可靠，蕴涵量表的信度就越高。N_s和N_p分别是被试等级数和考察的项目数。在本研究中，N_s=7，N_p=6。只有当Crep超过临界值（0.90）时，蕴涵量表才有效[①]。

2. 计算最小边际重复系数（Minimummarginal Reproducibility Figure，简称 *MMrep*)

最小边际重复系数（*MMrep*）是指在不考虑上述偏误的前提下，蕴涵量表对考生反应水平预测的准确程度，其具体计算公式如下：

$$MMrep = \frac{N_m}{N_s * N_p}$$

其中，N_m表示最大边际值（number of maximum margin-als），是上述每个蕴涵量表中每列数据底部0和1合计项中较大值的总和。与Crep相比，*MMrep*不考虑量表的偏误影响，因此，*MMrep*的值应该小于相应的Crep值。

3. 计算再生系数增长百分比（%percent improvement in repro-ducibility，简称 *%Improvement*)

再生系数增长百分比（*%Improvement*）表示在考虑量表误差和不考虑量表误差时，再生系数的增长百分比，其计算公式如下：

$$\%Improvement=Crep-MMrep$$

4. 计算量表化系数（coefficient of scalability，简称 *Cscal*)

[①] Hatch, E. & Lazaraton, A., *The Research Manual: Design and Statistics for Applied Linguistics*. Boston, US: Heinle & Heinle Publishers, 1991.

量表化系数（Cscal）的大小，是反映所编制的蕴涵量表是否有效，最终能否用来根据考生的效标水平准确将研究项目（六篇阅读文章）的难度顺序分解出来的量化指标。量表化系数是蕴涵量表分析中最核心的量化指标，其具体计算公式如下：

$$Cscal = \%Improvement / (1-MMrep)$$

Cscal 是揭示蕴涵量表数据能否将研究目标进行有效排序或分级的标准。如果测验项目所测量的目标具有一维性，并且这个维度与效标测量的依据完全吻合，那么 *Cscal* 的值就比较高，根据蕴涵量表所获得的项目难度排列顺序就比较可靠，测验项目所测的构念或能力与效标评价标准之间具有较高的相关性。*Cscal* 的临界值是 0.60，即只有当 *Cscal* 值达到 0.60 以上时，运用蕴涵量表法得出的难度排列顺序才具有统计学意义，否则排列顺序就不可靠。

根据上述蕴涵量表的编制和分析过程，分别针对表 8-8、表 8-9 和表 8-10 计算目标组和两个参照组考生的各项蕴涵量表系数和指标，具体计算结果和临界值标准见表 8-11。

表 8-11　各组考生伽特曼蕴涵量表分析值

组别	伽特曼重复系数（*Crep*）	最小边际重复系数（*MMrep*）	再生系数增长百分比（%*Improvement*）	量表化系数（*Cscal*）
目标组	0.905	0.762	0.143	0.601
参照组 1	0.952	0.738	0.214	0.817
参照组 2	0.905	0.738	0.167	0.637
临界值	0.90	必须小于 *Crep*		0.60

（三）研究结果

通过表 8-11 的研究结果，可以得出如下基本结论：首先，依据目标组和参照组考生的效标阅读水平在 HSK［高等］阅读理解测验上所获得的伽特曼重复系数分别达到 0.905、0.952 和 0.905，三个考生组的 C_{rep} 值均超过了 0.90 的临界值要求，表明三个蕴涵量表的信度系数都比较高，因而有较大的把握根据考生在各矩阵中所处位置的汉语阅读水平准确预测其在阅读理解测验中的表现水平；其次，以中国语言与文学组（F）、经济学组（R1）和生物医学组（R2）为专业背景的三个考生亚团体所获得蕴涵量表的量表化系数分别达到 0.601、0.817 和 0.637 的较高水平，说明根据三个蕴涵量表所获得的 HSK［高等］阅读理解测验的文章难度排列顺序比较可靠，效标对六篇阅读材料的难度水平具有相当强的预测力和解释力。六篇阅读文章在目标组考生和参照组考生中的最终难度排列顺序如下：

目标组：P6＞P2＞P4＞P5＞P3＞P1（难→易）

参照组1：P6＞P2＞P4＞P5＞P3＞P1（难→易）

参照组2：P6＞P2＞P4＞P5＞P3＞P1（难→易）

五、讨论

本研究实际上是将中国语言与文学专业背景的考生作为目标组考生来考察的，因为从统计上讲，这部分考生与其他两组考生相比，显然既不具备经济学方面的专业优势，也不具备生物医学方面的专业优势。因此，如果 HSK［高等］阅读理解测验中所选择的任何一篇文章涉及了较强的经济、商业和贸易等方面的特殊知识，并且这种特殊知识仅一般汉语阅读能力无法弥补时，那么，参照组1的考生在该文章的理解上就明显受益，而目标组考生在该文章上的测验得分则因为缺乏这种专业知识而明显低于前者；

同样，如果HSK［高等］阅读理解测验中所选择的任何一篇文章涉及了较强的生物医学方面的特殊知识，那么，参照组2的考生在该文章的理解上也明显受益，而目标组考生在该文章上的测验得分也会明显低于前者。如果这种与测量目标无关的特殊知识较强，必然会导致测验文章的难度排列顺序产生局部或整体性颠倒，测验结果对不同专业背景的考生缺乏公平性。然而，本实证研究的结果表明，尽管参加HSK［高等］考试的两个参照组考生分别具有经济学和生物医学方面的专业知识优势，但是根据效标测量和蕴涵量表分析法所获得的文章难度排列顺序在三个考生组中完全相同，证明HSK［高等］阅读理解测验所选择的阅读材料在目标组考生与参照组考生之间、参照组1考生与参照组2考生之间均具有较高的公平性，即HSK［高等］阅读理解测验的构念效度具有较高的跨样本不变性。

通过效标测量和蕴涵量表分析相结合的方法，对中国汉语水平考试阅读理解测验的公平性研究是一次全新的尝试。一方面，研究的结论可以作为HSK［高等］阅读理解测验分数解释和使用的效度证据；另一方面，研究方法、研究过程和结果也可为其他相关语言测试的公平性研究提供借鉴和参考的思路。当然，由于受到考生团体结构的限制，参加HSK［高等］考试的其他专业的考生人数相对较少，本研究尚无法兼顾对这部分考生的测验公平性问题进行相应的检验，只能寄希望于其他研究方法能够弥补这一缺憾。

第三节　题组 DIF 检验方法在汉语水平考试 [高等] 阅读理解中的应用[①]

一、问题的提出

心理测量或者考试的目的是尽可能准确、公平地测出被试各种心理特质上的差异。研究者们通过项目功能差异（DIF）检验检测出测验中可能对不同群体的个体产生不公平待遇的项目。近些年，不同的测验条件也给 DIF 检验方法带来了很多挑战，例如，如何处理有题组效应的篇章形式的阅读理解试题的 DIF 检验。

题组（testlet）指的是具有共同刺激或者其他特征的一组项目，[②] 也有研究者称之为项目束（item bundle）。[③] 阅读测试中一个篇章与有关的几个项目就构成了典型的题组。同一题组中的项目之间很有可能存在局部依赖性，而局部独立性是使用项目反应理论的基本假设之一。[④] Bolt 认为，局部依赖性造成的模型拟合问题也会影响 DIF 检验的结果。[⑤] 因此，我们有必要处理好题组项目间的局部依赖性问题。传统的项目功能差异检验方法忽略了

[①] 本节摘自周莉、耿岳、王佶旻《题组 DIF 检验方法在 HSK [高等] 阅读理解中的应用》，《考试研究》2012 年第 1 期。

[②] Wainer, H. & Kiely, G. L., Item clusters and computerized adaptive testing: A case for testlets. *Journal of Educational Measurement*, 1987, 24(3).

[③] Rosenbaum, P. R., Items bundles. *Psychometrika*, 1988, 53.

[④] Lee, G., Brennan, R. L. & Frisbie, D. A., Incorporating the testlet concept in test score analyses. *Educational Measurement: Issues and Practice*, 2000, 19(4).

[⑤] Bolt, D. M. A., Monte Carlo comparison of parametric and nonparametric polytomous DIF detection methods. *Applied Measurement in Education*, 2002, 15(2).

篇章阅读测验项目的题组效应,存在一定的不稳定性。

目前解决题组项目间的局部依赖性问题主要有两种方法。第一类方法是把同一个篇章的多个项目作为一个独立的整体,把题组内每一个二级计分的项目看作是这个整体反应的一部分,然后用针对多级计分的 IRT 模型进行拟合,最后进行 DIF 检验。[①] 这样对多个二级计分项目进行的 IRT DIF 检验变成了对一个多级计分项目的 IRT DIF 检验。后来,遵循同样的思路,研究者把适用于多级计分的非 IRT DIF 检验方式引入题组测验的 DIF 检验中,例如 P-SIBTEST 法,P-LR 法,P-Mantel 法等。

第二类方法是近几年提出来的题组 IRT 模型(Testlet Response Theory Model,简称 TRTM)。这类模型在传统 IRT 模型中加入一个被试层面的随机参数,表示题组项目的依赖程度。[②] 虽然这种方法对题组效应的处理更加科学,是真正的题组 DIF 检验方法,但由于这种模型待估参数较多,采用一般的算法非常复杂,在实践中有一定的困难,因而就限制了该方法的应用。本研究采用的是第一种题组 DIF 检验方法,即把适用于多级计分的非 IRT DIF 检验方式引入题组测验的 DIF 检验中。

篇章形式的阅读理解在中国汉语水平考试(HSK)中占有很重要的地位。这种形式的题目倾向于在篇章中考查被试的阅读理解能力、阅读速度以及词汇、语法等语言能力。

本研究主要解决两个问题:

[①] Wainer, H. & Kiely, G. L., Item clusters and computerized adaptive testing: A case for testlets. *Journal of Educational Measurement*, 1987, 24(3).

[②] Wang, X., Bradlow, E. T. & Wainer, H., A general Bayesian model for testlets: Theory and applications. *Applied Psychological Measurement*, 2002, 26(1).

问题一：尝试用变通的题组项目功能差异检验方法对 HSK［高等］阅读理解题进行 DIF 检验；

问题二：将传统 DIF 检验方法与可以处理题组效应的 DIF 检验方法进行比较，探讨题组 DIF 检验方法的必要性和优越性。

二、研究过程

（一）研究材料与样本

研究所使用的材料是 2010 年 10 月 16 日在中国国内举办的中国汉语水平考试 HSK［高等］阅读理解试题，包括两个部分，第一部分是快速阅读后用最简单的汉字回答问题；第二部分是传统意义上的阅读理解题，即每段文字后都有若干个问题，每个问题都有四个备选答案，要求考生选择唯一恰当的答案。题目总数量为 40，分为 8 个题组。

样本共有 2733 名考生，男生 1183 人，女生 1550 人；中国少数民族考生 739 人，外国考生 1994 人。具体描述性统计结果如表 8-12：

表 8-12　阅读理解试题总体描述性统计

题数	样本数	平均数	标准差	偏态值
40	2733	22.2774	7.4074	0.2140
峰态值	ALPHA 系数	标准误	平均难度	平均点双列
-0.6284	0.8628	2.7415	0.5569	0.4007

综合上述指标，我们可以看出这部分试题具有很高的可靠性，区分度高，难度适中，分数误差小。

（二）研究假设

假设一：与男性考生相比，HSK［高等］阅读理解某些试题对女性考生在某种程度上具有不公平性。

假设二：与中国少数民族考生相比，HSK［高等］阅读理解某些试题对外国考生在某种程度上具有不公平性。

性别变量是 DIF 研究中最重要最基本的分组变量。HSK 的考试对象是外国人、华侨和中国国内少数民族。外国人和中国国内的少数民族考生学习和使用汉语的环境不同，中国少数民族考生对汉语文化的了解和认同度要优于外国考生，阅读理解试题的内容对他们的作答反应可能会产生一定的影响，因此本研究把国别（外国考生和中国少数民族考生）作为另一个分组变量。

（三）研究结果与分析

1. 所抽样本描述性统计结果

为实现研究需要，我们从全体被试中随机抽取各组样本，具体如下（表 8-13）。

表 8-13 样本描述性统计

		样本数	平均分	标准差
性别组	男	1000	23.61	6.41
	女	1000	24.39	6.37
国别组	中	700	25.97	6.14
	外	700	25.14	6.08

2. 三种题组 DIF 检验方法的结果

（1）G-MH 方法。

在男女考生组的研究中，共检测出两个有 DIF 的题组，分别是题组 4、5（表 8-14）。

第三节　题组 DIF 检验方法在汉语水平考试 [高等] 阅读理解中的应用

表 8-14　男女组显著性检验结果

题组 1	Stage1： Stage2：	QMH=1.0992 QMH=0.2236	df=1	p=0.2945 p=0.6363
题组 2	Stage1： Stage2：	QMH=1.2982 QMH=0.1955	df=1	p=1.2982 p=0.6584
题组 3	Stage1： Stage2：	QMH=1.1187 QMH=0.2085	df=1	p=0.2902 p=0.6479
题组 4	Stage1： Stage2：	QMH=13.9062 QMH=15.9874	df=1	p=0.0002* p=0.0001*
题组 5	Stage1： Stage2：	QMH=15.7773 QMH=18.5004	df=1	p=0.0001* p=0.0000*
题组 6	Stage1： Stage2：	QMH=2.6187 QMH=0.3646	df=1	p=0.1056 p=0.5460
题组 7	Stage1： Stage2：	QMH=0.3684 QMH=0.3453	df=1	p=0.5439 p=0.5568
题组 8	Stage1： Stage2：	QMH=1.2983 QMH=0.1985	df=1	p=0.2545 p=0.6560

在中外考生组的研究中，共检测出四个有 DIF 的题组，分别是题组 1、3、5、7（表 8-15）。

表 8-15　中外考生组显著性检验结果

题组 1	Stage1： Stage2：	QMH=19.8972 QMH=16.7124	df=1	p=0.0000* p=0.0000*
题组 2	Stage1： Stage2：	QMH=0.1390 QMH=0.3859	df=1	p=0.7093 p=0.5344
题组 3	Stage1： Stage2：	QMH=24.0032 QMH=13.7536	df=1	p=0.0000 p=0.0002*
题组 4	Stage1： Stage2：	QMH=1.4209 QMH=1.2803	df=1	p=0.2333 p=0.2578
题组 5	Stage1： Stage2：	QMH=27.4219 QMH=20.6532	df=1	p=0.0000* p=0.0000*

（续表）

题组				
题组6	Stage1: Stage2:	QMH=2.7070 QMH=3.1321	df=1	p=0.0999 p=0.0768
题组7	Stage1: Stage2:	QMH=17.6367 QMH=10.6657	df=1	p=0.0000* p=0.0011*
题组8	Stage1: Stage2:	QMH=2.5996 QMH=0.0001	df=1	p=0.1069 p=0.9935

（2）P-SIBTEST 方法。

在男女考生组的研究中，共检测出两个有 DIF 的题组，分别是题组 4、5，都是对参照组（男生）有利（表 8-16）。

表 8-16 男女考生组显著性检验结果

题组	Beta estimate	Standard error	p-value	p-elim R	p-elim F	MS SSD
1	−0.092	0.052	0.078	0.01	0.01	−0.11
2	−0.049	0.049	0.315	0.00	0.01	−0.11
3	−0.090	0.068	0.185	0.00	0.01	−0.10
4	0.132	0.042	0.002*	0.00	0.01	−0.14
5	0.148	0.043	0.001*	0.00	0.01	−0.15
6	−0.071	0.048	0.144	0.00	0.01	−0.11
7	−0.017	0.050	0.731	0.00	0.01	−0.12
8	−0.083	0.052	0.112	0.00	0.01	−0.11

*$p < 0.05$。

在中外考生组的研究中，共检测出五个有 DIF 的题组，分别是题组 1、3、5、6、7。题组 1、3 对参照组（中国少数民族考生）有利，题组 5、6、7 对目标组（外国考生）有利（表 8-17）。

表 8-17 中外考生组显著性检验结果

题组	Beta estimate	Standard error	p-value	p-elim R	p-elim F	MS SSD
1	0.221	0.060	0.000*	0.02	0.01	0.09
2	−0.020	0.056	0.725	0.01	0.01	0.13
3	0.373	0.085	0.000*	0.01	0.01	0.06

（续表）

题组	Beta estimate	Standard error	p-value	p-elim R	p-elim F	MS SSD
4	-0.006	0.052	0.913	0.02	0.01	0.13
5	-0.286	0.052	0.000*	0.02	0.01	0.18
6	-0.165	0.057	0.004*	0.02	0.01	0.15
7	-0.345	0.061	0.000*	0.01	0.01	0.18
8	-0.089	0.064	0.165	0.01	0.01	0.14

*$p < 0.05$。

（3）P-LR 方法。

在男女考生组的研究中，共检测出三个有 DIF 的题组，分别是题组 4、5、7（表 8-18）。模型 C 与模型 A 之间进行两个自由度的卡方检验是对一致性与非一致性 DIF 的同时检验。模型 B 与模型 A 之间的卡方检验是对一致性 DIF 的检验，模型 C 与模型 B 之间的卡方检验是对非一致性 DIF 的检验。[①] 一致性 DIF 是指被试的能力水平与其组别之间不存在交互作用，即在所有能力水平组中，一组被试回答某一项目的通过率都高于另一组。非一致性 DIF 是指被试的能力水平与组别之间存在交互作用，即并非在所有能力水平上，一组被试答对某一题的概率全部高于另一组被试。题组 4、5 为一致性 DIF，题组 7 为非一致性 DIF。

表 8-18 男女考生组显著性检验结果

题组	模型 A	模型 B	模型 C	df	卡方 (B-A)	卡方 (C-B)	df	卡方 (C-A)
1	906.990	909.441	913.022	1	2.451	3.581	2	6.032
2	1028.740	1029.591	1030.470	1	0.851	0.879	2	1.730

---

① Zumbo, B. D., *A handbook on theory and methods of differential item functioning (DIF)*. Minister of National Defense, 1999.

(续表)

题组	模型 A	模型 B	模型 C	df	卡方 (B-A)	卡方 (C-B)	df	卡方 (C-A)
3	1634.564	1636.653	1637.111	1	2.089	0.458	2	2.547
4	525.932	539.295	540.933	1	13.363*	1.638	2	15.001*
5	591.239	606.701	606.702	1	15.462*	0.001	2	15.463*
6	744.634	747.405	750.000	1	2.771	2.595	2	5.366
7	1099.279	1099.373	1109.241	1	0.094	9.868*	2	9.962*
8	1039.849	1040.712	1040.743	1	0.863	0.031	2	0.894

在中外考生组的研究中，共检测出五个有 DIF 的题组（表 8-19），分别是题组 1、3、5、6、7，且均为一致性 DIF。

表 8-19 中外考生组显著性检验结果

题组	模型 A	模型 B	模型 C	df	卡方 (B-A)	卡方 (C-B)	df	卡方 (C-A)
1	550.464	565.781	567.475	1	15.317*	1.694	2	17.011*
2	578.482	578.482	578.495	1	0.000	0.013	2	0.013
3	1045.928	1067.535	1068.017	1	21.607*	0.482	2	22.089*
4	376.208	376.384	377.933	1	0.176	1.549	2	1.725
5	343.785	384.163	384.264	1	40.378*	0.101	2	40.479*
6	554.390	558.364	561.220	1	3.974	2.856	2	6.830*
7	823.570	844.875	845.314	1	21.305*	0.439	2	21.744*
8	734.130	734.707	734.866	1	0.577	0.159	2	0.736

综合上述结果，我们将三种方法的显著性检验结果整理，结果如下（表 8-20、表 8-21。标注"√"表示某个题组在不同题组 DIF 检验方法的显著性检验中拒绝虚无假设）：

表 8-20 性别 DIF 检验结果

题组	G-MH	P-SIBTEST	P-LR
1			
2			
3			

(续表)

4	√	√	√
5	√	√	√
6			
7			√
8			

表 8-21　国别 DIF 检验结果

题组	G-MH	P-SIBTEST	P-LR
1	√	√	√
2			
3	√	√	√
4			
5	√	√	√
6		√	
7	√	√	√
8			

从表 8-20 和表 8-21 可以看出，这三种方法的结果基本一致，题组 4、5 在性别上存在 DIF 的可能性较大，题组 1、3、5、6、7 在国别上存在 DIF 的可能性较大。但是我们需要进一步计算题组 DIF 的效应值指标，判断 DIF 效应（DIF effect size）的大小。为了提高题组 DIF 检验的准确性，避免不必要的人力与测试资源的浪费，我们利用 P-LR 方法提供的 DIF 效应大小的指标，对上述检验出存在 DIF 的项目进行分析。

目前该方法公认的 DIF 效应值指标是 Jodoin 和 Geirl 提出的：[①]

A（可忽略 DIF）：$\Delta R^2 < 0.035$

---

① Jodoin, M. G. & Gierl, M. J., Evaluating Type I error and power rates using an effect size measure with the logistic regression procedure for DIF detection. *Applied Measurement in Education*, 2001, 14(4).

B（中等 DIF 效应）：$0.035 \leq \Delta R^2 \leq 0.07$

C（较大 DIF 效应）：$\Delta R^2 > 0.07$

根据比较严格的分类标准，表 8-22 中的指标都非常小，属于 A 类，即可以忽略的 DIF 效应。

表 8-22 可能存在 DIF 的题组的效应值

题组		1	3	4	5	6	7
性别组	ΔR^2	—	—	0.0006	0.006	—	—
国别组		0.0079	0.0076	—	0.0256	0.0046	0.0087

三、讨论

（一）对 HSK［高等］阅读理解试题的公平性分析

从本节采用的三种题组 DIF 检验方法来看，所检验出的怀疑存在 DIF 的题组效应值都不大，所有项目可以放心使用，这就说明我们在研究前预先设定的两个假设都是不成立的。也就是说，HSK［高等］阅读理解试题对参加考试的男性考生和女性考生来说基本上都是公平的，对参加考试的外国考生和中国少数民族考生也基本上是公平的。

当然，我们所得出的结果也说明试题存在一些小的问题。

从性别组的检验情况来看，题组 4 和题组 5 都有利于男性考生。虽然有的篇章涉及中国的古代传统文化，更符合女生阅读兴趣的取向，但是篇章后的问题多是辨别事实的细节题，即使不了解背景知识的男性考生在阅读给出语料的基础上也能够正确作答，因此可以排除篇章内容带来不公平影响的可能。

从国别组的检验情况来看，题组 1、3 有利于中国少数民族考生，题组 5、6、7 有利于外国考生。有的篇章中涉及一些中国地名，可能给外国考生带来一定的困扰，造成作答情况不理想的情况。有的是关于自然、地理的问题，不存在文化上的问题。考生只要会从文章中提取信息，答出要点就能够正确作答，我们需要进一步分析可能产生 DIF 的原因。有的篇章虽然涉及中国的传统文化，但是结果显示有利于外国考生。由于文章后的问题比较浅显易懂，都是事实细节题，即使中国少数民族考生有背景知识，跟作答的关系不大。这也说明存在中国传统文化背景的试题并不一定偏向中国考生。

由于 HSK ［高等］是面向汉语水平比较高的考生，我们在编制阅读理解试题选取语料时尽量考虑文化差异给考生带来的影响，但是语言和文化不能截然分开，有些文化的知识也是高等汉语水平者需要掌握的，所以很难完全回避文化因素。因此，统计上显示的显著性 DIF 并不一定说明项目存在偏向性。

（二）关于三种题组 DIF 检验方法的比较

本研究采用了三种方法检验题组 DIF，虽然检验结果比较一致，但是这三种方法各有优缺点。

Mantel 法原理简单、操作方便，是应用比较广泛的方法之一。但是一般的方法使用的匹配变量是所有项目的分数，这样做就把那些因含有 DIF 而使项目功能发生变化的项目分数也包含进去了。但是本研究所采用的 GMH 软件检验过程包括两步（Stage1 和 Stage2），第一步将总分作为匹配变量进行检测，第二步排除上一步检测出的 DIF 项，将剩下的项目总分作为匹配变量。但是 Mantel 法是各水平被试效应的累加，因此不能探查某个水平对 DIF 效应的贡献，探测的只是总体 DIF 效应。另外，该方法只能检测出一致性 DIF，这就需要配合其他方法进行非一致性 DIF 检验。

SIBTEST 的匹配方法比较合理，因为程序中有一个迭代程序，也可以对所有的项目进行筛选，得到比较纯净的匹配变量。SIBTEST 方法与其他方法相比，另外一个很大的优点是，不仅可以对单个项目是否存在 DIF 进行检测，而且可以对一批项目同时进行 DIF 检测，这称为项目束功能差异（Differential Bundle Functioning，简称 DBF）。在项目束功能差异分析时可能出现两种现象。一是"放大"现象：单独分析每个项目时，DIF 值都不大，但同时对这些项目进行分析，则 DBF 值马上增大；二是"收缩"现象：单独分析每个项目时，DIF 值很大，但同时分析时，DIF 值却减小了。

Stout 和 Roussos 认为对项目束进行功能差异分析有两大益处[1]：一是可以提高该方法的检测效率和减小Ⅰ型错误。在 DIF 检验中，Ⅰ型错误，即"弃真"错误，也就是说错误地舍弃不存在 DIF 的项目。Ⅱ型错误，即"纳伪"错误，就是说错误地接受存在 DIF 的项目。Ⅰ型错误会降低试题的使用率，增加编制试题的成本，也可能会错误地舍弃一些质量较高的题目，因为高区分度的项目更容易被检测认为有 DIF。而Ⅱ型错误会影响试题的公平性和有效性。二是可以对项目产生 DIF 的原因进行验证。对 DIF 原因进行分析时，主要是评估造成该项目产生 DIF 的第二维度，并把具有相同第二维度的项目找出来，组成项目束，进行项目束功能差异分析，如果 DBF 的 β 值明显地增大了，则说明假设的第二维度确实存在，并且造成了项目功能差异。这是 P-SIBTEST 无法替代的优点。我们将性别组的 P-SIBTEST 和 DBF 的结果做

---

[1] Stout, W. & Roussos, L., *SIBTEST Manual*. Hillsdale. NJ: Erlbaum, 1996.

了一个对比。表 8-23 表明，P-SIBTEST 和 DBF 的检验效果基本一致，但是 DBF 的 β 值比 P-SIBTEST 的 β 值大，这可能会提高 I 型错误的概率。Young-Sun Lee 等人也比较了 SIBTEST 和 P-SIBTEST 两种方法在题组 DIF 检验上的 I 型错误和统计检验力的大小。[①] 实测数据显示，两种方法检测出的含有 DIF 的题组并不一致。研究者又使用模拟数据进行分析，并分别改变了样本大小、题组数量和样本的被试能力以及试题难度的匹配程度，结果显示，两种方法在任何一种情况下都不能有效降低 I 型错误的发生率，而且在被试能力与试题难度不匹配的时候，P-SIBTEST 方法所犯的 I 型错误比例更高，这恰与我们的研究结果相反。但在统计检验力方面，P-SIBTEST 方法比传统的 SIBTEST 对题组 DIF 的检验具有更强的统计检验力。这两种方法的优劣还有待以后研究的验证。

表 8-23 DBF 性别组检验结果

题组	Beta estimate (β)	Standard error	p-value	p-elim R	p-elim F	MS SSD
1	-0.098	0.052	0.059	0.02	0.01	-0.14
2	-0.078	0.048	0.104	0.02	0.01	-0.14
3	-0.058	0.063	0.359	0.02	0.01	-0.14
4	0.149	0.041	0.000*	0.02	0.01	-0.17
5	0.135	0.045	0.003*	0.06	0.04	-0.17
6	-0.095	0.048	0.049*	0.03	0.01	-0.14
7	-0.023	0.048	0.632	0.02	0.01	-0.15
8	-0.092	0.049	0.062	0.02	0.01	-0.14

Logistic 回归方法最大的特点是不仅对一致性 DIF 敏感，而

[①] Lee, Y. S., Allan, C. & Toro, M., Examining type I error and power for detection of differential item and testlet functioning. *Asia Pacific Education*, 2009, 10(3).

且对非一致性 DIF 敏感，比如在本研究中，P-SIBTEST 虽然可以检测出题组 6 在国别上存在 DIF，但是 P-LR 法却检测出了非一致性 DIF。这是其他方法无法比拟的。另外，P-LR 方法还为我们提供了 DIF 效应值指标，提高了 DIF 检验的准确性。但是 P-LR 法也有缺点，通过 P-LR 法我们不能判断 DIF 的方向究竟是对目标组有利还是对参照组有利。

就本研究而言，这三种方法具有高度的一致性。P-LR 法的敏感性最高，涵盖了另外两种方法检验出来的 DIF 项目。Lingyun Gao 等（2005）曾做过研究，[1] 比较了 P-LR、GRM、P-MH、P-SIBTEST 和 TRTM 五种检验方法，其中前四种方法是变通的题组 DIF 检验方法，即把检验多个二级计分的 DIF 过程当成检验一个多级计分的 DIF 过程。而第五种方法是真正的基于题组的检验 DIF 的方法。作者进行的是阅读理解的性别题组 DIF 检验，发现 P-LR、P-MH 和 P-SIBTEST 三种方法所得结果较一致，而与 GRM、TRTM 的结果不一致。作者认为，TRTM 与另外四种变通的题组 DIF 检验方法相比，由于技术方面还不够成熟，所以并没有表现出明显的优势。相对而言，P-LR、GRM 等参数方法可以同时检测出一致性和非一致性的 DIF，但两者的检测结果和检测效力均存在差异。

由于这些方法有各自的优缺点，检测结果也存在差异，我们建议采用多种 DIF 检验方法并进行比较，再与专家判断相结合。

---

[1] Gao, L. & Wang, C., *Using Five Procedures to Detect DIF with Passage-Based Testlets*. Paper presented at the anural meeting of the National Council of Measurement in Education, Montreal, Quebec, 2005.

（三）传统的 DIF 检验方法和变通的题组 DIF 检验方法的比较

为了更好地验证题组 DIF 检验的优越性，本研究还使用传统的 DIF 检验方法 SIBTEST 方法和 GMH 方法对性别变量的 DIF 进行检验，对比两种不同方式的 DIF 显著性检验结果。

SIBTEST 方法检测出的 DIF 题目为 2（题组 1），10、11、15（题组 3），18、19（题组 4），36（题组 8）。GMH 方法检验出来的 DIF 题目是 1（题组 1），10、11、15（题组 3），18、19（题组 4），22、23、24（题组 5），35（题组 8）。

综合上面的两种方法，从显著性检验的结果角度看，传统 DIF 检验方法发现题组 1 中有两个项目具有 DIF 效应，题组 3 中有三个项目具有 DIF 效应，题组 4 中有两个项目具有 DIF 效应，题组 5 中有三个项目具有 DIF 效应，题组 8 中有两个项目具有 DIF 效应。

与题组 DIF 检验的结果相比，我们可以看出传统的 DIF 检验方法会判定没有题组效应的题组 1、3、8 中个别项目具有 DIF 效应，这就提高了 I 型错误的概率，给测验编制带来很大的困扰，测验编制者可能会面临修改个别项目还是舍弃整个篇章的两难处境。我们通过 SIBTEST 方法的 β 值可以看出 DIF 的偏向，有的偏向目标组，有的偏向参照组，单独分析每个项目时，DIF 值不大，但是对题组分析时 P-SIBTEST 的 β 值和 DBF 的 β 值却增大了，如题组 5 的 6 个项目在 SIBTEST 方法中的 β 值都不大，而在进行题组 DIF 检验时，由于题组内多个项目存在 DIF "放大"和"缩小"，DIF 效应值却很大。有的项目则相反，如题组 3 中虽然有 3 个项目显示有 DIF，但是成组分析时，却不存在 DIF 效应了。因此我们可以在题组层面综合考察这些项目带来的 DIF 总和。

在上述比较中可以看出，本研究的结果也验证了 Wainer 等（1991）指出的进行题组 DIF 检验的三大优越性，即题组 DIF 检验方法恰当地处理了题组效应；在题组水平上比在单个项目水平上更容易平衡 DIF 效应；题组 DIF 检验可以提高检验的敏感性。[1]

四、结论

HSK［高等］阅读理解试题在性别与国别（外国考生和中国少数民族考生）两个变量上不存在显著的 DIF 效应。

本研究采用的三种题组项目功能差异检验方法的结果保持了较高的一致性和稳定性，与传统的 DIF 检验方法相比，具有一定的优越性。

---

[1] Wainer, H., Sireci, S. G. & Thissen, D., Differential testlet functioning: Definitions and detection. *Journal of Educational Measurement*, 1991, 28(3).

图书在版编目(CIP)数据

汉语作为第二语言测试研究/张凯主编.—北京：商务印书馆，2019
(商务馆对外汉语教学专题研究书系.第二辑)
ISBN 978-7-100-17630-9

Ⅰ.①汉… Ⅱ.①张… Ⅲ.①汉语—对外汉语教学—教学研究—文集 Ⅳ.①H195.3-53

中国版本图书馆 CIP 数据核字(2019)第 142282 号

权利保留，侵权必究。

汉语作为第二语言测试研究
张 凯 主编

商 务 印 书 馆 出 版
(北京王府井大街36号 邮政编码100710)
商 务 印 书 馆 发 行
北京新华印刷有限公司印刷
ISBN 978-7-100-17630-9

2019年11月第1版　　开本 880×1230　1/32
2019年11月北京第1次印刷　印张 13⅜
定价：45.00元